U0643149

“十三五”普通高等教育系列教材
智能电网信息工程专业系列教材

智能变电站技术

主　编　黄悦华
副主编　李振华　李振兴　程江洲
编　写　黄光林　马　辉　魏业文　陈　晨　程紫娟

中国电力出版社
CHINA ELECTRIC POWER PRESS

内容提要

本书叙述了智能变电站的基本原理、关键技术及典型工程应用，包括了智能电网与智能变电站，智能变电站通信技术，智能变电站测量与计量技术，智能变电站继电保护技术，智能变电站一次及二次设备，智能变电站设备测试技术，典型工程应用案例。该书通俗易懂、案例丰富。

本书对从事相关专业的人员有较好的指导作用，可供大专院校师生参考。

图书在版编目（CIP）数据

智能变电站技术/黄悦华主编．—北京：中国电力出版社，2018.12（2025.8 重印）

“十三五”普通高等教育规划教材　智能电网信息工程专业规划教材

ISBN 978-7-5198-2140-1

Ⅰ．①智…　Ⅱ．①黄…　Ⅲ．①变电所－智能技术－高等学校－教材　Ⅳ．①TM63

中国版本图书馆 CIP 数据核字（2018）第 135224 号

出版发行：中国电力出版社
地　　址：北京市东城区北京站西街 19 号（邮政编码 100005）
网　　址：http://www.cepp.sgcc.com.cn
责任编辑：王惠娟　安　鸿
责任校对：黄　蓓　李　楠
装帧设计：赵姗姗
责任印制：钱兴根

印　　刷：北京锦鸿盛世印刷科技有限公司
版　　次：2018 年 12 月北京第一版
印　　次：2025 年 8 月北京第七次印刷
开　　本：787 毫米×1092 毫米　16 开本
印　　张：14.75
字　　数：358 千字
定　　价：45.00 元

前　言

作为能源供应的重要环节，电网对于清洁能源的发展至关重要，其发展模式也因此面临巨大的挑战和重大的抉择。国内外电力行业和研究机构积极开展了一系列创新性的探索和实践，智能电网的理念逐渐萌发形成，成为全球应对未来挑战的共同选择。

建设智能电网，关系经济社会发展和国计民生，是开发利用新能源、建设科学合理的能源利用体系的迫切需求，是满足经济社会可持续发展的重大选择。建设智能电网，可以实现我国电网从传统电网向高效、经济、清洁、互动的现代电网升级和跨越，为经济社会又好又快发展提供强大支撑。

智能变电站是智能电网的基础，是连接发电和用电的枢纽，是整个电网安全、可靠运行的重要环节。随着应用网络技术、开放协议、一次设备在线监测、变电站全景电力数据平台、电力信息接口标准等方面的发展，驱动了变电站一、二次设备技术的融合以及变电站运行方式的变革，由此逐渐形成了完备的智能变电站技术体系。与传统的变电站相比，其具有技术更加先进、安全可靠、占地少、成本低、少维护、环境友好等一系列优势。因此，智能变电站的研究、建设既是下一代变电站的发展方向，又是建设智能电网的物理基础和要求。

本书叙述了智能变电站的基本原理、关键技术及典型工程应用。内容共分八章，第一章主要介绍了智能电网与智能变电站之间的关系；第二章介绍了智能变电站通信技术；第三章讲解了智能变电站测量与计量技术；第四章介绍了智能变电站继电保护技术；第五章和第六章介绍了智能变电站一次及二次设备构成；第七章介绍了智能变电站设备测试技术；第八章介绍了典型工程应用案例。

本书第一章由黄悦华、马辉编写，第二章由魏业文编写，第三章由黄悦华、李振华编写，第四章由李振兴编写，第五章由陈晨编写，第六、七章由李振华、程紫娟编写，第八章由黄光林、李振兴编写。

本书在编写过程中，受到南京磐能电力科技股份有限公司及三峡大学研究生赵爽、程宜兴、田斌、于洁、张思球、陶渊、王振宇、甘涛、李春燕、李秋惠、王尧的大力支持，在此特别感谢。

由于作者水平有限，书中难免有一些不足之处，恳请读者提出宝贵的批评与修改意见。

编者

2017 年 6 月

目　　录

目 录

第一章　智能电网与智能变电站

第一节　智　能　电　网

进入21世纪以来，发展低碳经济、建设生态文明、实现可持续发展，成为人类社会的普遍共识。世界能源发展格局正在发生重大而深刻的变化，新一轮能源革命的序幕已经拉开。发展清洁能源、保障能源安全、解决环保问题、应对气候变化，是本轮能源革命的核心内容。

作为能源供应的重要环节，电网对于清洁能源的发展至关重要，其发展模式也因此面临巨大的挑战和重大的抉择。国内外电力企业和研究机构积极开展了一系列创新性的探索和实践，智能电网的理念逐渐萌发形成，成为全球应对未来挑战的共同选择。

建设智能电网，关系经济社会发展和国计民生，是开发利用新能源、建设科学合理的能源利用体系的迫切需求，是满足经济社会可持续发展的重大选择。建设智能电网，可以实现我国电网从传统电网向高效、经济、清洁、互动的现代电网升级和跨越，为经济社会又好又快发展提供强大支撑。

一、智能电网概述

（一）智能电网的理念

智能电网是将先进的传感测量技术、信息通信技术、分析决策技术、自动控制技术、能源电力技术与电网基础设施高度集成而形成的新型现代化电网。

传统电网是一个刚性系统，电源的接入与退出、电能的传输等都缺少反弹性，使电网动态柔性及重组性较差；垂直的多级控制机制反应迟缓，无法构建实时、可配置和可重组的系统，自愈及自恢复能力完全依赖于物理冗余；对用户的服务简单，信息单向；系统内部存在多个信息孤岛，缺乏信息共享，相互割裂和孤立的各类自动化系统不能构成实时的有机统一整体，整个电网的智能化程度较低。

与传统电网相比，智能电网将进一步优化各级电网控制，构建结构扁平化、功能模块化、系统组态化的柔性体系架构，通过集中与分散相结合的模式，灵活变换网络结构、智能重组系统架构、优化配置系统效能、提升电网服务质量，实现与传统电网截然不同的电网运营理念和体系。智能电网与传统电网的区别如图1-1所示。

智能电网将实现对电网全景信息的获取，以坚强、可靠的物理电网和信息交互平台为基础，整合各种实时生产和运营信息，通过加强对电网业务流的动态分析、诊断和优化，为电网运行和管理人员展示全面、完整和精细的电网运营状态图，同时能够提供相应的辅助决策支持、控制实施方案和应对预案。

智能电网的主要特征包括：

（1）坚强。在电网发生大扰动和故障时，仍能保持对用户的供电能力，而不发生大面积停电事故；在自然灾害、极端天气条件下或外力破坏下仍能保证电网的安全运行；具有确保电力信息安全的能力。

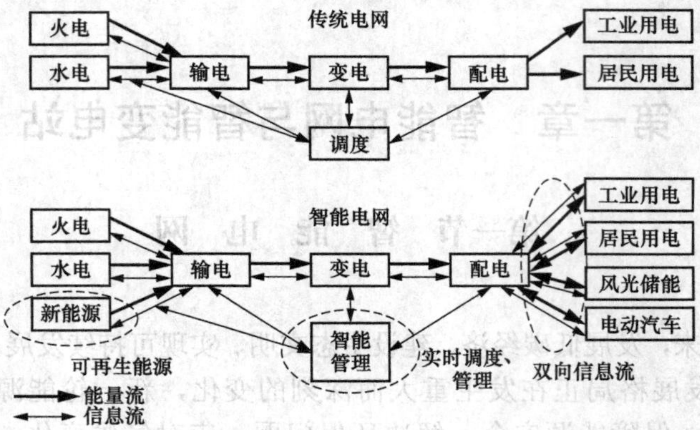

图 1-1 智能电网与传统电网的区别

（2）自愈。具有实时、在线和连续的安全评估和分析能力，强大的预警和预防控制能力，以及自动故障诊断、故障隔离和系统自我恢复能力。

（3）兼容。支持可再生能源的有序、合理接入，适应分布式电源和微电网的接入，能够实现与用户的交互和高效互动，满足用户多样化的电力需求并提供对用户的增值服务。

（4）经济。支持电力市场运营和电力交易的有效开展，实现资源的优化配置，降低电网损耗，提高能源利用效率。

（5）集成。实现电网信息的高度集成和共享，采用统一的平台和模型，实现标准化、规范化和精益化管理。

（6）优化。优化资产的利用，降低投资成本和运行维护成本。

（二）坚强智能电网

坚强智能电网是以特高压电网为骨干网架、各级电网协调发展的坚强网架为基础，以信息通信平台为支撑，具有信息化、自动化、互动化特征，包含电力系统的各个环节，覆盖所有电压等级，实现“电力流、信息流、业务流”的高度一体化融合的现代电网。

“坚强”与“智能”是现代电网的两个基本发展要求，“坚强”是基础，“智能”是关键，强调坚强网架与电网智能化的有机统一，是以整体性、系统性的方法来客观描述现代电网发展的基本特征。

坚强智能电网是安全可靠、经济高效、清洁环保、透明开放和友好互动的电网。安全可靠是指具有坚强的网架结构、强大的电力输送能力和安全可靠的电力供应；经济高效是指提高电网运行和输送效率，降低运行成本，促进能源资源和电力资产的高效利用；清洁环保是指促进清洁能源开发和利用，降低能源消耗和污染物排放，提高清洁电能在终端能源消费中的比重；透明开放是指电网、电源和用户的信息透明共享，电网无歧视开放；友好互动是指实现电网运行方式的灵活调整，友好兼容各类电源和用户接入，促进发电企业和用户主动参与电网运行调节。

信息化、自动化、互动化是坚强智能电网的基本技术特征。信息化是坚强智能电网的基本途径，体现为对实时和非实时信息的高度集成和挖掘利用能力；自动化是坚强智能电网发展水平的直观体现，依靠高效的信息采集传输和集成应用，实现电网自动运行控制和管理水平提升；互动化是坚强智能电网的内在要求，通过信息的实时沟通与分析，实现对电力系统各个环节的良性互动和高效协调，提升用户体验，促进电能的安全、高效和环保。

坚强智能电网的技术体系包括电网基础体系、技术支撑体系、智能应用体系和标准规范体系。电网基础体系是电网系统的物质载体，是实现“坚强”的重要基础；技术支撑体系是指先进的通信、信息、控制等应用技术，是实现“智能”的基础；智能应用体系是保障电网安全、经济、高效运行，最大效率地利用能源和社会资源，为用户提供增值服务的具体体现；标准规范体系是指技术、管理方面的标准、规范，以及试验、认证、评估体系，是建设坚强智能电网的制度保障。坚强智能电网四个体系架构如图 1-2 所示。

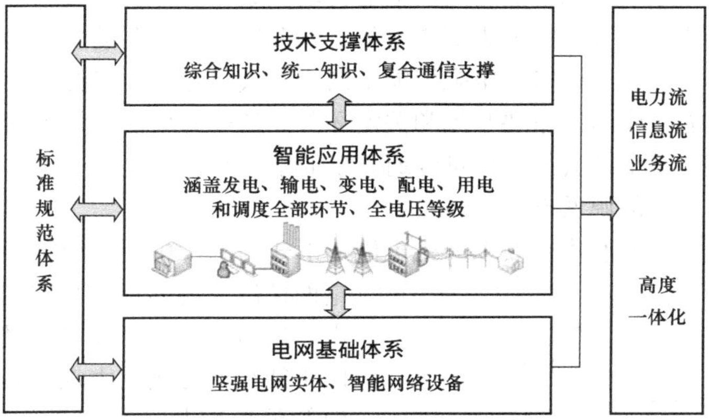

图 1-2 坚强智能电网的四个体系架构

国家电网公司坚强智能电网建设分为 3 个阶段，按照“统一规划、分步实施、试点先行、整体推进”的原则建设实施，其发展框架如图 1-3 所示。

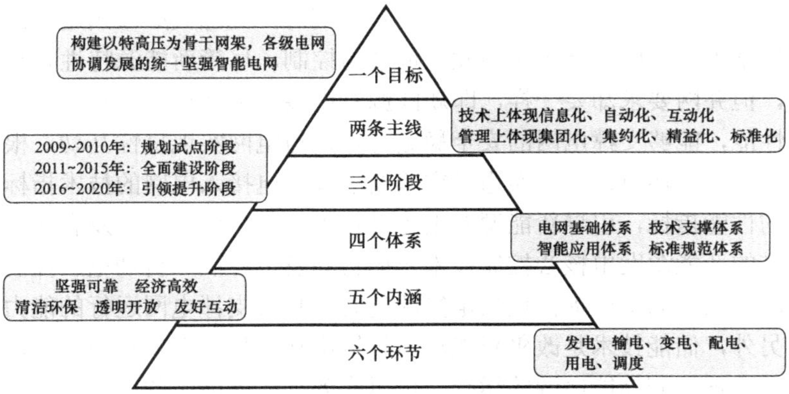

图 1-3 我国坚强智能电网建设发展框架

第一阶段（2009～2010 年）为规划试点阶段：完成国家智能电网规划，形成顶层设计；在技术标准体系、新能源接入、智能设备等关键性、基础性技术领域开展专题研究；在网厂协调、智能电网调度、智能变电站、电动汽车充放电、电力光纤到户等重点技术领域选择基础条件好、项目可行度高、具有试点（示范）效应的项目进行工程试点。

第二阶段（2011～2015 年）为全面建设阶段：在技术研究和工程试点基础上，结合智能电网发展需求，继续开展关键技术研究和设备研发；形成智能电网技术标准，完善技术标准体系，规范电网建设和改造规范；开展智能电网建设评估与技术经济分析，滚动修订发展规划，全面、有序开展坚强智能电网建设。初步建成坚强智能电网，电网的信息化、自动化、互动化水平明显提升，关键技术和装备达到国际领先水平。

第三阶段（2016～2020 年）为引领提升阶段：至 2020 年，基本建成坚强智能电网，技术和装备全面达到国际领先水平，电网的资源配置能力、安全水平、运行效率，以及电网与电源、用户的互动水平显著提高。

发展清洁能源，建设坚强智能电网，电能将逐步成为能源的核心表现形式，在未来社会发展中占据更加重要的位置，将成为支撑人类文明发展的最主要动力，而坚强智能电网是实现这一目标的基础和手段。同时，坚强智能电网已不仅仅是电力能源的输送网络，更是实现信息化社会乃至智能化生活的重要基础和关键环节，透明开放的智能电网将实现电力流和信息流的高度融合，为整个社会提供信息沟通共享的基础平台。

二、智能电网与新能源发电

目前，新能源的开发利用主要以产生电能的形式为主，由新能源转换而来的电能必须在电网调度系统的指挥与控制下，经过输电、配电、用电等环节才能最终供给用户。传统的电网不能很好地满足大规模新能源接入的要求，但智能电网却能很好地完成新能源发电消纳任务。光伏发电并网概要图如图 1-4 所示。

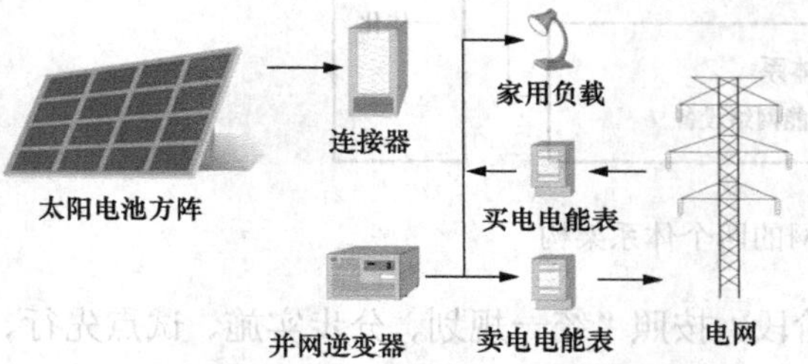

图 1-4 光伏发电并网概要图

（一）智能电网让新能源发电“发得稳”

电网是连接电源和用户的桥梁，负责将各种不同类型的电源发出的电力输送到最终用户。同时，电源又必须满足电网安全可靠运行的严格要求，根据电网调度的指令实施发电调节与控制。尽管新能源特性各异，对电网的影响也各不相同，但并网要求却要一样，即新能源发电接入电网后必须具备接近常规火电和水电机组的优良性能，能够支撑电网的安全稳定运行，与电网实现良性互动。根据上述目标，目前，智能电网在发电环节，一方面通过完善新能源发电接入电网的技术指标，规范新能源电站必须具备的性能指标，引导新能源发电先进技术与先进装备的开发和应用；另一方面通过重点研究先进的新能源发电核心控制技术，如自动发电控制、自动电压控制、故障穿越技术等，使新能源电站在向电网提供优质电能的同时，具备支撑电网运行的能力，实现与电网的友好互动。另外，储能技术是改善新能源电站输出功率稳定性的有效措施，配置适当规模的储能电源，并合理控制储能电源的运行，可以有效抑制新能源的功率波动，提高电网接纳新能源的能力，降低电网运行风险。

（二）智能电网让新能源发电“送得出”

新能源发电大多地处偏远地区、荒漠地带，在电网结构上位于电网的末端，距离负荷中心远，因此需要通过远距离输电线路运输。智能电网输电新技术的研究和应用，满足了大规模新能源电力输送要求，具体而言，一是大规模新能源基地输电规划，在保证安全稳定的同时，兼顾了经济性，通过确定合理的大规模新能源基地的网架结构和送端电源结构，实现新能源与常规能源的合理布局和优化配置；二是高压交/直流送出技术，提升了电网的输送能力，降低了电能输送功率损耗，同时解决了新能源出力的波动性给系统在调峰、调频、调压等方面带来的问题，为用户提供持续可靠的电能。

（三）智能电网让新能源发电“调得准”

新能源发电大多与当地的气候条件紧密相连，风力发电离不开风，太阳能发电离不开阳光，阴晴不定的气候条件使新能源发电大多具有间歇性、波动性等特点。这些特点打破了原有电网电能供给和负荷需要之间的平衡，给电网调频、调峰以及安全稳定运行带来了显著的影响，增加了电网稳定运行的潜在风险。当大规模新能源发电接入电网后，如果没有足够的调度措施和控制手段，在某个微小的故障触发下，就有可能形成连锁反应，造成大面积停电。因此，如何进行合理、经济的调度，保持电网安全稳定运行显得尤为重要。

智能电网的调度系统作为电网运行的神经中枢，在为大规模间歇性新能源输送保驾护航的同时，保证了电网的安全稳定运行。在智能电网调度系统中，间歇性新能源发电实时功率预测技术将可以准确预测新能源发电功率的变化，让不受控制的间歇性新能源尽在电网调度的掌握之中。基于负荷预测、新能源发电功率预测的间歇性，新能源发电与常规电源的联合优化调度技术，将促进编制合理的新能源电站发电计划，提高新能源调度运行的经济性。基于新能源的时空分布特性，以及大型风力发电、光伏发电基地之间的相互关联特性的新能源调度运行控制技术，将充分利用电网的储能设备，协调配合其他发电能源，平滑风力发电、光伏发电等新能源发电的功率波动，实现电网稳定控制，以及新能源发电与常规电源的智能协调优化运行。

（四）智能电网让新能源发电“落得下、用得好”

目前，我国的新能源发电呈现出“大规模集中开发、高压输送、大范围消纳”与“分散开发、低电压接入、就地消纳”并举的发展趋势。表现在电站形式上，一种是大型电站，另一种是分布式电源，而大量新能源的分布式接入对于传统的配用电系统来说则是一项严峻的挑战。

智能电网配用电技术根据新能源分布式接入对配电网在规划、运行、控制等方面的影响，将研制出智能化的配用电设备和系统，为新能源的分布式接入提供保障。这些设备使得新能源分布式具备一定的功率调节能力和对电网的支撑能力，保证新能源分布式接入配电网后用户的安全可靠用电。智能用电服务系统为电网企业和电力用户之间提供了友好的、可视化的交互平台，是电网企业提供人性化管理、连接用户的桥梁。用户可以通过简单的操作获取电量、电价、电费等信息，电网则可向用户发送缴费、检修以及电价政策等信息。这些智能化的配用电设备将支撑配电网的智能化建设，实现对分布式新能源的接纳与协调控制，提高配电网供电可靠性，改善供电质量，使用户尽情享受新能源电力带来的便利。

（五）新能源接入智能电网的主要关键技术

由于新能源发电的研究和应用时间较短，在新能源发电技术方面，风力发电、光伏发电等新能源发电系统的自身技术指标尚未接近或达到常规发电机组水平。针对国内的技术发展和应用现状，需在风力发电机组、光伏发电系统的先进控制技术和风电场、光伏电站的自动化与信息化技术方面开展技术攻关，使新能源电站具备良好的适应电网不同工况的能力，能够根据电网运行条件的变化自动调整运行状态，为电网安全稳定运行和经济可靠运行提供支撑，满足智能电网对新能源提出的可测、可控、可调要求。

针对间歇性新能源出力的随机性和波动性，进行大容量间歇性新能源发电输电系统网架优化技术研究十分必要。在保证系统安全性的同时，适当选择供电距离和接入电压等级，把相似电源特性的电站“打捆”后集中外送，提高经济性能；考虑不同新能源间以及新能源与常规电源间的合理配比，对大规模新能源的送端电源结构和布局进行优化，并“打捆”送出，可以平滑间歇性新能源的出力波动，提高传输通道的利用率。

新能源发电采用高压交流输电技术大规模外送，给系统在调峰、调频、调压以及安全稳定等方面带来巨大挑战，需借助先进的自动化与信息化手段，采用先进输配电设备，并对适应大规模新能源发电出力波动的功率控制策略进行研究，实现大规模间歇性新能源并网后的系统自动控制调节。

针对新能源发电的间歇性、波动性特点，应加强直流输电在送端系统功率波动情况下的运行控制技术研究，利用直流调制提高新能源大规模接入系统的能力；应加强直流与柔性交流输电装置的协调配合研究，利用柔性交流输电装置提高系统的稳定性，降低系统受扰后发生故障的概率。

分布式新能源电站规模的扩大、数量的增加，会对电网带来越来越大的影响。大量分布式电源接入，使得现有配电网放射状的供电结构以及配电网的电压调节、潮流控制、继电保护和综合自动化方案，无法适应新的网络结构的变化。同时，分布式电源与终端用户紧密相连，其电能质量问题也会对用户的设备安全带来隐患。此外，如何在配电网中确定合理的电源结构，如何协调和有效利用各种类型电源，在配电网规划中如何考虑分布式发电的影响等，也是迫切需要解决的问题。同时，针对分布式发电的间歇性与波动性，需要在分布式储能、用户侧的能源高效利用等方面开展前瞻性研究，使得配电网能够适应供电结构变化带来的运行方式差压，逐步实现分布式新能源的即插即用。

为引导新能源发电的发展方向，规范新能源电站的建设和运行，保障电网的安全稳定，在研究先进发电技术的同时，一方面，需要在新能源发电领域制定和完善适合我国国情的新能源发电并网标准，为新能源发电入网检测提供准则和依据；另一方面，需要开展并网检测技术研究，为新能源发电并网保驾护航。

三、智能电网与可靠供电

（一）坚强电网网架

智能电网首先应该具备坚强的电网网架。电网网架作为电网重要的组成部分，不仅承担着输送电能的重任，而且还是保证电网安全运行的物质基础，是保证供电可靠性的前提。坚强电网网架主要体现在两个方面：一是合理的电网结构；二是强大的电力输送能力。智能电网结构如图 1-5 所示。

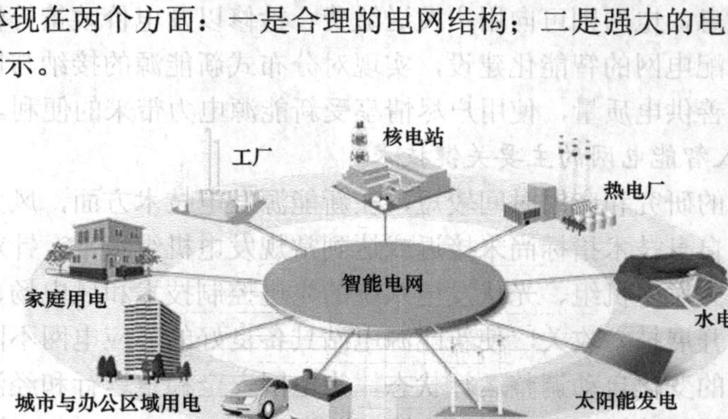

图 1-5 智能电网结构

合理的电网结构是电力系统安全稳定运行的基础。合理的电网结构，应满足经济性、可靠性和灵活性等基本要求，能够在技术、经济上适应电力系统发展需要，在一定程度上适应未来可能出现的电源建设和负荷增长等带来的某些不确定因素，能够使电网运行人员容易掌握和方便处理电网的安全和稳定问题，避免全网性事故的发生。在实际建设中，具体表现在两个方面：首先要求统一规划、优化布局，实现各级电网协调发展；其次就是电网合理分层分区，一定容量的电源接入相应一级电压的电网，部分主力电源分散接入骨干电网，避免电源过于集中接入统一电压等级的电网，防止发生严重事故时因负荷转移引起恶性连锁反应。科学、合理的电网网架结构，可以避免不同电压等级电网形成强耦合电磁环网，简化继电保护装置，有利于充分发挥有功功率与频率控制、无功功率与电压控制、安全稳定控制的效能，增强电网运行可靠性。

在我国，负荷中心往往距能源基地较远，以远距离、大容量、低损耗输电为特征的特高压电网不仅可以完成强大的电力输送，还可以实现能源基地与负荷中心的直接对接，对我国能源结构调整和大范围能源资源配置起到促进和优化作用。另外，加强受端系统建设也有助于提升电网的输送能力，受端系统的联系越强，交换能力越强，电压支持能力越大，就越有能力接收外部远方大容量电源送入的大量电力，同时也使整个电力系统具有较高的灵活性。随着以特高压电网为骨干网架的智能电网建设，在负荷中心建设超高压变电站将是发展趋势。超高压变电站深入负荷中心，一方面可以提升变电站的供电裕度，增加供电半径，避免迂回供电，方便在各自区域内根据电力负荷安排相应的电力供应，实现电网无功功率的分层分区就地补偿与控制，形成区域内电力供需大致平衡；另一方面，有利于加强跨区联系，提高各供电区之间相互支援、互倒互带的转供能力。

坚强电网网架可以保证电网正常运行的经济性，充分发挥各级电压网络的传输能力，提高电网抗扰动能力，缩小事故影响范围，实现安全可靠的电力供应，提高电网供电的可靠性。

（二）智能电网调度

电网调度在电力系统运行中发挥着重要作用，是电网安全可靠运行的组织中心、指挥中心和协调中心。随着电网的发展和电网管理水平的提高，电力系统运行对电网调度的要求也越来越高，尤其是在智能电网的大背景下，电网调度已成为电网企业对电网进行调度、管理和运营的一个高度信息化、集成化和自动化的综合指挥决策中心。例如，智能电网的一个重要功能就是在保证供电可靠性的前提下，根据电网实际运行情况做出必要的优化调整，提高电网经济运行水平，提升电力设施投资效费比；减少能量损耗，达到节能减排的目的；加大可再生能源的消纳能力，实现低碳环保目标。若要实现以上目标，就要求电网调度控制策略更为灵活，更为智能。

智能电网的建设对电网运行调度和分析控制提出了更新、更高的要求，面对复杂的电力系统，调度人员直接快速做出科学合理决策的难度不断增加，调度智能辅助决策系统的重要性日益凸显。这就要求调度能够从汇集的海量实时数据中抽取最关键的信息，进行分析、研究判断和决策，在电网计划、调度和实时运行的不同时间阶段，对电网静态、暂态和动态安全性进行分析和实时预警。在此基础上，优化电网经济运行，提高电网安全可靠性，针对电网中存在的安全稳定问题给出预警和解决预案，为调度运行人员在电网调度计划安排、监视和评估电网实时运行状态、分析和处理各种电网事故方面提供技术支持，协调电力交易的经济性和安全性，预防电网安全事故，并提供电网发生多重故障和连锁故障时的闭环紧急控制方案，提高电网供电可靠性。智能电网数据可视化调度系统界面如图 1-6 所示。

图 1-6　智能电网数据可视化调度系统界面

（三）智能电网设备

现代电网的复杂程度，使得电网无法依靠单一力量来解决或隔离某一起故障。实时管理一个现代电网，需要使用更多的自动化检测、控制、保护等设备，要求安全稳定控制、电网调度和测控保护之间的相互配合也必须更加默契，以便它们能够在发现故障苗头时自动发出预警，并根据电网调度策略调整运行方式，将故障消灭在萌芽状态或将故障尽可能隔离在更小范围内。

信息是智能电网的基础支撑，信息的获取需要大量的智能设备来支持。在智能电网中，集成技术应用将日益广泛，专业界限的模糊将使得智能电网中智能设备的外延大大拓宽。可以预计的是，各种智能设备在智能电网中将呈现功能日益整合、形态相互交融、工程实施灵活组态的发展趋势。因此，在今后电网建设和改造中，需要鼓励和优先采用适合于未来智能电网建设所需的先进技术和智能设备。

1. 发电方面

理想情况下，电力系统在任何时候都必须以恒定的电压和频率向负荷供电，反映在实际系统中，则是要求电压和频率必须维持在很小的偏差内，使用户的用电设备能够正常运行。例如，如果电网频率变化达到几赫兹或电压变化达到 10%以上，电力用户的电动机就可能无法运行。从这一点出发，广义的电力系统稳定性在一定程度上体现了电网的供电可靠性。如果电力系统能够满足对负荷的不间断、高质量的供电要求，系统就是稳定的，否则就是不稳定的。这就要求电力系统中各同步发电机要保持同步运行，送出的功率为定值，并维持系统中任何点的电压、频率和功率潮流在允许范围内。如果某些发电机之间不能维持同步运行，其送出的功率以及相应节点的电压和相应线路的潮流将发生大幅度的周期性振荡，如果失去同步的机组之间不能迅速恢复同步，系统的供电质量就无法继续保证，即电力系统失去了稳定运行的状态。

电力系统稳定器在发电侧智能设备中具有一定的代表性。电力系统稳定器是一种安装在发电机自动调节器上用以改善电力系统稳定性的附加励磁调节装置。它具有改善电力系统在受到干扰后的动态品质，提高电力系统静态稳定和相应的输送功率极限等三方面作用，在一定程度上提高了发电机和整个电力系统抗外界干扰的能力。

2. 输电方面

柔性输电技术是实现输电设备智能化的一项重要技术。柔性输电技术的应用可以实现电压、电抗等电气量的快速、连续控制，克服传统控制方法的局限性，增强电网的灵活性和可控性，是提高供电可靠性的一种有效手段。厦门柔性直流输电示范工程示意如图 1-7 所示。

图 1-7　厦门柔性直流输电示范工程示意图

目前，提高现有输电线路输送容量的方法有静态提温增容技术和动态增容技术两种。动态增容技术是在不突破现行技术规程规定的条件下，充分利用线路客观存在的隐性容量，提高输电线路输送容量的技术，相比静态提温增容技术具有一定优势，实际工作中采用较多。

线路输电能力受到导线和金具在高温下疲劳及形变的限制。在电网实际运行中，为了防止输电线路在负荷增加时产生过热故障，电网企业基于最恶劣气象条件制定了输电线路静态热容量极限，并在线路设计时以此校核导线最大输电容量。从电网实际运行的情况来看，在大多数时间内外部的气象条件要好于假定的最恶劣气象条件。也就是常说的，导线允许承载容量的实际值和规定值之间存在着隐性容量，这就为短期内适当提高线路输送能力提供了可能。通过现有的输电线路上加装先进的传感器和采集器等智能设备，实时掌握线路运行状态的相关参数，根据线路运行情况及时进行调控，可以在确保线路安全运行的情况下增加输送容量。

近年来，输电线路的状态监测技术在国内得到一定程度的发展，主要表现为诸如线路覆冰监测技术、绝缘子污秽状况监测技术、线路偷盗监测技术、导线温度监测技术等的研究和应用。在充分利用先进的监测设备和诊断技术的基础上，建立全方位和多要素的输电线路实时监测系统，及时预告灾害信息，实现故障快速定位，缩短故障恢复时间，有效提高供电可靠性。

3. 变电方面

变电方面的设备智能化主要体现在两个方面：一是诸如变压器、断路器等传统高压设备逐渐向智能化方向发展；二是不断涌现并应用新技术、新材料的新型设备，如电力电子变压器等。由于智能设备具有完善的自诊断和信息传输功能，因此可以及时掌握设备运行状态，采取相应的预防、处理措施，降低设备突发事故率，从而提高供电可靠性。

4. 配电方面

配电是电网直接联系用户的环节，智能设备和新技术的应用主要体现在及时掌握供电情况、妥善处理故障等方面。

第二节 智能变电站

智能变电站是智能电网的基础，是连接发电和用电的枢纽，是整个电网安全、可靠运行的重要环节。随着应用网络技术、开放协议、一次设备在线监测、变电站全景电力数据平台、电力信息接口标准等方面的发展，驱动了变电站一、二次设备技术的融合以及变电站运行方式的变革，由此逐渐形成了完备的智能变电站技术体系。与传统的变电站相比，智能变电站具有技术更加先进、安全可靠、占地少、成本低、少维护、环境友好等一系列优势。因此，智能变电站的研究、建设既是下一代变电站的发展方向，又是建设智能电网的物理基础和要求。

一、智能变电站介绍

(一) 智能变电站的发展

进入21世纪，超高压、特高压交直流输电技术在网间功率传输的应用越来越广泛，风能、太阳能等绿色能源的应用不断扩展，静态无功补偿装置（static var compensator，SVC）、动态无功补偿装置（static var generator，SVG）、柔性输电技术得到应用，这对电网的运行控制提出了更高的要求。国内外广泛提出了智能电网的概念，通过先进的电网技术、传感测量技术、通信技术、信息技术、计算机技术和控制技术与传统电网高度集成而形成新型电网。国家电网公司提出了建设坚强智能电网的战略，将“建设数字化电网，打造信息化企业”作为当前的重点任务，如何提高变电站及其他电网节点的智能化程度成为打造信息化企业的重要工作之一。作为智能电网中的一个环节，智能变电站是电网智能化的重要组成部分。智能变电站采用先进、可靠、集成的智能设备，以全站信息数字化、通信网络化、信息共享标准化为基本要求，自动完成信息采集、测量、控制、保护、计量和监测等基本功能，并可根据需要支持电网实时自动控制、智能调节、在线分析决策、协同互动等高级功能。

信息化是智能变电站的关键，需要实现信息纵向的贯通和横向的充分交互，一次设备不再通过大量电缆与二次设备交互，而是通过智能化或与过程层设备配合进行网络化的数据交互。因此，实现变电站信息交换的标准化是智能变电站建设的基础。国际电工委员会

（International Electrotechnical Commission，IEC）建立了新一代的变电站信息交换标准——IEC 61850。目前的智能变电站主要以符合 IEC 61850 的变电站通信网络和系统、网络化的二次设备为主要建设目标，同时探索智能化的一次设备、信息化的运行管理系统等技术和手段，不断提高变电站的智能化水平。

智能变电站的工程实践目前主要经历了以下三个阶段：

（1）第一阶段称为数字化阶段。侧重在数字化的层面进行设备的研发与应用工作，通过网络取代一、二次设备间和二次设备间的大量电缆，简化变电站的建设与维护。第一阶段从 2007 年的宣家（外陈）变电站开始，以大侣变电站、芝堰（兰溪）变电站等数字化变电站为代表，充分验证了面向通用对象的变电站事件（generic object-oriented substation event，GOOSE）、采样值（sampled valve，SV）等过程层数据传输技术和组播注册协议（garp multicast registration protocol，GMRP）、IEEE 1588 等网络技术的可行性，充分认识了技术发展中可能存在的问题，为智能变电站的发展奠定了技术基础。如图 1-8 所示为基于 IEC 61850 自动化系统网络结构图。

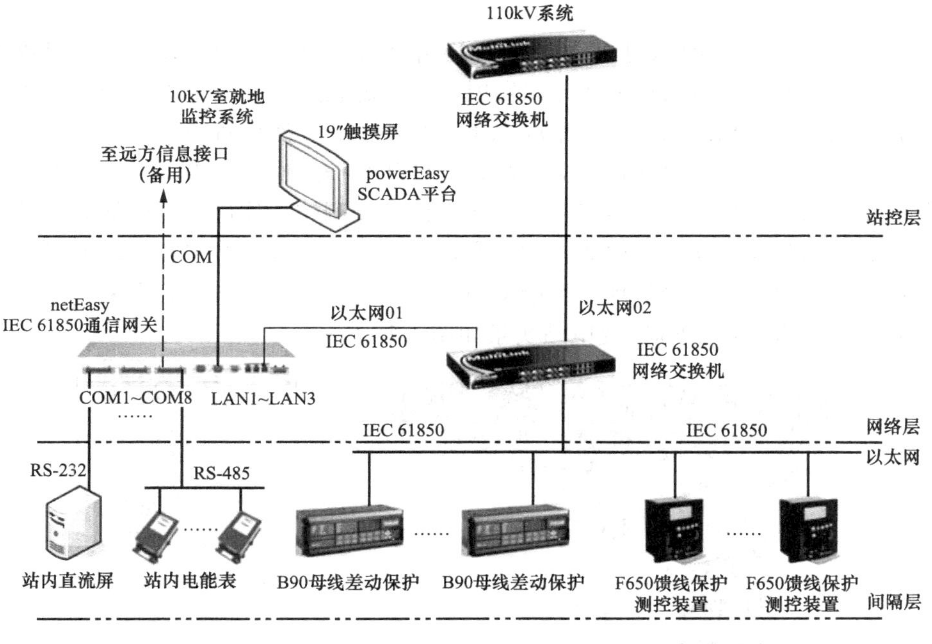

图 1-8 基于 IEC 61850 自动化系统网络结构图

（2）第二阶段可以称为推广应用阶段。从 2010 年芝堰（兰溪）变电站、午山变电站、金谷园变电站智能化改造开始，通过开展过程层应用、电子式互感器、一次设备在线监测、顺序控制、智能告警、一体化智能网关机等应用，变电站逐步往智能化方向发展。第二阶段，从过程层通信、控制保护设备、变电站建设等不同方面制定了一系列智能变电站技术标准，以过程层通信为例，国家电网公司制定了选用延时固定、相对可靠的点对点通信作为过程层通信的标准方案，中国南方电网有限责任公司制定的选用对时同步、组网的过程层通信方案作为标准方案，并对方案实现细节做出了详细的规范要求。在第二阶段，智能变电站的建设逐步走向规范化和标准化。午山变电站实景如图 1-9 所示。

图 1-9 午山变电站实景图

（3）第三阶段可以称为探索提高阶段。2013 年国家电网公司提出建设新一代智能变电站的目标，智能变电站进一步向集成化方向发展，并选定北京未来城等 6 座变电站作为第一批示范应用。通过应用隔离式断路器、集成电子式互感器，一次设备充分融合、数字化或者智能化，占用空间显著减少，可靠性大大提高，建设和维护工作量显著降低。二次设备功能融合，部分电压等级合并单元、智能终端一体化，保护、测控一体化，测控集成计量等多种功能，同时通过应用预制二次设备舱等技术方案，简化了二次设备布置和空间占用，变电站的建设调试周期显著缩短，充分体现了智能变电站的技术和经济优势，为未来进一步推广应用奠定了基础。北京未来城 220kV 变电站实景如图 1-10 所示。

图 1-10 北京未来城 220kV 变电站实景图

（二）数字化变电站

数字化变电站是变电站自动化技术发展中具有里程碑意义的一次变革，是指以变电站一、二次设备为数字化对象，以高速网络通信平台为基础，通过对数字化信息进行标准化，实现站内外信息共享和互操作，并以网络数据为基础，实现测量监视、保护控制、信息管理等自动化功能的变电站。其主要特征是“全站信息数字化、通信平台网络化、信息共享标准化”，即变电站内的信息全部做到数字化，网络通信体系基于 IEC 61850 标准，信息模型达到标准化。数字化变电站的建设使得系统在可靠性、经济性、维护简便性方面均比常规变电站有大幅度提升。与传统变电站相比，数字化变电站注重的是信息的标准化和传输的网络化，而传统变电站主要注重的是信息化的传输。智能电网下的变电站则更加注重设备的智能化、站间信息的互换互用以及站内功能的智能化应用。

数字化变电站具有以下优点：

（1）数字化变电站的本质特点在于就地数字化和光缆传输，光缆是一、二次侧设备间信息传输最为合适的载体，具有带宽高、不受电磁干扰的显著优点。

（2）在数字化变电站条件下，用光缆通信代替控制电缆硬连接，由于同一根光纤介质可以传输的信息种类不受限制，完全取决于报文的内容，用一根光纤就可以传递很多根电缆表达的信息。所以，可以将二次回路大为简化。

（3）通过光纤传输，使用通信校验和自检技术，可以提高信号的可靠性。

（4）电子式互感器杜绝了传统电流互感器短线导致高压危险、TA 饱和影响差动饱和、CVT 暂态过程影响距离保护、铁磁共振、绝缘油爆炸、SF_6 泄漏等问题；解决了传统电流互感器当电压等级越高、短路电流越大时，必然将增大体积，使设备变得更加笨重，安装运输不方便等问题。

当前的变电站从技术上来说，其突出成就只是实现了变电站信息的数字采集和网络交互，这对于智能的需求是远远不够的，因此说，当前的变电站只是作为变电站自动化发展的一个阶段，在技术上还有很大的提升空间。

（三）智能变电站

智能变电站以数字化变电站作为技术基础，采用先进、可靠、集成、低碳、环保的智能设备，以全站信息数字化、通信平台网络化、信息共享标准化为基本要求，自动完成信息采集、测量、控制、保护计量和监测等基本功能，并可根据需要支持电网实时自动控制、智能调节、在线分析决策、协同互动等高级功能的变电站。

智能变电站是智能电网建设的重要节点之一，其主要作用就是为智能电网提供标准的、可靠的节点（包括一、二次设备和系统）支撑。智能变电站作为智能电网的重要基础和支撑，其站内设备具有信息数字化、功能集成化、结构紧凑化、状态可视化等主要技术特征，智能变电站系统应建立站内全景数据的统一信息平台，提供子系统标准化、规范化存取访问以及智能电网调度等其他系统进行标准化交互。

（四）数字化变电站与智能变电站的比较

智能变电站技术发展的第一个阶段称为数字化变电站，它侧重于基于 IEC 61850 系列标准实现建模标准化和设备及功能的互操作性；采用电子互感器及合并单元技术实现采样值的数字化传输；采用“传统开关+智能终端”方式，通过 GOOSE 通信机制实现一次设备的网络化操作；通过快速可靠 GOOSE 通信，实现设备间的联闭锁及其他交互功能，甚至部分网络化的保护控制功能。这一阶段主要关注变电站自动化系统信息的数字化传输及信息建模，但对于这些数字化信息的深层次、综合分析利用较少涉及。

智能变电站技术发展的第二个阶段称为智能化变电站，一般称为智能变电站，它是在数字化变电站技术的基础上，对变电站信息进行深层次的综合分析利用，侧重于一次设备的状态监测及诊断分析；变电站级各种高级应用功能，如智能警告、智能事故辅助决策；电力三态一体化的全景数据平台；与新能源系统的接口及互动；与辅助监视系统，如灯光、门禁、消防、巡视系统等的联动，实现变电站信息的智能监视、报警、事故处理、联动操作等。

智能变电站与数字化变电站既有密不可分的联系，也存在重要差别。数字化变电站主要强调手段，而智能变电站更强调目的。与数字化变电站相比，智能变电站概念中蕴含物理集成和逻辑集成两个方面。

在设备层面，智能变电站更强调智能一次设备概念。数字化变电站已经具有了一定程度的设备集成和功能优化的概念，而智能变电站设备集成化程度更高，可以实现一、二次设备的一体化、智能整合和集成。

在系统层面，智能变电站更具备“全网”意识。数字化变电站主要从满足变电站自身的需求出发，而智能变电站则更强调满足电网的运行要求，比数字化变电站更加注重变电站之间、变电站与调度中心之间的统一与协调，以在全网范围内提高系统的整体运行水平为目标。

作为一门新兴技术，智能变电站从提出开始就受到了极大的关注，目前已成为我国电力系统研究的热点之一。随着相关软硬件技术的不断发展和成熟，智能变电站将成为变电站技术的发展方向。实现智能变电站将对我国变电站的自动化运行和管理带来深远的影响和变革，具有非常重要的技术和经济意义。

在技术上，实现智能变电站可以减少设备的检修次数和检修时间，提高设备的使用效率；减少自动化设备数量，简化二次接线，提高系统的可靠性；设备具有互操作性，方便了设备的维护和更新，减少投运时间，提高工作效率；此外，还可以方便变电站的扩建及自动化系统的扩充。

在经济上，可以实现信息在运行系统和其他支持系统之间的共享，减少重复建设和投资；减少占地面积，从而减少建设投资；减少变电站寿命周期内的总体成本，包括初期建设成本和运行维护成本等。

总之，智能变电站的建设实施，符合国家电网公司对新型变电站的“两型一化”及南方电网绿色“3C”电网建设的指导要求，是发展智能电网的重要基础。

（五）智能电网的需求

在智能电网规划的推动下，智能变电站将成为新建变电站的主流，而数字化变电站则是智能变电站发展过程中的一个阶段，与智能电网的提出和需求并不矛盾。

电力系统发展到今天，对变电站而言也经历电力系统发展带来的一次次的变换和进步，这些都为国民经济的发展做出了巨大的贡献。但是要达到所提出的信息化、自动化和互动化智能电网目标，现阶段的变电站与智能电网建设还存在许多不相符合的地方，仍需要提升和优化许多功能，例如，高压设备的智能化仍需加强，对变电站的监控需要更多的信息，管理水平跟不上技术水平的发展，一线的工作人员依然用传统管理变电站的方式去管理数字化变电站等。如何最大限度地挖掘现有变电站的潜力、最大程度地节约成本、提高效率，如何使先进的技术和先进的管理相结合、相辅相成，这些都是现实中存在的问题，也是在智能电网建设中变电站亟待解决的问题。

从系统整体来看，电网关心的是变电站这个有机整体，而不关心站内变压器、开关设备的情况。对于变电站来讲，站内设备本身的可靠性固然重要，更重要的是这个整体所体现出来的可靠性。而则是负责整体可靠性的变电站的控制室，它通过安装在各处的自动监测装置负责搜集设备运行中的各种信息，纵向上负责与上级调度的信息交互，横向上负责与相邻站、与其他新能源、与用户之间的信息交互和行为互动，在掌握充分信息的情况下协调、决策这些设备的运行。将整个变电站看做一个有生命的整体就是在智能电网的环境下对变电站提出的新需求。智能变电站的概念图如图 1-11 所示。

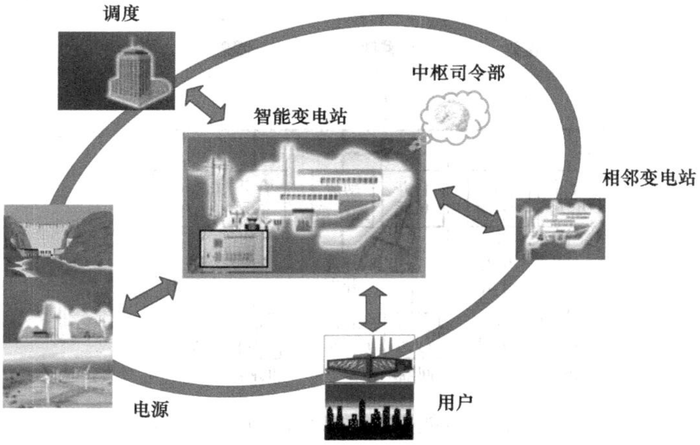

图 1-11　智能变电站概念图

智能变电站是智能电网重要节点之一，其功能不单局限在纵向数据采集和命令执行，还担负着运行中横向信息共享，确保电网运行的稳定、可靠、经济。变电站主要设备逐步实现智能化，为坚强实体电网提供坚实的设备基础，在数字化变电站建设的基础上，进一步拓展变电站自动化系统的功能，逐步向智能化变电站转变。根据分阶段实现智能电网的总体规划，变电站需在以下几个方面进行相应的完善，以满足智能电网对变电站的需求。

（1）坚强可靠的变电站。变电站应用于智能电网，可靠性无疑是最重要的要求，除了站内设备及变电站本身可靠性外，智能变电站更应该关注自身的自诊断和自治功能，做到设备故障提早预防、预警，并可以在故障发生时，自动将设备故障带来的供电损失降到最低。智能变电站综合自动化解决方案如图 1-12 所示。

（2）信息化的变电站。变电站是电网基础信息的主要提供者之一，变电站服务于智能电网的一个主要作用就是提供可靠、准确、充分、实时、安全的信息，提供的信息应不仅仅局限于传统“四遥”的电气量信息❶，还应包括设备信息，如变压器色谱分析结果、冷却散热系统情况等，断路器的动作次数、传动机构储能情况、开断电流的情况等；还应包括环境信息、图像信息等，最终达到信息描述数字化、信息采集集成化、信息传输网络化、信息处理智能化、信息展现可视化和生产决策科学化。在信息安全方面，遵循国家及国际标准，以保证站内与站外的通信安全及站内信息存储、信息访问的安全，实现与上级调度中心通信的认证及加密，实现站内各系统之间的安全分区及安全隔离。智能变电站监控系统如图 1-13 所示。

❶ “四遥”的电气量信息是指：遥测信息、遥信信息、遥控信息、遥调信息。

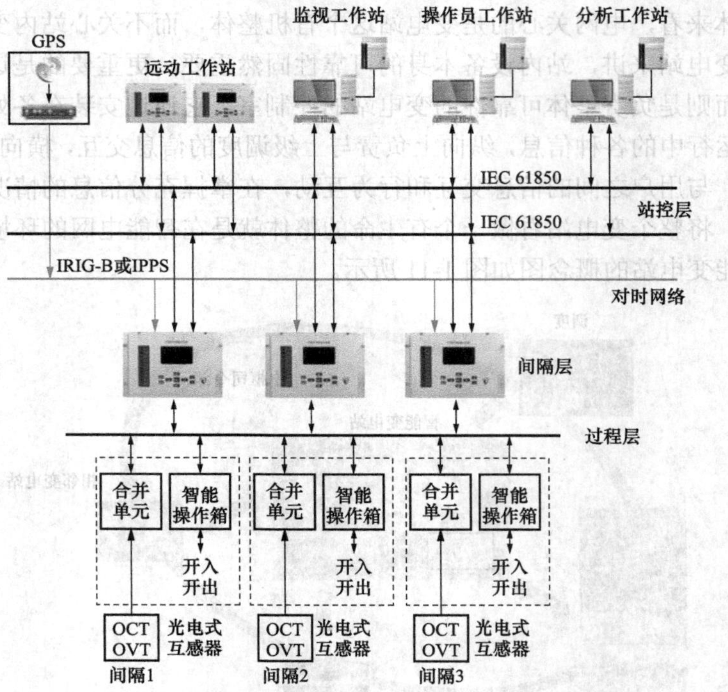

图 1-12 智能变电站综合自动化解决方案

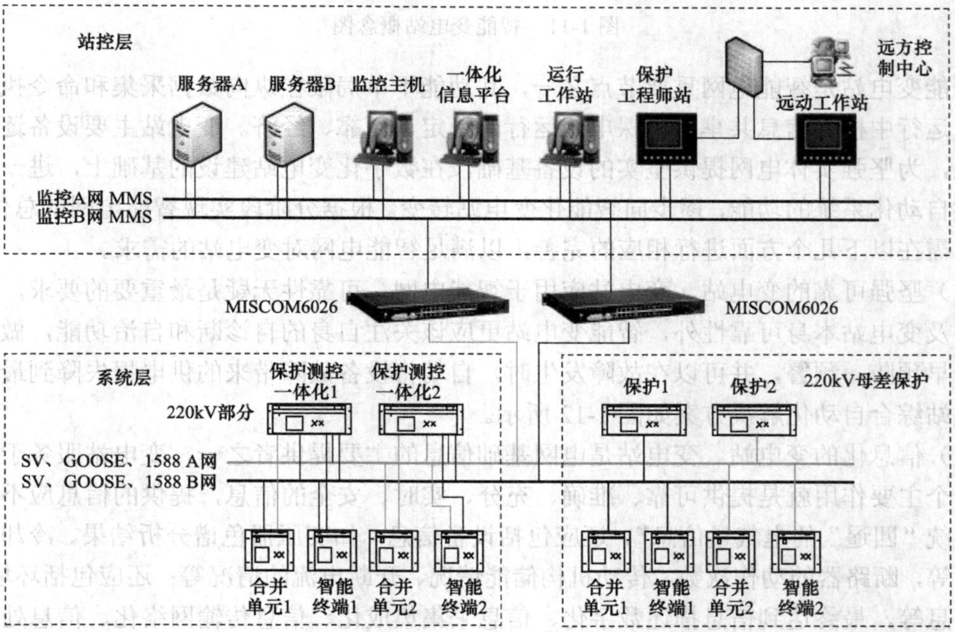

图 1-13 智能变电站监控系统

（3）自动化的变电站。变电站自动化是实现电网自动化最直接的窗口，智能变电站应最大可能地实现自动化功能为智能电网提供服务。实现根据工程配置文件生成系统工程数据、二次设备在线/自动校验、变电站状态检修、变电站系统和设备系统模型的自动重构等功能，进一步提高变电站自动化水平。

（4）互动化的变电站。友好互动是中国坚强智能电网的主要运行特征，变电站服务于智能电网应充分体现互动化要求。一方面，它担负着各类电源与用户的接入与退出，电网实时数据的采集和命令的执行，变电站的继电保护设备还担负着电网“三道防线”中第一道防线的重任。另一方面，变电站统一信息平台改变了以往变电站信息孤岛系统，改变了电力系统横向系统多、纵向层次多的业务孤立格局，实现与控制中心之间、与相邻变电站之间以及与用户之间的双向交互式的信息沟通，优化了资源配置，大大提高真实性和有效性，减少重复浪费现象，满足对智能电网建设的需求。智能变电站智能辅助管理系统如图 1-14 所示。

另外，通过变电站互动化的功能可以体验用户需求，提高供电可靠性，促进用户主动关注和参与电网建设，共同维护好电网的安全、稳定，提高用户主动节能意识，实现社会的可持续发展。

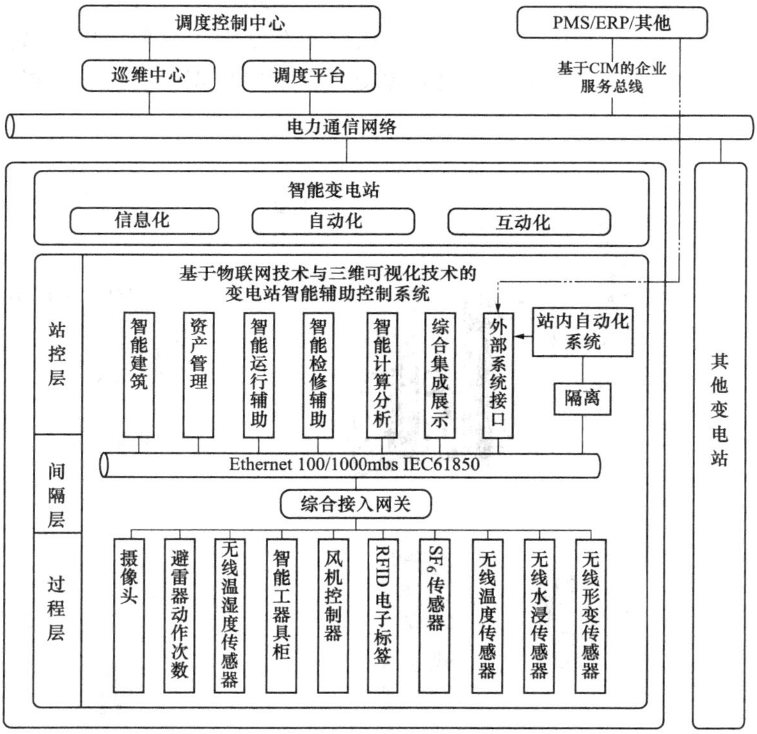

图 1-14　智能变电站智能辅助管理系统

二、智能变电站关键设备/系统

（一）智能化一次设备

高压设备智能化是智能变电站的重要组成部分，也是区别于传统变电站的主要标志之一。在这里做个类比：高压设备本体是“身体”，智能决策、控制部分是“大脑”，状态感知和命令执行部分是“神经”，三者合为一体就是智能设备。智能设备另一个重要特征是信息互动功能。设备自我状态感知信息必须提交给智能电网的相关系统才能实现其价值，与这些系统的信息互动是提升整个电网智能化水平的重要基础。

1. 智能变压器和断路器

智能设备首先是一台数字化的设备，并不意味着设备的基本原理一定要发生改变，而是指设备及其附属部件的状态可视化和测控数字化。传感器、控制器及其接口成为高压设备不可或缺的一部分，原来只能在主控室内实现的功能，在智能设备时代设备本身已经具有。

图 1-15 智能变压器

至于变电站内哪些设备需要智能化，要智能化到什么程度，需要依据实际应用情况。通过对工程实际分析，110kV 及以上变电站内高压设备中，从影响可靠供电的强迫停运率、非计划停运时间、计划停运时间等指标来看，变压器、断路器是所有设备中影响较大的两个。从设备在站中的重要程度和故障对可靠供电造成影响的范围大小的角度，为设备智能化对象提供了实践依据。智能变电站与智能断路器如图 1-15、图 1-16 所示。

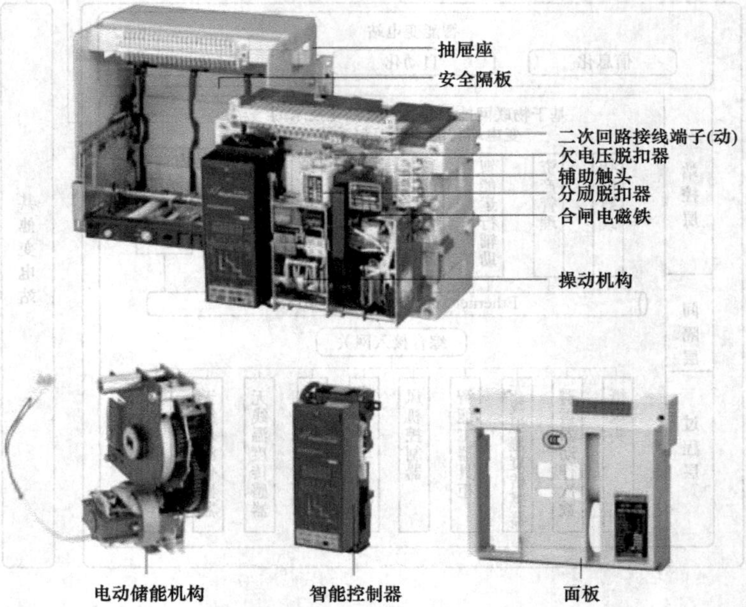

图 1-16 智能断路器

高压设备智能化之后，除了电力线、电源线之外，只有连接站系统的网络线。例如智能变压器，运行中除了与高压电网相连接的母线外，变压器与控制系统仅靠通信光纤相连。值班人员轻点鼠标，变压器状态参数和运行数据一目了然，如变压器寿命曲线图、是否应该检修、变压器损耗等。当运行方式发生改变时，根据系统的电压、功率情况，决定是否调节分接头（调节变比）；当自身所带负荷超过额定容量时，请求相邻变压器或者相邻变电站伸出援手；当自身健康状况出现问题时，发出预警并提供状态参数等。智能设备不仅仅是测量与控制方面的技术革新，对变电站设计、电网运行乃至高压设备本身的技术发展，都有重大影响。智能设备的应用将使整个变电站向着更加简约、可靠和智能的方向发展。

在智能化采用的技术方面，智能设备最为核心的特征是建立在数字化和网络化之上的智能技术。智能技术包括基于传感器的自我状态感知技术和基于自检测信息的智能控制与保护技术，这也是技术成熟度相对较低，需要研究和在实践中发展的技术。

2. 电子式互感器

随着智能电网的建设，电力系统需要能更准确地把握电力系统的实际运行状态，这就对互感器提出了更高的要求。但是，由于传统互感器固有的不足（如磁饱和、动态范围小，随着电压升高结构变得复杂、体积增加等），很难满足电力系统发展的需求，因此，新原理、新材料的电子式互感器的推出变得尤为重要。随着光电子技术、微电子技术及光纤通信技术的发展，基于光学传感技术的光学电流互感器，基于罗柯夫斯基（Rogowski）空芯线圈原理的电子式互感器技术得到了快速发展，这种互感器技术能有效克服传统电磁式互感器的缺点。在我国，数百套不同类型的电子式互感器运行于35～500kV 各电压等级的数字化变电站，为电子式互感器的研发积累了丰富的现场经验。电子式互感器如图1-17所示。

图1-17　电子式互感器

目前，国内外关于智能高压电器尚没有统一的定义和标准，也没有真正意义上的智能高压电器。2010年1月16～17日，由中国国家电网公司科技部主持，国网电力科学研究院高电压研究所承办的国家电网公司“十二五”科技战略规划之“一次设备及其智能化技术研讨会”在武汉召开。会议确定了一次设备及其智能化领域在“十二五”期间的战略需求及发展趋势、发展思路和战略目标、发展重点及关键技术、中长期发展方向及保障措施等研究课题，推动了国家电网公司“十二五”科技战略规划“一次设备及其智能化”专题的深入研究。这说明我国智能高压电器的研发正式纳入国家电网公司的科技战略规划。

（二）变电站统一信息平台

在建设智能变电站的同时，随着信息量的剧增，信息化作为智能变电站的基础，必须整合站内各种业务系统，加强数据深层挖掘研究和应用，结合先进的信息存取机制和数据挖掘技术，实现信息双向传输，各种应用的数据共享，形成综合信息系统，建立统一信息平台。

在统一信息平台下，对数据的管理和存取可以类比为一个图书馆管理系统，读者只需要知道如何进行检索、借阅、归还就可以了，不需要关心书的入库、出库、维护这些具体细节实现的过程。在智能变电站中保护、监控、状态评估等高级应用部分好比不同的“读者”，这些“读者”对数据的存取好比通过管理人员对书的借阅，信息的存放好比图书馆管理人员对图书按照分类号进行分类。运行过程中这些“读者”根据自身功能的需求向统一信息平台给出请求，信息平台将满足要求的信息返回给“读者”，至于信息平台根据要求是如何拿到这些信息，应用部分不需要关注。因此，统一信息平台的应用为变电站提供了一整套信息存取、维护方面的机制。简单地说，统一信息平台下，将全站的数据按照统一格式、统一编号存放在一起，应用时按照统一检索方式、统一存取机制进行，避免了不同功能应用时对相同信息的重复建设。

从两个角度理解统一信息平台的概念，一个是系统横向上信息共享，主要表现为管理系统中各种上层应用对信息获得的统一化；另一个是系统纵向上信息的流向，主要表现为各层次对某个上层应用支撑的透明化。电网中为了实现对其运行情况和运营情况的监控、估计和分析，电力系统中通常包括多套信息化子系统，如调度自动化系统、配电自动化系统、信息管理系统、生产管理系统等。由于这些系统通常由不同的公司提供，其管理也往往分属于电网公司中的不同部门，如调度、营销、配电等，站端相应的也存在多个系统，因此往往存在着数据来源不一、数据模型维护不及时、彼此之间缺乏必要的协商和沟通等问题。除此之外，在传统电网中，信息流通常由站端流向调度中心，即单向信息流动。也就是说，在现有的信息系统中并未考虑数据由电网调度中心传递到站端的需求。在智能电网下对变电站信息支撑平台提出了更高的要求。主要体现在以下几点：

（1）信息的来源更为广泛。在智能变电站中，信息的来源不仅包括用户保护测控的电压、电流、开关位置，还包括相邻站信息、用户侧信息、气象信息、资产信息等，信息来源更为广泛，同时由于状态检修的引入也使得智能电网信息量比传统电网有着大幅度地增长。因此对信息支撑平台提出了更高的要求。

（2）支持信息的双向流动。智能电网支持信息流的双向流动，双向的实现需要智能变电站的支撑。也就是说，信息不仅从站端流向调度，站端也需要同时获得调度以及其他侧的相关信息。而现有电网通信网络均是在考虑大量信息单向流动，而仅有少量的控制信息是从调度到设备的前提下构建而成的，并不能满足智能电网对信息双向流动的需求。

（3）统一的数据共享机制。智能电网对电网的控制能力更强，运行方式更为灵活，这就需要对电网状态的精确感知。而电网状态的感知精度在一方面取决于电网元件的数学模型的准确程度，另一方面取决于系统元件信息来源的准确性、唯一性。为此，智能变电站统一信息平台必须采用统一的数据共享机制，即整合各类数据来源，形成统一的数据共享平台，并根据智能电网的各类不同应用对数据的具体要求提供相应的数据服务。

在智能变电站中，要求统一信息平台支持多业务的合作协同，具备信息资源的实时在线互操作能力、动态处理能力和协调能力，实现全站数据唯一化、应用一体化、业务智能化，实现对智能电网建设的有力支撑。

三、智能变电站技术展望

（一）组网技术将进一步发展

随着 IEC 61850 Ed.2 版本的发布，IEC 61850 实施的进一步规范化，基于 IEC 61850 的智能变电站的集成和维护过程将变得越来越简单高效。在 IEC 6185 Ed.2 中推荐网络冗余的方案为：高可靠性无缝环网（HSR）技术和并行冗余网络（PRP）技术。这些技术将使网络的冗余处理更标准化，网络可靠性也将得到保证。

国内提出的集成报文延时标签的交换机技术，由交换机将报文进入交换机和出交换机的延时测量出来并标记到网络报文中，保护装置将报文接收时间减去该延时和合并单元延时就可以得到合并单元采样的时间，然后应用与点对点同样的插值算法就可以得到同步后的采样值。该技术具有点对点模式不依赖于同步时钟的优点，又具有组网模式数据共享的特点，是有良好应用前景的一种组网模式。

（二）可视化设计技术

通过可视化的设计技术，使工程设计人员不再直接面对其不熟悉的装置 ACD 文件和变电站 SCD 文件开展工作，而是提供一整套变电站的设计工具。设计人员采用其熟悉的方法在图纸上进行一次设备和二次设备的布置、连线，工具将自动形成描述一次设备配置的系统规格描述（system specification description，SSD）文件、全站设备配置的 SCD 文件及相关信号连线与关联关系。

可视化设计方法可以消除设计工作与配置工作中的重复部分，提高智能变电站工程实施的效率，同时降低智能变电站维护的难度，是智能变电站设计技术的发展方向。

（三）模块化与可装配式变电站

智能变电站的发展大大促进了一次设备的智能化水平，拥有自身数字化接口的智能变压器智能开关等一次设备得到应用。一、二次设备的界限变得模糊，二次设备的一些技术在一次设备中得到大量体现，一次设备的在线检测技术与本体保护在一次设备侧得到更好的集成。一次设备的智能化，使变电站中二次设备的数量大大减少，简化了运维管理的同时提高了系统的整体可靠性。目前变电站的过程层设备，如智能终端，将进一步集成于设备中。由于一次设备直接提供网络数据接口，现场设备间的组装连接将变得非常简单。

一次设备智能化程度的提高与二次设备的简化，有助于实现设备、系统的模块化设计，为可组装式智能变电站的发展提供了可能。

（四）海量信息与高度集成的自动化系统

通信技术与通信标准的进一步结合，为智能变电站提供了海量信息，这些信息能够得到很好的集成并实现共享，为智能变电站的更多智能应用提供了信息基础。统一的应用平台与模型建设，可实现电网的源、远端的图模一体化设计和维护。结合自动发布等技术，会大大降低智能变电站和调度监控系统的设计、实施工作量。

智能变电站的通信带宽进一步提高，千兆网络得到广泛的应用。借助物联网通信，变电站的各种信息以更方便的方式集成到自动化系统中，包括监控影像、智能机器人自动控制信息链等，为变电站的无人值班提供了所有的技术手段。无人值班的超高压变电站将更安全可靠。

变电站的各种海量信息的存储由传统硬盘过渡到“电力云”的云端存储。通过云端充足的实时信息和历史信息，设备的状态检修变得可能。事故的分析、故障的定位甚至故障后的恢复，将变得更为准确和可靠。

（五）分布式变电站与变电站集群

高度智能化的变电站，结合变电站间通信协议标准，以及海量信息的云端存储，为分布式局域性变电站与智能变电站的集群提供了技术支撑，可形成分布式微电网、互动型局域性电网；结合实时大数据的智能分析系统，这种分布式、集群式的智能变电站通过协作，具有局域性故障可自愈等功能，且为风、光等分布式能源接入电网提供了方便。在这种分布式智能变电站，接入的风、光等分布式能源，可根据其特点进行能量的自动调配、负荷的自动均衡，在保障电网运行可靠、电力供应正常的基础上，最大限度地实现一种绿色环保的能源供应方式。

（六）电网层面的在线监测与评估

现代通信标准体系以及网络技术，为变电站及电力系统的运行、设计、评估提供了丰富的信息资源。通过对故障原因、故障影响范围及经济影响等方面大量数据的统计分析，结合各种变电站配置方案（如星形、环形、双星形等各种网络）实际可靠性的信息统计，可以为智能变电站的设计方案进行经济性、可靠性的进一步评估，为电网用户提供更多设计选择的信息。

通过更大规模的故障信息统计分析，可以实现系统层面的在线评估。如根据大量统计的某厂家产品的平均运行无故障时间，结合目前运行设备的无故障运行时间，以及运行环境温湿度等统计信息，构建电力系统评估模型，实现对运行系统的可靠性、可用性、安全性的分析与评估，可实现变电站运行风险预警、检修智能提醒等功能。

（七）智能化诊断与一键式检修的管理

智能变电站技术为变电站的运行、维护、检修提供了进一步的创新发展空间。结合云端大数据统计结果、智能神经网络分析方法、变电站运行现状，可实现智能化的故障分析诊断。通过“类人”的思维模式，根据统计结果与实际运行信息，进行分析推理，实现设备故障、网络故障的提前预警、自动诊断与故障排除。模块化、可组装式变电站的出现，简化了整个变电站的检修逻辑，为程序化检修提供了一种可能。在变电站设计阶段，编制出一些常规检修方法与实施办法，并将该方法以检修操作票的方式进行程序式的固化，结合顺序控制功能以及在线分析通信报文，可通过一个远端命令的方式，使智能变电站一键式进入检修状态。一键式检修使操作更加简单，系统的运维管理更加智能。

未来变电站的一次设备可靠性、智能化水平将大大提高，一、二次设备技术将充分融合，模块化、装配式的变电站将会出现，结合高级应用的发展，变电站的建设、运行、维护变得越来越简单。相应地，与电网的互动能力将显著增强，从而提升电网可靠性，实现电网的自愈。

变电站作为电网中的基础节点，智能变电站是智能电网建设中一个不可缺少的内容，也是智能电网的重要组成部分。智能变电站建设的最终目的是优化资源配置，提高资源使用率，达成智能电网满足大范围资源优化配置和服务资源节约型、环境友好型社会建设的目标。

第二章 智能变电站通信技术

第一节 智能变电站通信结构

现代自动化控制技术越来越依赖于通信技术的发展，智能变电站的显著特征就是计算机可以识别和处理的数字信号代替常规的电缆硬接线，并通过网络通信技术实现共享和互操作。变电站通信正在朝着网络化、互联的方向发展，将发展为一个广域网、局域网和现场总线并存的网络结构。变电站的信息传输将呈现多层次、多局部交错互联的形态，并由此实现信息的沟通、汇集和共享。那么，如何构建一个可靠、高效、稳定、安全的网络通信系统，是实现变电站智能化过程的一个核心工作。

构建一个符合智能变电站性能要求和功能要求的通信网络系统，既需要了解和认识当今最典型的网络通信技术，同时也需要了解智能变电站特定的通信协议栈的开发及网络设备、网络特性、通信性能分析等。

一、变电站通信模式的发展历程

变电站网络通信技术的发展，经历了电缆直连、串行连接和现场总线三个不同发展阶段。早期的远方终端（remote terminal unit， RTU）是变电站自动化系统的核心，主要通过并行电缆将各种信号接入。随着通信技术的发展，串行通信技术引入变电站自动化系统，可以连接保护继电器、自动设备等。20 世纪 90 年代初期现场总线得到发展，变电站自动化系统的通信技术进入现场总线阶段。

1. 早期的并行电缆连接

20 世纪 80 年代中期，变电站自动化系统的核心是远动装置 RTU。该类系统实际上是在常规的继电保护及二次接线的基础上增设装置，功能主要是与远方调度通信，实现 “四遥” 断路器和隔离开关的状态、保护信号通过硬接点接入。测量量通过电量变送器将 TA/TV 侧的 5A/100V 交流信号变换成 0～5V 或者 4～20mA 的直流信号。

变电站与控制中心的通信采用专用电力载波的串行连接，早期限于技术和资金，一般只有上行通道，通道速率基本在 300bit/s，同步式 CDT 是当时使用最多的通信协议。

2. 串行通信的集中模式

20 世纪 90 年代初期，芯片技术的发展带动了变电站自动化通信系统的发展，串行通信进入变电站自动化系统，逐渐取代了传统的硬接点接入模式。早期“点对点”的 RS-232 模式和后期出现的“一对多”的 RS-422/RS-485 模式是这个时期的典型代表，RTU 可以通过串行连接扩展到多个 CPU，而保护设备也可以加设保护管理机来统一管理。变电站内自动化设备之间的互连，出现了最初的互连协议，但都只限于各个厂家之间的私有协议。当地计算机可以通过串行连接与 RTU 通信，实现当地的画面显示和实时监控。

3. 现场总线的分布模式

20 世纪 90 年代中期以后，交流采样技术和现场总线成熟起来，变电站自动化系统向分层分布式发展。交流采样技术的广泛使用摒弃了采用硬接线的电量变送器，由监控装置直接采集来自 TA/TV 侧的交流信号。而现场总线作为首先在工业控制通信领域得到飞速发展的互连技术，相对于串行连接，它具有很大的开放性和抗干扰能力，得到更多厂家的支持。现场总线的通信速度也有很大的提高，高速的连接使得设备的分布成为可能，监控设备和保护设备可以分布到当地一次设备附近。

以太网技术开始在变电站自动化系统的站控层得到应用，除了人机主站，工程师站、远动主机、对时设备 GPS 等出现在变电站自动化系统中。

虽然以太网、现场总线等技术得到了广泛的应用，但由于厂家众多，各个厂家之间的协议不同，如微机“五防”、电能表、小电流接地选线等装置仍然需要根据各自的协议接入，形成了一个个“自动化孤岛”。为此，IEC 60870 作为变电站和控制中心之间的远动协议，正式成为国际标准，基于广域网的 TCP/IP 的 IEC 60870 也开始得到应用，很好地解决了“自动化孤岛”问题。

二、数据通信技术基础

智能变电站的发展离不开现代通信技术的推动。了解与智能变电站有关的通信技术可以更好地理解和认识智能变电站。而从 20 世纪 70 年代开始的 ISO/OSI 开放系统互连标准及目前在通信领域最为主流的以太网、TCP/IP 等技术是智能变电站的通信技术基础。

（一）ISO/OSI 开放系统互连参考模型

世界上不同年代、不同厂家、不同型号的计算机系统千差万别，将这些系统互连起来就要彼此开放，所谓开放系统就是遵循互连标准协议的通信系统。国际标准化组织 ISO 在 1977 年建立了一个分委员会来专门研究这样一种体系结构，发布了著名的 ISO 7498 国际标准，提出了开放系统互连模型，这是一个定义连接异种计算机标准的主体结构，建立了一整套能保证全部级别都能进行通信的标准，从而解决了异种计算机、异种操作系统、异种网络间的通信问题。中国在 1994 年也建立了和 ISO/OSI 委员会对应的“开放系统互连分技术委员会”，相应的国家标准为 GB 9387《信息处理系统开放系统互连基本参考模型》系列标准。

OSI 采用了以模型系统代替通信实体系统的研究方法，将开放系统互连模型分为 7 层。每层完成所定义的具体功能，各层名称分别为：应用层、表示层、会话层、传输层、网络层、数据链路层和物理层。ISO/OSI 模型示意图如图 2-1 所示。

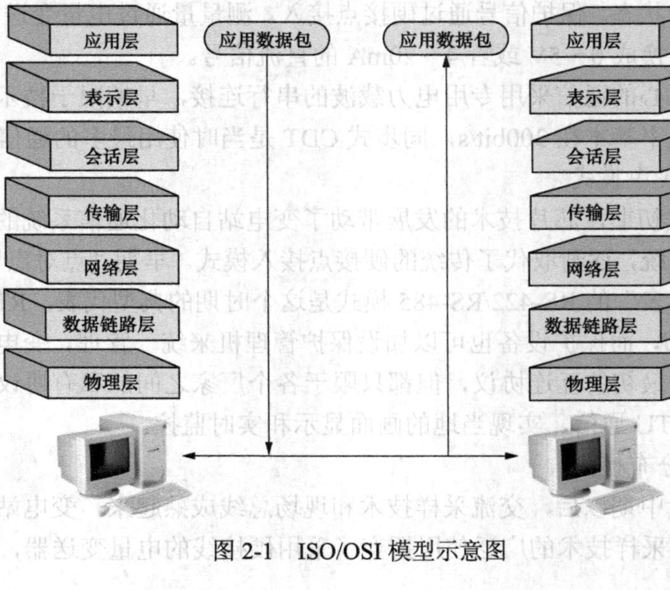

图 2-1 ISO/OSI 模型示意图

1. 7层功能介绍

（1）应用层。应用层是ISO/OSI的最高层，为应用进程提供访问OSI的手段，也是用户使用OSI环境的唯一窗口。在OSI协议栈里，应用层是由多种应用实体构成。各个应用实体又由用户单元和应用服务单元构成。在应用实体里，应用服务单元向用户单元提供服务。除了满足应用进程通信的需要外，同时应用服务单元还向底层提供接口，用来调用下层协议提供的服务，使得各种应用能够容易地与下几层进行通信。

（2）表示层。它保证一个系统应用层发出的信息能够被另一个系统的应用层读懂。它用一种通用的数据表示格式在多种数据标识格式之间进行转换。

（3）会话层。会话层负责建立、管理和终止应用进程之间的会话连接。会话层为其上层协议表示层提供服务，来同步表示层实体之间的对话，为它们之间的数据交换实施管理。

（4）传输层。传输层向高层提供一个可靠的端到端连接。传输层从会话层接收数据，根据需要数据切成小的数据段，并把数据段传送给网络层。在传输过程中，传输层把数据分段进行编号，并组装成数据流。这就类似于邮政服务为了保证每个邮件的正确传递而在每个邮件上盖上邮戳。为了保证传输的可靠性，目的方采用应答的方式和发送方确认通信的质量。如果发现某些数据段丢失，目的方会通知发送方进行重新发送。为了提供可靠的服务，传输层提供建立、维护有序的终端虚电路、传输差错校验和恢复以及信息流控制机制。

（5）网络层。网络层是一个复杂的层，它为处于两个不同地理位置上的网络系统中的终端设备提供连接和路径选择。网络层向上层提供两种类型的服务：面向连接的服务和无连接的服务。面向连接的服务可使接收端获得可靠的报文序列，这种服务具有建立连接、数据传输和释放连接三个阶段；无连接服务在通信前不需要建立一个连接，其具有数据传输灵活、迅速的优点，但是它不能防止数据的丢失。网络层的主要任务包括：

1）为传输层提供建立、维持、释放网络连接，完成路由选择、拥塞控制、网络互联的功能。

2）根据传输层要求确定服务质量。

3）在数据传输过程中进行流量控制、差错控制和顺序控制，以及向传输层报告未恢复的差错。

4)提供资源子网主机节点与通信子网间的接口,向传输层提供虚电路服务或数据报服务。

（6）数据链路层。数据链路层的主要作用是保证在相邻两个节点间的物理线路上无差错地传输以帧为单位的数据。通过传送一定量必要的控制信息，即在所服务的用户数据上添加一定的冗余把一条有可能出错的实际链路转变成从网络层看下去好像是不出错的可靠链路。数据链路层功能的实现是硬件与软件有机结合，因此数据链路层并不是指实际的物理上的线路，其包括物理地址、网络拓扑、差错控制数据帧的有序传输和流量控制等。

（7）物理层。物理层并不是指连接计算机的具体的设备或具体的传输媒体，而是指为了在物理媒体上传输信号而进行的链路的建立和维持工作，它主要考虑的是怎样才能在连接开放系统的各种媒体上传输比特流。

众所周知，现有计算机网络中的和传输媒体的种类繁多，而通信手段也多种多样，因此，里层的作用正是要尽可能的屏蔽掉这些差异，使其上级的数据链路层感受不到这种差异。物理层的任务是为其上一层提供一个物理连接，以便能够“透明地”传输比特流。

物理层定义了激活、维护和关闭终端用户之间的电气的、机械的、规程的和功能的特性。

物理层的特性包括电压、频率、最大传输距离、物理连接器及相关的属性。

2. A-Profile 和 T-Profile

为了能更好地阐述和表示网络通信的层次模型，ISO 规定了两个不同协议子集：应用协议子集（A-Profile）和通信协议子集（T-Profile），如图 2-2 所示。其中应用协议子集主要考虑的是 ISO/OSI 高三层，即应用层、表示层、会话层的通信协议和规范；而通信协议子集需要考虑的是 ISO/OSI 低四层，即传输层、网络层、数据链路层、物理层的通信协议规定。

（二）以太网 Ethernet 与 IEC 8802.3

以太网最早是由 Xerox 公司于 1976 年研制成功，采用 CSMA/CD 介质访问控制模式，具有结构简单、成本低、扩充方便等特点。在 1980 年由 DEC、Intel 和 Xerox 三家公司联合开发为一个标准，这个标准就是 IEEE 802.3 的雏形。经过几年的研究和反复修改，IEEE 公布了 IEEE 802 标准，1984 年 3 月被 ISO 作为国际标准 ISO/IEC 8802。以太网是目前最流行的局域网解决方案，随着以太网在通信技术上的成熟，许多大型的城域网也都采用了以太网的互连方式。

1. 以太网的网络模型

IEEE 802 标准遵循 ISO/OSI 参考模型的原则，解决最低两层——物理层与数据链路层的功能以及与网络层的接口服务、网际互联有关的高层功能。IEEE 802 与 ISO/OSI 参考模型的对应关系如图 2-3 所示。

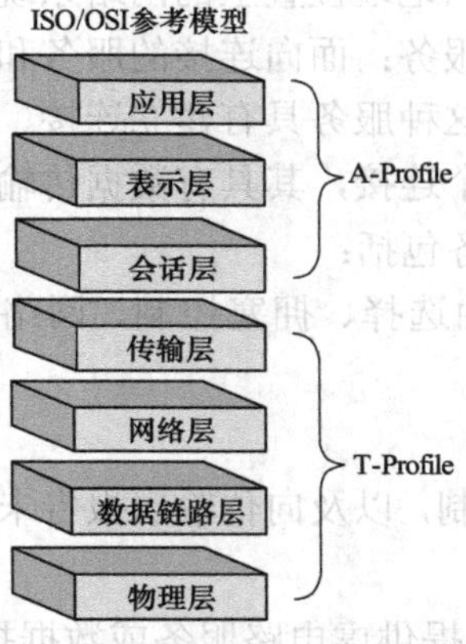

图 2-2 OSI 参考模型和 Profile

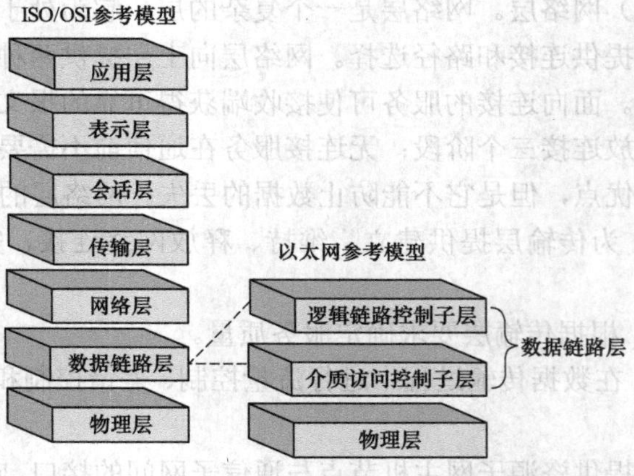

图 2-3 IEEE 802 与 ISO/OSI 参考模型对应关系

2. 以太网的发展

最开始以太网只有 10Mbit/s 的吞吐量，其所使用的是 CSMA/CD 的访问控制方法。通常把这种最早的 10Mbit/s 以太网称之为标准以太网。早期的以太网主要有两种传输介质，即双绞线和同轴电缆，并且所有的以太网都遵循 IEEE 802.3 标准。

随着网络的发展，传统标准的以太网技术已难以满足日益增长的网络数据流量速度需求。1993 年 10 月，第一台快速以太网集线器 Fastch10/100 和网络接口卡 FastNIC100 诞生，快速以太网技术正式得以应用。1995 年 3 月 IEEE 宣布了 IEEE 802.3u100BASE-T 快速以太网标准。快速以太网比原来在 100Mbit/s 带宽下工作的 FDDI 具有许多优点，最主要体现在快速以太网技术可以有效地保障用户在布线基础实施上的投资，它支持 3、4、5 类双绞线以及光纤的连接，能有效地利用现有的设施。100Mbit/s 快速以太网标准又分为 100BASE-TX、100BASE-FX、100BASE-T4 三个子类。

千兆以太网技术有 IEEE 802.3z 和 IEEE 802.3ab 两个标准。IEEE 802.3z 制定了光纤和短程铜线连接方案的标准。IEEE 802.3ab 制定了五类双绞线上较长距离连接方案的标准。随着技术的不断发展，万兆以太网技术也已进入商业化运营。

3. 虚拟局域网 VLAN 技术

交换技术的发展，允许区域分散的组织在逻辑上成为一个新的工作组，而且同一工作组的成员能够改变其物理地址而不必重新配置节点，这就是用到了虚拟局域网 VLAN 技术。用交换机建立虚拟网就是使原来的一个大广播区按照逻辑分为若干个“子广播区”，在子广播区里的广播封包只会在该广播区内传送，其他的广播区收不到广播封包。VLAN 通过交换技术将通信量进行有效分离，从而更好地利用带宽，并可从逻辑的角度出发将实际的局域网基础设施分割成多个子网，它允许各个局域网运行不同的应用协议和拓扑结构。

VLAN 是一种通过将局域网内的设备具有逻辑性地划分成一个个网段，从而实现虚拟工作组的新兴任务。IEEE 于 1999 年颁布了用以标准化 VLAN 实现方案的 802.1Q 协议标准草案。

VLAN 技术允许网络管理者将一个物理的 LAN 具有逻辑性地划分成不同的广播域，每一个 VLAN 都包含一组有着相同需求的计算机工作站，与物理上形成的 LAN 有着相同的属性。但由于它是逻辑地而不是物理地划分，所以同一个 VLAN 内的各个工作站无需被放置在同一个物理空间内，即这些工作站不一定属于同一个物理 VLAN 网段。一个 VLAN 内部的广播和单播流量都不会转发到其他 VLAN 中，从而有助于控制流量、减少设备投资、简化网络管理、提高网络的安全性。

VLAN 是为解决以太网的广播问题和安全性而提出的一种协议，它在以太网帧的基础上增加了 VLAN 头，用 VLAN ID 把用户划分为更小的工作组，限制不同工作组间的用户二层互访，每个工作组就是一个虚拟局域网。虚拟局域网的好处是可以限制广播范围，并能够形成虚拟工作组，动态管理网络。

4. 实时工业以太网

实时工业以太网解决了电磁干扰、可靠性及冗余度等问题，在通信效率上要满足实时工业领域的快速、同步、确定性的响应速度。工业以太网在产品设计时，在材质的选用、产品的强度和适用性方面能满足工业现场的需要。表 2-1 比较了实时工业以太网与商业以太网的网络设备之间的区别。

表 2-1　　实时工业以太网与商业以太网的比较

项目	工业以太网设备	商业以太网设备
元器件	工业级	商用级
接插件	耐腐性、防尘、防水，如加固型 RJ45、DB-9、航空接头等	一般 RJ45
工作电压	24V DC	220V AC
电源冗余	双电源	一般为单电源
安装方式	可采用 DIN 导轨或其他方式固定安装	桌面、机架等
工作温度（℃）	−40～+85 或−20～+70	5～40
电磁兼容标准	EN 50081-2（工业级 EMC） EN 50082-2（工业级 EMC）	EN 50081-2（办公室用 EMC） EN 50082-2（办公室用 EMC）
MTBF 值	至少 10 年	3～5 年

实时工业以太网需要不改变ISO/IEC 8802-3的通信特征、相关网络组件或IEC 1588的总体行为，但可以在一定程度上进行修改，使之满足实时行为的实时性要求，即确定性通信；现场设备之间的时间同步行为；充分的、频繁的、长度较短的数据交换。为此，实时以太网标准首先需要解决实时通信问题，同时，还需要定义应用层的服务与协议规范，以解决开放系统之间的信息互通问题。

目前，国际电工委员会IEC/SC65C已经接纳了现场总线基金会的HSE、罗克韦尔自动化公司支持的Ethernet/IP，由西门子公司开发并由Profibus International支持的Profinet、还包括Ether CAT，奥地利B&R公司提交的Ethernet Power Link，Modbus/IDA和由浙江大学等提出的EPA等多个实时工业以太网标准。

（三）TCP/IP网络协议集

TCP/IP协议实际是一个协议集合，它包括传输控制协议TCP、网际协议IP及其他一些协议。

TCP/IP网络协议起源于美国国防部20世纪70年代开发的ARPANET网。TCP协议本身最早由斯坦福大学的两名研究人员于1973年提出。1983年，TCP/IP被Unix4.2BSD系统采用。随着Unix的成功，TCP/IP逐步成为Unix机器的标准网络协议。Internet的前身ARPANET最初使用NCP协议，由于TCP/IP协议具有跨平台特性，ARPANET的实验人员在经过对TCP/IP的改进以后，规定连入ARPANET的计算机都必须采用TCP/IP协议。随着ARPANET逐渐发展成为Internet，TCP/IP协议就成为Internet的标准连接协议。

TCP/IP与ISO/OSI参考模型的对应关系如图2-4所示，TCP/IP协议并不完全符合OSI的七层参考模型。传统的开放式系统互连参考模型，是一种通信协议的七层抽象的参考模型，而TCP/IP通信协议采用了四层的层级结构，每一层都呼叫其下一层所提供的网络来完成自己的需求。这四层分别为：

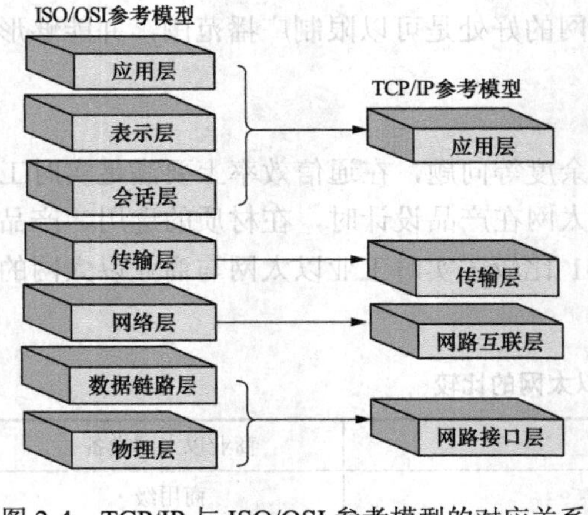

图2-4 TCP/IP与ISO/OSI参考模型的对应关系

（1）应用层。应用程序间沟通的层，如简单电子邮件传输SMTP、文件传输协议FTP、网络远程访问协议Telnet等。

（2）传输层。提供了节点间的数据传送服务，如传输控制协议TCP、用户数据报协议UDP等，TCP和UDP给数据包加入传输数据并把它传输到下一层中，这一层负责传送数据，并且确定数据已被送达并接收。

（3）网络互联层。负责提供基本的数据封包传送功能，让每一块数据包都能够到达目的主机，如网络协议IP。

（4）网络接口层。负责对实际的网络媒体的管理。定义如何使用实际网络来传送数据。

由于TCP/IP技术的公开性，它不属于任何厂商或专业协会所有，因此关于它的相关资讯是由一个叫Internet Network Information Center来维护和发表的。TCP/IP的标准大部分都以Request For Comment技术报告的形式公开。Request For Comment文件包含了所有TCP/IP协定标准，以及其最新版本。Request For Comment在全世界很多地方都有它的复制文件，可以轻易通过电子邮件、FTP 等方式从网际网络取得，TCP/IP 协议如表 2-2 所示。

表 2-2　　TCP/IP 协 议 集

<table>
<tr><td>应用层</td><td colspan="2">FTP/TELNET/HTTP</td><td colspan="2">SNMP/TFTP/SNTP</td></tr>
<tr><td>传输层</td><td colspan="2">TCP</td><td colspan="2">UDP</td></tr>
<tr><td>网络互联层</td><td colspan="4">IP</td></tr>
<tr><td rowspan="2">网络接口层</td><td rowspan="2">以太网</td><td rowspan="2">令牌环网</td><td>IEEE 802.2</td><td>HDLC/PPP/FRAME-RELAY</td></tr>
<tr><td>IEEE 802.3</td><td>RS232/449/V.35/V.21</td></tr>
</table>

三、变电站内网络通信系统

通信网络是智能变电站的重要组成部分，尤其是过程总线取代传统的硬接线，使得网络系统从二次延伸到一次。遵循 IEC 61850 标准的不同厂家的一次和二次智能电子设备 IED 都将接入同一以太网。而且每个 IED 可能向网络发送任意大小和速率的数据，特别是在紧急情况下，由于网络流量剧增可能出现网络拥塞、流量冲突等问题，不能保证时间紧急信息传输的时延上界，可能由于信息丢失或传输违反时限要求，出现大面积停电等灾难性后果。

由于电力生产的连续性和重要性，站内通信网络的可靠性是第一位的。应避免一个装置损坏导致站内通信中断。特别是在智能变电站中，采样值、跳闸命令、开关状态等数字化信息均通过网络传送，保护、控制等功能的实现，在很大程度上依赖于通信网络，因此建立一个可靠的通信网络是确保变电站自动化系统稳定的首要条件。

（一）可靠性要求

1. “故障弱化”原则

按照“故障弱化”原则，当任意通信元件发生故障时，变电站仍然是可持续运行的，不应存在这样一个故障点，而使整个站不可运行，应保持足够的当地监视和控制功能。任何原件的故障不应导致不可检出的功能失效，也不应导致多个和级联的原件故障。在某些应用场合，通信系统也必须采取预防措施。例如，变电站主站系统可以是冗余的，使其具备故障自恢复功能。冗余不是强制性的，取决于站的重要程度，换言之，取决于该变电站停电的后果和经营者的理念，因此故障安全设计应当是必不可少的。

2. 可靠性等级要求

可靠性是衡量一个设备或系统在规定的时段内完成预定功能的尺度，它是一个基于故障数据和运行时限的概率值。一个远动系统的可靠性是用“平均无故障工作时间”的小时数来表示的，并可用系统单个组成部分的可靠性值计算出来。一个系统的可靠性取决于系统设备和软件的可靠性以及系统结构。

远动系统全系统的可靠性以及某一区段内的部分可靠性可由供应商从单个组成部分的可靠性值计算出来，并且在现场与实际性能经过一个给定期的对照加以验证。试验周期的开始和持续时间应经供需双方商定，并应将初始故障的时间扣除。设备供应商应按照用户需要提供全部的系统组成部分、组件和部件的故障分布数据。因为它们的故障可能引起功能丧失或者系统失效。由供应商分析故障的类型和故障对系统性能的影响，并按用户的需要提供分析结果。

3. 可靠性保障措施

综合影响通信网络可靠性的各种因素，结合通信网络系统组成和结构特点，以及以太网技术在变电站系统中的发展，提高系统可靠性可以从以太网通信可靠性、网络结构和 IED 装置可靠性、网络安全防护措施等方面来入手。

（1）采用全双工交换式以太网技术。以太网交换机在端口之间数据帧的输入和输出不再受 CSMA/CD 机制的约束；而全双工通信又使得端口间两对双绞线上可以同时接收和发送报文帧，因此可降低产生冲突的可能性，提高传输的确定性。

（2）提高网络传输速率，降低网络负载。对于同样的通信量，通信速率的提高意味着网络负荷的减轻，从而提高了网络通信的确定性。由于工业控制网络与商业网不同，每个节点传送的实时数据相对较少，而且突发性的大量数据传输也很少发生，因此完全可以通过限制每个网段站点的数目，降低网络流量。

（3）应用报文优先级技术。在智能交换机或集线器中，设计优先级处理功能，可以根据报文中的信息类型设置优先级，也可以根据设备级别设置优先级，还可以根据报文中信息的重要性来设置优先级。优先级高的报文先进入排队系统优先接受服务。通过这种优先级排序，使得紧急事务信息能够及时地传送到处理系统，保证重要信息传输的可靠性。

（4）端口广播风暴抑制。广播风暴是指网络上的广播帧数量急剧增加而影响正常的网络通信的反常现象。广播风暴的判断标准为一个端口在短时间内连续收到 N 个广播帧。广播风暴控制是允许端口对网络上出现的广播风暴进行过滤。当交换机发现某个端口出现了广播风暴时，会自动丢弃广播帧，以防止广播风暴进一步扩大。

（5）冗余配置结构和交换机管理。包括网络设备冗余配置和 IED 设备网络接口冗余配置。冗余网络有效解决了单个网络中断时信息可靠传送问题。全网统一配置管理 IP 访问地址分配，确定访问地址的唯一性，避免网络上各设备地址冲突。对网络上各级交换机增加网络风暴抑制功能，当在某一网上出现风暴时，对此网进行流量限制，保证风暴不会对网上设备造成冲击。交换机应增加或开启生成树功能，以防网络环路的产生。

（6）IED 可靠性。由于 IEC 61850 允许把实现最小功能的 LN 在各设备中灵活分配，因而可以使得变电站自动化功能使用的 IED 数量大大减少，减少大量的外部电缆使用，提高了系统可靠性。IEC 61850 要求的自描述和自诊断能力，以及系统的再配置能力，也提高了 IED 实现功能的可靠性。同时数字化的过程单元提供了足够的冗余信息相互辅助，加大了数据的可用性。

（7）网络监测系统。加强告警机制及自诊断、自恢复功能，提高设备自诊断能力，设备相互监测能力。当某个装置故障或通信中断时，服务器记录下该装置的中断时间，并发出告警信号，在规定的时间内，如果故障未消除，系统应再次启动报警，重复提示运行值班人员。

（8）网络安全防护。网络安全也是网络可靠性和可用性的一个重要保证。

（二）同步特征要求

智能变电站要求统一的时钟同步系统，以提供统一的时标和采样值传输同步信号，在异常情况下失去同步信号时，会对采样值数据的处理，以及后续保护功能的投退产生影响。如变压器差动保护、母线保护、全站性质的后备保护、线路差动保护等需要多个电子式互感器提供的电流、电压信息，为了避免计算处理时的相位和幅值产生误差，二次设备需要获得同一时间点的采样数据，由合并单元输出的数字采样信号就必须含有时间同步的信息。电力系统的广域保护、安全稳定监测、控制、同步通信等功能对采样信息还有实时时标的要求。

（1）同步方法选择。目前自动化系统中解决同步的方法主要有硬件时钟同步法和软件时钟同步法。硬件时钟同步是指利用一定的硬件设施（如 GPS 接收机），实现同步，可获得很好的同步精度，但需引入专用的硬件时钟同步设备，这使得时钟同步的代价较高且操作不便。软件时钟同步是利用算法实现时钟同步，同步灵活，成本较低，但由于采用软件对时，需要CPU干预，工作量很大，且时钟同步延迟具有不确定性，同步精度较低。

由于智能变电站对数据同步的依赖性很强，在设计时还需采取一系列技术措施保证同步采样的可靠性。如对秒脉冲有效性的判断、秒脉冲失效后同步采样守时的处理等。同时，为避免现场的电气干扰，提供给合并单元的同步时钟信号一般采用光纤传输。

2002年底发布的IEEE 1588是用于测量和自动化系统中的高精度网络时钟同步协议，能够达到亚微秒级同步精度。协议中定义的各种类型同步报文均是基于UDP/IP协议发送的，因此尤其适合于在以太网上实现。将IEEE 1588应用于过程总线的采样值同步，能使以太网技术最终彻底地应用于变电站自动化系统的通信网络中。

需要指出的是，IEEE 1588协议主要是针对相对本地化、网络化的系统，能够满足一个变电站内差动保护的数字化采样值同步要求，但是对于线路差动保护的采样值同步，单纯依赖IEEE 1588协议并不可行，需通过其他途径实现同步。

（2）网络支持能力。对于将采用IEEE 1588标准实现同步的智能变电站系统，要求网络中各设备能够提供相应的支持能力，如采用遵循IEEE 1588标准的工业级快速交换机，现有的交换机是不能满足同步精度为1μs的同步采样信息的传输要求的。系统中各IED的网络接口同样需要进行升级处理。

为了满足可靠性的要求，在网络中作为主节点的设备通常需要考虑采取一些同步保障措施，如在检测到外部GPS信号因特殊情况短时丢失或者受到严重干扰时，依靠自身的内部时钟提供精确的同步采样信号。

此外，由于站内典型间隔层设备功能，如测控、保护、计量等，对采样率的要求有较大差别，因而，必须解决数据采集的多采样率问题。针对此类问题，可以采用过采样技术和尺度变换方法实现，即电子式互感器输出极高的采样信号，而测量、保护等不同功能可以通过改变采样间隔的方法获取所需的数据。

（三）时效特征要求

通信网络的时效特征要求主要包括传输速度快、响应时间和巡回时间短。变电站内的数据流有多种，IEC 61850根据报文特性将其分成快速报文、中速报文、低速报文、原始数据报文、文件传输报文、时间同步报文和具有访问控制的命令报文等7类，每类报文都有相应的传输时间要求，如表2-3所示。

表2-3　各种报文的传输时间要求

<table>
<tr><th colspan="2" rowspan="2">报文类型</th><th rowspan="2">报文性能级别</th><th colspan="4">传输时间要求</th></tr>
<tr><th>P1</th><th>P2/3</th><th>M1</th><th>M2/3</th></tr>
<tr><td rowspan="2">快速报文</td><td>跳闸/闭锁</td><td>极快速</td><td>10ms</td><td>3ms</td><td colspan="2" rowspan="2"></td></tr>
<tr><td>其他</td><td>快速</td><td>100ms</td><td>20ms</td></tr>
<tr><td colspan="2">中速报文</td><td>中速</td><td colspan="4">≤100ms</td></tr>
<tr><td colspan="2">低速报文</td><td>低速</td><td colspan="4">≤500ms</td></tr>
<tr><td>原始数据</td><td>保护控制用</td><td>极低速</td><td>10ms</td><td>3ms</td><td></td><td></td></tr>
<tr><td colspan="2">文件传输报文</td><td>低速</td><td colspan="4">不作要求，一般≥1000ms</td></tr>
</table>

续表

报文类型		报文性能级别	传输时间要求			
			P1	P2/3	M1	M2/3
时间同步报文	保护控制用	满足应用功能时间同步要求	±1ms（T1）	±0.1ms（T2）		
	互感器用		±25μs	±4/±1μs	±4μs	±4μs
带存取控制的命令报文		低速/高速	若是对开关设备进行操作，需要满足快速报文的要求			

从时域的角度可将这7种类型的报分成周期性数据、随机性数据和突发性数据3种通信数据。

（1）周期性数据主要包括正常运行时，设备发送的开关状态信息和模拟量数据，这类数据的数据量大，变化量小，相对稳定，时间要求严格。

（2）随机性数据主要包括开关操作命令、时间同步等数据长度较短，实时性要求较高的报文和保护定值修改、录波数据传输等数据长度较长，但传输实时性要求较低的报文。

（3）突发性数据包括故障情况下，间隔层设备上传的保护动作、开关变位等信息，报文数量大，实时性要求高。

IEC 61850-7-2 提供的 GOOSE 服务可以满足发布者/订阅者模型，可以实现站内快速、可靠地发送输入和输出信号量，这种通信服务利用重传机制保证通信的可靠性。

（四）异步传输影响

由于智能电站采用网络通信方式，因而必然要面临网络传输延迟、可靠性辨别、通信故障等问题，从而对功能尤其是保护功能逻辑产生影响。网络异步传输造成的时延不确定是衡量变电站网络通信可靠程度的重要方面之一。

在数字化变电站网络通信中，报文的成功发送不仅取决于收到报文的完整性，更取决于收到报文的时间。变电站内的以太网必须满足智能变电站中最苛刻应用提出的时延确定性要求，即报文在以太网上传输时应有可预测的、确定的时延，在系统运行的任何期间都必须满足此要求。但是，传统以太网技术一直被视为不确定性的网络，难以满足智能变电站中最苛刻应用的时延确定性的要求。

根据以上分析可知，端节点 CPU 的处理能力、端节点处的通信流量、网络负载等方面是引起网络异步传输时延不确定的主要因素。

由于智能变电站通信网络的时延不确定性问题比较复杂，一个问题往往涉及相互联系的多个方面。因此，要提高智能变电站通信网络的时延确定性，可以考虑从以下几个方面采取合理措施：

（1）当端节点的 CPU 利用率较高时，中断响应时间和通信处理任务执行出现较大时延，不能满足智能变电站关键应用的报文传输时限要求。为此，端节点的硬件和软件运行环境必须仔细选取、正确配置。

（2）当网络轻载时，智能变电站通信网络采用传统的交换机能够满足时延确定性要求，但是在电网故障或系统规模扩大，导致网络重载时，交换机内可能出现较大的排队时延，甚至报文丢失，不能保证时延的确定性。因此，在交换机内有必要引入基于 IEEE 802.1Q 的虚拟局域网 VLAN 和组播过滤等机制来处理来自不同源节点，有不同时延确定性要求的报文。

（3）当端节点处的突发通信流量较大时，节点内可能出现较大的排队时延。因此，有必要在端节点 MA 基 C 层引入于 IEEE 802.1p 的优先级标签机制，提高端节点内报文传输时延的确定性。

（4）可以考虑在采样数据报文中增加时标，并且在端节点内采用自适应数字滤波算法进行数据处理，提高采样测量值的精度。

第二节 智能变电站通信协议

一、智能变电站通信协议的发展历程

为了达到智能变电站的要求，必须在变电站内外形成通信网络来实现信息共享。为了制定能够满足功能和性能要求的通信标准，且能够支持将来技术的发展，很多企业使用 IEC 60870-5-103 规约或者各自定义了一些关于变电站自动化通信的私有协议。使用 IEC 60870-5-103 协议的各个设备生产厂家虽然使用的通信协议是相同的，但是由于各自采用的方法不同，因而不能够实现兼容设备之间的通信与操作。在现有的应用中，变电站自动化系统的通信协议主要有 IEC 60870-5 标准和 IEC 61850 系列标准。

IEC 60870-5 系列标准是由国际电工委员会第 57 技术委员会为了适应电力系统及其他公用事业的需要而制定的一系列传输规约，分为 5 篇：①IEC 60870-5-1《传输协议：传输帧格式》；②IEC 60870-5-2《传输协议：链路传输规程》；③IEC 60870-5-3《传输协议：应用数据的一般结构》；④IEC 60870-5-4《传输协议：应用信息元素的定义和编码》；⑤IEC 60870-5-5《传输协议：基本应用功能》。

从 1995 年开始，国际电工委员会技术委员会又在 IEC 60870-5 系列标准的基础上，根据各种应用情况下的不同要求制定了一系列的配套标准：IEC 60870-5-101《传输协议：用于基本远动任务的伴随标准》；IEC 60870-5-102《传输协议：电力系统中综合传输的伴随标准》；IEC 60870-5-103《传输协议保护装置信息接口的伴随标准》；IEC 60870-5-104《传输协议使用标准传输协议栈的 IEC 60870-5-101 的网络访问》。

IEC 60870-5 系列标准并不是专门的变电站通信协议，而是远动系统数据传输的通用标准，因此并未对变电站的对象和功能详细建模。IEC 60870-5-103 协议是该系列标准针对变电站的特定信息的伴随标准，主要针对继电保护设备（或间隔单元）应传输的信息定义的接口规范。

IEC 61850（变电站通信网络和系统）也是由 IEC 第 57 技术委员会制定的，它根据电力系统生产过程的特点，满足实时信息和其他信息传输要求，并且能够支持不同厂商生产的智能电子设备（IED），具有互操作性。这个体系结构如图 2-5 所示。

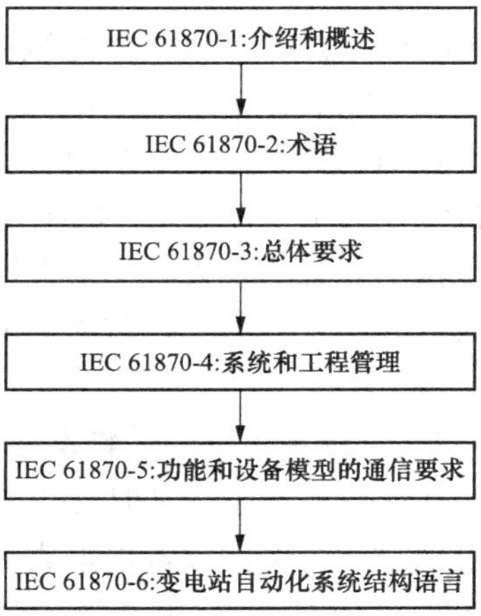

图 2-5 变电站通信网络系统的体系结构

二、从 IEC 60870-5 标准到 IEC 61850 标准的过渡

智能变电站通信协议从 IEC 60870-5-103 过渡到 IEC 61850，必定有一个过程，因此在相当一段时间内，会有符合 IEC 61850 和非 IEC 61850 的 IED 共存于一个变电站自动化系统内的情况。一般可以考虑的过渡策略如图 2-6 所示，将站内的非 IEC 61850 的 IED 经过转换，统一对外提供 IEC 61850 服务。

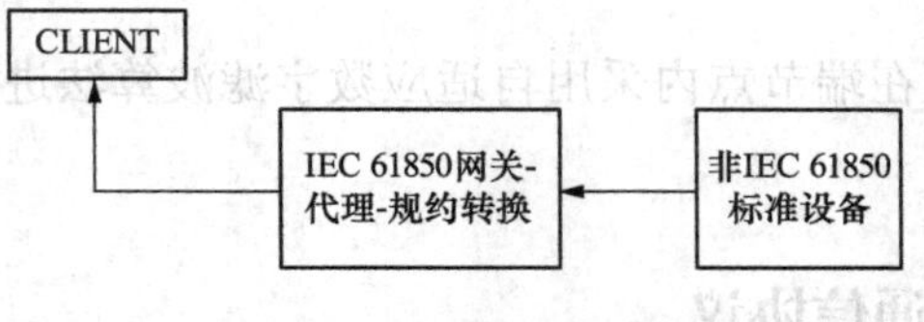

图 2-6 IEC 61850 标准的过渡转换策略图

非 IEC 61850 标准（如 IEC 60870-5-103）到 IEC 61850 的转换应该能够实现以下几部分的内容：

（1）根据 IEC 61850-7-2，将非 IEC 61850 标准（如 IEC 60870-5-103）中定义的服务映射到 IEC 61850-7-2 中定义的 ACSI。

（2）根据 IEC 61850-7-3 和 IEC 61850-7-4，将非 IEC 61850 标准（如 IEC 60870-5-103）中定义的数据映射为逻辑节点和数据对象。

（3）IEC 60870-5-103 和 IEC 61850 规约转换。IEC 60870-5-103 规约定义了两种信息交换方法。一种方法是基于严格规定的应用服务数据单元（ASDU）和标准化的报文传输应用过程、方法；另一种方法是采用通用分类服务，可以传输几乎所有可能的信息。在 1999 年颁布实施 DL/T 667—1999《远动设备及系统　第 5 部分：传输规约　第 103 篇：继电保护设备信息接口配套标准》（基本等同 IEC 60870-5-103 规约）中，明确定义了继电保护信息的交换必须尽可能采用基于严格规定的应用服务，如果不能完全满足要求，应采用通用分类服务来实现。标准同时针对国内已经生产的保护设备在硬件方面改动比较困难，较难适应通用分类服务的情况，所以专门定义了保护信息的专用范围以供采用。所以虽然各个 IED 生产厂商都采用 IEC 60870-5-103 规约，但对一些具体应用却有不同处理方式，那么 IEC 60870-5-103 规约到 IEC 61850 的转换只能针对共同的部分来给出一个对应规范，具体的问题则需要工程人员到现场配置。

1. 过渡第一步：通信服务建模

将 IEC 60870-5-103 规约中定义的服务映射到 IEC 61850-7-2 中定义的 ACSI。

（1）数据和控制建模在 IEC 60870-5-103 规约中，控制系统对保护设备的需求主要集中在保护设备的动作信息、定值、保护测量值、遥信、遥测、遥控、扰动数据等，也就是说控制系统对保护设备的访问基本上是以数据和控制操作为基础的，而这些服务对应于 IEC 61850-7-2 的 ACSI 则可以是数据类模型、数据集模型、控制模型以及文件传输的信息模型。

（2）故障报告和自检报告。故障报告和自检报告的告警信息都对实时性有着较高的要求，在 IEC 61850 中，报告是由两种报告控制块来进行控制的，带缓存的报告控制块（BRCB）和不带缓存的报告控制块（URCB），BRCB 不会造成传输中信息的丢失，而 URCB 则可能会造成传输中信息的丢失。当报告控制块监视的数据中，出现集中的数据属性变化，就会触发一个报告的产生。因此，首先要建立相应的数据集，然后建立每个数据集相对应的报告控制块实例。

2. 过渡第二步：逻辑设备

在继电保护中，保护设备主要实现的任务就是数据的采集和逻辑判断，因此，在实际中，可以把每一个保护设备模拟成一个逻辑设备。在每一个逻辑设备中都有两个基本的逻辑节点 LLNO 和 LPHD，它们在每一个逻辑设备中都是唯一的。逻辑节点 LLNO 用来描述保护设备本身的信息，而逻辑节点 LPHD 则用来描述保护设备所在的间隔信息。

3. 过渡第三步：逻辑节点和数据对象

在 IEC 61850 中，保护和保护相关功能是建模在各个相关的逻辑节点中的，因此可以分为以下几个方面来建模：①距离保护：采用距离保护节点 PDIS 来建模；②过电流保护：采用瞬时过电流保护节点 PIOC 和定时过电流保护节点 PTOC 来建模；③变压器差动保护和线路差动保护：采用差动保护节点 PDIF 来建模；④遥测：在 IEC 60870-5-103 规约的一个 ASDU 中，保护设备上传的遥测量可以有多个模拟值，可以对应于 IEC 61850 中的 MMXU 逻辑节点或者是 GGIO 逻辑节点；⑤遥信：遥信（状态量）采用通用 I/O 节点 GGIO 来建模；⑥遥控：在 IEC 60870-5-103 中，遥控的功能是由断路器控制命令来完成的，对应于 IEC 61850 中定义的开关控制 CSWI 逻辑节点来建模；⑦扰动数据：在保护扰动数据传输过程中，扰动数据包括扰动值（模拟量）和二进制值（信号状态）两部分，对应于 IEC 61850 中的 RADR 逻辑节点建模模拟通道，而 RBDR 则建模二进制通道。

三、IEC 61850 标准和 IEC 60870-5 标准的比较

IEC 61850 标准和 IEC 60870-5 规约存在很多不同点，主要表现在体系结构、建模方法、自描述机制以及内容涵盖范围等几个方面，下面针对两个标准的这几个主要的不同方面来进行比较，总结出各自的特点。

（一）体系结构不同

IEC 61850 标准定义的数据、对数据访问的服务以及通信是分开进行描述的。IEC 61850 为 SA（变电站自动化）应用定义了 ACSI（抽象通信服务接口），然后将该接口经过 SCSM（特定通信服务映射）映射到特定应用层，从而将 SA 应用与具体通信方式加以隔离，可以适应通信网络技术的快速发展变化，而不影响到变电站自动化应用。目前 IEC 61850 以通信协议制造业报文规范（MMS）作为应用层标准，但并不排除制定新的应用层标准，而 SA 应用可以保持不变。

IEC 61850 中定义的通信是以客户/服务器模式来进行的。客户和服务器之间通过 ACSI 服务实现通信，而 ACSI 服务通过 SCSM 映射到具体的通信栈或者协议子集来实现设备数据的网络传输。这样可以有效减弱电力系统应用上的复杂性与通信系统的耦合关系，也使通信系统的差异对应用系统的影响降到最低。IEC 61850-7-2 中定义的 ACSI 服务模型提供了基本的信息模型和 SAS 所需的其他服务模型，其概念模型如图 2-7 所示。

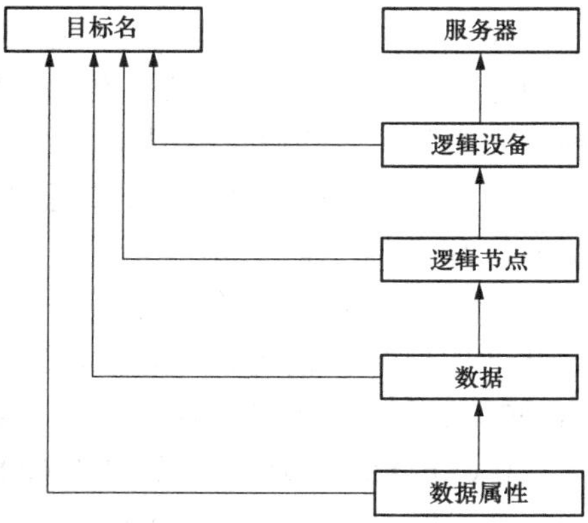

图 2-7 ASCI 基本概念模型图

ACSI 中定义的基本的信息模型为：SERVER；LOGICAL-DEVICE（LD）；LOGICAL-NODE（LN）；DATA。除了这个基本模型之外，ACSI 还定义了如下内容：

（1）DATA-SET。允许各种数据及数据属性编成组，用于直接访问、报告和记录。

（2）Substitution。用其他值代替过程值。

（3）SETTING-GROUP-CONTROL-BLOCK。定义了如何从一组设置值切换到另一组设置值，以及如何编辑设置组。

（4）REPORT-CONTROL-BLOCK 和 LOG-CONTROL-BLOCK。描述了基于客户参数产生的报告和记录的条件，过程数据值或者品质改变可能会引发报告，记录以备以后检索，报告可以立即发送或者延迟发送（缓存），报告提供了状态变化和事件顺序信息交换。

（5）control blocks for generic substation event （GSE）。支持输入和输出数据值的系统范围的快速的可靠的传输，IED 二进制状态信息对等交换。

（6）control blocks for transmission of sampled values。采样的快速循环传输，例如仪用变压器。

（7）control。描述控制服务，例如装置。

（8）time and time synchronization。提供了装置和系统的时间基准。

（9）file transfer。定义了大块数据的交换，例如程序。

IEC 61850-5 中定义 7 种类型的信息如下：

（1）快速信息。这种信息包含了由简单的二进制码组成的数据、命令或者简单报文，如“Trip”“Close”“Start”等；从图 2-7 中可以看出，快速信息和跳闸信息映射到特定的以太网帧中，以减少编解码的时间。

（2）中速信息。这些信息的产生时间非常重要，但是传输时间则不那么严格，要求 IED 拥有自己的时钟，信息发送出去带有时间戳，例如状态信息。

（3）低速信息。这类信息包含了可能要求时间戳的复杂报文，可能用于低速自动控制功能、事件记录、读/改变设点值等。

（4）原始数据信息。这类信息包括数字传感器或者其他数字装置发送的输出数据。

（5）文件传输信息。这类信息用来传输由记录等组成的大块文件，传输时间没有特殊的界线。

（6）访问控制的命令信息。这类信息基于低速信息，附加子密码和/或确认手续；传输这些中速信息、低速信息和文件传输功能需要面向信息的服务。MMS 标准可以提供严密的信息模型和服务，这些信息模型和服务是 IEC 61850 中的 ACSI 所需的。

（7）时间同步信息。这类信息用于 SAS 中 IED 内部时钟的同步。这类信息直接基于应用层协议 SNTP。

IEC 61850-8-1 部分规定了通过把 ACSI 映射到 MMS 和 ISO/IEC8802-3 帧结构来交换实时和非实时数据的方法。ACSI 到 ISO/IEC 8802-3 的映射用于实时信息的交换，将 IEC 61850-7-2 部分定义的语法、定义映射为 8802-3 的帧结构。

IEC 61850 的通信模型中的 GOOSE/GSE 等快速信息的服务直接建立于数据链路层之上，基于客户/服务器的中速信息、慢速信息等的服务则建立于传输层之上，而时间同步信息的服务则是直接基于应用层协议 SNTP。这种对信息服务的分类体现了信息的轻重缓急之分。IEC 61850-7-3/-4 部分定义了与数据模型相关的内容，IEC 61850-7-2 部分定义了与底层通信网络和协议无关的 ACSI，IEC 61850-8/9 部分定义了 ACSI 与底层通信技术的映射。根据底层所使用技术的不同，ACSI 再映射到底层具体的协议上去，例如在变电站层和间隔层之间采用 IEC 61850-8-1 所定义的 ACSI 映射到制造报文规范（MMS）上，间隔层和过程层映射为串行单向多点/点对点传输网络（IEC 61850-9-1）或者映射为基于 IEEE 802.3 标准的过程总线（IEC 61850-9-2 ）。IEC 61850 这种将服务与通信分离的做法比较灵活，可以比较方便的适应底层技术的发展。但是，该法定义的层次多，实现起来难度大。IEC 60870-5-103 规约的服务和通信是混在一起定义的。IEC 60870-5-103 虽然可采用光纤传输，但也考虑了传统的串行通信技术（如 EIA RS-485 ），为保证快速的通信响应时间采用了 EPA（增强性能结构），即采用在数据链路层之上直接建立应用的方式。IEC 60870-5-103 规约采用的 EPA 模型为：物理层、数据链路层和应用层，EPA 模型数据单元流程如图 2-8 所示。

物理层采用的是基于光纤系统或者按照 EIA RS-485 基于铜线的系统。数据链路层采用的是从 IEC 60870-5-1 选用的传输帧格式 FT1.2 和 IEC 60870-5-2 选用的非平衡链路传输规则。数据链路层也是由明确的链路规约控制信息（LPCI ）的许多链路传输过程组成，将应用服务数据单元（ASDU）直接当作链路用户数据。应用层包含一系列应用功能，它包含在源和目的之间传送的应用服务数据单元中。IEC 60870-5-103 中没采用明确的应用规约控制信息（APCI）。规约适用的网络配置为：点对点、多个点对点、多点星形、多点共线和多点环形，所以不方便用在分布式功能组件之间的信息交换，且它要求在主站和每个远动子站之间采用固定连接的数据电路，这意味着必须使用固定的专用远动通道。IEC 60870-5-103 规约采用的这种方法的优点是层次少，很直观，效率高，可用于低速连接，实现起来简单。其缺点是适应性差，如果底层技术发生大的变化，这种协议就需要做很大的改动才能够适应。

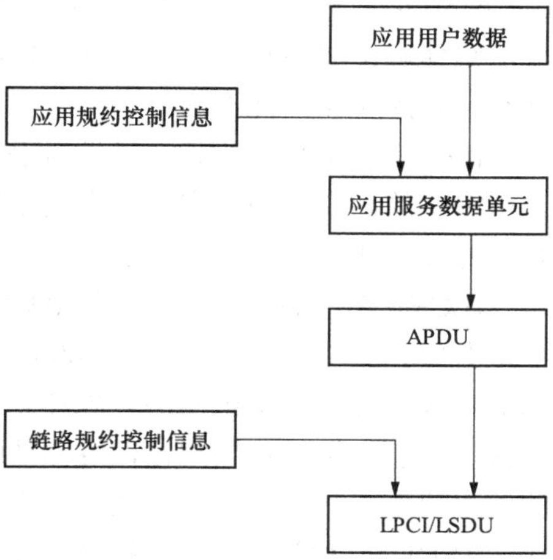

图 2-8　EPA 模型数据单元流程图

（二）建模方法不同

IEC 61850 采用了面向变电站对象建模的方法，对变电站自动化通信系统及相关设备、功能和数据进行建模。所建立的模型主要有变电站模型、IED 产品模型、通信系统模型及相关的建模冗余。

IEC 61850 标准采用的面向对象的方法，使得系统模型具有封装性、继承性和可重用性等优点。对象是真实世界的一个实体反映，它包括对象属性和对象方法，模拟了真实世界实体的属性和行为。在系统的抽象模型中，IEC 61850 标准把整个变电站自动化系统看作是由若干个一次设备和测量、控制、保护等二次设备构成，并通过网络通信总线把设备互连起来的抽象系统。设备对于整个变电站来说是一个个抽象子对象，每一个对象都封装了该对象所具有的属性和操作方法并通过外部接口供其他对象访问。以断路器对象为例，断路器对象封装了断路器所有的属性，包括：断路器开关位置控制 Pos、操作次数 OperCnt、操作源 Loc（当地或者远方）等，以及断路器服务操作 SetDataValue（设置开关位置）、GetDataValue（获取开关位置）、SBO（选择执行）等。对断路器的操作就可以通过断路器对象来访问，而不需要具体关心断路器内部的物理细节。

在系统的抽象模型中，整个变电站对象从逻辑上可以看作是由分布于变电站自动化系统中完成各个功能模块的逻辑设备对象构成。逻辑设备的各个功能模块又由一个或者多个子功能—逻辑节点组成，逻辑节点又包含数据对象，数据对象又有数据属性。逻辑节点是功能组合的基础模块，也是通信功能的数据源和目的地，它可以进行组合，构成变电站自动化系统中的任意功能。逻辑节点本身进行了很好的封装，还具有可扩展性，扩展后的逻辑节点通过数据对象的自描述特性可以很容易和已有的逻辑节点兼容。逻辑节点由若干个数据对象组成，数据对象是抽象通信服务接口（ACSI）访问的基本元素，也是设备间交换信息的基本单元，IEC 61850 根据命名规则定义了 400 多种兼容数据类型。数据对象是由公共数据类（CDC）定义产生的对象实体。每一种公共数据类都有对于它的服务，这些服务对数据进行操作，读或者写。也就是说，每一个数据类都有一个公共数据类来详细定义这个数据类的细目。而在

IEC 61850-7-4 中定义的逻辑节点中的每一个描述条目都是一个公共数据类的一个对象。这样就能够体现出面向对象的信息建模的继承特性。而面向对象的继承性和多态性使同一公共数据类产生的对象属性不同。

IEC 61850 标准中定义的这种公共数据类、逻辑节点、数据对象的模型从逻辑上来讲是一种树状的和立体的，它能够表达出数据之间的关联性。这种立体化的模型是 IEC 61850 具有良好互操作性的重要原因之一。

IEC 60870 系列标准是远动系统数据传输的通用标准，适用于电力系统自动化各种应用，不是专门为变电站制定的。IEC 60870-5-103 协议是该系列标准针对变电站的特定信息的伴随标准，因此并未对变电站的对象和功能详细建模，主要针对继电保护设备（或间隔单元）应传输的信息定义了接口规范，俗称是面向数据点。IEC 60870-5-103 规约采用的是非面向对象的信息建模方法，它定义了两种信息交换的方法，第一种是基于严格规定的应用服务数据单元（ASDUs）和为传输“标准化”报文（这里的“标准化”报文就是指严格规定的 ASDUs）的应用过程；第二种是使用了通用分类服务，以传输几乎所有可能的信息。在 1999 年颁布实施的 DL/T 667—1999（基本等同于 IEC 60870-5-103 规约）中，明确定义了继电保护信息必须尽可能地采用严格规定的 ASDU，如果不能完全满足要求，应采用通用分类服务来实现。标准同时针对国内已经生产的保护设备，在硬件方面改动比较困难，较难适应通用分类服务的情况，专门定义了保护信息的专用范围以供采用。所以虽然目前国内几大电力自动化设备厂商都采用 IEC 60870-5-103 规约，但对一些具体应用却有不同处理方式，不同厂家的设备，甚至同一家厂商的不同设备之间也很难直接互连。IEC 60870-5-103 规约的数据描述方式是“面向点”的，也就是说，对 IED 的信息描述都是以信号点表的形式进行的。这种模型从逻辑上来讲是一种线性和平面的结构，无法表达数据之间的关联性，更不是自描述的。这种模型在进行信息传输时，数据收发双方必须事先对数据库进行约定，并一一对应，才能达到完全相互理解的状态。

（三）自描述机制不同

完整的自描述机制也是 IEC 61850 标准区别于 IEC 60870-5-103 规约的重要标志之一。

IEC 61850 的自描述机制包括：①采用变电站配置描述语言（Substation configuration description language，SCL）描述的模型文件，该描述就是对通信装置和系统的形式和静态结构以及系统参数的严格规范的描述，它可以在应用之间离线交换，也可以在线交换；②信息模型各层次所提供的目录服务，目录服务为获取信息模型结构和信息集合提供了可行的方法。

IEC 61850 系列标准的目的是为来自不同厂家的 IED 产品提供互操作性。为变电站通信管理提供一套能够满足互操作性要求的变电站通信系统，是由相应的通信装置和软件系统来构成的。装置和系统的静态结构应该在系统建立时议定，运行时的动态过程总是针对给定的静态通信结构的。但是变电站自动化系统中的各种 IED 可能来自不同的生产厂家，如果不做统一规范，各厂家对自己设备的结构及功能以及信息的传输可能采用不同的方法进行描述，可能用文本描述，也可能采用表格的方式来描述，或者其他可能的描述方法，都能达到传递信息的作用，但这样只能人工收集信息，进行描述方法的转换，再对 IED 和 SAS 进行设置，输入配置信息表，不适于装置间的自动化互操作。为了能在网络中远程完成信息交换和系统配置，由系统来读取装置的自描述信息而不需考虑装置的差异性，IEC 61850 标准定义了基于 XML 语言的 SCL 对配置信息进行统一的规范描述。SCL 的提出使系统设备的自描述、设备的在线配置以及设备的互操作得以实现。

IEC 61850 采用面向对象建模思想，对变电站相关设备、功能和数据以及通信系统进行建模。IEC 61850 的基本思想是将变电站的所有功能分解为相互通信的基本单元——逻辑节点，这些节点可以分布在一个或多个物理装置上，也就是功能可以在不同的装置上自由分布和分配。另外，每个逻辑节点包含有若干数据，数据又由一系列的数据属性组成。逻辑节点用它的数据及数据属性建模了实际装置的功能和具体行为。IEC 61850 中包括了一百多个兼容逻辑节点和大约上千个不同的兼容数据模型。兼容模型，是指针对变电站及站内 IED 的差异性，SCL 定义了统一的建模方法，并由此建立统一的标准模型。SCL 可以通过构建变电站内与配置相关的各种对象模型，来描述变电站及站内 IED 的配置信息。

第三节 IEC 61850 标准

IEC 61850 的宗旨是“一个世界、一种技术、一种标准”，它的目标是实现设备间的互操作，其作为国际统一变电站通信标准已经获得广泛的认同与应用。它不仅应用在变电站内，而且运用于变电站与调度中心之间以及各级调度中心之间。国内外各大电力公司、研究机构都在积极调整产品研发方向，力图和新的国际标准接轨，以适应未来的发展方向。

一、IEC 61850 标准概述

随着嵌入式计算机以太网通信技术的飞跃发展，智能电子设备之间的通信能力大大加强、保护、控制、测量、数据功能逐渐趋于一体化，形成庞大的分布式电力通信交流系统，电力系统正逐步向电力信息系统发展。现如今，许多设备生产商都具有一套自己的通信规约，通常一个传统的变电站可能有南瑞、许继、四方等多个厂商的协议同时在使用，整个电网里运行的规约多达上百种。

国际电工委员会—IEC TC57 技术委员会（电力系统管理及其信息交换委员会）从 1994 年开始，经过多年的试验与考察，借鉴了 IEC 60870 系列国际标准和美国电科院 UCA2.0 的经验，同时吸收了很多先进的技术，在 2004 年颁布了关于变电站内 IED 设备互连的国际标准 IEC 61850，对保护和控制等自动化产品和变电站自动化系统（SAS）的设计产生了深远的影响。而各大设备厂商考虑商业利益，对自己的通信协议一般都是采取保密措施，但是采用不同厂家的 IED 设备时，需要有复杂的、高费用的协议转换，从而进一步加大了系统集成的困难程度，客户在进行设备采购时也受限于设备生产商，系统集成成本大大提高。

1. 正在使用的远动通信规约

（1）CDT 规约。它是中国电力行业制定的第一个远动规约标准，由于该规约比较简单，故得到了非常广泛的应用。但是 CDT 规约限于当时的通信信道和容量限制，只能循环传送信息，虽然支持遥信变位优先插入，但不支持模拟量变化传输功能，不能完全实现各种数据的分优先级优先传送，通信效率低；而且数据本身不携带属性信息，远方操作员不能诊断现场设备的运行状况，信息容量小，通道利用率低。

（2）基于专用设备的问答式规约 SC1801 和 μ4F。SC1801 和 μ4F 规约是在 20 世纪 80 年代末，随着国外远动设备的引进而采用并推广的。与 CDT 规约相比，能够实现变化数据的优先传送，支持简单的在线配置和诊断，提高了数据的完整性和可靠性，从而得到用户的肯定。但是这两种规约原本是和专用设备配套使用，在数据的组织格式上具有特殊性，信息容量有

限，并且仅适用于非平衡式链路传输。

（3）IEC 60870-5 系列通信规约。IEC 60870-5 系列标准，是 IECTC57 工作组为适应电力系统及其他公用事业传输远动信息的需要而制定的，包括两部分内容：基本标准和配套标准。基本标准分 5 篇，规定了传输帧格式、链路传输规则、应用数据的一般结构、应用数据的定义与编码、基本应用功能 5 部分内容。配套标准是对基本标准中的信息体规定特殊用途，或定义另外的信息体、服务规则和基本标准参数。配套标准采用 ISO/OSI 七层协议简化后的三层增强功能模型（物理层、链路层、应用层），提供了比完整七层模型更快的响应速度。

（4）DNP V3.0。它是于 1993 年由加拿大的 CE-Harries 开发，目前是由一个 DNP V3.0 用户组技术委员会负责维护和标准的制定修改。DNP 也是一种基于 IEC 标准的开放式通信规约，用以在电力企业、石油、天然气、水利/废水企业以及安全部门等系统之间实现信息交换，在北美应用较多。该标准根据支持的应用功能不同分为三个层次，用户可以根据系统规模来选择或要求自动化系统制造商达到某个层次的功能。因此可以被用于任意 SCADA 系统，在变电站计算机、RTU、IED 和主站之间通过串行方式或基于局域网系统进行高效、可靠通信。

2. 含义及特点

IEC 61850 作为全球统一的变电站通信标准，它的主要目标是实现设备间的互操作，实现变电站自动化系统无缝集成，该标准是今后电力系统无缝通信体系的基础。所谓互操作是一种能力，使分布的控制系统设备间能即插即用，自动互联，实现通信双方理解互相传达与接收到的逻辑信息命令，并根据信息正确响应、触发动作、协调工作，从而完成一个共同的目标。互操作的本质是如何解决计算机异构信息系统集成问题。因此，IEC 61850 采用面向对象思想建立逻辑模型、基于 XML 技术的变电站配置描述语言 SCL、将 ASCI 映射到 MMS 协议、基于 ASN.1 编码的以太网报文等计算机异构信息集成技术。

IEC 61850 标准是目前关于智能变电站数据通信的最完整的国际标准。与传统的变电站自动化系统的工程设计和通信现实相比，IEC 61850 更侧重于一个统一环境即系统平台的建立，这个平台包括通信平台、管理平台以及测试平台，在这个平台上可以实现一致性要求。它具有开放系统的特点，实现信息分层、系统配置、映射对象与具体网络独立、数据对象统一建模，在测控、保护、计量、故障录波、监测 IED 之间能够进行无缝链接，避免了烦琐的协议转换，实现了间隔层与站控层以及间隔层与智能设备之间的互操作。IEC 61850 标准的制定是为了实现变电站互操作性、自由配置、长期稳定性的目的，其相对于其他标准（如 SCADA 通信协议），有如下突出的特点：

（1）使用面向对象的 UML 统一建模技术。

（2）采用分布、分层的结构体系。

（3）使用抽象通信服务接口（ACSI）和特殊通信服务映射（SCSM）技术。抽象建模与具体实现独立，服务与通信网络独立，适用于 TCP/IP、OSI、MMS 等多种传送协议。

（4）实现智能电子设备间的互操作性，不同制造厂家提供的智能设备可交换信息和使用这些信息执行特定功能。

（5）提供自我描述的数据对象及其服务，满足智能变电站功能和性能要求。

具有面向未来的、开放的体系结构，能够定义其他领域的任何新的逻辑节点和公共数据类，并可兼容主流通信技术而发展，可伴随系统需求而进化。

3. IEC 61850 技术

IEC 61850 在 2004 年由 IEC TC57 正式发布，成为全球唯一的变电站自动化设备互操作的通信标准。国内等同标准为 DL/T 860《变电站通信网络和系统》系列标准。

IEC 61850 构成如图 2-9 所示，具体内容如表 2-4 所示。

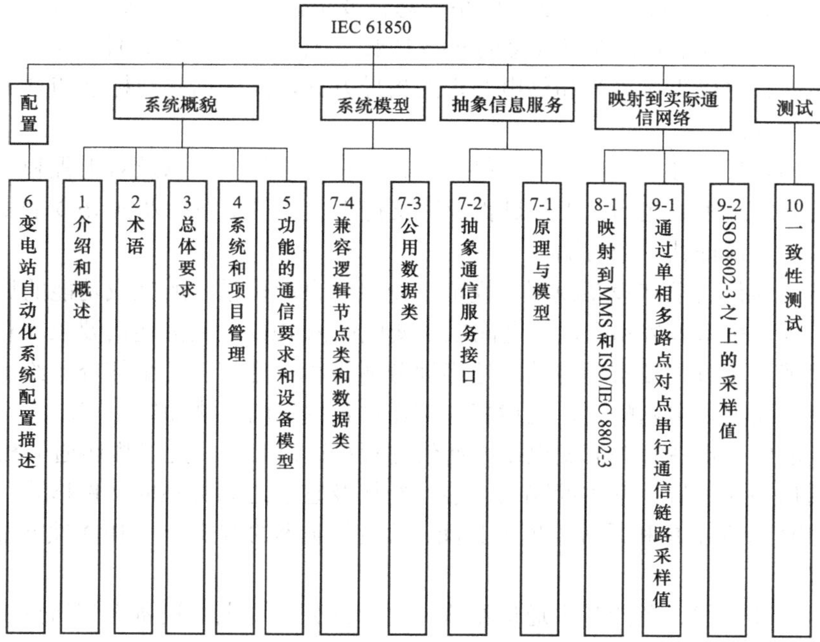

图 2-9 IEC 61850 标准结构

表 2-4 IEC 61850 的构成表

国际标准序号	国内等同标准序号	中文名称
IEC 61850-1	DL/T 860.1-2006	介绍和概述
IEC 61850-2	DL/T 860.2-2006	术语
IEC 61850-3	DL/T 860.3-2006	总体要求
IEC 61850-4	DL/T 860.4-2006	系统和项目管理
IEC 61850-5	DL/T 860.5-2006	功能的通信要求和设备模型
IEC 61850-6	DL/T 860.6-2008	与智能电子设备有关的变电站内通信配置描述语言
IEC 61850-7-1	DL/T 860.71-2006	变电站和馈线设备的基本通信结构——原理和模型
IEC 61850-7-2	DL/T 860.72-2004	变电站和馈线设备的基本通信结构——抽象通信服务接口（ACSI）
IEC 61850-7-3	DL/T 860.73-2013	基本通信结构——公共数据类
IEC 61850-7-4	DL/T 860.74-2006	变电站和馈线设备的基本通信结构——兼容的逻辑节点类和数据类
IEC 61850-8-1	DL/T 860.81-2006	特定通信服务映射(SCSM)到 MMS(ISO 9506-1 和 ISO 9506-2)及 ISO/IEC 8802-3 的映射
IEC 61850-9-1	DL/T 860.91-2006	特定通信服务映射（SCSM）——通过进行单方向多点共线链接传输采样测量值
IEC 61850-9-2	DL/T 860.92-2006	特定通信服务映射（SCSM）——通过 ISO/IEC 8802-3 传输采样测量值
IEC 61850-10	DL/T 860.10-2006	一致性测试

（1）介绍和概述。即 IEC 61850 标准概述，包括适用范围和目的，定义了变电站内 IED 之间的通信和相关系统要求，并论述了制定一个适用标准的途径和如何对待通信技术革新等问题。

（2）术语。给出了 IEC 61850 文档中涉及的关于变电站自动化系统特定术语及其定义。

（3）总体要求。详细说明系统通信网络的总体要求，重点是质量要求（可靠性、可用性、可维护性、安全性、数据完整性以及总的网络要求），还涉及了环境条件（温度、湿度、大气压力、机械振动、电磁干扰等）和供电要求的指导方针，并根据其他标准和规范对相关的特定要求提出了建议。

（4）系统和项目管理。提出了对系统和项目管理过程的要求以及对工程和试验所用的专用支持工具的要求。主要包括：工程过程及其支持工具、整个系统及其 IED 的生命周期、系统生命期内的质量保证共三个方面。

（5）功能的通信要求和设备模型。规范了变电站自动化系统所完成功能的通信要求和装置模型。为了区分技术服务和变电站之间以及变电站内 IED 之间的通信要求而对功能进行描述；为支持功能自由分配要求，将功能适当地分解为相互通信的几个部分，给出其交换数据和性能要求；对典型变电站配置，上述规定可通过数据流的安排加以补充。

（6）与智能电子设备有关的变电站内通信配置描述语言。规定了描述通信相关的 IED 配置和参数、通信系统配置、开关间隔（功能）结构及它们之间关系的文件格式，目的是在不同制造商的 IED 管理工具和系统管理工具间，以某种兼容的方式交换 IED 性能描述和变电站自动化系统描述。

（7）变电站和馈线设备的基本通信结构。这一部分是变电站设备之间协调工作和通信体系概述。

（8）特定通信服务映射（SCSM），映射到制造报文规范（MMS），说明了在局域网上交换实时数据的方法，将 ACSI 映射到 MMS 的服务和协议，主要用于站控层到间隔层间的映射。

（9）特定通信服务映射（SCSM），规定了间隔层和过程层间的映射。

（10）一致性测试，规定了变电站自动化系统和设备通信方面的一致性测试方法，还给出了设置测试环境的准则，规定了互操作的等级。

二、IEC 61850 的功能及优点

（一）IEC 61850 标准功能

1．三层架构及逻辑接口

IEC 61850 完成了计量、保护、控制和在线监测四大功能，从逻辑、物理和通信上将系统分为三层，即站控层、间隔层和过程层，并定义了三层之间的接口，由过程层网络（总线）和站控层网络（总线）进行通信连接。站控层的功能分为两类：一是与过程相关的功能，主要指利用各个间隔或全站的信息对多个间隔或全站的一次设备发生作用的功能，如母线保护或全站范围内的逻辑闭锁等，站控层通过逻辑接口完成通信功能；二是与接口相关的功能，主要指与远方控制中心、工程师站及人机界面的通信，通过逻辑接口完成通信功能。

2．逻辑节点描述

为了实现智能化的目标，所有变电站设备的已知功能被标识并分成许多子功能（逻辑节点 LN）。逻辑节点分布在不同设备内和不同层内。因此，IEC 61850 标准将定义逻辑节点之

间的通信。逻辑节点通过逻辑连接互连，物理装置则通过物理连接实现互连。逻辑节点是物理装置的一部分，逻辑连接（LC）则是物理连接（PC）的一部分。由于难以为当前和未来的应用定义全部功能，规定各种分布和相互作用，故以某种通用的方法规定和标准化逻辑节点间的相互作用显得非常重要。

3．信息分层模型

信息模型及其建模方法是IEC 61850系列标准核心，该系列标准采用分层的概念对实际组件进行建模，其模型如图2-10所示。所有的实际设备都被称为物理设备或服务器，与信息模型的最外层网络相连。每个物理设备首先被抽象成虚拟的逻辑设备，然后根据具体功能的不同，将逻辑设备细化成逻辑节点来描述。这些逻辑节点就是具有某一完整功能的最小实体单位，它们各自包含着各种数据，而每个数据里面又包含不同的数据属性。通过这样的分层结构就可以清楚地表述各种数据。

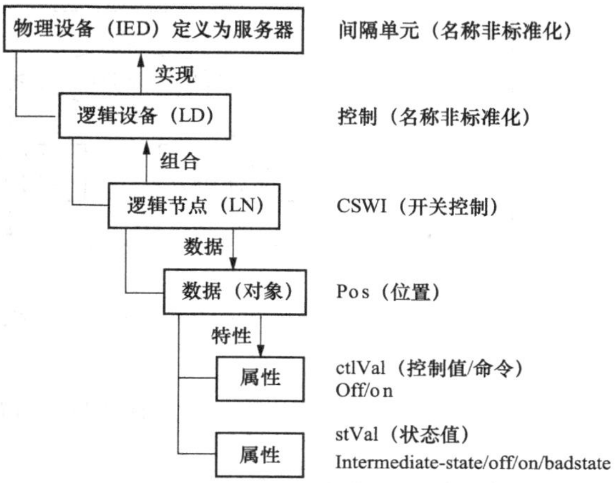

图2-10　信息分层模型

4．功能自由分布和分配

位于不同物理设备的两个或者多个逻辑节点所完成的功能称为分布的功能，即为所有功能在一个通路内的通信。就地功能或者分布功能的定义不是唯一的，它依赖于执行功能的步骤的定义，直到完成功能。为实现分布功能，丢失一逻辑节点或者丢失包含通信链路时，功能可完全地闭锁或者（如果合适）将功能降级以弱化故障的影响。为了满足通信的要求，尤其是功能自由和分配，所有功能被分解成逻辑节点，然后进行功能建模，这些节点可分布在1个或多个物理装置上。由于一些通信数据不涉及任何一个功能，仅仅与物理装置本身有关，如铭牌信息、装置自检结果等，因此需要一个特殊的逻辑节点“装置”，即引入LLN0逻辑节点（没有显示出来）。逻辑节点间通过逻辑连接（LC）相连，专用于逻辑节点之间的数据交换。

IEC 61850标准建模方法主要有以下两个步骤，其流程图如图2-11所示。

（1）应用功能与信息的分解获取公共逻辑节点。

（2）逐步合并创建信息模型、利用逻辑节点搭建设备模型。

5．工程配置语言SCL

基于XML技术，IEC 61850定义了一种变电站配置语言（SCL），描述智能变电站系统与一次设备之间的关系及IED配置情况。SCL提供了统一工程数据格式，且有以下四种文件类型。

（1）SSD：系统规范描述文件（一次系统接线图和相关逻辑节点）。

（2）SCD：全站系统配置文件（一次系统、二次设备及其与一次设备的关联、通信系统是最完整的描述）。

（3）ICD：IED设备能力描述文件（功能、信息模型和服务模型）。

（4）ICD：IED实例配置文件（二次设备模型、与一次系统的关联、通信参数）。

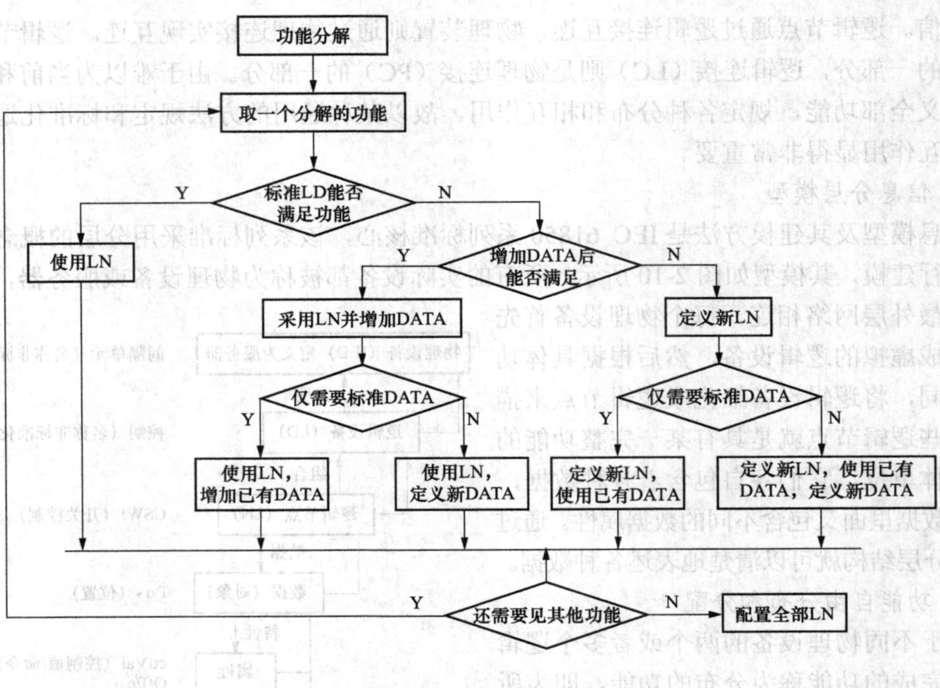

图 2-11　功能建模流程图

6．IEC 61850 通信网络

IEC 61850 使用以太网技术、总线型和环网以及双网或单网等多种形式。以太网交换机必须支持优先级设置（IEEE 802.1Q）和虚拟局域网（VLAN，IEEE 802.1P）。位于站控层和间隔层之间的网络采用抽象通信服务接口映射到制造报告规范（MMS）、传输控制协议/网际协议（TCP/IP）以太网或光纤网。在间隔层和过程层之间保护、测量、控制和 IED 的通信采用单点向多点的单向传输以太网。IEC 61850 标准中没有继电保护管理机，变电站内的智能电子设备（IED、测控单元和继电保护装置）均采用统一的协议，通过网络进行信息交换。

7．通信映射

特定通信服务映射在抽象的 ACSI 和具体的某一特定协议之间建立映射关系。该标准将 ACSI 映射到 MMS，形成了基于 IEEE 802.3 标准的过程总线，传输层至少支持 TCP/IP 的应用层协议，该协议适用于站控层和间隔设备，或间隔层设备间，或站控层设备间的通信。

ACSI 即抽象通信服务接口，它是独立于通信协议，独立于具体实现，独立于操作系统的抽象服务过程和相关数据类的描述。ACSI 主要由客户/服务器模式和发布者/订阅者模式两种通信机制组成。前者针对控制、读写数据值等功能服务；后者针对快速和可靠的数据传输服务。它通过不同的 SCSM 映射到不同的协议，通信映射关系如图 2-12 所示。其中，IEC 61850-8-1 核心 ACSI 服务采用 MMS 作为应用层协议，IEC 61850-9-1 GOOSE/采样值服务器应用层是 GOOSE 协议，GSSE 代表了 UCA2.0 中的 GOOSE，时间同步服务使用了简单网络时间协议（SNTP）。

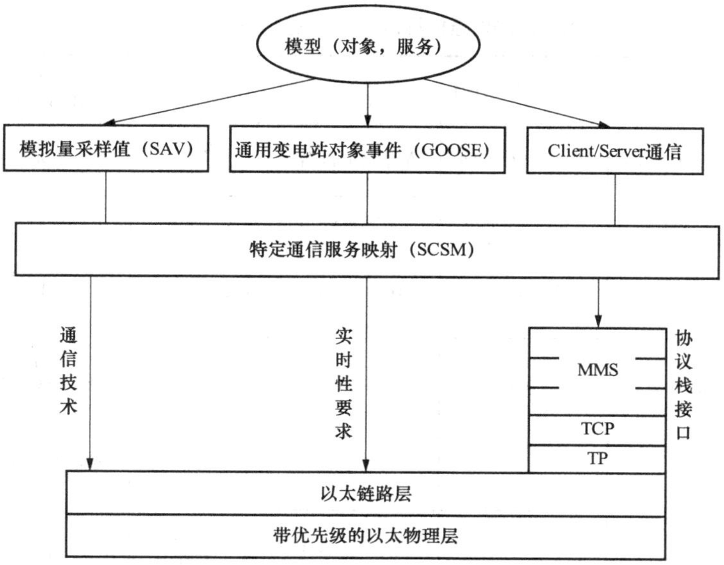

图 2-12　通信映射关系

8．时间同步系统

时间同步系统的对时有 SOE 事件顺序记录、装置时标、采样同步和系统同步四个目的。在 IEC 61850 中定义了通过网络进行对时的协议 IEEE 1588v2，是基于精密时钟原理的高精度网络对时协议，采用以太网传输方式，提高监控和诊断能力。时间同步系统通过交换机实现，无须附加接线，精度为纳秒级，被对时设备需要具备精密时钟对时功能，免除了额外专门的时间同步器，减少了连接至传感器的费用。主要应用于间隔层及过程层设备的装置时标或采样同步对时。

9．一致性测试

产品投运前应进行协议实现的一致性测试，这不仅实现了不同厂家产品的互操作性，减少数据交换过程中不同协议间转换时人力物力的浪费，而且保证了智能变电站安全稳定运行。

（二）IEC 61850 协议的实现

（1）分配、合并、定义装置的自动化功能，从逻辑节点库中提取对应的逻辑节点（LN），组建成装置对应的逻辑设备（LD），构建出信息模型的框架；用数据对象（DO）及其属性（DA）对模型进行填充、描述、实例化信息模型的属性。

（2）依据抽象通信服务接口（ACSI），根据信息模型属性构建出信息模型相对应的服务。

（3）按照特殊通信服务映射（SCSM），将抽象的通信服务映射到具体的通信网络及协议上，进而使服务借助通信难以实现。

（4）依照变电站配置原理（SCL），组织并发布装置的配置文件，实现装置信息和功能服务的自我描述，并且服务可被识别和享用。

（三）IEC 61850 通信标准与其他通信标准的比较

国内目前最常见的几种通信规约与 IEC 61850 标准的比较如表 2-5 所示。

表 2-5 IEC 61850 通信标准与其他通信标准的比较

项目	CDT	IEC 60870-5.101	IEC 60870-5.103	DNP V3.0	IEC 60870-6-TASE.2	IEC 61850
应用领域	运动、SCADA	运动、SCADA	监视保护设备	远动、变电站内	控制中心之间	变电站和馈线自动化
标准	国内标准	国际标准	国际标准	地域标准	国际标准	国际标准
标准化组织	中国电力行业	IEC TC57	IEC TC57	DNP 用户组	IEC TC57	IEC TC57
应用特定信息模型	很少	很少	一些	允许用户自创	10 个左右的复杂数据类型，允许用户自创	275 个 LN、2000 个数据类、允许用户自创
面向对象模型	—	—	—	—	允许面向对象命名	支持继承、封装、层次模型
主要应用区域	中国	欧美、南美、澳大利亚、中国	欧美、南美、澳大利亚、中国	欧美、南美、澳大利亚、中国	全世界	全世界
支持的数据类型	固定	固定	固定	灵活	灵活	灵活、易扩展
地址/标识	下标索引	下标索引	下标索引	下标索引	名称	层次命名
数据的自我描述				一些	许多	数据类型、名称等所有信息都可以访问信息
文件传输	—	可以	可以	可以	可以	可以
通信系统支持	串行	串行	串行	串行、网络	广域网	以太网
模型层次数量	三层	三层	三层	四层或七层	七层	七层或三层
模式	非平衡	非平衡、平衡	非平衡、平衡	平衡	全双工	全双工
开放性	无	一般	一般	一般	一般	良好
数据模型与服务的无关性	—	—	—	是	是	是
服务于通信网络的无关性	—	—	—	—	—	是
数据一致性	信息索引与数据库之间的映射	信息索引与数据库之间的映射	信息索引与数据库之间的映射	信息索引与数据库之间的映射	直接映射到命名变量	直接映射标准的命名对象
设备配置信息的完整描述	无	无	无	无	有	完全
获取所有对象的目录	不支持	不支持	有限的	不支持	仅浮点数列表	完全的
采样值传递	—	—	—	—	—	可以
快递事件信息交换	—	—	—	—	—	可以

（四）智能变电站 IEC 61850

智能变电站全站设备支持 IEC 61850 标准，站内设备按“三层两网”结构配置，使用 MMS、GOOSE、SMV（IEC 61850-9-2）报文实现变电站数字化。全站网络在逻辑功能上，可分为站控层网络和过程层网络，过程层网络包括 GOOSE 网络和 SMV 网络。高采样率的采样值和 GOOSE 报文的快速传输，依靠虚拟网协议和多播技术，将流量限制在有限范围传输以减小网络负担和提高传输的实时性。降低网络流量信息可以通过以下三种措施解决：

（1）对于 SMV 业务接入点端口，通过端口速率设置来防止 SMV 业务挤占关键业务的带宽。

（2）对于业务的数据通信，采用 GMRP 动态组播协议来降低网络中的数据流量。

（3）对于关键业务通信，在网络中实施 QOS 机制，采用 VLAN 组划分的方式实现，通过优先级划分处理保证关键数据先传送。

其中，智能变电站实时报文的优先级处理如表 2-6 和表 2-7 所示。

表 2-6　过程层网络实时报文优先级处理

报文类型	报文传输方向	发送方式	优先级
SMV 报文	MU 至 IED	周期性	4
GOOSE 输入报文	智能开关柜（ISG）至 IED	周期性	1
GOOSE 输出报文	IED 至 ISG、MU	突发性	4
时钟同步报文	主时钟与各设备双向	不定期	1

表 2-7　站控层网络实时报文优先级处理

报文类型	报文传输方向	发送方式	时延要求	优先级
遥测、遥信报文	IED 至监控主机	周期性	<100ms	3
Control 报文	监控主机至 IED	突发性	<3ms	4
事件报告或设备状态报文	IED 至监控主机	周期性	<100ms	3
定值、录波、事件记录和文件	监控主机至 IED	突发性	事件记录<500ms	2
闭/解锁、联动命令	IED 之间	突发性	事件记录<500ms	4
时钟同步报文	主时钟与各设备双向	不定期		1

三、IEC 61850 的应用与发展

IEC 61850 在新能源中的应用较为广泛，具体应用情况如下。

（一）水电站监控通信标准 IEC 61850-7-410

IEC 61850-7-410 是由 TC57 的 WG18 工作组于 2007 年 8 月公布的水电站监控通信标准。IEC 61850-7-410 标准的第 1 版是根据水电站所有可能用到的逻辑节点，共收录 63 个逻辑节点，其中属于水电站专用的逻辑节点 19 个，命名以 H 开头，其余 44 个逻辑节点属于通用逻辑节点。这些逻辑节点主要应用在以下领域：

（1）电气功能。包含各种控制功能，尤其是发电机励磁，这些逻辑节点不仅仅针对水电

站，或多或少的也可用在大型发电厂。

（2）机械功能。包括涡轮机和相关设备，原本用在水电站，但修改后也可以用在其他领域（如风电站）。

（3）水电特定功能。包括与水流、控制、大坝和水库相关的功能，虽然是水电站特定功能，但有关水文管理的数据类型也可以用在自来水管理系统。

（4）传感器。包括发电厂的一些特定测量数据。

（二）分布式能源对象模型 IEC 61850-7-420

IEC 现在正将 IEC 61850 标准推广应用到分布式能源领域。由 TC57 的 WG17 负责制定分布式能源领域的有关逻辑节点模型。IEC 61850-7-420 中定义的分布式能源领域包括活塞发动机、燃料电池、微型燃气轮机、光伏系统、热电联产、储能等方面。目前有关电动汽车与智能电网的集成规范 SGV 也被纳入 IEC 61850-7- 420 中，主要包括智能充电、智能记账和智能服务等信息模型。

（三）风电厂监控通信标准 IEC 61400-25

2006 年 12 月，IEC 公布了由 IEC TC88 技术委员会起草制定的风电厂监控通信标准 IEC 61400- 25，旨在实现风力发电厂中不同供应商的设备之间的无缝通信。IEC 61400-25 系列标准虽然没有被纳入 IEC 61850 系列标准，但可以说是 IEC 61850 在风力发电领域内的延伸。该标准的核心内容继承了 IEC 61850 的精髓和特点。IEC 61400-25 标准从风力发电厂的信息模型、信息交换模型以及向通信协议的映射这 3 个方面来定义风力发电厂的通信方法。风电厂的专用信息模型以 W 打头，共计 20 个逻辑节点。主要包括风电厂的风轮、发电机、齿轮、转子、输电网等。IEC 61400-25-4 中定义了几种通信映射方式，以适应不同环境、不同应用的需求。它们分别是 Web Services、IEC 61850-8-1 MMS、OPCXML DA、IEC 60870-5-104、DNP3。

（四）IEC 61850 Ed2 相关的其他标准

（1）数据和通信安全标准 IEC 62351-6。由 IEC TC57WG15 负责制定，于 2007 年 6 月推出第 1 版，涉及 IEC 61850-8-1、IEC 61850-9-2、IEC 61850-6 等通信协议的信息、过程、算法等的安全运行。

（2）网络和系统管理标准 IEC 62351-7。预计在 2010 年的 4 月推出第 1 版，是关于电力系统运行中信息结构的安全性的规范，包括对通信网络、IEDs、通信协议的系统级端对端安全的监视和管理。

（3）系统对时标准 IEC 61588。目前 IEC 61850 采用的简单网络时间协议（simple network time protocol，SNTP）网络对时精度为毫秒级，还达不到一些对时钟精度要求高的应用的需求。而基于 IEEE 1588 的国际标准 IEC 61588 能够达到亚微秒级的对时精度，将会成为变电站内新的网络对时标准。

（4）网络冗余标准 IEC 62439。IEC 委员会 SC65 的 WG15 负责制定的“高可用性的自动化网络”，提供了几种冗余网络的解决方案。IEC 61850 也将采纳 IEC 62439 推荐的网络冗余方案。

（5）高压开关数据接口标准 IEC 62271-3。2006 年 6 月推出第 1 版，是关于高压开关和控制装置与外部设备代替物理接线的数字接口规范，选择 IEC 61850 中对高压开关及其状态检测的信息模型，并通过 GOOSE 消息接入消息过程总线。

（6）过程总线实现指导 IEC 61850-9-2 LE。这是由 UCA 国际用户组发起并制定的针对变电站内过程总线采用 IEC 61850-9-2 标准实现的轻型版本。目前已被多家公司采用并实现。

（五）IEC 61850 应用难点和局限性

（1）软件复杂性。IEC 61850 系列标准充分吸收了计算机信息处理中的面向对象模型技术并通过抽象的通信接口等方法进行了每一层的设计，希望能够容纳不断发展的通信技术，保证标准在较长的时间内具有良好的通用性，然而也不可避免给标准的实现带来了复杂性。就目前而言，研究出符合 IEC 61850 标准产品的难点主要在 MMS（制造报文规范）、SCL（变电站描述语言，基于扩充的 XML 扩展标记语言）和 GSSE/GOOSE（通用变电站事件，用于期待控制电缆进行开关状态和跳闸命令的传输）等方面。

（2）硬件升级代价。软件的复杂性，导致对 CPU 速度以及内存具有较高的需求，同 103 等传统规约相比有了数量级上的飞跃。为了实现 MMS 通信，100M 的 CPU 速度和 8M 动态内存应该是基本配置，这导致各设备制造商必须升级已有硬件方面实现 IEC 61850 功能，一定程度上也会导致用户初期采购成本的增加（由于减少了后期的维护和改扩建费用，生命期内总体拥有成本会减少）。

（3）GOOSE 应用体现了网络的重要性。传统保护跳闸等应用通过控制电缆来实现，各种保护是自足并且可能在站内实现某种程度的备用（如主变压器保护作为出线的后备保护等），一旦所有跳闸及联络都通过通信来实现，那么通信设备的可靠性将可能成为变电站运行安全的瓶颈。如果大量通过点对点直接用电缆连接来实现 GOOSE 通信，似乎又违背了 IEC 61850 的初衷，达不到减少控制电缆以降低系统复杂性的目的。

（4）国内需求的切合度。IEC 61850 模型更多地考虑了欧洲和北美的需求，并在某种程度上按照西门子、ABB 等厂家的习惯设计，当在国内装置上实现时，与国产传统装置的实现差别较大。尤其关于保护逻辑节点及定制方面，必须按照标准做较大的扩充和变化来实现。另外，IEC 61850 关于工程管理、变电站配置语言等方面，也必须和国内的习惯磨合后方能探索出可行高效的办法。

（5）目前 IEC 61850 标准存在问题。首先关于保护处理信息方面（定值、带参数信息的保护动作时间、录波），目前版本的 IEC 61850 规定得不够具体甚至相互矛盾（在这方面，欧洲产品基本上在产品调试软件中实现，回避了该问题）；其次在 SCL 变电站描述语言部分已被发现若干错误；另外，关于采用直通信部分可能超过目前网络及 CPU 硬件水平。

（六）IEC 61850 的展望

IEC 61850 Ed 1.0 标准在使用中还有以下六点需要进一步地改进。

（1）逻辑节点数目不足，不能满足继电保护功能等功能要求需要。

（2）部分通信模型服务定义存在互操作盲区，需要细化规定。

（3）未对网络冗余、网络安全等重要应用需求做出规定。

（4）水电、风能等新能源领域对 IEC 61850 的使用提出要求。

（5）变电站间和变电站与调度中心通信还未融入 IEC 61850 体系。

（6）一致性测试标准需要进一步扩展。

因此，IEC TC57 从 2008 年起，陆续起草和发布了 IEC 61850 Ed2.0 标准以及新增标准。同时考虑 IEC 61850 标准的范围已经扩大，IEC 61850 新版标准将以“公用电力事业自动化的通信网络和系统”为标题，明确将 IEC 61850 的覆盖范围扩展至变电站以外的所有公用电力应用领域。主要的后续工作为：基于 IEC 61850 系统的功能测试的方法（IEC 61850-100-1）、基于 IEC 61850 的系统管理的技术规范、基于 IEC 61850 的 FACTS 建模、基于 IEC 61850 的报警处理、基于 IEC 61850 的可调负载的对象模型和对 IEC 61850 的扩展进行管理。

第三章　智能变电站测量与计量技术

第一节　概　　述

一、电子式互感器简介

1．互感器的作用

为保证电力系统的安全、经济运行，需要对电力系统及其电力设备的相关参数进行测量，以便对其进行必要的计算、监控和保护。互感器由连接到电力传输系统一次和二次之间的一个或多个电流或电压传感器组成，用以传输正比于被测量的量，供给测量仪器、仪表和继电保护或控制装置。

互感器的主要作用如下：

（1）将电力系统一次侧的电流、电压信息传递到二次侧，与测量仪表和计量装置配合，可以测量一次系统电流、电压和电能。

（2）当电力系统发生故障时，互感器能正确反映故障状态下电流、电压波形，与继电保护和自动装置配合，可以对电网各种故障构成保护和自动控制。

（3）通常的测量和保护装置不能直接接到高电压、大电流的电力回路上。互感器将一次侧高压设备与二次侧设备及系统在电气方面隔离，从而保证了二次设备和人身安全，并将一次侧的高电压、大电流变换为二次侧的低电压、小电流，使计量和继电保护标准化。

2．互感器的分类

（1）按原理分类：可分为电磁式互感器和电子式互感器。

（2）按用途和性能特点分类：可分为测量用互感器和保护用互感器。

（3）按测量对象分类：可分为电流互感器、电压互感器和组合互感器。

3．电子式互感器的优点

在电力系统中，将电磁式电流互感器、电磁式电压互感器及电容式电压互感器统称为传统互感器。电子式互感器具有传统互感器的全部功能。两者除原理、结构不同外，在性能上，特别是暂态性能、绝缘性能方面有较大区别。与传统的电磁式互感器相比，电子式互感器具有以下优点：

（1）优良的绝缘性能，造价低。在电子式互感器中，高压侧与低电位侧之间的信号传输采用绝缘材料制造的石英光纤，因此，绝缘结构简单，造价低。

（2）不含铁芯，消除了磁饱和、铁磁谐振等问题。电磁感应式互感器由于使用了铁芯，不可避免地存在磁饱和、铁磁共振和磁滞效应等问题，而电子式电流互感器不存在这方面的问题。

（3）抗电磁干扰性能好，低压侧无开路高压的危险。电磁感应式电流互感器的低压侧开路时，会产生高压的危险。由于电子式电流互感器的高压侧与低压侧之间只存在光纤联系，而光纤具有良好的绝缘性能，不存在低压侧开路而产生高压的危险，而且免除了电磁干扰。

（4）动态范围大，测量精度高。电网正常运行时，电流互感器流过的电流并不大，但短路电流一般很大，而且随着电网容量的增加，短路故障时短路电流越来越大。电磁感应式电流互感器因存在磁饱和问题，难以实现大范围测量，同时满足高精度计量和继电保护的需要。电子式电流互感器有很宽的动态范围，额定电流可测到几安培至几千安培，短路时大电流可达几万安培。

（5）频率相应范围宽。电子式互感器的频率可达到 1MHz。电子式互感器已被证明可以测出高压电力线上的谐波，还可以进行暂态电压/电流、高频电压/电流与直流电压/电流的测量。

（6）没有因充油而产生的易燃、易爆炸等危险。电磁感应式互感器一般采用充油或充气的办法来解决绝缘问题，这样不可避免地存在易燃/易爆炸等危险；而电子式电流互感器绝缘结构简单，可以不采用油或气体绝缘。

（7）体积小、质量轻。电子式互感器的质量比电磁式互感器的质量小得多。如 220kV 的电子式电流互感器质量约为 100kg，而同样电压等级的电磁式电流互感器的质量约为 1000kg。这给运输与安装带来了很大方便。

（8）适应了电力计量与保护数字化、微机化和自动化发展的潮流。现代的电子式电流/电压互感器的输出均有数字量及模拟量。输出的数字接口的物理层和链接层符合国际电工委员会的遥控设备和系统 IEC 60870 标准以及变电站的通信和系统 IEC 61850 标准。这与今后电力系统中数字化的继电保护、通信及计量是兼容的。

二、数字化电能表简介

数字化电能表适用于新型数字化变电站中数字化的计量场合，包括工作电源、中央微处理器、数字信号处理器、符合变电站通信规约标准的协议处理芯片、用于表计工作中数据传输的光纤接口等。数字信号通过光纤接口输入协议处理芯片，再通过协议处理芯片输至数字信号处理器进行处理。数字化电能表不仅能实现电网参量的纯数字信号的接收，符合变电站通信规约标准，而且能避免传统电表中模拟信号传输造成的损耗及带来的系统误差，从而很好地满足数字化变电站遵循规约协议的数字化计量体系。

1. 数字化电能表工作原理

数字化电能表在接收到光纤以太网传送的数字化电压、电流信号后，实施运算和处理 CPU 系统对该数据进行处理，处理后产生的各类数据实时存入 FRAM 并通过液晶显示接口进行动态显示，通过 RS-485 串口送往后台系统并接收后台发送的指令。根据有功电能和无功电能产生的脉冲输出进行电能表的校验和电量的采集，同时有信号指示灯指示电能表的工作状态是否正常，并可使用按键逐项翻看表内所有的信息数据，还有一个 USB 接口用于 PC 编程。

2. 数字化电能表主要功能

（1）分时计量。可计量总 A、B、C 三相元件正、反向有功，四象限无功及感、容性无功电能，总正、反向有功电能可按四种费率时段进行分时计量，四种费率时段名称为：尖峰时段、高峰时段、平段和谷段。

（2）最大需量。可计算总元件正、反向有功电能和四个象限无功电能的最大需量，并记录最大需量出现的时间。

（3）月统计电量。可计算当前月总电能及四种费率分时的电能，并存储最近 12 个月的总电能及四种费率电能。月统计的结算时间可编程指定。

（4）实时测量。可实时测量 A、B、C 三相及总电压、电流、有功功率、无功功率、功率因数、电网频率，并显示功率方向。

（5）监控功能。包括失压记录、失流记录、断相记录、数据无效记录、装置失电记录、自检功能等。

（6）负荷曲线记录功能。可记录最近 36 天的日负荷曲线，“负荷曲线记录模式”及“负荷曲线记录起始时间”可以编程设定，负荷记录的最小时间间隔也可编程设定。

（7）脉冲接口与通信接口。具有无源四路脉冲输出和无源三路测试脉冲输出，四路脉冲输出可独立编程为正向有功、反向有功、四象限无功或感、容性无功中的任一种。三路测试脉冲具有同一公共端，分别固定为有功电能脉冲、无功电能脉冲及内部时钟脉冲。

第二节　电子式互感器

一、电子式电压互感器

（一）基于电光效应的光学电压互感器

1. 电光效应及对晶体光学性质的影响

（1）电光效应。某些晶体或液体在外加电场的作用下，其折射率将发生变化，这种现象称为电光效应。当光波通过此介质时，其传播特性会受到影响而改变。

光波在介质中的传播规律受到介质折射率分布的制约，而折射率的分布又与其介电常量密切相关。理论和实验均证明：介质的介电常量与晶体中的电荷分布有关，当晶体上施加电场之后，将引起束缚电荷的重新分布，并可能导致离子晶格的微小形变，其结果将引起介电常量的变化，而且这种改变随电场的大小和方向的不同而变化（只有在弱电场的情况下，才可把介电常量近似视为与场强无关的物理常量），最终导致晶体折射率的变化。因此，折射率成为外加电场 E 的函数，这时晶体折射率可用外加电场 E 的幂级数表示，即

$$n = n_0 + \gamma E + hE^2 + \cdots \tag{3-1}$$

或

$$\Delta n = n - n_0 = \gamma E + hE^2 + \cdots \tag{3-2}$$

式中　γ、h——常数；

　　n_0——未加电场时的折射率。

在式（3-1）中，γE 是一次项，由该项引起的折射率变化，称为线性电光效应或泡克耳斯（Pockels）效应；由二次项 hE^2 引起的折射率变化，称为二次电光效应或克尔（Kerr）效应。对于大多数电光晶体材料，一次效应要比二次效应显著，可略去二次项（只有在具有对称中心的晶体中，因为不存在一次电光效应，所以二次电光效应才比较明显），故在此只讨论线性电光效应。

（2）电致折射率变化。对电光效应的分析和描述有两种方法：一种是电磁理论方法，但数学推导相当复杂；另一种是用几何图形——折射率椭球体（又称光率体）的方法，这种方法直观、方便，故通常都采用这种方法。

当晶体未加外电场时，在主轴坐标系中，折射率椭球可描述为

$$\frac{x^2}{n_x^2} + \frac{y^2}{n_y^2} + \frac{z^2}{n_z^2} = 1 \tag{3-3}$$

式中　x、y、z——折射率椭球的主轴，即介质的主轴方向，也就是说，在晶体内沿着这些方

向的电位移 D 和电场强度 E 是互相平行的；

n_x、n_y、n_z——介质的三个主折射率。

按晶体的光学性质分类（光学均质体、单轴晶体、双轴晶体等），折射率椭球体具有不同的形状。例如，对于立方晶体有 $n_x=n_y=n_z$，折射率椭球是一个球面；对于单轴晶体有 $n_x=n_y\neq n_z$，折射率椭球是一个绕 z 轴旋转的旋转椭球面。若有一束光沿着垂直于晶体界面的方向入射晶体，那么其折射光会分为两束，其中一束仍沿着入射光传播，称为寻常光（o 光），折射率用 n_o 表示，另一束偏离入射光路传播，称为非常光（e 光），折射率用 n_e 表示，o 光和 e 光都是偏振光，并且偏振方向互相垂直，这种现象称为光的双折射，利用折射率椭球体可以描述光波在晶体中的传播特性。由此可以推论，晶体加了外电场之后对光波传播规律的影响，也可以借助于折射率椭球方程的系数 $\left(\frac{1}{n_x^2}、\frac{1}{n_y^2}、\frac{1}{n_z^2}\right)$ 如何改变来进行分析。

当晶体施加电场后，其椭球就发生“变形”，相应的折射率椭球方程变为

$$\left(\frac{1}{n^2}\right)_1 x^2+\left(\frac{1}{n^2}\right)_2 y^2+\left(\frac{1}{n^2}\right)_3 z^2+2\left(\frac{1}{n^2}\right)_4 yz+2\left(\frac{1}{n^2}\right)_5 xz+2\left(\frac{1}{n^2}\right)_6 xy=1 \tag{3-4}$$

比较式（3-3）和式（3-4）可知，由于外电场的作用，折射率椭球各系数 $\left(\frac{1}{n^2}\right)$ 随之发生线性变化，其变化量可定义为

$$\Delta\left(\frac{1}{n^2}\right)_i=\sum_{j=1}^{3}\gamma_{ij}E_j \tag{3-5}$$

式中　γ_{ij}——线性电光系数，i 取值 1～6，j 取值 1～3；

式（3-5）可以用张量[1]的矩阵形式表示为

$$\begin{bmatrix}\Delta\left(\frac{1}{n^2}\right)_1\\ \Delta\left(\frac{1}{n^2}\right)_2\\ \Delta\left(\frac{1}{n^2}\right)_3\\ \Delta\left(\frac{1}{n^2}\right)_4\\ \Delta\left(\frac{1}{n^2}\right)_5\\ \Delta\left(\frac{1}{n^2}\right)_6\end{bmatrix}=\begin{bmatrix}\gamma_{11}&\gamma_{12}&\gamma_{13}\\ \gamma_{21}&\gamma_{22}&\gamma_{23}\\ \gamma_{31}&\gamma_{32}&\gamma_{33}\\ \gamma_{41}&\gamma_{42}&\gamma_{43}\\ \gamma_{51}&\gamma_{52}&\gamma_{53}\\ \gamma_{61}&\gamma_{62}&\gamma_{63}\end{bmatrix}\begin{bmatrix}E_x\\ E_y\\ E_z\end{bmatrix} \tag{3-6}$$

式中　E_x、E_y、E_z——电场沿 x、y、z 方向的分量。

具有 γ_{ij} 元素的 6×3 矩阵称为电光张量，每个元素的值由具体的晶体参数决定，它是表征感应极化强弱的量。下面以常用的 KDP 晶体为例进行分析。

[1] 张量：表征晶体的基本物理量，一般用矩阵表示。

KDP（KH_2PO_4）类属于四方晶体，$\overline{42}m$ 点群，是负单轴晶体，因此有 $n_x = n_y = n_o$，$n_z = n_e$，且 $n_0 > n_e$，这类晶体的电光张量为

$$[\gamma_{ij}] = \begin{bmatrix} 0 & 0 & 0 \\ 0 & 0 & 0 \\ 0 & 0 & 0 \\ \gamma_{41} & 0 & 0 \\ 0 & \gamma_{52} & 0 \\ 0 & 0 & \gamma_{63} \end{bmatrix} \tag{3-7}$$

而且 $\gamma_{41} = \gamma_{52}$，因此，这一类晶体独立的电光系数只有 γ_{41} 和 γ_{63} 两个。将式（3-7）代入式（3-6），可得

$$\begin{aligned} &\Delta\left(\frac{1}{n^2}\right)_1 = 0, \Delta\left(\frac{1}{n^2}\right)_4 = \gamma_{41}E_x \\ &\Delta\left(\frac{1}{n^2}\right)_2 = 0, \Delta\left(\frac{1}{n^2}\right)_5 = \gamma_{41}E_y \\ &\Delta\left(\frac{1}{n^2}\right)_3 = 0, \Delta\left(\frac{1}{n^2}\right)_6 = \gamma_{63}E_z \end{aligned} \tag{3-8}$$

将式（3-8）代入式（3-4），便得到晶体加外电场 E 后的新折射率椭球方程，表示为

$$\frac{x^2}{n_o^2} + \frac{y^2}{n_o^2} + \frac{z^2}{n_e^2} + 2\gamma_{41}yzE_x + 2\gamma_{41}xzE_y + 2\gamma_{63}xyE_z = 1 \tag{3-9}$$

由式（3-9）可看出，外加电场导致了折射率椭球方程中交叉项的出现，这说明加电场后，椭球的主轴不再与 x、y、z 轴平行。因此，必须找出一个新的坐标系，使式（3-9）在该坐标系中主轴化，这样才可能确定电场对光传播的影响。为了简单起见，将外加电场的方向平行于 z 轴，即 $E_z = E, E_x = E_y = 0,$ 于是式（3-9）变为

$$\frac{x^2}{n_o^2} + \frac{y^2}{n_o^2} + \frac{z^2}{n_e^2} + 2\gamma_{63}xyE_z = 1 \tag{3-10}$$

为了寻找一个新的坐标系 (x', y', z')，使椭球方程不含交叉项，即有

$$\frac{x'^2}{n_{x'}^2} + \frac{y'^2}{n_{y'}^2} + \frac{z'^2}{n_{z'}^2} = 1 \tag{3-11}$$

式中　x'、y'、z'——加电场后椭球主轴的方向，通常称为感应主轴；

$n_{x'}$、$n_{y'}$、$n_{z'}$——新坐标系中的主折射率。

由于式（3-10）中的 x、y 是对称的，故可将 x、y 坐标绕 z 轴旋转 α 角，从旧坐标系到新坐标系的变换关系为

$$\begin{aligned} x &= x'\cos\alpha - y'\sin\alpha \\ y &= x'\sin\alpha + y'\cos\alpha \end{aligned} \tag{3-12}$$

将式（3-12）代入式（3-10），可得

$$\left[\frac{1}{n_o^2} + \gamma_{63}E_z\sin(2\alpha)\right]x'^2 + \left[\frac{1}{n_o^2} - \gamma_{63}E_z\sin(2\alpha)\right]y'^2 + \frac{1}{n_e^2}z'^2 + 2\gamma_{63}E_z\cos(2\alpha)x'y' = 1 \tag{3-13}$$

令交叉项为零，即 $\cos(2\alpha) = 0$，可得 $\alpha = 45^\circ$，则式（3-13）变为

$$\left(\frac{1}{n_0^2}+\gamma_{63}E_z\right)x'^2+\left(\frac{1}{n_o^2}-\gamma_{63}E_z\right)y'^2+\frac{1}{n_e^2}z'^2=1 \tag{3-14}$$

式（3-14）即为 KDP 类晶体沿 z 轴加电场之后的新椭球方程，折射率椭球的横截面（它与 xOy 平面的交线）由半径为 n_o 的圆变成了椭圆，如图 3-1 所示。

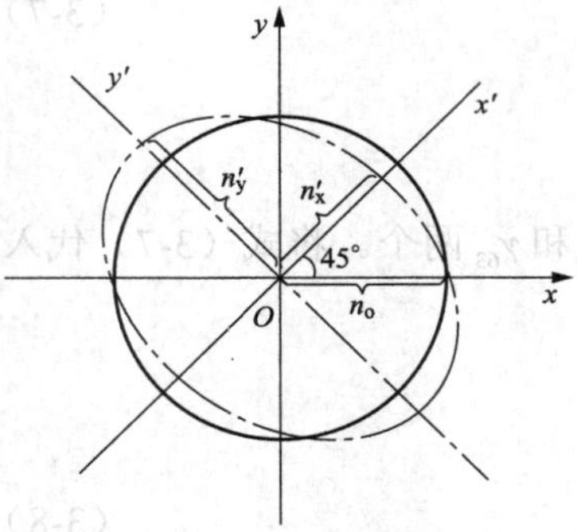

图 3-1　加电场后椭球的形变

将式（3-14）与式（3-11）相比较，得到

$$\left.\begin{aligned}\frac{1}{n_{x'}^2}&=\frac{1}{n_o^2}+\gamma_{63}E_z\\ \frac{1}{n_{y'}^2}&=\frac{1}{n_o^2}-\gamma_{63}E_z\\ \frac{1}{n_{z'}^2}&=\frac{1}{n_e^2}\end{aligned}\right\} \tag{3-15}$$

由于 γ_{63} 很小（约 10^{-10} m/V），所以一般有 $\gamma_{63}E_z<<\frac{1}{n_o^2}$。利用微分式 $\mathrm{d}\left(\frac{1}{n^2}\right)=-\frac{2}{n^3}\mathrm{d}n$，即 $\mathrm{d}n=-\frac{n^3}{2}\mathrm{d}\left(\frac{1}{n^2}\right)$，得到

$$\left.\begin{aligned}\Delta n_x&=-\frac{1}{2}n_0^3\gamma_{63}E_z\\ \Delta n_y&=\frac{1}{2}n_0^3\gamma_{63}E_y\\ \Delta n_z&=0\end{aligned}\right\} \tag{3-16}$$

故

$$\left.\begin{aligned}n_{x'}&=n_o-\frac{1}{2}n_0^3\gamma_{63}E_z\\ n_{y'}&=n_o+\frac{1}{2}n_0^3\gamma_{63}E_z\\ n_{z'}&=n_e\end{aligned}\right\} \tag{3-17}$$

由此可见，KDP 晶体沿 z 轴加电场时，由单轴晶体变成了双轴晶体，折射率椭球的主轴 x'、y' 相对于原来的 x、y 轴（绕 z 轴）旋转了 45°，此转角与外加电场的大小无关，其折射率变化与电场成正比，式（3-16）中 Δn 的值称为电致折射率变化。这就是利用电光效应实现光调制的物理基础。它是使电光晶体如一个受外电压控制的相位差和光程差可变的“波片”。

（3）电光相位延迟。在实际应用中，电光晶体总是沿着相对于光轴的某些特殊方向切割而成的，而且外电场也是沿着某一主轴方向加到晶体上，常用的有两种方式：一种是电场方向与通光方向一致，称为纵向电光效应；另一种是电场与通光方向垂直，称为横向电光效应。仍以 KDP 类晶体为例进行分析，沿晶体 z 轴加电场后，其折射率椭球的截面如图 3-2 所示。

如果光波沿 z 轴方向传播，则其双折射特性取决于椭球与垂直于 z 轴的平面相交所形成的椭圆。在式（3-14）中，令 $z'=0$，得到该椭圆的方程为

$$\left(\frac{1}{n_o^2}+\gamma_{63}E_z\right)x'^2+\left(\frac{1}{n_o^2}-\gamma_{63}E_z\right)y'^2=1 \tag{3-18}$$

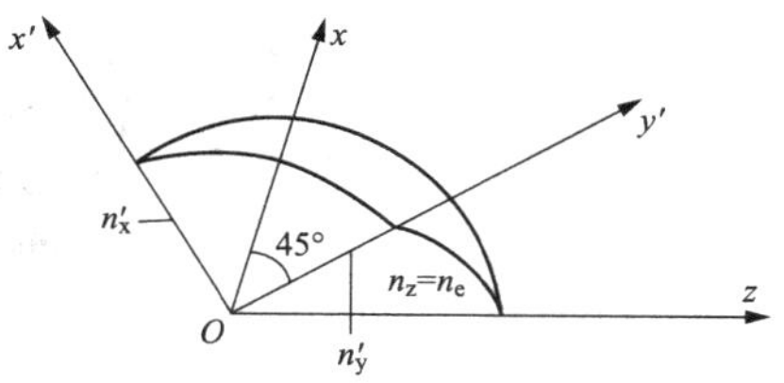

图 3-2　折射率椭球的截面

这个椭圆的一个象限如图 3-2 所示。它的长、短半轴分别与 x'、y' 重合，x' 和 y' 也就是两个分量的偏振方向，相应的折射率 $n_{x'}$ 和 $n_{y'}$ 由式（3-17）决定。

当一束线偏振光沿着 z 轴方向入射晶体后，即分解为沿 x' 和 y' 方向的两个垂直偏振分量，由于二者的折射率不同，沿 x' 方向振动的光传播速度快，而沿 y' 方向振动的光传播速度慢，所以当它们经过长度 l 后所走的光程分别为 $n_{x'}l$ 和 $n_{y'}l$，这样两偏振分量的相位延迟分别为

$$\varphi_{n_{x'}}=\frac{2\pi}{\lambda}n_{x'}l=\frac{2\pi l}{\lambda}\left(n_o-\frac{1}{2}n_0^3\gamma_{63}E_z\right)$$

$$\varphi_{n_{y'}}=\frac{2\pi}{\lambda}n_{y'}l=\frac{2\pi l}{\lambda}\left(n_o+\frac{1}{2}n_0^3\gamma_{63}E_z\right)$$

因此，当这两束偏振光穿过晶体后将产生一个相位差

$$\Delta\varphi=\varphi_{n_{y'}}-\varphi_{n_{x'}}=\frac{2\pi}{\lambda}(n_{y'}-n_{x'})l=\frac{2\pi}{\lambda}ln_o^3\gamma_{63}E_z=\frac{2\pi}{\lambda}n_o^3\gamma_{63}U \tag{3-19}$$

由以上分析可见，这个相位延迟完全是由电光效应造成的双折射引起的，所以称为电光相位延迟。式（3-19）中的 $U=E_zl$ 是沿晶体 z 轴所加的电压；当电光晶体和通光波长确定后，相位差的变化仅取决于外加电压，它能与外加电压成比例地变化。

在式（3-19）中，当光波的两个垂直分量 $E_{x'}$、$E_{y'}$ 的光程差 $(n_{y'}-n_{x'})l$ 为半个波长（相应的相位差为 π）时，所加的电压称为“半波电压”，通常用 U_π 或 $U_{\lambda/2}$ 表示。由式（3-19）得

$$U_{\lambda/2}=\frac{\lambda}{2n_o^3\gamma_{63}}=\frac{\pi c}{\omega n_o^3\gamma_{63}} \tag{3-20}$$

半波电压是表征电光晶体性能优劣的一个重要参数，这个电压越小越好，特别是在宽频带高频率情况下，半波电压小，需要的调制功率就小。

2．强度调制检测原理

利用泡克耳斯效应实现电光调制，其施加在晶体上的电场在空间上基本是均匀的，但在时间上是变化的，当一束光通过晶体之后，可以使一个随时间变化的电信号转换成光信号，由光波的强度或相位变化来体现要传递的信息。要对光的相位变化进行精确的直接测量，以现有的技术条件是不可能的。通常，将相位变化转化为强度调制。外电场加在晶体上引起相位差变化的物理意义是：当一单色平行光束投射到端面平行的双折射晶体时，入射光束就会变成初相相位相同、电位移矢量互相垂直的两光束。由于它们在晶体中的传播速度不同，出射时有一定的相位差，但由于此两束折射光的偏振方向不一致，因此它们不能直接产生干涉。为此，可用偏振器来改变它们的偏振方向。如图 3-3 所示，在光束进入晶体之前，使其通过偏振器变成线偏振光，用检偏器把经过晶体被调制的互相垂直偏振的两束光变成偏振相同的光，这两束光就变成了相干光束，产生干涉，相位调制光变成振幅调制光，于是，相位测量就变成光强度测量。

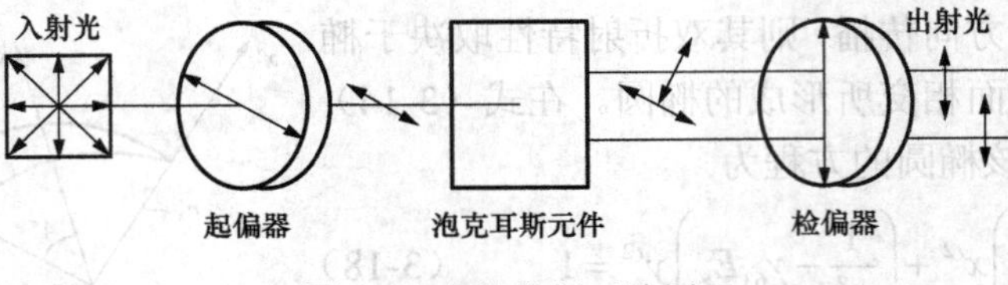

图 3-3　光的偏振干涉原理

现论证这一解调过程。如图 3-4 表示双折射晶体中两束光的偏振方向与起偏器、检偏器的偏振轴的相互关系。图 3-4 中，x_1 和 x_2 表示两光束的互相垂直的偏振方向，P 和 A 分别表示起偏器和检偏器的偏振轴。设 P 与 x_1 的夹角为 φ，而 P 与 A 的夹角为 α，入射到晶体内的光是经过起偏器起偏后的线偏振光，其振幅以线段 $\overline{OP_0}$ 表示，并令 $\overline{OP_0}=P_0$，这样，入射光在 x_1 和 x_2 方向上的分量振幅分别为：$\overline{OP_1}=P_0\cos\varphi, \overline{OP_2}=P_0\sin\varphi$。

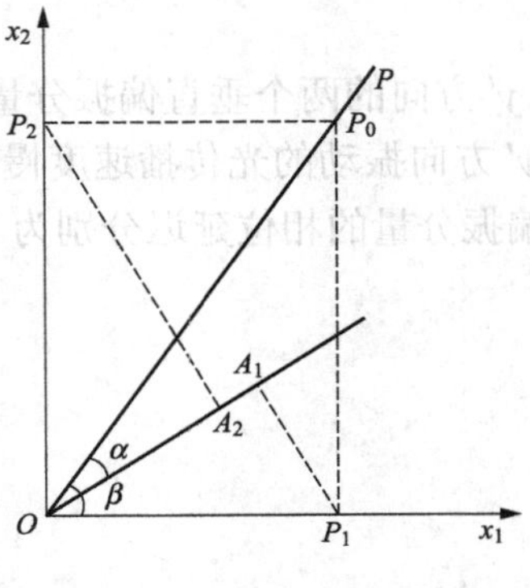

图 3-4　光的偏振方向与起偏器及检偏器的偏振轴之间的关系

光通过晶体后产生相位差 $\Delta\varphi$，因只有偏振方向平行于检偏器的偏振轴 A 的光才能通过，故两束光通过检偏器后的振幅分别为

$$\overline{OA_1}=\overline{OP_1}\cos(\varphi-\alpha)=P_0\cos\varphi\cos(\varphi-\alpha)$$
$$\overline{OA_2}=\overline{OP_2}\sin(\varphi-\alpha)=P_0\sin\varphi\sin(\varphi-\alpha)$$

由上所述，此两束光的频率相同，但有一定的相位差，且经检偏器后偏振相同。因此，它们是相干光束，并产生干涉，干涉强度为

$$I=I_1+I_2+2\sqrt{I_1I_2}\cos\Delta\varphi$$

式中，I_1 和 I_2 是这两相干光束的强度，即

$$I_1=(\overline{OA_1})^2=P_0^2\cos^2\varphi\cos^2(\varphi-\alpha)$$
$$I_2=(\overline{OA_2})^2=P_0^2\sin^2\varphi\sin^2(\varphi-\alpha)$$

令 $I_0=P_0^2$，则

$$I=I_0[\cos^2\alpha-\sin 2\varphi\sin 2(\varphi-\alpha)\sin^2\frac{\Delta\varphi}{2}] \tag{3-21}$$

由式（3-21）可知，通过偏光干涉后，相位调制光变成了强度调制光，其强度 I 不仅与它们的相位差有关，而且与起偏器、检偏器的偏振轴及光的偏振方向之间关系有关。

当起偏器与检偏器的偏振方向互相垂直时，$\alpha=\frac{\pi}{2}$，则式（3-21）简化为

$$I=I_0\sin^2 2\varphi\sin^2\frac{\Delta\varphi}{2}$$

这表明在起偏器与检偏器的偏振轴互相垂直的情况下，偏振干涉的强度只与起偏器的偏振轴和光在晶体内的偏振方向的夹角 φ 有关。因此，如果旋转起偏器，使其偏振轴与晶体内光的偏振方向成 $\varphi=\frac{\pi}{4}$，则因 $\sin 2\varphi=1$，而可获得最大的偏光干涉输出，即

$$I = I_0 \sin^2 \frac{\Delta\varphi}{2} \tag{3-22}$$

所以，利用偏光干涉装置可把由双折射引起的相位调制光变为强度调制光。适当地调节起偏器、检偏器及光的偏振方向二者之间的相互关系，即让起偏器与检偏器的透光轴正交，与晶体的主轴夹角都是45°，就可获得最大的偏光干涉输出。

3．泡克耳斯效应传感材料

（1）晶体的对称性和分类。晶体与气体、液体及非晶态固体的本质区别是结构上的长程有序。晶体是由周期性的重复排列的构造单元构成的。晶体结构的长程有序决定了晶体外形及其他宏观物理性质的对称性，也就是说，通过某种对称操作后，晶体的外形或其他宏观物理性质仍然保持不变。晶体可能只具有一种对称操作，也可能同时具有若干种对称操作，所有这些宏观对称要素（对称中心、对称面、N 次旋转轴和转反轴）的组合称为点群。晶体只可能有 32 种点群。在 32 种晶体点群中，有 11 种点群具有对称中心，它们是$\bar{1}$、2/m、mmm、4/m、4/mmm、$\bar{3}$、$\bar{3}$m、6/m、6/mmm、m3 和 m3m，立方晶体系 432 点群无对称中心，但其电光系数为零。其余 20 种点群中，1、2、m、222 和 2mm 是双轴晶，双轴晶的光轴随光波长及晶体的温度而变，故不适合用作传感材料。这样，还有 15 种点群晶体，它们属于单轴晶和各向同性体，其中，$\bar{4}$3m 点群无自然双折射，无旋光性，无热释电效应，是理想的电压（电场）传感晶类。

（2）泡克耳斯传感材料的选择。由晶体的对称性可知，在具有中心对称点群中，泡克耳斯系数为 0，因此，泡克耳斯效应只存在无对称中心的晶体中。理论上，凡无对称中心的光学晶体都具有线性电光效应的性质，可用来构成能感应电场（电压）的光学探头。然而，电光效应的大小不仅与外加电场（电压）有关，而且与材料的电光性能有关，它与材料折射率的三次方和电光系数之积（$n^3 r_{km}$）成正比。为了获得较高的灵敏度，应当选择折射率和电光系数都大的材料。但与此相反，半波电场（电压）与（$n^3 r_{km}$）成反比，为了获得大的半波电压和比较好的线性度，以及较大的测量范围，则宜选用 $n^3 r_{km}$ 小的材料。因此，必须根据具体情况，折中选择。

由于自然双折射和旋光性都会引起附加相移，而且易随温度变化，导致传感系统可靠性、稳定性降低。因此，在选择材料时，还应注意其自然双折射和旋光性，宜选用无自然双折射和旋光性的材料。

总之，对电光晶体材料性能的主要要求为：电光系数要大，半波电压要高；光学均匀性要好，晶体折射率要大；介质损耗要小，导热性要好，温度效应越小越好；透光波段要宽，透光率要高；压电常数小；物化性能稳定，不易潮解，易于加工；抗光损伤能力要强；容易获得高光学质量、大尺寸单晶。

具有线性电光性能的晶体品种众多，但实际上能满足应用要求的却为数甚少。表 3-1 列出了一些典型的、常用的泡克耳斯电光晶体。

表 3-1　　常用的泡克耳斯电光晶体的性能参数

晶体	对称性	泡克耳斯常数 $\times 10^{-10}$cm/V	n	ε	热电性	旋光性
KH_2PO_4 (KDP)	四方晶体 $\bar{4}2m$ 点群	$\gamma_{41}=8.6$ $\gamma_{63}=-10.5$ ($\lambda=0.550\mu m$)	$n_o=1.512$ $n_e=1.466$	$\varepsilon_1^T=42$ $\varepsilon_2^S=21$		

续表

晶体	对称性	泡克耳斯常数 $\times10^{-10}cm/V$	n	ε	热电性	旋光性
$LiNbO_3$ (LN)	三斜晶系 3m 点群	$\gamma_{13}=10,\gamma_{33}=32.2$ $\gamma_{51}=32,\gamma_{22}=6.7$ $(\lambda=0.630\mu m)$	$n_o=2.286$ $n_e=2.220$	$\varepsilon_1^T=84.6$ $\varepsilon_2^S=28.6$	有	
$Bi_{12}SiO_{20}$ (BSO)	立方晶系 23 点群	$\gamma_{41}=4.35$ $(\lambda=0.870\mu m)$	$n_o=2.54$		无	有
$Bi_4Ge_3O_{12}$ (BGO)	立方晶系 43m 点群	$\gamma_{41}=0.95$ $(\lambda=0.630\mu m)$	$n_o=2.11$	$\varepsilon=16$	无	无

注 n 为折射率；n_o 为寻常光折射率；n_e 为非常光折射率；ε 为相对介电常数；S 为常应变；T 为常应力。

泡克耳斯效应一般在一些非中心对称的晶体（如单轴晶和双轴晶）中出现。但是，通常不考虑用双轴晶作泡克耳斯敏感材料，因为其光轴的方向易受光的波长和晶体的温度影响。因而，在单轴晶中选用泡克耳斯敏感材料。

$LiNbO_3$（简称 LN 晶体）和 $Bi_{12}SiO_{20}$（简称 BSO 晶体）是常选用的光学电压传感材料。但是，LN 晶体自然双折射大，易受温度影响；BSO 晶体具有旋光性，也会导致测量结果的非线性。

根据上述原则和分析，选用立方晶系 $\bar{4}3m$ 点群中的 $Bi_4Ge_3O_{12}$（简称 BGO 晶体）晶体作为泡克耳斯敏感元件，其性能优于 LN 晶体和 BSO 晶体。BGO 晶体的主要优点如下：

（1）理想的 BGO 晶体既无自然双折射，又无旋光性和热电效应，因而电光调制受温度影响很小，几乎可以忽略。

（2）无弹光效应，压电常数几乎为零。

（3）因无旋光性，晶体和厚度可设计为足够厚以增大晶体的耐受电压。

（4）BGO 晶体的相对介电常数较小（$\varepsilon=16$），且电阻率大（大于 $10^{15}\Omega\cdot cm$），对被测电压电场的分布影响很小。

（5）BGO 晶体还具有宽广的透光区和良好的透光率，半波电压高等优点。

在无电场（电压）作用时，BGO 晶体是各向同性的光学晶体；在存在外加电场（电压）时，BGO 晶体由各向同性变为各向异性，从而导致其折射率和通过晶体的光和偏振态发生变化。可见 BGO 晶体是一种理想的电场（电压）传感材料，其一般性质如表 3-2 所示。

表 3-2　BGO 晶体的一般性质

分子式	BGO 晶体
颜色	无色
密度 (g/cm^2)	7.12
熔点（℃）	1050
热膨胀系数（℃/cm）	7.15×10^{-6}
介质常数	16
折射率 0.48μm 0.63μm 0.85μm	2.149 2.098 2.07
透光区（μm）	0.33～5.5
电光系数 $\gamma_{41}(cm/V)$	1.03×10^{-10}

4．横向电光调制和纵向电光调制

根据外加电场方向与通光方向间的关系，有横向电光调制和纵向电光调制之分。如图 3-5（a）所示，横向电光调制是指外加电场（电压）的方向垂直于通光方向；如图 3-5（b）所示，纵向电光调制是指外加电场（电压）的方向平行于通光方向。

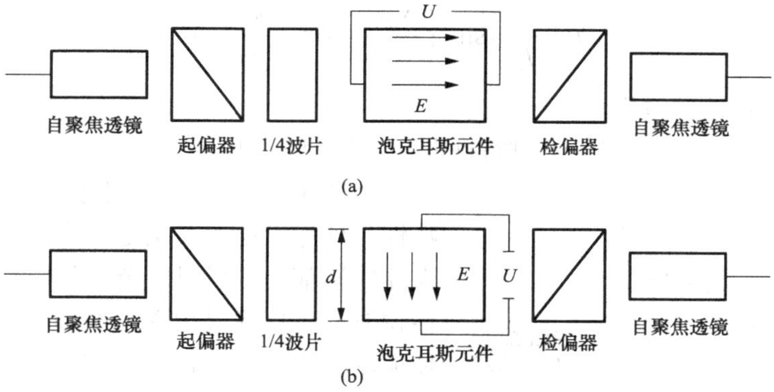

图 3-5　横向电光调制和纵向电光调制

（a）横向电光调制；（b）纵向电光调制

（1）纵向电光调制。如图 3-5（b）所示为一个纵向电光强度调制器的典型结构。电光晶体（KDP）置于两个成正交的偏振器之间，其中起偏器的偏振方向平行于电光晶体的 x 轴，检偏器的偏振方向平行于 y 轴，当沿晶体 z 轴方向加电场后，主轴 x、y 将旋转 45°变为感应主轴 x'、y'。因此，沿 z 轴入射的光束（可以是自然光）经起偏器变为平行于 x 轴的线偏振光，进入晶体后（$z=0$）分解为沿 x'、y' 方向振动的两个偏振分量，其振幅（等于入射光振幅的 $1/\sqrt{2}$）和相位都相等，分别为

$$E_{x'} = A\cos(\omega_c t)$$
$$E_{y'} = A\cos(\omega_c t)$$

或采用复数表示为

$$E_{x'}(0) = A$$
$$E_{y'}(0) = A$$

由于光强正比于电场的平方，因此入射光强度为

$$I_i \propto E \bullet E^* = |E_{x'}(0)|^2 + |E_{y'}(0)|^2 = 2A^2 \tag{3-23}$$

当光通过晶体长度 L 后，由于电光效应引起的双折射，$E_{x'}$ 和 $E_{y'}$ 两分量间就产生了相位差 $\Delta\varphi$，则

$$E_{x'}(L) = A$$
$$E_{y'}(L) = A\exp(-i\Delta\varphi)$$

那么，通过检偏器后的总电场强度是 $E_{x'}(L)$ 和 $E_{y'}(L)$ 在 y 方向上的分量之和，即

$$(E_y)_o = \frac{A}{\sqrt{2}}[\exp(-i\Delta\varphi) - 1]$$

与之相应的输出光强为

$$I \propto (E_y)_o \cdot (E_y^*)_o = \frac{A^2}{2}\{[\exp(-i\Delta\varphi)-1][\exp(i\Delta\varphi)-1]\} = 2A^2\sin^2\left(\frac{\Delta\varphi}{2}\right) \tag{3-24}$$

将出射光强与入射光强相比，再考虑式（3-9）和式（3-20）的关系，可得

$$T = \frac{I}{I_i} = \sin^2\left(\frac{\Delta\varphi}{2}\right) = \sin^2\left(\frac{\pi}{2}\frac{U}{U_\pi}\right) \tag{3-25}$$

式中 T——调制器的透过率。

根据上述关系可以画出电光调制特性曲线，如图 3-6 所示。

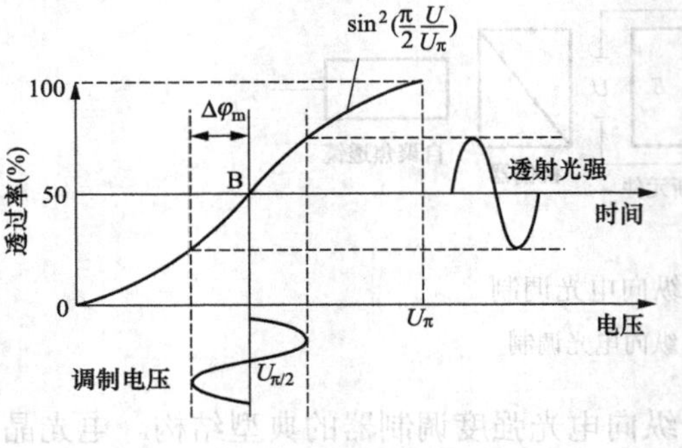

图 3-6 电光调制特性曲线

由图 3-6 可见，在一般情况下，调制器的输出特性与外加电压的关系是非线性的。若调制器工作在非线性部分，则调制光将发生畸变。为了获得线性调制，可以通过引入一个固定的π/2 相位延迟，使调制器的电压偏置在 $T=50\%$ 的工作点上。常用的办法有两种：

1）在调制晶体上除了施加信号电压之外，再附加一个 $U_{\lambda/4}$ 的固定偏压，但此办法会增加电路的复杂性，而且工作点的稳定性也差。

2）在调制器的光路上插入一个 1/4 波片，其快慢轴与晶体主轴 x 成 45°，从而使 E_x 和 E_y 两分量间产生π/2 的固定相位差。于是，式（3-25）中的总相位差为

$$\Delta\varphi = \frac{\pi}{2} + \pi\frac{U_m}{U_\pi}\sin(\omega_m t) = \frac{\pi}{2} + \Delta\varphi\sin(\omega_m t)$$

式中 $\Delta\varphi_m = \pi U_m / U_\pi$，是相应于外加调制信号电压 U_m 的相位差。

因此，调制器的透过率可表示为

$$T = \frac{I}{I_i} = \sin^2\left(\frac{\pi}{4} + \frac{\Delta\varphi_m}{2}\sin\omega_m t\right) = \frac{1}{2}[1+\sin(\Delta\varphi_m\sin\omega_m t)] \tag{3-26}$$

利用贝塞尔函数恒等式，将上式 $\sin(\Delta\varphi_m\sin\omega_m t)$ 展开后，得

$$T = \frac{I}{I_i} = \frac{1}{2} + \sum_{n=0}^{\infty} J_{2n+1}(\Delta\varphi_m)\sin[(2n+1)\omega_m t] \tag{3-27}$$

由此可见，输出的调制光中含有高次谐波分量，使调制光发生畸变。为了获得线性调制，必须将高次谐波控制在允许的范围内。设基频波和高次谐波的幅值分别为 I_1 和 I_{2n+1}，则高次谐波与基频波成分的比值为

$$\frac{I_{2n+1}}{I_1} = \frac{J_{2n+1}(\Delta\varphi_m)}{J_1(\Delta\varphi_m)}\ (n=0,1,2,\cdots) \tag{3-28}$$

若取 $\Delta\varphi_m = 1\text{rad}$，则 $J_1(1)=0.44, J_3(1)=0.02, I_3/I_1=0.045$，即三次谐波为基波的 5%，在这个范围内可以获得近似线性调制，因而取

$$\Delta\varphi_m = \pi\frac{U_m}{U_\pi} \leqslant 1\text{rad} \tag{3-29}$$

作为线性调制的判据。此时 $J_1(\Delta\varphi_m)\approx\frac{1}{2}\Delta\varphi_m$，代入式（3-27）得

$$T=\frac{I}{I_i}\approx\frac{1}{2}[1+\Delta\varphi_m\sin(\omega_m t)] \tag{3-30}$$

因此，为了获得线性调制，要求调制信号不宜过大（小信号调制），那么输出的光强调制波就是调制信号 $U=U_m\sin(\omega_m t)$ 的线性复现。如果 $\Delta\varphi_m<<1\text{rad}$ 的条件不能满足（大信号调制），则光强调制波就要发生畸变。

以上讨论的纵向电光调制器具有结构简单、工作稳定、不受自然双折射的影响等优点。其缺点是半波电压太高，特别在调制频率较高时，功率损耗比较大。这时半波电压只与晶体的电光性能有关，而与晶体的尺寸无关。增加晶体的长度虽可增加相互作用长度，从这种意义上增强了电光效应，但由于晶体长度的增加削弱了电场，导致电光效应减小，结果彼此抵消了。而且，在纵向电光效应中，若电压直接施加在晶体端面上，施加电场的方向也就是光的传播方向，因此，要求电极既能通光又能导电。在实践中，常用透明电极（导电玻璃）或侧面环形电极。但是，在通光方向的晶体的两个端面上蒸涂透明电极不仅增加了工艺的复杂性和生产成本，而且增加了光学损耗，降低了灵敏度，侧面环形电极又不能保证电场的均匀性，在横向电光效应中不存在这一困难。

（2）横向电光调制。横向电光调制器的典型结构如图 3-5（a）所示。因为外加电场沿 z 轴方向，所以和纵向运用时一样，$E_x=E_y=0,E_z=E$，晶体的主轴 x、y 旋转 45° 至 x'、y'，相应的三个主折射率如式（3-17）所示。但此时的通光方向与 z 轴垂直，沿着 y' 方向传播（入射光偏振方向与 z 轴成 45°），进入晶体后将分解为沿 x' 和 z 方向振动的两个分量，其折射率分别为 $n_{x'}$ 和 n_z。若通光方向的晶体长度为 L，厚度（两电极间距离）为 d，外加电压 $U=E_z d$，则从晶体出射的两分量间的相位差为

$$\Delta\varphi=\frac{2\pi}{\lambda}(n_{x'}-n_z)L=\frac{2\pi}{\lambda}\left[(n_o-n_e)L-\frac{1}{2}n_o^3\gamma_{63}\left(\frac{L}{d}\right)U\right] \tag{3-31}$$

由此可见，KDP 晶体的 γ_{63} 横向电光效应使光波通过晶体后的相位差包括两项：第一项是与外加电场无关的晶体本身的自然双折射引起的相位差，这一项对调制器的工作没有贡献，而且当晶体温度变化时，还会带来不利的影响，因此应设法消除（补偿）掉；第二项是外加电场作用产生的相位差，它与外加电压 U 和晶体的尺寸 (L/d) 有关，若适当地选择晶体尺寸，则可以降低其半波电压。

KDP 晶体横向电光调制的主要缺点是存在着自然双折射引起的相位差，这意味着在没有外加电场时，由于折射率 n_o 和 n_e 随温度的变化率不同，两分量的相位差会发生漂移。实验证明，KDP 晶体的两折射率之差随温度的变化率为 $\Delta(n_o-n_e)/\Delta T\approx1.1\times10^{-5}/℃$。如果长度 L=30mm 的 KDP 晶体制成调制器，当通过波长为 632.8mm 的激光时，则由温度所引起的相位差变化为

$$\Delta\varphi=\frac{2\pi}{\lambda}\Delta nL=\frac{2\pi}{0.6328\times10^{-6}}\times1.1\times10^{-5}\times0.03\approx1.1\pi$$

如果要求相位变化不超过 20mrad，则需要晶体的恒温精度保持在 0.005℃以内，这显然是不可能的。因此，在 KDP 晶体横向调制器中，自然双折射的影响会导致调制光发生畸变，

甚至使调制器不能工作。所以在实际应用中，除了尽量采取一些措施（如散热、恒温等）以减小晶体温度的漂移之外，主要采用一种“组合调制器”的结构予以补偿。常用的补偿方式有如下两种：

1）将两块几何尺寸几乎完全相同的晶体的光轴互成90°串接排列，即一块晶体的y'轴和z轴分别与另一块晶体的z轴和y'轴平行。

2）两块晶体的z轴和y'轴互相反向平行排列，中间放置一块1/2波片。

这两种方法的补偿原理是相同的。外电场沿z轴（光轴）方向，但在两块晶体中电场相对于光轴反向，当线偏振光沿x'轴方向入射第一块晶体时，电矢量分解为沿z轴方向的e_1光和沿y'方向的o_1光，当它们经过第一块晶体之后，两束光的相位差为

$$\Delta\varphi_1=\varphi_{y'}-\varphi_z=\frac{2\pi}{\lambda}\left(n_o-n_e+\frac{1}{2}n_o^3\gamma_{63}E_z\right)L$$

经1/2波片后，两束光的偏振方向各旋转90°，经过第二块晶体后，原来的e_1光变成了o_2光，o_1光变成e_2光，则它们经过第二块晶体后，其相位差为

$$\Delta\varphi_2=\varphi_z-\varphi_{y'}=\frac{2\pi}{\lambda}\left(n_e-n_o+\frac{1}{2}n_o^3\gamma_{63}E_z\right)L$$

于是，通过两块晶体之后的总相位差为

$$\Delta\varphi=\Delta\varphi_1+\Delta\varphi_2=\frac{2\pi}{\lambda}n_o^3\gamma_{63}U\left(\frac{L}{d}\right) \tag{3-32}$$

因此，若两块晶体的尺寸、性能及受外界影响完全相同，则自然双折射的影响即可得到补偿。根据式（3-32），当$\Delta\varphi=\pi$时，半波电压为$U_{\lambda/2}=\left(\frac{\lambda}{2n_o^3\gamma_{63}}\right)\frac{d}{L}$，其中括号内就是纵向电光效应的半波电压，所以

$$(U_{\lambda/2})_{横}=(U_{\lambda/2})_{纵}\frac{d}{L}$$

可见，横向半波电压是纵向半波电压的d/L，减小d增加L可以降低半波电压。但是，这种方法必须用两块晶体，所以结构复杂，而且其尺寸加工要求很高。对KDP晶体而言，若长度差0.1mm，当温度变化1℃时，相位变化为0.6°（对632.8mm波长），所以对KDP类晶体一般不采用横向调制方式。在实际应用中，由于$\bar{4}3m$族GaAs晶体（$n_o=n_e$）和3m族$LiNbO_3$晶体（x方向加电场，z方向通光）均无自然双折射的影响，故多采用横向电光调制。

在横向电光效应中，可以用增大光在晶体中通过的长度l、减小晶体在电场方向的厚度d的方法来降低半波电压，并提高灵敏度。

横向效应的半波电压可通过改变晶片的几何尺寸（纵横比l/d）进行调节，这是它的优点。

横向效应有自然双折射引起的相位延迟，这个附加的相位差易受外界温度变化的影响。纵向效应就没有自然双折射引起的相位延迟，且纵向效应测的是电压值，不受外电场干扰。

横向效应所加电场的方向与通光方向垂直，使用方便，这是它的优点。但横向效应是通过测电场测电压，易受外电场干扰，需采取措施克服外电场影响。

（二）基于逆电压效应的电子式电压互感器

逆电压效应是指：在压电介质表面施加电场（电压）时，电偶极矩会因电场作用而被拉长，压电介质为抵抗该变化会沿电场方向伸长而产生形变，但当撤掉电场后，压电介质的形变也随之消失，恢复原样。这种效应实质上是电能转化为机械能的过程。该电压互感器基于石英晶体的逆电压效应，电压通过金属电极加在石英晶体两端，使其产生径向应变，将椭圆芯双模光纤绕在石英晶体上感知该应变，从而调制光纤中两个传导模式（LP01 模式和 LP11 模式）间相位差。利用零差相位跟踪技术，测量相位调制量，可得被测电压的大小和相位。

1. 电压互感器结构

如图 3-7 所示为逆压电式光学电压互感器的结构原理图，系统由传感头、光源、检测（相位跟踪器）和干涉仪三部分组成。

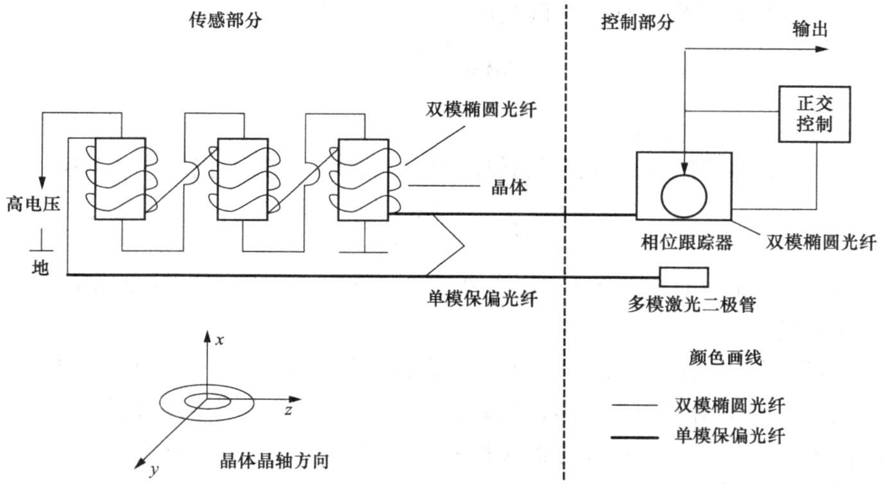

图 3-7　逆电压式光学电压互感器基本结构

（1）传感头部分。传感头由石英晶体和椭圆芯双模光纤组成，其处于现场高电压环境，作用是将电压的变化量转变为光纤中光学参量的变化。它由三块（或几块）圆柱状石英压电晶体组成，其间用金属电极分开，金属导体的膨胀系数与晶体的膨胀系数接近。每个石英晶体上均匀的、等间距的缠绕椭圆芯双模传感光纤。

（2）光源、检测部分。光源为低相干多模激光二极管，作用是发出稳定光波。检测部分（相位跟踪器）是检测光经过传感头和光纤引线被电压调制后光信号的光强，由光强的变化得到电压的大小。光源和检测部分置于控制室中。单模保偏光纤引线为连接光源/探测器和传感头部分，处于控制室与现场之间，其作用一方面是将光源发出的光传输到传感头部分，另一方面将经传感头被电压信号调制后的光波传输到检测部分。

（3）干涉仪部分。电压互感器有两个干涉仪，即传感干涉仪和接收干涉仪，两个干涉仪都由椭圆芯双模光纤和压电晶体构成。传感干涉仪是双模光纤缠绕于石英晶体上，接收干涉仪是双模光纤缠绕于压电陶瓷上。为了提高耦合效率，用单模保偏光纤（起传光作用）把两个干涉仪连在一起，单模保偏光纤和椭圆芯双模光纤在熔焊时，要使两光纤轴心错开一定的横向偏移量，这样，单模光纤中的 LP01 模就可平均耦合到双模光纤的 LP01 和 LP11 中。

2．电压互感器基本原理

该电压互感器采用石英晶体作传感头，石英晶体是重要的压电材料，当它受到电场作用时，在它的某一方向出现应变，而且电场强度与应变在一定范围之间存在线性关系，这种现象称为压逆电效应。

沿传感轴方向加电场 E，该交变电压使晶体沿 y 方向产生压电形变，于是，晶体的周长 l_t 被调制。相对的长度变化为

$$\Delta l_t / l_t = -(1/2) d_{11} E_x \tag{3-33}$$

式中 d_{11} ——压电系数，$d_{11} = 2.31\times10^{-12}\,\mathrm{m/V}$；

E_x ——沿 x 方向的电场强度。

压电形变由缠绕在石英晶体表面的椭圆芯双模光纤感应，光纤产生了长度及折射率等参数的变化。这种应变在双模光纤中将调制出一个光学相位差，即

$$\Delta\phi = \frac{2\pi N \Delta L_t}{\Delta L_{2\pi}} \tag{3-34}$$

式中 N ——传感光纤的匝数；

$\Delta L_{2\pi}$ ——产生 2π 相位差时光纤的长度变化。将式（3-33）代入式（3-34）可得

$$\Delta\phi = -\pi \frac{N d_{11} E_x L_t}{\Delta L_{2\pi}} \tag{3-35}$$

从式（3-35）中可以看出，$\Delta\phi$ 正比于被测电场或电压，因此，只要测出 $\Delta\phi$ 就可以确定被测得电压或电场。

对 $\Delta\phi$ 进行精确的直接测量比较困难，通常都是通过干涉法，将相位差转化为光强的变化进行间接测量。可采用低相干干涉，将相位差转变为光强。采用两段椭圆芯双模光纤构成低相干干涉仪来检测。这种电压互感器又称双模干涉式光学电压互感器。

低相干干涉仪的原理是：当一个干涉仪由一个低相干长度的光源照射时，干涉现象只有在干涉仪中的光程差被补偿或平衡时才能出现。基本要求是：传感干涉仪的光程差要大于光源的相干长度，这样，传感干涉仪末端就不会发生干涉。将接收干涉仪的光程差调整到与传感干涉仪光程差接近相等，即传感干涉仪的光程差被补偿，则在接收干涉仪末端就会发生干涉，传感干涉仪的光程差的微小变化都会引起干涉信号的相应变化。在实际传感应用中，使用两段串联的椭圆芯双模光纤构成低相干干涉仪，其中，一段双模光纤作为传感干涉仪，另一段双模光纤作为接收干涉仪。在接收干涉仪中，有一个控制其光程差的传感元件，如压电陶瓷，在接收光纤末端的干涉图样，由两个 PIN 光电二极管检测。光程差在 LP01 模和 LP11 模之间产生。

低相干干涉的关键是：接收干涉仪光程差跟踪传感干涉仪的光程差变化。必须在接收干涉仪末端发生干涉，而不能在传感干涉仪末端发生干涉，因此，要求传感干涉仪的光程差要大于光源的相干长度（选择多模激光二极管），且使传感光纤光程差 ΔL_1 与接收光纤光程差 ΔL_2 相等。

调节双模光纤的长度，使

$$\Delta L_1 = \Delta L_2 = \left(K \pm \frac{1}{3}\right) L_{cav}$$

式中 L_{cav} ——半导体激光器的腔长。

在此条件下，在双模传感光纤末端模式不相干，而在接收光纤末端模式相干。接收干涉仪的输出光强为

$$I_{\pm}=I_0\left[1+\frac{1}{2}V(0)\cos(\Phi_2-\Phi_1)\right] \tag{3-36}$$

式中　I_+ 和 I_- ——模式干涉图样两瓣的强度；

I_0 ——正比于光源的光强；

$V(0)$ ——多模激光二极管模间干涉条纹的可见度函数；

Φ_1、Φ_2 ——传感光纤和接收光纤中两个模之间积累起来的相位差。

传感光纤相位差的时间表示为

$$\phi_1(t)=\phi_{0.1}\sin(\omega t)+\theta_1(t)$$

式中　$\phi_{0.1}$ ——由交流电压产生的交变信号相位差的幅值；

ω ——由交流电压产生的交变信号相位差的角频率；

$\theta_1(t)$ ——准静态模间相位差，由双模光纤的固有属性和温度等环境因素决定。

如何求传感光纤调制的相位 $\phi_1(t)$？由于双模干涉式电压互感器的光强符合零差检测条件，可通过主动零差相位跟踪解调出传感光纤相位变化。为使检测灵敏度高、线性度好、动态范围宽，可使相位跟踪器通过压电调制器作用于接收光纤，控制接收光纤的相位 Φ_2，使 $\Phi_2-\Phi_1=90°$。当传感光纤在被测电压作用下有一个相位变化 $\Delta\Phi_1$ 时，相位跟踪器随之产生一个相同的相位变化 $(\Delta\Phi_2=\Delta\Phi_1)$。因此，根据跟踪器的控制电压就可测出被测电压的大小和相位。

（三）电阻分压型电压互感器

1．电阻分压型电子式电压互感器模型

电阻分压型电子式电压互感器的一个典型结构如图 3-8 所示。互感器主要由电阻分压器、传输系统和信号处理单元组成。电阻分压器由高压臂电阻 R1、低压臂电阻 R2 和过电压保护的气体放电管 3 构成。电阻分压器作为传感器，将一次电压按比例转换为小电压信号输出。传输单元由双层屏蔽双绞线和连接端子构成，主要将分压器输出信号传递到信号处理单元，并屏蔽外界电磁干扰。信号处理单元主要由电压跟随、相位补偿和比例调节电路组成，实现电压互感器的阻抗变换、相位补偿和幅值调节功能，使互感器输出信号满足准确度要求。

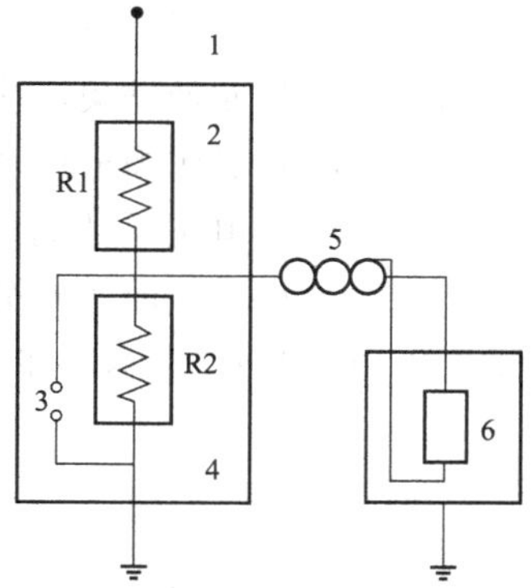

图 3-8　电阻分压型电子式电压互感器结构

1—高端金属屏蔽；2—树脂浇注；3—过电压保护；4—低端金属屏蔽；5—屏蔽双绞线；6—信号处理装置

如图 3-9 所示为电阻分压的原理图，图 3-9（a）表示电阻分压器由多个串联电阻分压构成。对于串联电阻，通过各电阻电流相等，即 $I=I_1=I_2=\cdots=I_n$。总电压等于各电阻电压之和，即 $U=U_1+U_2+\cdots+U_n$。总电阻等于各电阻之和，即 $R=R_1+R_2+\cdots+R_n$。根据这些性质，为方便分析，图 3-9（a）的电路可以简化为图 3-9（b），即两个电阻串联的形式，得出串联电路的分压公式为

$$U_2 = \frac{R_2}{R_1 + R_2}U \tag{3-37}$$

电阻分压器的分压比为

$$k = \frac{U}{U_2} = 1 + \frac{R_1}{R_2} \tag{3-38}$$

2. 电阻分压型电子式电压互感器的误差影响因素分析

由前面的分析过程可知，影响电阻分压型电子式电压互感器误差的因素主要来源于分压电阻。分压电阻的阻值会随着温度、施加在电阻上的电压等的变化而变化。当分压电阻阻值发生变化后，分压比改变，从而导致互感器的输出产生误差。另外，电阻分压器存在着对高压线和对地的杂散电容，杂散电容的存在也会影响分压比。下面对这几种影响因素进行分析。

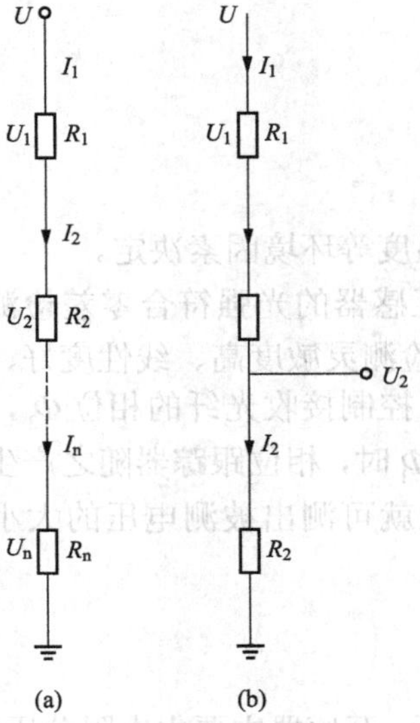

图 3-9 电阻分压原理图

（a）多个串联电阻分压；（b）简化图

（1）分压电阻温度系数的影响。电阻阻值并非恒定，而是受很多因素影响。随环境温度的变化，分压器中电阻的阻值会发生变化，从而影响互感器的稳定性。温度对分压比的影响可表示为

$$k_T = 1 + \frac{(1+\alpha_{TH}\Delta T)R_1}{(1+\alpha_{TL}\Delta T)R_2} \tag{3-39}$$

式中 α_{TH}、α_{TL}——高、低压臂电阻的温度系数；

ΔT——温度变化量。

从式（3-39）可知，分压器高、低压臂电阻温度系数相等时，分压比不受电阻温度系数的影响。但是，在实际生产中分压器高、低压臂电阻的温度系数很难保证完全一致，导致分压比的改变，从而使结果产生误差。因此，在设计电子式互感器时，应选择温度系数小的、同批生产的电阻器作为分压器高、低压臂电阻。

（2）分压器电阻电压系数的影响。分压器电阻在外加电压增加到一定值后，电阻的阻值随电压的增加而减小，从而影响分压比的稳定性。电阻随外施电压的变化阻值发生改变的非线性程度用电压系数 α_v 表示，即

$$\alpha_v = \frac{R - R_0}{R_0(U - U_0)} \tag{3-40}$$

式中 R、R_0——外施电压为 U 和 U_0 时电阻的阻值。

由于电阻分压型互感器在运行时，电压主要降落在高压臂电阻 R_1 上，R_2 上电压降很小，不需要修正。考虑电阻电压系数影响时分压器的分压比为

$$k_v = 1 + \frac{(1+\alpha_v \cdot U)R_1}{R_2} \tag{3-41}$$

电压互感器在电网中运行时，在系统各种过电压冲击作用下，由于高压臂电阻电压系数的影响，从而导致电压互感器的性能不稳定。同样以电压互感器为例，可仿真出当电阻电压

系数变化时，分压比误差的变化。分压比误差随电阻电压系数的变化趋势如图 3-10 所示。

（3）杂散电容的影响。电阻分压器还对高压线和地存在杂散电容。漏电流从对地杂散电容中流过，使得沿分压器的电压呈非线性分布，造成测量误差。如图 3-11 所示是分压器的等值回路，并假定分压器电阻沿分压器高度是均匀分布的，对地杂散电容和高压端对分压器本体的杂散电容也是均匀分布的，忽略电阻的杂散电感。

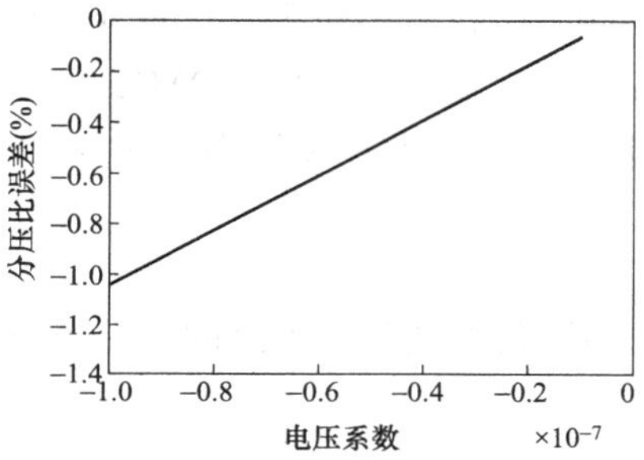

图 3-10　分压比误差随电阻电压系数的变化趋势

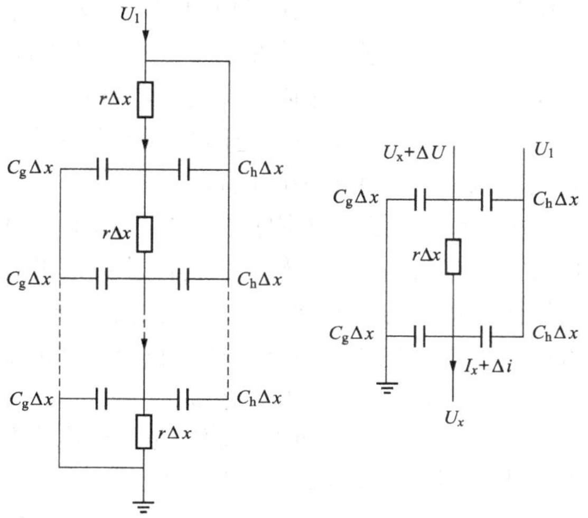

图 3-11　考虑杂散电容的分压器等值回路

图 3-11 中，r 为单位长度电阻；C_h 为单位长度对高端杂散电容；C_g 为单位长度对地杂散电容；Δx 为分压器上距离变化的微小量。设分压器上 x 点电位为 U_x，电流 I_x，分压器高度 H，分压器的点对地的距离为 x。由等值回路可得

$$dU_x = I_x r dx \tag{3-42}$$

$$dI_x = U_x j\omega C_g dx - (U_1 - U_x) j\omega C_h dx \tag{3-43}$$

解上述微分方程并忽略高次项，得

$$U_x = \frac{1 + jx\omega C_h / 2}{1 + jx\omega(C_h + C_g)/6} \cdot \frac{x}{H} \cdot U_1 \tag{3-44}$$

由式（3-42）～式（3-44）可知，由于杂散电容的存在，U_x 并非线形分布，若 U_x 为输出电压，则有幅值和相位误差。

3. 电阻分压型电子式电压互感器的降低误差的措施

前面的分析过程显示，影响电阻分压型电子式电压互感器分压比的主要因素有电阻本身的性能和杂散电容的影响。

（1）温度的影响。影响分压电阻阻值稳定性的主要因素是温度。若采用温度系数小的电阻，则元件本身受温度的影响较小。如能使高、低压臂电阻的温度系数近似相等，则温度变化引起的分压比误差可在比值关系中减小甚至抵消。在采用电阻前，应依据温度系数对电阻进行筛选。一般来说，同种材料、同种工艺的同一批电阻温度系数比较一致。因此，在设计电子式互感器时，应选择温度系数小的同批生产的电阻器作为分压器高、低压臂电阻。另外，电阻通电时因消耗电能而产生热量，也会引起电阻元件的温度变化，故应保证电阻额定功率

大于正常工作条件下的功率。

（2）电阻耐压能力的影响。电阻的选择还要考虑耐受工频电压和冲击电压。例如，对于10kV的电压互感器，根据GB 311.1—2012《绝缘配合　第1部分：定义、原则和规则》的规定，系统标称电压 10kV 的设备在外绝缘干燥的状态下，需耐受额定短时工频电压（方均根值）42kV，持续时间 1min，设计中选用的电阻分压器必须能耐受此电压。

阻值大小的选取应与通过电阻的电流大小相适应。电流太大会增大电阻功耗引起较大温升，太小则易受外界电磁场、电晕放电电流等的干扰。目前多采用耐高压，几何尺寸、温度系数和阻值误差均很小的厚膜电阻。总之，电阻分压器的电阻应选用性能稳定、电压系数小的电阻。

（3）杂散电容的影响。电阻分压器会受到周围杂散电容的影响，因此在设计中应尽量减小对高压侧和对地侧的杂散电容。

（4）A/D 转换器输入阻抗的影响。由于 A/D 转换器的输入阻抗范围较大，有的 A/D 输入阻抗较大，有的输入阻抗较小。前面计算结果显示，当 A/D 转换器输入阻抗在 2MΩ 以上时，对分压比的影响为-0.185%，如阻抗过小，则导致误差超过限值。因此在使用中应在 A/D 的输入端之前接阻抗变换电路，增大整个电路的输入阻抗。

（四）电容分压型电压互感器

电容分压型电压互感器传感头是一个电容分压器，在被测装置的相和地之间接有电容 C_1 和 C_2，按反比分压，C_2 上的电压为

$$U_{c2} = \frac{U_1 C_1}{C_1 + C_2} = K U_1 \tag{3-45}$$

式中　K——分压比，$K = \dfrac{C_1}{C_1 + C_2}$。

高压电容分两类：由两个电极构成的集中的高压电容和由多个电容器叠置串联而成的电容。由多个电容器叠置串联而成的电容分压器广泛应用于目前使用的电容式电压互感器的分压部分。串联式的高压电容因各元件与高压引线、地面之间存在着寄生电容，其等值电容与各元件电容的串联计算值不同，而且，当寄生电容变化时，等值电容也随之改变。电容的寄生电容分布如图 3-12 所示。

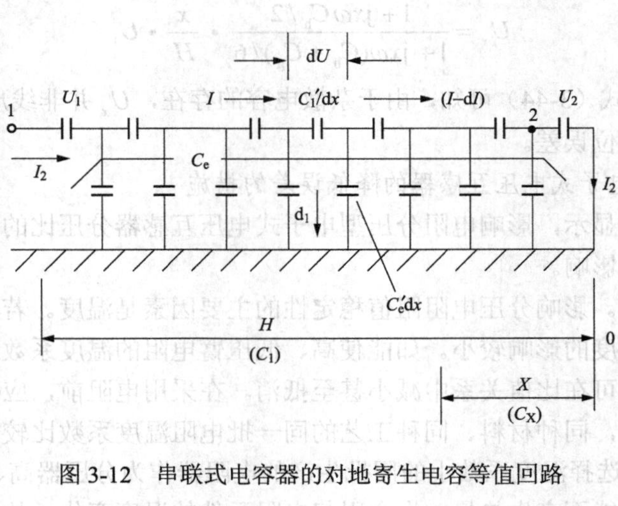

图 3-12　串联式电容器的对地寄生电容等值回路

1. 串联式高压电容器

串联式高压电容器在工作中的等值电容受到对高压部分的寄生电容 C_h 和对地寄生电容 C_e 的影响。高压电容器低压端与地之间的阻抗都比它本身的阻抗小得多，从低压端经低压臂入地的电流实际上和低压端接地时相同。下面按一端接地的情况考虑寄生电容的影响。

（1）对地寄生电容的影响。首先，仅考虑对地寄生电容 C_e 的影响。图 3-12 是不计 C_h 的等值回路图。

由于 C_e 的存在，$I_1 \neq I_2$，$\dfrac{U_1}{I_2} \neq 1/\mathrm{j}\omega C_1$，但联系 U_1 与 I_2 的有一个等值电容 C_{1d}，其容抗为

$$U_1/I_2 = 1/\mathrm{j}\omega C_{1d}$$

设对地寄生电容 C_e 和主电容 C_1 沿电容高度 H 均匀分布，则单位高度和微分小段 $\mathrm{d}x$ 上的主电容和对地电容分别为

$$C_1' = C_1 H$$
$$C_e' = C_e H$$

由等值回路图可得

$$\mathrm{d}U = I/(\mathrm{j}\omega C_1'/\mathrm{d}x),\ \mathrm{d}I = U\mathrm{j}\omega C_e'\mathrm{d}x \tag{3-46}$$

即

$$\mathrm{d}U/\mathrm{d}x = I/\mathrm{j}\omega C_1',\ \mathrm{d}I/\mathrm{d}x = U\mathrm{j}\omega C_e' \tag{3-47}$$

对 x 微分，得

$$\mathrm{d}^2U/\mathrm{d}x^2 - \left(\frac{C_e}{C_1H^2}\right)U = 0 \tag{3-48}$$

$$\mathrm{d}^2I/\mathrm{d}x^2 - \left(\frac{C_e}{C_1H^2}\right)I = 0 \tag{3-49}$$

解得

$$U_x = (A_1e^{rx} + A_2e^{-rx}) \tag{3-50}$$

式中　$r = \dfrac{1}{H}\sqrt{C_e/C_1}$ 决定常数 A_1、A_2 的边界条件是 $x=0, U_x=0; x=H, U_x=U_1$。

由式（3-46）确定 I_x 和 U_x 之间的关系，代入条件 $x=0, I_x=I_2$，得到

$$U_x = U_1\mathrm{sh}\frac{x}{H}\sqrt{\frac{C_e}{C_1}}\Big/\mathrm{sh}\sqrt{\frac{C_e}{C_1}} \tag{3-51}$$

$$I_2 = U_1\mathrm{j}\omega C_1\Big/\left(\sqrt{\frac{C_e}{C_1}}\mathrm{sh}\sqrt{\frac{C_e}{C_1}}\right) \tag{3-52}$$

$$U_1/I_2 = 1/\mathrm{j}\omega C_{1d} = 1\Big/\left[\mathrm{j}\omega C_1\Big/\left(\sqrt{\frac{C_e}{C_1}}\mathrm{sh}\sqrt{\frac{C_e}{C_1}}\right)\right] \tag{3-53}$$

即

$$C_{1d} = C_1\Big/\left(\sqrt{\frac{C_e}{C_1}}\mathrm{sh}\sqrt{\frac{C_e}{C_1}}\right) \tag{3-54}$$

展开得

$$C_{1d}=C_1\Bigg/\left[1+\frac{1}{3!}\left(\sqrt{\frac{C_e}{C_1}}\right)^2+\frac{1}{5!}\left(\sqrt{\frac{C_e}{C_1}}\right)^4+\cdots\right] \tag{3-55}$$

省略分母中高次项，得

$$C_{1d}\approx C_1/(1+C_e/6C_1)\approx C_1(1-C_e/6C_1) \tag{3-56}$$

这个结果说明，由于部分电流经寄生电容C_e入地，经主电容末端入地的电流I_2比不考虑C_e时的入地电流小，相当于从接地端看上去等值电容变小了。从结果看，好像把$2C_e/3$集中地接在主电容C_1的中点。

（2）分压比。如在主电容C_1下端接入低压臂电容C_2构成分压器，则分压比为

$$N=(C_{1d}+C_2)/C_{1d} \tag{3-57}$$

由于C_2远大于C_{1d}，可得

$$N\approx C_2/C_{1d}=C_2/C_1(1-C_e/6C_1) \tag{3-58}$$

（3）对高压部分寄生电容的影响。寄生电容C_h的影响和C_e的相反。通过C_h，有电流流入电容柱，可以抵消一部分因C_e汲取电流而带来的误差。一般C_h比C_e小，二者的作用综合以后，相当于有一个较小的对地寄生电容在起作用，称为等值对地寄生电容，用C_{ed}表示。考虑到C_e、C_h的实际影响，可以近似地求得

$$C_{ed}\approx(C_e-C_h)/(1+C_h/4C_1) \tag{3-59}$$

在C_{ed}的影响下，等值高压电容$C_{1d}\approx C_1(1-C_{ed}/6C_1)$。

由式（3-57）～式（3-59）可以看出，$C_h=0$时，$C_{ed}=C_e$，一般情况下，$C_h\neq0$，C_{ed}总是小于C_e。

2. 电容分压器输出信号的处理

串联式电容分压器有在高压端采样分压信号，也有在低压端采样分压信号。在高压端采样多是组合式互感器，存在着给采集器供能的问题；在低压端采样则可以避免这一问题。

分压器的采样是在C_2两端并联一个精密取样电阻R，分压器的输出u_2与被测电压u_1的关系为

$$u_2/R+(C_1+C_2)\frac{du_2}{dt}=C_1\frac{du_1}{dt} \tag{3-60}$$

若$1/R\gg\omega(C_1+C_2)$（ω为被测电压u_1的角频率），则

$$u_2(t)=RC\frac{du_1(t)}{dt} \tag{3-61}$$

因此，若$1/R\gg\omega(C_1+C_2)$，则du_2与du_1成正比，利用电子电路对$u_2(t)$积分变换可求得$u_1(t)$。分压器输出被测信号的微分，通过积分变换还原并按约定格式输出。积分变换是输出信号处理的关键，可采用模拟电路或数字技术来实现。用模拟技术实现积分变换有不同的电路形式，其稳定性依赖于所选电阻和电容的温漂及时漂特性。目前，电阻、电容温度系数最好的分别能做到$\pm10^{-5}$和$\pm3\times10^{-5}$℃。在-40～$+70$℃，采用模拟积分器很难使互感器满足±0.2%的准确度要求。用数字技术的积分变换，其性能取决于积分算法，不存在温漂和时漂问题。电源模块将外部输入的220V直流转换为±12V和+5V电源供其他模块使用。数字信号的输出格式参照IEC 60044-8要求，有两种技术方法使用，一是用IEC 61850-9-1《变电站通讯网络和系统协议》中描述的以太网络，使用同步脉冲得到时间连续的一次电流和电压及

抽样信号；另一种是 IEC 60044-8 中描述的通信技术，使用同步脉冲法或内插法得到输出信号。数字输出的电子式互感器与外部的通信是通过合并单元实现的。

二、电子式电流互感器

（一）磁光电流互感器

目前，已开发的无源电子式电流互感器种类较多，其中磁光式电流互感器（magneto-optical current transformer，MOCT）是比较常见的一种无源电子式电流互感器。它基于法拉第原理，利用光的偏振态的变化测量电流，是偏振态调制型的光学电流互感器。

1. 磁光式电流互感器结构的组成

磁光式电流互感器的结构示意图如图 3-13 所示。磁光式电流互感器是由传感头、光路部分（光源、准直透镜、起偏器、检偏器、耦合透镜和传输系统）、信号处理系统组成。具体工作过程如下：由恒流源激发一只工作波长为 λ 的发光二极管，提供一个恒定的光源，光通过光缆中的一根光纤从控制室传输至现场高压区，经过准直透镜准直后成为平行光束，再经起偏器变为线偏振光入射进传感头。光在传感头内绕导体一圈，在电流磁场作用下，光的偏振面将发生角度为 θ 的旋转，出射的线偏振光经检偏器后再经耦合透镜耦合进入光缆中的另一根光纤传输至信号处理电路。在信号处理电路中，经放大、滤波等处理后以数字量或模拟量的形式输出。

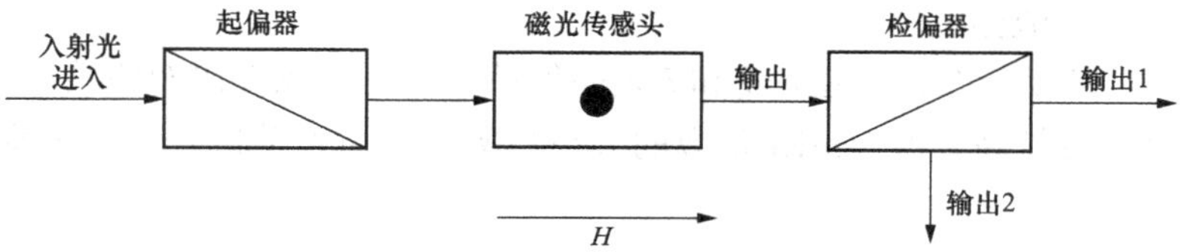

图 3-13　磁光式电流互感器结构示意图

2. 磁光式电流互感器的信号处理

电子式互感器的信号处理电路需要将被测电流的光信号转换为电信号，经放大、滤波后将信号传至合并单元。光学电流互感器信号处理电路的基本功能是将检测出法拉第偏转角大小的被调制的光信号变为电信号，补偿光源光强涨落对输出信号的影响。电路中带通滤波及放大器可提高系统输出信噪比，并将输出信号放大到规定的幅值。

将光强信号转化为被测电流的电信号有三种方法：

（1）单光路交直流相除法。这种方法的噪声与光强有关，应用很少。

（2）双光路检测法。可采用沃拉斯顿棱镜作检偏器，也可用一般镀膜偏振器，将被调制的光分两束，分别用两个 PIN 探测它们的输出光强，将两路光强相减除以两路光强相加 $\left(\dfrac{J_1-J_2}{J_1+J_2}\right)$。这种方法的噪声虽比单光路交直流相除法小，但要求两路完全对称，而长期保持两路光强不变很难做到，因此，这种方法基本不用。

（3）双光路探测法。提出一种对两路检测信号中的每一路都先做“去直流后再除以直流”的处理，将上述差除和信号处理方案改进为

$$U_{out}=\frac{J_s-J_{save}}{J_{save}}-\frac{J_p-J_{pave}}{J_{pave}}$$

式中 U_{out}——信号处理电路的输出信号；

J——光电探测器的输出信号；脚标 s、p 分别表示输出线偏振光的两个分量；

脚标 ave——经平均处理的信号，即直流分量。

此方案可抑制光电共模噪声，补偿光强漂移与法拉第漂移。

3. 磁光电流互感器的稳定性问题

光学电流互感器目前尚没有代替传统电流互感器，原因是多方面的，主要是由于磁光电流互感器应用时所处的环境为高压变电站的户外现场，环境相对恶劣，环境因素（如温度、振动等）对其性能的影响很大，反映出随时间的长期漂移。因此，磁光电流互感器的长期稳定性是决定其能否最终实用化的关键问题，也是一个至今没有得到彻底解决的难题。

（1）温度影响。

1）温度对 Verdet 常数的影响。法拉第效应是指线偏振光在置于磁场中的光介质内传播时，偏振面将发生偏转。

$$\theta=VN_1N_2I$$

式中 V——磁光材料 Verdet 常数；

N_1——光束环绕载流导体的环数；

N_2——穿过光介质的载流导线根数；

I——待测电流强度。

理想状况下，V 是一个恒定值，θ 和 I 之间保持了很好的线性比例关系。V、N_1 和 N_2 越大，互感器的灵敏度越高。但 Verdet 常数的大小与所选择的光学材料和工作波长有关，V 的经典理论表达式为

$$V=\frac{e\mu_0\lambda}{2mc}\frac{\mathrm{d}n}{\mathrm{d}\lambda}$$

可见，V 与材料的折射率 n 有关，与光源工作波长 λ 有关。折射率 n 变化，光源中心波长会变化，会导致 V 变化，V 变化将影响待测电流的稳定性。

而光源工作波长 λ 与光源驱动电流、光源所处环境温度有关，这两者变化必然导致光源工作波长 λ 变化。当 λ 由 1290～1315μm 变化时，V 将由 7.222×10^{-6} rad/A 下降至 7.028×10^{-6} rad/A，此时，单位电流的输出电压降低了 2.68%，这将大大超过 0.2 级国家标准。为此，$V=V(T,\lambda)$，要使 λ 不变化，必须使光源恒温，并使驱动电流恒定。否则，当环境温度变化时，将直接影响被测电流灵敏度。

2）温度影响的双折射。温度因素影响的另一方面是在敏感材料内（玻璃内）会产生应力双折射，影响磁光电流互感器传感头的灵敏度。玻璃中的双折射与如下三部分有关。

a．玻璃制造过程热历史与退火工艺有关。

b．环境温度变化，特别是温度梯度变化影响大。

c．传感头的组装过程采用黏合固定的方法，不可避免地存在应力。

（2）振动影响。振动对磁光电流互感器的影响有如下三方面。

1）由于制作传感头的光学玻璃存在光弹效应，周期性振动会引起传感头内线性双折射周期性改变，从而影响系统输出稳定性。

2）载流导线舞动，使导线在原来固定位置的附近范围内摆动，产生影响。

3）振动时，上行传导光纤（从光源至起偏器这段）的作用会使进入起偏器的光强发生波

动，对系统产生不良影响。

假定由振动引起的光强损耗为 L，则传感头的输出为

$$\theta=\theta_0(1-L) \tag{3-62}$$

振动也会造成传感头内部的线性双折射 $\delta(L)$，从而影响传感头的最终输出。

综上所述，当考虑主要环境因素的作用时，传感头的输出可以写作

$$\theta=\theta_0(1-L)\frac{\sin\delta}{\delta}=V(T)I(1-L)\frac{\sin\delta(L,T)}{\delta(L,T)} \tag{3-63}$$

上述 Verdet 常数、线性双折射等因素在环境温度变化时对磁光电流互感器的光学电流传感器灵敏度有影响，需要从磁光电流互感器的结构设计上、数据处理及光学器件方面进行改善。

4. 磁光电流互感器的特性

（1）由磁光电流互感器的传感器结构可知，磁光电流互感器与被测电流无电接触，高压侧不需电源，因此，磁光电流互感器工作时不影响电力系统运行。

（2）由于磁光电流互感器应用光信号传输，因而，比传统电流互感器绝缘简单，并且用光缆取代信号电缆，不仅经济还无电磁兼容的问题。

（3）磁光电流互感器的传感材料是光学材料，无磁饱和，便于暂态保护，可提高各类保护质量，使故障测量的准确性大为提高。

（4）进出磁光电流互感器的都是光信号，二次电路开路不产生危险的高电压。

（5）动态范围宽，频响范围宽。

（二）全光纤电流互感器

全光纤电流互感器（fiber optical current transformer，FOCT）是一种无源电子式电流互感器，具有动态范围大、测量频带宽、抗电磁干扰性能好、体积小、重量轻、便于与高压设备集成、可测直流信号等优点。

FOCT 的工作原理基于法拉第磁光效应和安培环路定律，通过测量在传感光纤内传输的正交的两束偏振光之间由于导线内电流而产生的相位差来间接地测量电流值。

FOCT 主要由传感环和采集器两大核心部件组成。传感环用于感应电流产生的磁场，它由保偏光纤、1/4 波片、特种传感光纤和反射镜熔接而成。采集器为传感环提供光源，同时接收其返回的含有电流信息的干涉光信号并进行解调输出；采集器包含了几个核心的光路元器件，如超辐射发光二极管（SLD）光源、相位调制器和光电探测器。

FOCT 常采用偏振检测方法或利用法拉第效应的非互易性通过干涉仪实现检测。与光学玻璃的性质类似，光纤内存在的线性双折射对温度和振动等环境因素变化十分敏感，是全光纤电流互感器实用化过程中需要解决的关键问题。

1. 基于偏振检测方法的全光纤电流互感器

最初采用的基于偏振检测方法的全光纤电流互感器结构原理图如图 3-14 所示，激光二极管发出的单色光经过起偏器 F 变换为线偏振光，再经过耦合透镜 L 及传输光纤到达高压传感头，进入传感光纤。由于被测电流在周围产生磁场并根据法拉第效应，线偏振光在与其传播方向平行的外界磁场的作用下通过传感光纤时，其光波偏振面将旋转 θ，出射光经过耦合透镜 L、检偏器，在耦合透镜和检偏器中还应该加一个沃拉斯顿棱镜 W，该棱镜将出射光分为

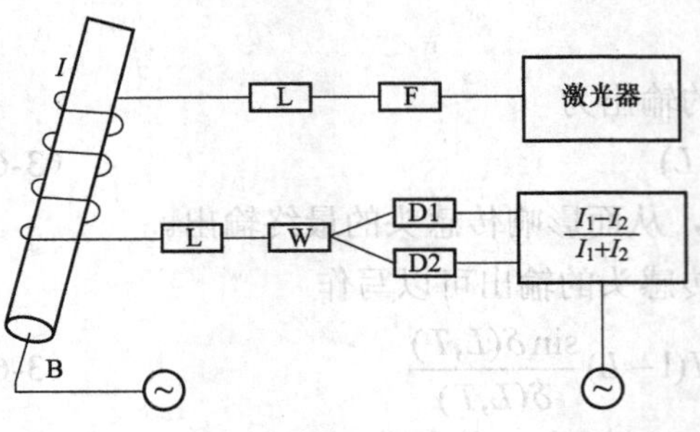

图 3-14 基于偏振检测方法的全光纤电流互感器结构原理图

振动方向相互垂直的两束偏振光到达光电转换器 D1、D2，进行信号采集，并将转化后的电信号输入到信号处理装置，即能获得外界被测电流。

当载流导体没有电流时，使沃拉斯顿棱镜的两个主轴与入射光纤的线偏振光的偏振方向成±45°，可获得最大灵敏度。

当载流导体通以电流时，光电探测器接收到的光强为

$$I_1 = I_0 \cos^2(45° - \theta) \tag{3-64}$$

$$I_2 = I_0 \cos^2(45° + \theta) \tag{3-65}$$

式中 I_0——输入光强。

经过信号处理电路，输出信号为

$$P = \frac{I_1 - I_2}{I_1 + I_2} = \sin 2\theta \tag{3-66}$$

以上介绍的结果是以光在全程中保持线偏振为基础的，即要求光纤在这个长度上尽可能接近无双折射。

双折射是指光纤中传输的两个模式的传播常数或随着模式偏振不同而不同的现象，可表示为

$$\Delta\beta = \beta_x - \beta_y \tag{3-67}$$

式中 β_x、β_y——分别表示单模光纤中传输的 $HE_{\|}^x$、$HE_{\|}^y$ 的传输常数。

归一化双折射或模式双折射定义为

$$\mathrm{B} = \Delta\beta/(2\pi/\lambda) \tag{3-68}$$

式中 λ——真空中光的波长。

引起双折射的因素有很多，例如光纤本身的不完善（椭圆度和内部残余应力）、外界温度及光纤机械状态变化等。利用琼斯矢量表示法得出输入光矢量与输出光矢量之间的数学描述为

$$\begin{bmatrix} E_x \\ E_y \end{bmatrix}_o = \begin{bmatrix} A & -B \\ B & A^* \end{bmatrix} \begin{bmatrix} E_x \\ E_y \end{bmatrix}_I \tag{3-69}$$

式中

$$A = \cos\frac{\Delta}{2} + \mathrm{j}\cos x \sin\frac{\Delta}{2}$$
$$B = \sin x \sin\frac{\Delta}{2} \tag{3-70}$$

$$\left(\frac{\Delta}{2}\right)^2 = \left(\frac{\delta}{2}\right)^2 + \theta^2 \tag{3-71}$$

$$\sin x = \frac{2\theta}{\Delta},\ \cos x = \frac{\delta}{\Delta} \tag{3-72}$$

$\begin{bmatrix} E_x \\ E_y \end{bmatrix}_I$ ——输入光矢量；

$\begin{bmatrix} E_x \\ E_y \end{bmatrix}_O$ ——输出光矢量。

δ 反映了由线双折射在两个偏振本征模之间引入的相位延迟，θ 为长度为 Z 的一段光纤中的法拉第旋转角。

在图 3-14 中，假设入射线偏振光沿 y 轴方向振动，则两个光电探测器接收到的光振动为

$$\begin{bmatrix} E_1 \\ E_2 \end{bmatrix} = \frac{1}{2}\begin{bmatrix} 1 & 1 \\ -1 & 1 \end{bmatrix}\begin{bmatrix} A & -B \\ B & A^* \end{bmatrix}\begin{bmatrix} 0 \\ E_0 \end{bmatrix} = \frac{1}{2}\begin{bmatrix} (A^* - B)E_0 \\ (A^* + B)E_0 \end{bmatrix} \tag{3-73}$$

得

$$P = \frac{E_1^2 - E_2^2}{E_1^2 + E_2^2} = -2\theta\frac{\sin\Delta}{\Delta} \tag{3-74}$$

当 $\theta \ll 1$ 时，与式（3-66）比较，不考虑负号，式（3-74）多了 $\frac{\sin\Delta}{\Delta}$。当 $\delta \ll \theta$ 时，$\Delta \approx 2\theta$，$P = -\sin 2\theta$，回到式（3-66）；当 $\delta \gg \theta$ 时，$\Delta \approx \delta$，则有

$$P = -2\theta\frac{\sin\delta}{\delta} \tag{3-75}$$

由此得出结论：由于线双折射的存在，将使得电流测量灵敏度减小，并且不稳定。这些影响可进一步归纳如下。

（1）减小了电流测量灵敏度。这是因为双折射使线偏振光的两个正交光振动分量之间产生一个相位差，结果输出光变成了椭偏振光。当使用偏振仪进行测量时，由于椭偏振光偏转角的测量灵敏度比偏振光小，因此，整个仪器的测量灵敏度就相应的减小了。

（2）对于不同的入射偏振面，传感器具有不同的测量灵敏度。在全光纤电流互感器探头中，由于线性双折射的存在，对不同偏振面的入射线偏振光，双折射引入的相位不同，因而使整个探头的灵敏度随偏振面方位的改变而周期性变化。

（3）测量灵敏度受外界温度的调制。由于弯曲光纤引入的线双折射分布是随温度的变化而改变的，从而，传感器的测量灵敏度也随温度变化而产生漂移，且沿光路上不同部分的灵敏度是逐渐变化的，因而在一个封闭的环形光路中，灵敏度的分布是非均匀的。

总之，在全光纤电流互感器中，由于光纤内存在的线性双折射对温度与振动等环境因素变化十分敏感，而双折射会造成偏振光偏振态输出的不稳定，影响测量的准确度，因此，利用各种方法降低双折射是全光纤电流互感器实用化过程中需要解决的关键问题。采用保偏光纤是最主要的技术手段，保偏光纤是利用光纤的双折射特性，对传输的偏振光的偏振态加以保持并传输的光纤。保偏光纤一般分为两类，即低双折射光纤和高双折射光纤。

2. 基于干涉检测方法的全光纤电流互感器

基于干涉检测方法的全光纤电流互感器并不是直接检测光的偏振面的旋转角度，而是通过受法拉第效应作用的两束偏振光的干涉，并检测其相位差的变化来测量电流。

反射结构全光纤电流互感器原理如图 3-15 所示，光路主要由低相干光源、光电探测器、保偏光纤耦合器、光纤起偏器、光纤相位调制器、保偏光纤延迟线、光纤波片和传感光纤组成。

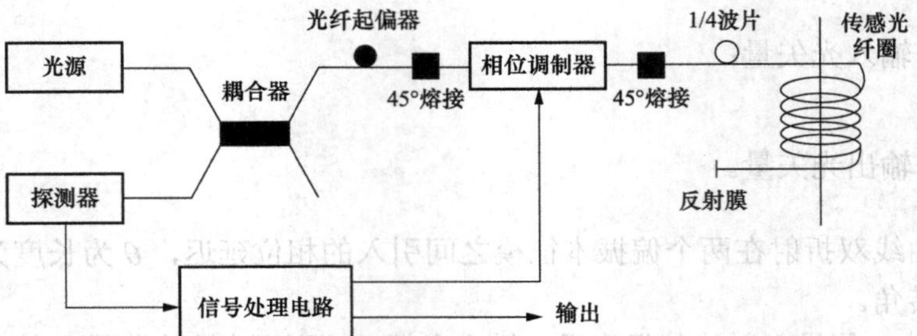

图 3-15 反射结构全光纤电流互感器原理图

该结构的本质是利用两束光干涉的原理测量电流。由光源发出的光经过保偏光纤耦合器后由光纤起偏器变成线偏振光，恰在保偏光纤的光轴上的光能保持这种偏振状态，然后经过一个 45°熔接进入第二段保偏光纤，因此，在这段光纤两个光轴上的电场矢量的分量相等。这两个分量成为分别在光轴上互相垂直（x 轴和 y 轴）的线偏振光，分别沿保偏光纤的 x 轴和 y 轴传输。这两个正交模式的线偏振光在光纤相位调制器处受到相位调制，而后经过 $\lambda/4$ 波片，分别转变为左旋和右旋的圆偏振光，并进入传感光纤。由于被测电流会产生磁场及在传感光纤中的法拉第磁光效应，这两束圆偏振光的相位会发生变化 ($\Delta\theta = 2VNI$)，并以不同的速度传输，在反射膜端面处发射后，两束圆偏振光的偏振模式互换（即左旋光变为右旋光，右旋光变为左旋光），然后再次穿过传感光纤，使法拉第效应产生的相位加倍 ($\Delta\phi = 4VNI$)。在两束光再次通过 $\lambda/4$ 波片后，恢复成线偏振光，并且原来沿保偏光纤 x 轴传播的光变为沿保偏光纤 y 轴传播，原来沿保偏光纤 y 轴传播的光变为沿保偏光纤 x 轴传播。分别沿保偏光纤 x 轴、y 轴传播的光在光纤偏振器处发生干涉。通过测量相干的两束偏振光的非互易相位差，就可以间接地测量出导线中的电流值。

在理想情况下，光电探测器探测到的光强信号大小为

$$I_{out} = \frac{1}{2} I_0 [1 + \cos(\Delta\phi)] \tag{3-76}$$

$$\Delta\phi = 4VNI$$

式中 $\Delta\phi$ ——两路相干偏振光的相位差；
V ——光纤材料的 Verdet 常数；
N——光纤绕载流导体的圈数；
I ——穿过光纤环的电流强度。

光纤相位调制器在此的作用是实现相位检测，其在检测电路的驱动下产生一个与 $\Delta\phi$ 大小相等、方向相反的反馈相移 $\Delta\phi_F$，即 $\Delta\phi_F = -\Delta\phi$。因此，检测电路通过检测反馈信号的大小即能确定相位，从而得到被测电流的大小。

反射式光纤电流互感器实质上是一种偏振干涉仪，要求光在传播过程中保持特定的偏振态，而非理想的光学器件会造成偏振光之间的串扰，影响测量准确度。

（三）铁芯线圈式低功率电流互感器

铁芯线圈式低功率电流互感器是传统电磁式电流互感器的一种发展。为改善传统电磁式电流互感器在非常高（偏移）的一次电流下出现饱和特性，并扩大其测量范围，又满足现代电子设备的低输入功率要求，研制了铁芯线圈式低功率电流互感器。

1. 铁芯线圈式低功率电流互感器原理

铁芯线圈式低功率电流互感器是一种低功率的电流互感器，与传统电流互感器的 I/I 变换不同，它通过一个分流电阻 R_{sh} 将二次电流转换成电压输出，实现 I/V 变换。因此，铁芯线圈式低功率电流互感器至少应包括两个部分，即电流互感器和分流电阻 R_{sh}。

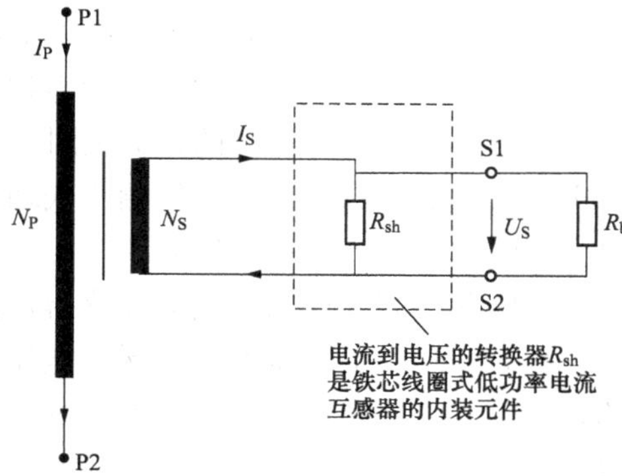

图 3-16　铁芯线圈式低功率电流互感器原理示意图

铁芯线圈式低功率电流互感器的原理示意图如图 3-16 所示，等效电路如图 3-17 所示，包括一次绕组 N_p、小铁芯和损耗极小的二次绕组，后者连接一个分流电阻 R_{sh}，此电阻是铁芯线圈式低功率电流互感器的固有元件，对互感器的功能和稳定性非常重要。

由于铁芯线圈式低功率电流互感器二次绕组连接一个分流电阻 R_{sh}，可提供一个输出电压 $U_s=I_sR_{sh}$。在设计过程中，在铁芯线圈式低功率电流互感器的二次输出电压一定的情况下，R_{sh} 的取值由其二次电流 I_s 决定。二次电流 I_s 的选取关系到并联电阻和额定二次输出电压。不同的互感器，二次电流可能是不同的。根据磁动势平衡定律，在忽略励磁电流的情况下，互感器二次电流与一次绕组匝数 N_p 成正比，与二次绕组匝数 N_s 成反比。则有

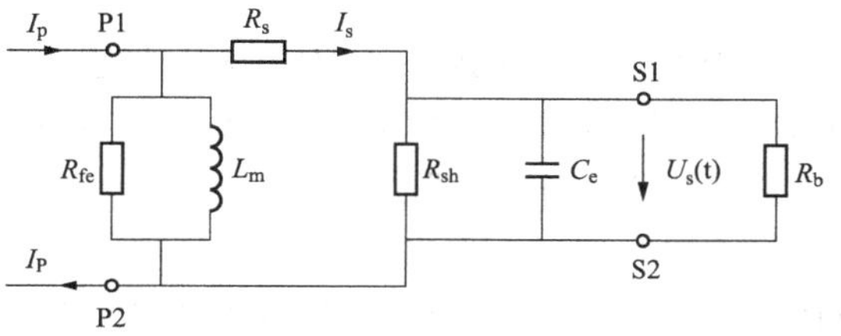

图 3-17　电压输出的铁芯线圈式电流互感器等效电路

I_p—一次电流；R_{fe}—等效铁损电阻；L_m—等效励磁电感；R_s—二次绕组的引线的总电阻；R_{sh}—并联电阻（电流到电压的转换器）；C_e—电缆的等效电容；$U_s(t)$—二次电压；R_b—负荷；P1、P2—一次端子；S1、S2—二次端子；I_s—二次绕组电流

$$I_s=\frac{N_p}{N_s}I_p \tag{3-77}$$

因此，在一次安匝数一定时，合理选择二次绕组匝数可以确定二次电流。

由图 3-16 可知

$$R_{sh}=\frac{U_s}{I_s}=\frac{N_s}{N_p}\frac{U_s}{I_p} \tag{3-78}$$

$$U_s=R_{sh}\frac{N_p}{N_s}I_p \tag{3-79}$$

$$I_p=K_RU_s$$

而

$$K_R=\frac{1}{R_{sh}}\frac{N_s}{N_p}$$

铁芯线圈式低功率电流互感器额定二次电压输出 U_s 在幅值和相位上正比于被测的额定一次电流 I_p。由于铁芯线圈式低功率电流互感器具有测量大电流且不出现饱和的能力，二次最大输出电压可以设计成正比于电网的额定短路电流。

2. 铁芯线圈式低功率电流互感器的特点

铁芯线圈式低功率电流互感器与传统铁芯线圈式互感器不同，源于互感器设计、铁芯材

料及附加电阻的选取等不同，因而有以下特点。

（1）铁芯线圈式低功率电流互感器提供电压输出。由式（3-79）可知，铁芯线圈式低功率电流互感器二次绕组连接的分流电阻 R_{sh}，其额定二次电压输出在幅值和相位上正比于被测的额定一次电流，这样，铁芯线圈式低功率电流互感器就提供了电压输出，有利于微机保护及电力系统数字化、自动化发展。

（2）铁芯线圈式低功率电流互感器是低功率互感器。铁芯线圈式低功率电流互感器实际上是一种有低功率输出特性的电磁式电流互感器，并联电阻消耗的功率 $P=I_s^2R_{sh}$ 就是二次绕组的负载，其二次负荷较小。在设计时，I_s 取值越小，电阻上消耗的功率就越小，互感器负载也越小。设计并联电阻使互感器功率消耗接近于零。与传感互感器相比，这种互感器输出功率要小很多，因此，称为低功率电流互感器。互感器内部损耗和负荷越小，其测量范围和准确度越理想。

（3）铁芯线圈式低功率电流互感器测量动态范围大。在设计时，R_{sh} 可选择使二次最大输出电压 U_{max} 与折算到二次侧的系统最大一次短路电流 I_{th} 相对应。铁芯材料可选择饱和磁密高的材料、磁导率高的材料。

（4）铁芯线圈式低功率电流互感器的体积小。与传统互感器比较，二次电流 I_s 与感应电动势 E_s 要小得多，在相同磁密下，铁芯面积与匝数成反比。因此，铁芯线圈式低功率电流互感器选择小的二次电流 I_s 既可以降低互感器功率，又可以减小铁芯截面积。

3. 铁芯线圈式低功率电流互感器的应用

（1）铁芯线圈式低功率电流互感器在一定的使用范围，可由单个（多用途）电流互感器承担，测量用与保护用互感器无差别。

（2）在气体绝缘金属封闭开关设备（gas insulated metal enclosed switch-gear，GIS）中，常用铁芯线圈式低功率电流互感器作测量，空心线圈作保护，共同完成在 GIS 中的任务。

（3）铁芯线圈式低功率电流互感器与电容式电压互感器联合，组成电流/电压组合式互感器在高压线路上应用。

（四）空心线圈电流互感器

空心线圈通常称为 Rogowski 线圈，它往往由漆包线均匀绕制在环形骨架上制成，骨架采用塑料或者陶瓷等非铁磁性材料，其相对磁导率与空气中相对磁导率相同，这是空心线圈有别于带铁芯的交流互感器的一个显著特征。

理想空心线圈需要满足以下四条基本假设。

（1）二次绕组足够多。

（2）二次绕组在一定大小的圆形（或其他形状）非铁磁性材料骨架上对称均匀分布。

（3）每一匝绕组的形状完全相同。

（4）每一匝绕组所在平面穿过骨架所在的圆周的中心轴。

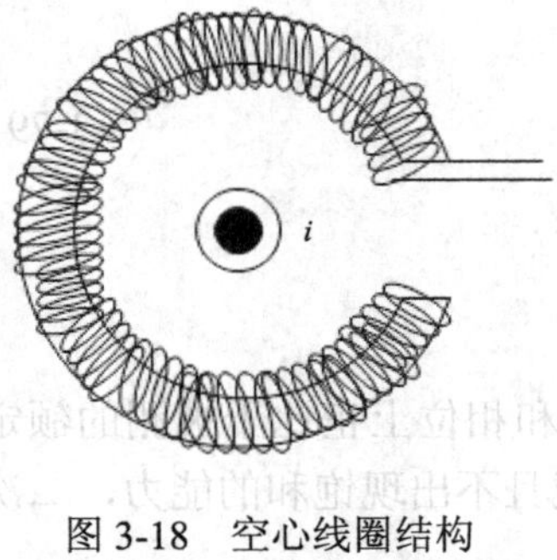

图 3-18 空心线圈结构

空心线圈的典型结构如图 3-18 所示，圆柱形载流导线穿过空心线圈的中心，两者的中心轴重合，空心线圈上的漆包线绕组均匀分布，且每匝线圈所在的平面穿过线圈的中心轴。

空心线圈中的相对磁导率为 1，所以，距离中心轴为 x 的任意一点的磁感应强度为 B_x 可

表示为

$$B_x = \frac{\mu_0 I(t)}{2\pi x} \tag{3-80}$$

式中　μ_0 ——真空中的磁导率；

$I(t)$ ——载流导线上的被测电流。

由法拉第电磁感应定律可知，当穿过一定面积的线圈的磁通量发生变化时，该线圈上将感应到一定大小的电压，该电压的方向与磁通量的变化方向有关，该感应电压的大小为 $\mathrm{d}\Phi / \mathrm{d}t$ 。

以图 3-18 所示结构的空心线圈为例，其骨架截面为矩形，单匝线圈上的磁通量可用数学表达式表示为

$$\phi = \omega\int_a^b B_x \mathrm{d}x = \omega\int_a^b \frac{\mu_0 I(t)}{2\pi x}\mathrm{d}x = \frac{\omega\mu_0}{2\pi}\ln\frac{b}{a}I(t) \tag{3-81}$$

式中　a 和 b ——骨架的内半径和外半径；

ω ——空心线圈的厚度。

空心线圈的绕线匝数为 N ，空心线圈的互感系数为 N，则空心线圈的感应电压 e 可表示为

$$\begin{aligned} e &= N\frac{\mathrm{d}\phi}{\mathrm{d}t} = \frac{\omega\mu_0 N}{2\pi}\ln\frac{b}{a}\frac{\mathrm{d}I(t)}{\mathrm{d}t} = M\frac{\mathrm{d}I(t)}{\mathrm{d}t} \\ M &= \frac{\omega\mu_0 N}{2\pi}\ln\frac{b}{a} \end{aligned} \tag{3-82}$$

从以上推导不难看出，理想的空心线圈对电流的测量依赖于一个稳定可靠的互感系数，将测得的感应电动势进行积分处理，并结合该空心线圈的互感系数进行计算，即可得到被测电流的大小。

空心线圈的等效电路如图 3-19 所示，R_0 为空心线圈的内阻，L 为空心线圈的自感系数，R_L 为负载电阻，C 为空心线圈的匝间电容，$e(t)$ 为线圈的感应电动势。

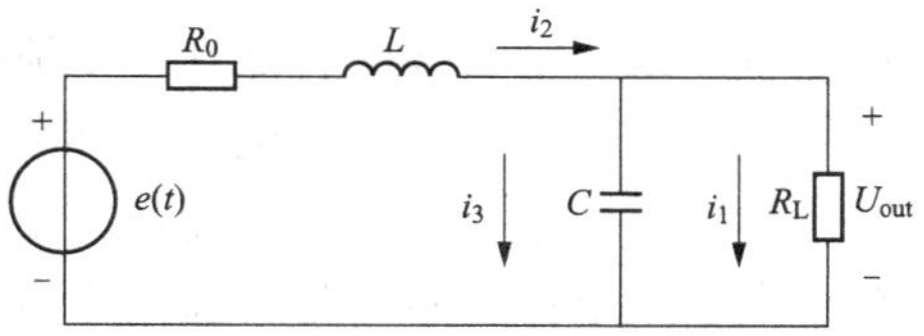

图 3-19　空心线圈的等效原理图

线圈的感应电动势满足式（3-83），其中，M 是空心线圈的互感系数，i 为被测电流。

$$e(t) = -M\frac{\mathrm{d}i}{\mathrm{d}t} \tag{3-83}$$

空心线圈的中间变量之间的关系描述为

$$\begin{aligned} e(t) &= R_0 i_2 + L\frac{\mathrm{d}i_2}{\mathrm{d}t} + R_L i_1 \\ R_L i_1 &= \frac{1}{C}\int_0^t i_3 \mathrm{d}t \\ i_1 + i_3 &= i_2 \\ U_0 &= R_L i_1 \end{aligned} \tag{3-84}$$

综合化简并取拉普拉斯变换得

$$\frac{U_0(s)}{e(s)} = \frac{R_L}{LR_L Cs^2 + (L + R_0 R_L C)s + R_L + R_0} \tag{3-85}$$

实际上，空心线圈电流互感器的性能会受环境温度及外界磁场等因素的影响，这主要是由于：

（1）Rogowski 线圈不含铁芯，其输出信号会受外界变化磁场的影响。

（2）穿过线圈一次导体位置的变动也会因“空心”而影响线圈的输出信号。

（3）线圈的输出信号与线圈截面积 s 及匝数密度 n 有关，环境温度的变化会影响 n 和 s，从而影响互感器的输出。

（4）环境温度的变化会影响数字变换器的积分和滤波等环节，从而影响互感器的输出。

空心线圈电流互感器的原理、结构及输出信号等与传统的电磁式电流互感器有很大不同，外界磁场及环境温度等因素对互感器的性能有一定影响，采取如下措施可有效地改善互感器的性能。

（1）使 Rogoswski 线圈的匝数密度 n 和截面积 s 均匀，可减小或消除干扰磁场平行分量及一次导体位置变动的影响。

（2）在骨架中心绕制一圈与线圈走向相反的回线，可减小或消除干扰磁场垂直分量的影响。

（3）采取措施使线圈均匀且紧贴骨架绕制，可减小温度对线圈输出信号的影响。

（4）采用数字积分技术取代模拟积分器，可减小温度对数字变换器的影响。

（五）有源电子式电流互感器

光学电流互感器的高压侧没有电子线路，不需要电源供电，所以又称无源电子式电流互感器。有源是指该电子式互感器的高压侧存在电子线路，且必须有电源支持才能正常工作。有源电子式电流互感器是基于电磁感应原理的传感元件与光纤通信技术相结合的新型电流测量设备，采用空心线圈和低功率电流线圈将一次被测电流变换成与之呈线性关系的模拟电压信号，由于在变电站的强电磁场环境下，不可能采用模拟电信号远距离传输，必须在高压侧转换为数字信号后传输。因此，需要在高压侧引入信号调制电路，并提供相应的工作电源。有源电子式电流互感器是目前高压电子式电流互感器中实用化程度较高的。

1. 有源电子式电流互感器的基本原理

有源电子式电流互感器原理框图如图 3-20 所示，由低功率铁芯线圈、空心线圈、高压侧调制电路（又称为采集器或远端模块）、高压侧供电电源、复合绝缘子与光纤传输系统等组成。其基本原理是：以空心线圈为保护通道传感单元，低功率铁芯线圈为测量通道传感单元。调制电路将高压侧的含有被测电流信息的电压信号转换成数字信号，并将测量和保护通道的信号复合成一路数字信号后，再变换成光信号，驱动 LED，通过信号传输光纤以光脉冲的形式传输至低压侧的合并单元。高压侧的供能方法一般是采用复合供能的方式，一次被测电流较大时，采用高压侧辅助 TA 给高压侧的调制电路供电，一次电流较小时，TA 供能切换成激光供能，即低压侧的半导体激光器通过供能光纤给高压侧的调制电路供电。

2. 高压侧电路供电方式

对于有源式光纤电流测量系统而言，由于高压侧存在电子电路，必须要对电子线路提供供电电源。由于高、低压侧之间无任何电气联系，如何在高压直流输电这种特殊的应用环境中提供稳定、可靠的工作电源以确保高压侧电子电路的正常工作是研制过程中急需解决的技术难题。

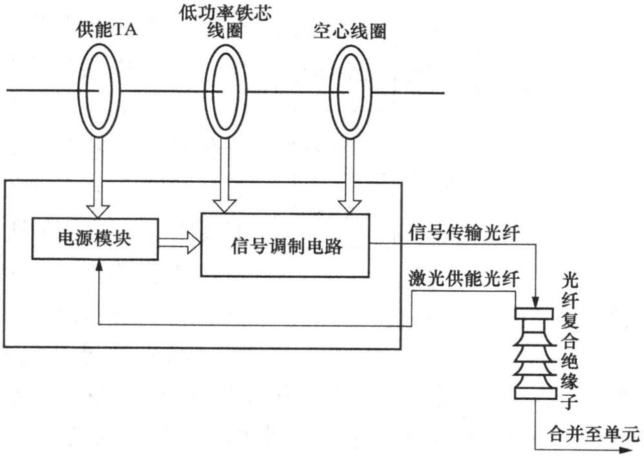

图 3-20　有源电子式电流互感器原理框图

（1）利用 TA 从母线上取电能。利用 TA 从母线上取电能的典型电路如图 3-21 所示。其基本工作原理是利用特制 TA 从母线上感应电压，通过整流、滤波、稳压等后续电路处理后，提供给高压侧电子电路所必需的电源。

（2）利用高压电容分压器取电能的思想类似于 TA 取电能，其基本电路如图 3-22 所示。高压电容分压器从母线上取得电能后，也要经整流、滤波、稳压等处理措施，然后才能够给高压侧电路供能。该方法面临着比 TA 取电能更大的困难，首先是如何保证取能电路和后续工作电路之间的电气隔离问题，这将对过电压防护和电磁兼容设计提出更高的要求。

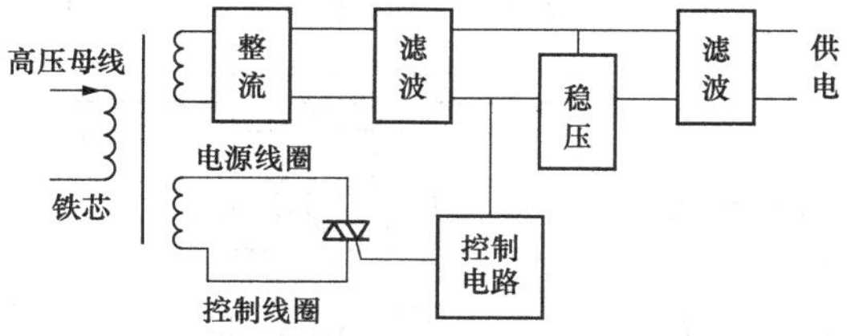

图 3-21　TA 供电典型电路

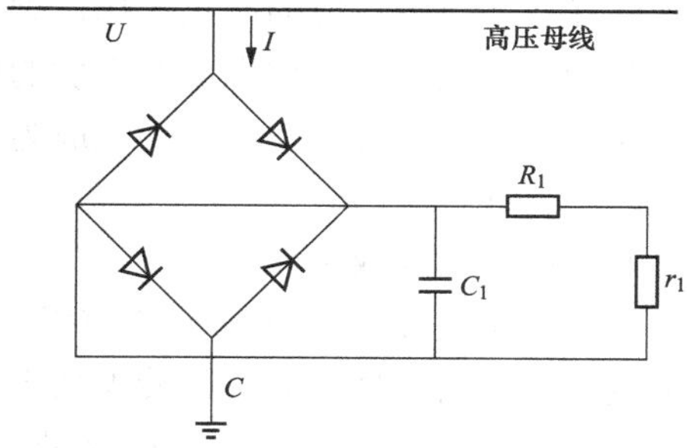

图 3-22　电容分压供电典型电路

（3）蓄电池供电。利用蓄电池对高压侧的电子电路进行供电，蓄电池的能量来自高压输电线电流，接在输电线上的经过特殊设计的电流互感器或电容分压器构成蓄电池的交流充电电源，经过稳压和整流后对电池进行充电。采用这种方法的优点是结构简单，实现起来比较容易，但是，蓄电池的寿命比较短，且由于放在高压侧，更换起来比较困难，因此在实际应用中很少被采用。一般情况下，该供能方式都被用作辅助式电源。

供电方式（1）～（3）及其组合方式基于电磁感应定律从交流母线上直接获取能量，是电子式电流互感器可行的技术方案之一。但在稳态情况下，直流输电线路上的直流电流远远大于谐波电流，直流大电流将使铁芯处于深度饱和状态，因此这几种方式都不宜采用。

（4）激光供能方式。激光供能及光传输系统结构如图 3-23 所示，该方法从低压侧通过光

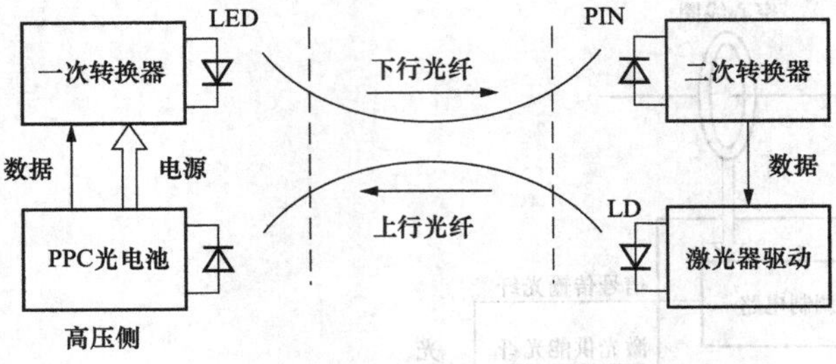

图 3-23 激光供能及光传输系统结构

纤将激光二极管发出的光能传送到高压侧，由光电转换器件（光电池）将光能量转换为电能量，再经过 DC-DC 变换后提供稳定的电源输出。高压侧电路同时采集光电池供给的电源信号，并转换为光数字信号传输到低压侧转换成电信号，提供给激光二极管的驱动电路作为其工作状态监测信号。

激光通过光电池转换后得到的电源比较稳定且纹波小，噪声低，不易受到外界其他因素的干扰，这些优点使得激光供能得到了最为广泛的重视。但由于激光供能的能量有限，因此，要求高压侧电路的功耗低。对于激光供能方法，其关键技术是大功率激光二极管和光电池。

通过以上分析可以看出，目前所有的供能方法在应用中均存在不足之处，因此，组合供能的方法得到了人们的关注。激光供能虽然供给能量有限，但是，只要对高压侧电路进行合理的微功耗设计，还是能满足要求的，但考虑到目前大功率激光二极管寿命问题，因此，有源电子式电流互感器高压侧的供能方法一般是采取复合供能的方式。一次被测电流较大时，采用高压侧辅助 TA 给高压侧的调制电路供电；一次电流较小时，TA 供能切换成激光供能，即低压侧的半导体激光器通过光纤给高压侧的调制电路供电。

3. 高压侧调制电路

高压侧传感头通常输出只有几十毫伏到几百毫伏的模拟信号，如果直接传输到低压侧，会受到外界恶劣电磁环境的严重干扰，因此，要在高压侧将弱信号调制后变换成数字光脉冲信号传输到低压侧。由于供电电源提供的能量有限，电子电路的功耗不能太大，如何在实现信号变换的情况下尽可能地降低功耗成为另外一个关键的技术问题。通常，低功耗电子电路设计有以下三种方法：

（1）选用低功耗或微功耗器件。

（2）在保证基本性能和功能的前提下，从实现方法上尽量减少所用器件，尤其是较大功率器件。

（3）采用合适的方法，使器件尽量工作在低功耗状态。

因此，高压侧调制电路的设计可以采用上述方法，结合具体的实际情况，既能实现电路的功能，又使电路功耗很低。

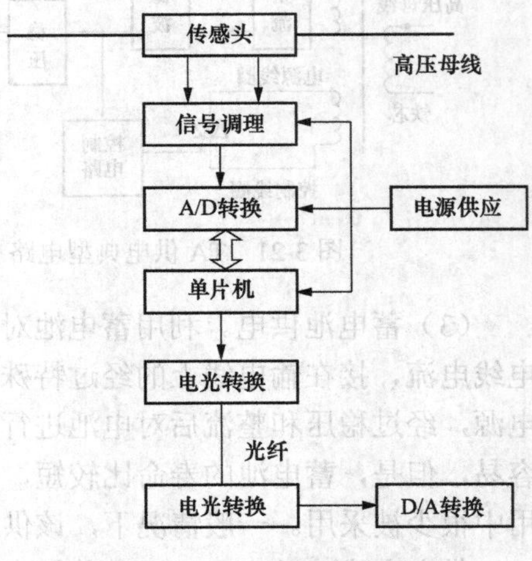

图 3-24 调制电路的原理框图

调制电路的原理框图如图 3-24 所示。调制电路由信号调理电路、A/D 转换器、单片机及电光转换电路构成。被测电流分别通过计量通道和保护通道传感头后变换成电压信号，两通道信号分别经过信号调理电路后进入 16 位 A/D 转换器进行 A/D 转换，两路 A/D 转换的启动由低压侧合并单元的同步时钟控制，进行同步采样；经过 A/D 转换器后的数字信号由单片机合成为一路信号，再由单片机的串口发送至电光转换电路，然后通过光纤传输至低压侧的合并单元，从而完成双路模拟信号的采集与通信。A/D 转换、同步时钟接收、高低压侧的通信、电源模块等构成了数据量化传输系统。

第三节　电　能　表

一、电能表概述

电能表俗称电度表或千瓦时表，它在电能管理用仪器仪表中占有很大的比例，其性能直接影响电能管理的效率和科学化水平。多年以来，随着电力系统和以电能为动力的产业发展以及电能管理系统的不断完善，电能表的结构和性能也经历了不断地更新和优化。

世界上最早出现的电能表，是由德国人爱迪生在 1880 年利用电解原理制作的直流电能表。交流电的出现和使用，对电能计量仪表的功能提出了新的要求。1888 年意大利物理学家费拉里斯首先想到将旋转磁场理论用于交流电能测量。与费拉里斯几乎同时，美国一位物理教师也根据旋转磁场的原理试制出了感应系电能表的雏形。1889 年，德国人布勒泰制作出了无单独电流铁芯的感应系电能表。1890 年，带电流铁芯的感应系电能表出现了，不过其转动元件是一个铜环，制动力矩靠交流电磁铁产生。直到 1 世纪末，才逐渐改用永久磁铁产生制动力矩以降低转动元件旋转速度并增加转矩；表的计数机构几经改进，铜制的圆转盘也由铝圆盘所取代。至此，感应系电能表的制造理论基本形成。

感应系电能表是利用处在交变磁场的金属圆盘中的感应电流与有关磁场形成力的原理制成的，具有制造简便、可靠性好和价格便宜等特点。经过近一百年的不断改进与完善，感应系电能表的制作技术已经成熟。通过双重绝缘、加强绝缘和采用高质量双宝石轴承甚至磁悬浮（磁推）轴承等技术手段，其结构和磁路的稳定性得以提高，电磁振动被削弱，使用寿命大大延长，且过载能力明显增强。因此，至今在包括我国在内的许多发展中国家甚至是一些发达国家里，感应系电能表仍作为主要的计量工频电能的仪表。

随着电能开发及利用的加快，对电能管理和电能表性能提出了更高的要求。电力系统的不断扩大以及对电能合理利用的探索，使感应系电能表暴露出准确度低、适用频率范围窄、功能单一等缺点。为使电能计量仪器仪表适应工业现代化和电能管理现代化飞速发展的需求，电子式电能表应运而生。

早期的电子式电能表，仍采用感应系电能表的测量机构作为工作元件，由光电传感器完成电能脉冲的转换，然后经电子电路对脉冲进行适当处理，从而实现对电能的测量。这种电能表的显著特点是感应系测量机构配以脉冲发生装置，因此也被称为感应系脉冲电能表或机电脉冲式电能表。机电脉冲式电能表在国外早已有成熟产品，并自 20 世纪 70 年代初就开始在一些工业化国家逐渐被大面积采用。这种电能表和机械混合式多费率电能表都是感应系电能表向全电子式电能表过渡发展过程中的电能计量品种，它们对分时电价、需量电价制度的实施起了积极的推动作用。但是以感应系测量机构作为其测量主回路的原理性缺陷，决定了它同样具有与感应系电能表一样的准确度低、适用频率范围低等缺点。

为了替代感应系测量机构，从 20 世纪 70 年代起人们就开始研究并试验采用电子电路来测量交流电能。由于电能是电功率对时间的积分，所以任何电子电路式电能计量方案的第一步都是确定电功率。因而，使用乘法器是实现测量电功率和电能的共同特点。

全电子式电能表是在 20 世纪 70 年代后期发展起来的，因其没有机械转动部分和计数机构，又称为静止式电能表或固态电能表。但由于受当时的电子技术水平的制约，全电子电能表仅用于标准表。随着电子技术的迅猛发展，电子器件的性能在20世纪80年代有了质的飞跃，且价格略有下降。到20世纪80年代末90年代初，国外大公司相继推出了全电子式多功能电能表。电子式电能表按照其乘法器工作原理的不同可分为模拟乘法器型和数字乘法器型两大类。模拟乘法器型又有晶体管阵列平方乘法器、热偶乘法器、可变跨导型乘法器、双斜积分乘法器、霍尔效应乘法器和时分割乘法器等。目前电子式电能表在国外的使用已比较普遍，特别是在西方发达国家非常普及，其年销量已超过机械式电能表。

电子电能表与机械式电能表相比，除具有测量精度高、性能稳定、功耗低、体积小和重量轻等优点外，它还可以实现更丰富的功能，如复费率、最大需量、有功和无功电能记录、事件记录、负荷曲线记录、功率因数测量、电压合格率统计和串行数据通信等。电子式多功能电能表应用领域很广，并由于它具有强大的通信功能而广泛应用于远程抄表，为用电管理所需的电能计度数据远程自动采集和自动计费、电厂考核上网报价商业运营，以及大型企业内部能源自动化管理提供了先进的技术手段。

而在初期，人们对于电子式电能表推广使用存在很大争议，主要原因是其使用寿命和可靠性指标方面有待进一步提高。电子式电能表的失效机理与机械式电能表不一样，机械式电能表的失效机理属于机械磨损型，在使用过程中精度逐渐降低，最终失效，辅以机械计度器进行数据显示，一旦发生故障，主要的就是计量精度不符合要求，但计度器的度数还在，其影响相对较小。电子式电能表的失效机理属于偶发性的，一旦出现故障就可能导致不计电量，无显示，或历史计量数据丢失，其故障原因可能仅仅是内部的某些元器件失效。同时，电子式电能表在现场使用环境下暴露出抗干扰能力差等弱点。经过调查和试验发现，生产厂家在元器件和材料选择、工艺上随意性较大，质量波动明显，另外缺乏实际运行经验，生产也未形成规模，售后服务和技术支持投入力量都不足，所以在当时的条件下，若大面积使用，则风险较大。随着电子电路设计与制造新技术的出现，电能表的器件选择和工艺控制逐渐成熟，以及电子式电能表在各种现场环境下工作可靠性的问题逐渐攻破，相继出现了多种寿命长、可靠性高、适合现场使用的电子式电能表。目前已有相当数量的各种类型的国产和进口电子式电能表投入电网运行，并已产生了显著的经济和社会效益。

我国从20世纪90年代初开始研制全电子式电能表，其产品大多为斯伦贝谢模式。1994年威胜集团、恒通公司等相继推出了电子式多功能电能表。随后有多家公司开始小批量生产。经过技术的引进、消化和吸收，我国电子式电能表的研制与生产逐渐进入创新和符合国情的快速发展阶段。1996年初电力部下令在全国推行复费率和负荷控制，为电子式电能表开辟了广阔的应用领域，并由于“两网改造”（即城市电网和农村电网改造）的带动，电子式电能表应用面迅速扩大，它的开发设计和制造技术也得到了飞速的发展。

同样，电子式电能表也存在自身的缺点，电子式电能表的内部都是由各种各样的模拟器件构成，电流电压信号的尖峰脉冲效应及周围环境温度造成的模拟器件的温漂效应等因素，也会对电子式电能表的准确度造成一定的影响。因此电子式电能表的可靠性因素也限制了它的发展。

随着数字化变电站标准体系的不断完善，为适应基于IEC 61850标准的数字化变电站的技术要求，与之配套的数字化电能表应运而生。对数字化变电站新型的测量系统和数字化电能表的原理、功能进行分析，通过对传统电能表和数字化电能表各项技术参数进行对比，将会对数字化电能表有更深入的认识。

数字化电能表适用于新型数字化变电站中数字化的计量场合，包括工作电源、中央微处理器、数字信号处理器、符合变电站通信规约标准的协议处理芯片、用于表计工作中数据传输的光纤接口等。数字信号通过光纤接口输入协议处理芯片，再通过协议处理芯片输至数字信号处理器进行处理。数字化电能表不仅能实现电网参量的纯数字信号的接收，符合变电站通信规约标准，而且能避免传统电表中模拟信号传输造成的损耗及带来的系统误差，从而很好地满足数字化变电站遵循规约协议的数字化计量体系。

二、感应式电能表

电能表作为电能传输和消耗的计量装置，如今已有一百多年的历史。其发展经历了感应式（机械式）电能表、机电式（脉冲式）电能表和电子式（多功能）电能表等阶段，较早出现且至今仍在我国和许多国家普遍采用的感应系电能表，虽简单且价格便宜，但受其工作原理以及材料工艺等条件的局限，其测量准确度很难提高，且功能单一，不适应工业现代化和供用电管理现代化飞速发展的需求。近年来，微电子技术、计算机技术和通信技术的高速发展，有力地推动了电子式电能表技术的迅速更新与进步。高准确度、高可靠性的元器件以及大规模电路集成技术和电路制造的表面贴装技术等应用于电子式电能表的开发与生产，使电子式电能表寿命提高、功能多种多样，且仍在不断扩展，并逐步使供用电管理的微机化和自动化成为现实。

经过一百多年的不断改进和完善，感应式电能表的制造技术已经相当成熟。感应式电能表具有制造简单、可靠性高和价格低廉等特点，因此，至今在包括我国的许多发展中国家甚至是一些发达国家里，感应系电能表仍作为主要的计量工频电能仪表被广泛使用。常用的感应式电能表有单相电能表和三相电能表。

（一）单相电能表的结构

单相电能表由测量机构和辅助部件组成，其中测量机构包括驱动元件、转动元件、制动元件、轴承、计算器。辅助部件包括基架、外壳、端钮盒和铭牌。单相电能表的结构如图 3-25 所示。

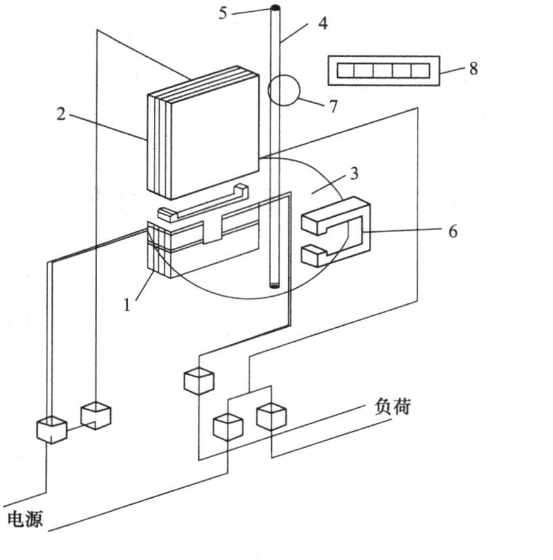

图 3-25　单相电能表结构示意图

1—电流元件；2—电压元件；3—铝质圆盘；4—转轴；5—轴承；6—制动元件；7—蜗轮齿轮传动机构；8—积算机构

1. 驱动元件

驱动元件包括电压元件和电流元件，它的作用是将交变电压和电流转变为穿过转盘的交变磁通，与其在转盘中感应的电流相互作用，产生驱动力矩，使转盘转动。

电压元件由电压铁芯、电压线圈和回磁极构成。电压线圈与负载并联，不管是否有负载，电压线圈总是带电的，为使其消耗的功率不超过标准规定的限度，在保证必要的安匝数（一般在 100～200 安匝）的前提下，为降低电压线圈自身的功率消耗，通常选取较细的漆包线（经线 0.08～0.16mm）和较多匝数绕制的电压线圈。电压铁芯用 0.35～0.5mm 厚的高导磁率的优质硅钢片叠制而成，回磁极用于构成电压工作磁通的回路，由1.5～2mm厚的钢板冲压而成。

电流元件由电流铁芯和电流线圈组成。电流线圈通常分成匝数相等的两部分，分别绕在U形铁芯的两柱上，线圈的绕制方向应使电流磁通在铁芯内部的方向相同，电流线圈与负载串联，为改善负载特性，电流线圈的匝数不应太多，对基本电流为5A的电能表，电流线圈一般取12～20匝，线径选择按3～5A/mm设计。

为提高感应式电能表的过载能力，可在U形电流铁芯的缺口处加装一个磁分路，进行过载补偿，其作用是当电流过大时，利用磁分路饱和，使经过磁分路的非工作磁通与穿过转盘的工作磁通二者间的分配改变，实现工作磁通与电流的增大成比例，从而使转盘转速与电流的增加保持正比例关系。

2. 转动元件

转动元件由转盘和转轴组成，它能在驱动元件建立的交变磁场的作用下转动，转盘的导电率要大，重量要轻，且有一定的机械强度，通常用直径80～100mm、厚度0.8～1.2mm的合金铝板制成。转轴用有一定强度的铝合金或铜合金材质制成。转轴上端装有蜗杆和上轴销；蜗杆和涡轮啮合，把转盘的转数按蜗杆、涡轮的啮合比传递给计度器累积成用电量。

3. 轴承

轴承是感应式电能表的关键元件。下轴承位于转轴的下端，支撑着整个转动元件，转动元件旋转时减小转动摩擦，其质量的好坏对电能表的准确度和使用寿命影响很大。上轴承位于转轴上端，不承受转动元件的质量，只起导向作用。轴承的结构主要有钢珠宝石结构和磁力结构两种。

4. 制动元件

制动元件由磁铁1和磁铁2组成。如图3-26所示是制动元件结构示意图，磁铁1由铝镍钴合金压铸而成，它被固定在铸铁磁轭2上，并与磁轭构成磁回路。因磁体产生的磁通两次穿过磁盘，增大了制动力矩，减轻了转动元件的振动。

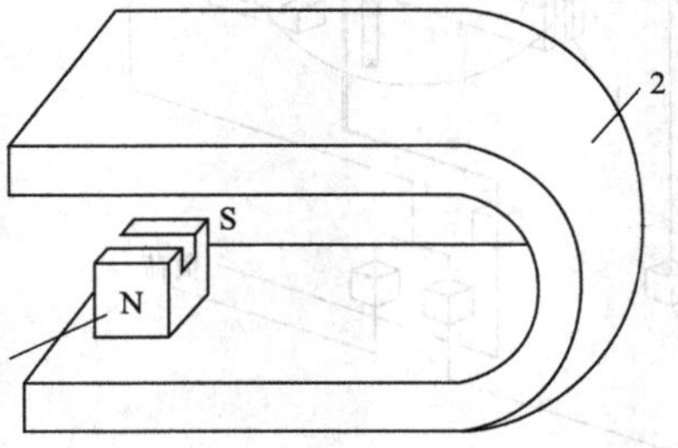

图3-26 双磁通型制动原件结构示意图
1—磁体；2—磁轭

5. 计度器

用来累积圆盘转数，从而累计电能。当圆盘转动时，通过蜗轮蜗杆传动机构带动积算机构的滚轮（字轮）组转动，以显示被测电能量值。

6. 调整装置

它的作用是改变制动力矩和补偿力矩的大小，改善和满足准确度的要求。包括分组（三相表）、满载、轻载、相位、潜动的调整装置。

7. 辅助部件

它包括外壳（表底壳、表盖）、基架（安装各元件的构架）、铭牌、端钮盒（接线盒）及接线端子等。

（二）单相电能表的工作原理

逆电压效应是指当在压电介质表面施加电场（电压）时，电偶极矩会因电场作用而被拉长，压电介质为抵抗该变化会沿电场方向伸长而产生形变，但当撤掉电场后，压电介质的形变也随之消失，恢复原样。这种效应实质上是电能转化为机械能的过程。该电压互感器基于石英晶体的逆电压效应，电压通过金属电极加在石英晶体两端，使其产生径向应变，将椭圆芯双模光纤绕在石英晶体上感知该应变，从而调制光纤中两个传导模式（LP01 模式和 LP11 模式）间相位差。利用零差相位跟踪技术，测量相位调制量，可得被测电压的大小和相位。

如图 3-27 所示，电压电路的工作磁通 $\dot{\Phi}_U$ 和电流电路的磁通 $\dot{\Phi}_I$ 穿过转盘，并在转盘中分别产生感应电流 $\dot{I}_{2U}$ 和 $\dot{I}_{2I}$。图 3-27 中，磁通的方向是它由外向转盘内（即向纸面），穿过时为正。

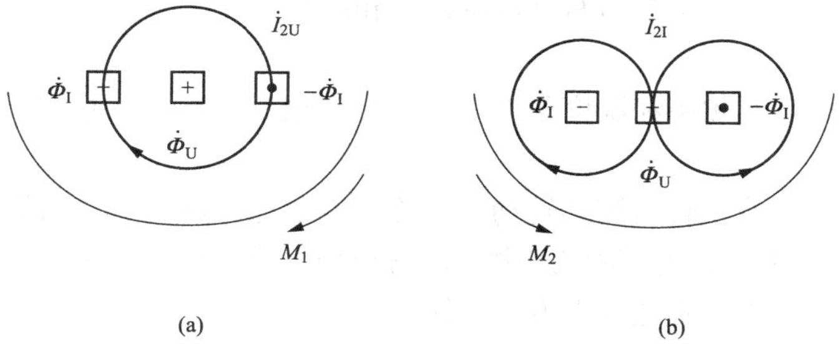

图 3-27　圆盘内磁通和感应电流示意图

图 3-27（a）中，有磁通 $\dot{\Phi}_U$ 在转盘内感应产生的一部分电流 $\dot{I}_{2U}$，将通过 $\dot{\Phi}_I$ 和 $-\dot{\Phi}_I$ 的范围，磁通 $\dot{\Phi}_I$ 和 $-\dot{\Phi}_I$ 与电流 $\dot{I}_{2U}$ 相互作用，产生两个力。这两个力的切线分量，对于转轴而言大小相等、方向相反，因此，它们形成的合力等于磁通 $\dot{\Phi}_I$ 和电流 $\dot{I}_{2U}$ 相互作用所产生的切线分量的 2 倍。

图 3-27（b）中，磁通 $\dot{\Phi}_I$ 和 $-\dot{\Phi}_I$ 在转盘内感应产生的一部分电流 $\dot{I}_{2I}$ 通过 $\dot{\Phi}_U$ 的范围，而且方向基本一致。这也引起了磁通 $\dot{\Phi}_I$ 和 $-\dot{\Phi}_I$ 所产生的电流 $\dot{I}_{2I}$ 与磁通 $\dot{\Phi}_U$ 的相互作用。

由磁通 $\dot{\Phi}_I$ 和 $-\dot{\Phi}_I$ 与电流 $\dot{I}_{2I}$ 间的相互作用产生的力矩的切线分量瞬时值之和为

$$M_{It} = c_1\Phi_{It}i_{2U} \tag{3-86}$$

如果磁通和电流都按正弦函数变化，并且电流滞后磁通的角度 γ_1，则有

$$\Phi_{It} = \Phi_{Im}\sin\omega t \qquad i_{2U} = I_{2Um}\sin(\omega t-\gamma_1) \tag{3-87}$$

由此得

$$M_{It} = c_1\Phi_{Im}I_{2Um}\sin\omega t\sin(\omega t-\gamma_1) \tag{3-88}$$

由于转动元件的转动惯量很大，它的偏转决定于转矩在一个交流周期内的平均值，即

$$M_t = \frac{1}{T}\int_0^{-T}M_{It}\mathrm{d}t = c_1\Phi_{Im}I_{2Um}\int_0^{-T}\sin\omega t\sin(\omega t-\gamma_1)\mathrm{d}t = c_1\Phi_I I_{2U}\cos\gamma_1 \tag{3-89}$$

同样，可以导出有磁通 $\dot{\Phi}_U$ 和电流 $\dot{I}_{2I}$ 所产生的平均力矩

$$M_2 = c_2\Phi_U I_{2I}\cos\gamma_2 \tag{3-90}$$

式中　c_1、c_2——比例系数；

Φ_I、I_{2I}、Φ_U、I_{2U}——对应磁通和电流的有效值。

由式（3-89）和式（3-90）可知，感应式电能表转动元件在一个周期内的平均转矩，是与相互作用的电压回路的磁通、电流回路的磁通在转盘中感应的电流与磁通间的相位角的余弦三者的乘积成正比例。

感应式电能表的驱动元件会产生驱动力矩，转动元件在驱动力矩的作用下转动。但随着

负荷功率的增加，驱动力矩变大，转盘受到力的作用产生加速度，致使转盘不断加速；即使断开负荷，也因惯性作用，转盘还将维持旋转，这样表计将无法正确计量电能。为了控制转盘的转速，使其与负荷功率的变化相匹配，需要在转盘上施加一个和转动力矩大小相等、方向相反的制动力矩。

（三）感应式电能表的误差特性

电容由电能表的工作原理可知，电能表在工作过程中除驱动力矩和制动力矩外，还有抑制力矩、摩擦力矩和补偿力矩等附加力矩的作用，会破坏转盘转速和负载功率成正比的关系，引起电能表计量误差。误差可分为两类基本误差和附加误差。

1. 基本误差

电能表在规定电压、频率和温度条件下，测得的相对误差值。基本误差与负载电流和负载功率因数有关。

（1）抑制力矩的影响。转盘连续转动时，除制动磁通形成的制动力矩外，还切割交流电流、电压工作磁通，在转盘中产生感应电流，与交变的磁通相互作用，也形成阻碍转盘转动的力矩，此力矩与所作用的磁通的平方成正比。

$$M_{\mathrm{I}}=K_{\mathrm{I}}\Phi_{\mathrm{I}}^{2}n\ M_{\mathrm{U}}=K_{\mathrm{U}}\phi_{\mathrm{U}}^{2}n \tag{3-91}$$

电流抑制力矩 M_{I} 随负载电流的三次方变化，驱动力矩 M_{U} 随电流的一次方变化，当负载电流变化时，将破坏它们之间的比例关系，出现电流抑制力矩产生的误差，为电流抑制误差。

电压抑制力矩 M_{U} 随负载电压的三次方变化，电能表一般在接近额定电压下运行，测定基本误差在额定电压下进行，所以电压抑制力矩 M_{U} 只随转速变化，和制动力矩转速变化的基本作用相同，对电能表不会引起明显附加误差。抑制力矩产生的误差为负误差。

（2）摩擦力矩的影响。当转动元件旋转时，转轴与转轴之间、计度器的传动齿轮之间，必然产生一个与驱动力矩方向相反的力矩，即摩擦力矩。

摩擦力矩总是阻碍转盘转动，使电能表产生负误差，驱动力矩越大误差越小，否则就越大。影响静摩擦力矩的因素主要有：下轴承中宝石和钢珠间的摩擦系数、接触半径；上轴承中轴销和轴套间的摩擦系数、接触半径；计度器的质量、齿轮表面光洁度、啮合传动摩擦系数。动摩擦力矩主要来自于转动元件与空气的摩擦，而与转盘的表面光洁度、几何形状有关。

2. 附加误差

电能表所在的外界条件改变后，电能表产生的误差称为电能表的附加误差。电能表的附加误差是由于电源电压、温度、频率、波形、负载不平衡等的变化，以及外磁场的干扰、表计位置倾斜等因素引起的。

（1）电压影响。当电压变化时，电压铁芯中的磁通将会变化，即引起电压磁通的大小和工作磁通间的相位差发生变化，从而引起转矩、反作用力矩、补偿力矩的变化，形成附加误差。

（2）温度影响。当温度与参比温度有差别时，由于转盘电阻的变化，转盘中的感应电流随之而变，而这个感应电流既与转矩有关，又与反作用力矩有关；温度的变化也会使永久磁铁的磁通发生变化，因而给反作用力矩带来更大的变化。另外，温度变化时，改变了铁芯、电压线圈和其他金属零件内涡流通路上的电导，引起电压、电流间的相位差发生变化。这些改变都将以电能表温度附加误差的形式体现出来。

（3）频率影响。频率的变化主要使电压元件形成的工作磁通和电压、电流间的相位差角发生变化，从而引起转矩和反作用力矩的变化。不过在$\cos\varphi$接近于 1 时，频率变化造成的附加误差并不会很大，因为转矩和反作用力矩是向同一边变化，而且变化量也差不多。在$\cos\varphi$较小时，相位变化的影响增大，甚至在频率变化不大时，其附加误差也会增大很多。因此，频率附加误差对电能表的影响是当频率升高而$\cos\varphi$较小时产生误差。

无论是电压波形畸变还是电流波形畸变都意味着构成电压、电流的频率成分除去基波频率外，还有其他的谐波或次谐波成分。这些谐波或次谐波都会在驱动元件中感应出相应的附加磁通，而同频率的电压、电流谐波所产生的谐波磁通，相互作用将形成转矩，从而对转动力矩、反作用力矩产生影响。另外，由硅钢片制作的铁芯的磁化曲线的非线性及其频率响应对 3 次以上谐波成分的响应呈急剧衰减的特性。

感应式三相电能表有多组驱动元件，特别是多组驱动元件共同作用于一个转盘时，驱动元件产生的磁通存在相互干扰的情况。当负载不平衡时，驱动元件所产生的磁通随之变化，致使磁通间相互干扰的程度发生变化，从而产生附加误差。

感应式电能表的结构特点，要求无论是在调整、检测还是安装状态下，都应该保证电能表的位置垂直。否则，由于轴承和转轴间存在间隙，转动元件就会偏离垂直位置，产生侧压力。一方面，轴承的摩擦力发生变化；另一方面，由于转盘位置改变，使磁路气隙发生变化，引起驱动力矩、制动力矩变化，产生表计倾斜误差。

三、电子式电能表

早期的电子式电能表仍采用感应系电能表的测量机构（简称感应系测量机构）作为工作元件，由光电传感器完成电能—脉冲转换，然后经电子电路对脉冲进行适当处理，从而实现对电能的测量。由于此种表的显著特点是感应系测量机构配以脉冲发生装置，因此被称为感应系脉冲电能表，也称机电脉冲式电能表。机电脉冲式电能表在国外早已有成熟产品，并在 20 世纪 70 年代初就已开始在一些工业化国家逐步大面积被采用。这种表和机械耦合式多费率电能表是感应系电能表向全电子式电能表过渡发展过程中的电能计量表种，它们对分时电价、需量电价制度的实施起了积极的推动作用。尽管在 20 世纪 90 年代还有人在不断地改进脉冲式电能表的某些技术性能，但以感应系测量机构作为其测量主回路的原理性缺陷，决定了它同样具有感应系电能表一样的准确度低、适用频率范围窄等缺点。

为了替代感应系测量机构，从 20 世纪 70 年代起人们就开始研究并试验采用电子电路来测量交流电能。由于电能是电功率对时间的积分，所以任何电子电路式电能计量方案的第一步都是确定电功率。因而，使用乘法器是实现测量电功率和电能的电子电路的共同特点。

近 20 年来，大量新型电子元器件的相继出现，为电子式电能表的更新换代奠定了基础。模拟乘法器已发展成晶体管阵列平方乘法器、热偶乘法器、可变跨导型乘法器、双斜积分乘法器、霍尔效应乘法器、时分割乘法器等几种类型以及多个品种系列，数字乘法器也已有若干种类。

电子式电能表的一种分类方法是，按所依托的乘法器为模拟的还是数字的分为模拟乘法器型电子电能表和数字乘法器型电子电能表。

目前，国内外生产使用的模拟乘法器型电子式电能表中采用的模拟乘法器，主要有时分割乘法器、1/4 平方模拟乘法器和霍尔效应乘法器。时分割模拟乘法器又分为电压输入型与电流平衡型两种。前者的优点是输入阻抗高、输入信号电流小、以电压进行整定，便于直观地实施模拟相乘；这种乘法器的缺点是存在开关场效应管尖峰效应、导通电阻不可忽略及较多运放漂移等，其满度和零点的稳定性问题也不易解决。因而，在使用基于这种乘法器制成的电子式功率表或电能表时，改换不同量程需要重新调零，且它们的零漂明显。后一种时分割乘法器也称传号—空号乘法器，它依据电流平衡原理等形成的特性，可克服前者存在的尖峰效应及由于使用较多运算放大器所引起的零漂，并且电路简单，准确度高，性能稳定；其不足之处是工作频率范围受限于利用变压器、互感器作输入隔离而较窄，一般仅用于工频信号的测量。可变跨导型乘法器易由单片集成电路实现，准确度一般为±0.5%，工作频率范围宽达数兆赫兹。霍尔效应乘法器的特点是电流、电压回路彼此独立、互不影响，电路简单，便于检测与校准；较早期的霍尔元件受所用材料的制约灵敏度较低，致使当时采用霍尔效应乘法器电路制成的电子式电能表的准确度不高。近年来，用新材料制成的霍尔元件的性能明显改善，它带动了利用霍尔效应乘法器的电子式电能表准确度等性能指标的提高。

由于利用乘法器实现电能测量方案的第一步是完成电压、电流相乘，即先获得功率，故根据实际需要专门制造有既能测量功率又能测量电能的电子式功率电能表。有些类型的电子式电能表虽不称作功率电能表，但也具有测量功率的功能。

数字乘法器型电子式电能表则是以微处理器为核心，经 TV、TA 变换的，被测电压和电流由 A/D 转换器完成数字化处理之后，微处理器对数字化的被测对象进行各种判断、处理和运算，从而实现多种功能。这种类型的电能表利用位数较多的 A/D 转换电路或自动量程转换电路，原理上可达到很高的测量准确度，且它在一定周期内对电压、电流信号进行采样处理的方法，保证了测量准确度可不受高次谐波的影响。考虑到电能管理现代化的必然发展趋势，需要访问多种信息并要求决策与电价器具之间的双向通信，而数字乘法器型电子式电能表功能的扩展十分方便，容易与配电自动化系统集成，故有专家预言，数字乘法器型电子式电能表将成为今后电子式电能表的主要发展方向。

（一）机电式电能表的结构和工作原理

目前机电式电能表主要由感应式测量机构、光电转换器和分频器、计数器三大部分组成，其工作原理框图如图 3-28 所示。

图 3-28 机电式电能表的工作原理框图

感应式测量机构的主要作用是将电能信号转变为转盘的转数，具体的结构及工作原理已在上一节中介绍。

光电转换器的作用是将正比于电能的转盘转数转换为电脉冲，此脉冲数也正比于被测电能，即应满足

$$W = \frac{1}{C}N = \frac{1}{C}mn_1 \tag{3-92}$$

式中 W——被测电能，kW・h；

m——为转换后输出的总脉冲数；

n_1——代表每输出一个脉冲转盘应转动的圈数；

C——电能表常数。

例如，某种机电式电能表的转盘每转一圈发出 2 个脉冲，即 $n_1=0.5$，电能表常数 $C=1500\text{r}/(\text{kW}\cdot\text{h})$，则每输出一个脉冲代表的电能数为

$$W=\frac{1}{1500}\times1\times0.5=\frac{1}{3000}\approx0.00033\ (\text{kW}\cdot\text{h}) \tag{3-93}$$

即这种机电式电能表每输出一个电脉冲代表负载耗电 0.00033kWh。

经过简单的光电转换得到的初始电能脉冲信号，由于波形不理想不能直接送至计数器计数或微处理器处理，还必须先经过整形放大、限幅限宽等一系列处理，如图 3-29 所示。

图 3-29　光电转换器的工作原理图

分频器和计数器的主要作用是对经光电转换器转换成的脉冲信号进行分频、计数，从而得到所测量的电能。

由以上分析可以看出，光电转换器是机电式电能表的关键部分。因此，下面将着重介绍光电转换器的结构和工作原理。

根据光电转换器的不同，机电式电能表可分为单向脉冲式和双向脉冲式两种类型。

1. 单向脉冲式电能表

单向脉冲式电能表的光电转换器主要包括光电头和光电转换电路两部分。

光电头由发光器件和光敏器件组成。机电式电能表的光电头多采用红外发光二极管（简称发光管）和光敏三极管（简称光敏管），这样，外界的电磁波、可见光等干扰都不会影响信号的检测。具体的方法是通过在感应式测量机构的转盘上进行分度并做标记，如打孔、铣槽或印上黑色分度线条等，用穿透式或反射式光电头发射光束，采集转盘旋转时的标记得到初始脉冲。

两种典型光电头的安装结构如图 3-30 所示。图 3-30（a）为穿透式光电头，在转盘上钻有若干个小孔，发光管和光敏管分别安装在转盘的上、下两侧，光敏管通过小孔接收透射光产生脉冲输出。图 3-30（b）是反射式光电头，在转盘边缘均匀地印有黑色分度线，发光管和光敏管安装在转盘的同一侧，光敏管通过接受反射光，产生脉冲输出。

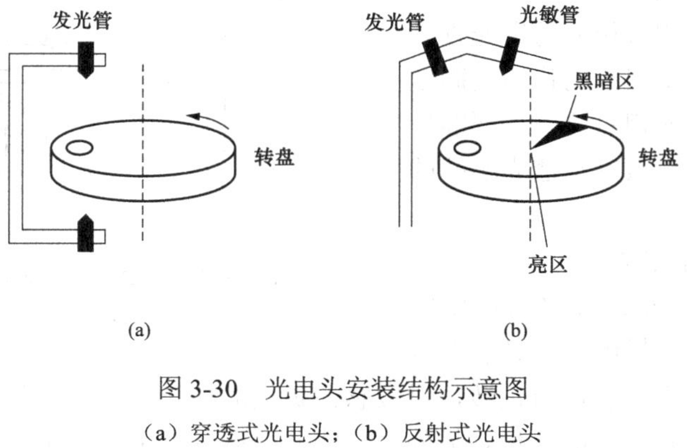

图 3-30　光电头安装结构示意图

（a）穿透式光电头；（b）反射式光电头

发光管和光敏管都是光电转换器的主要器件，正确的选择和使用它们是决定光电转换器

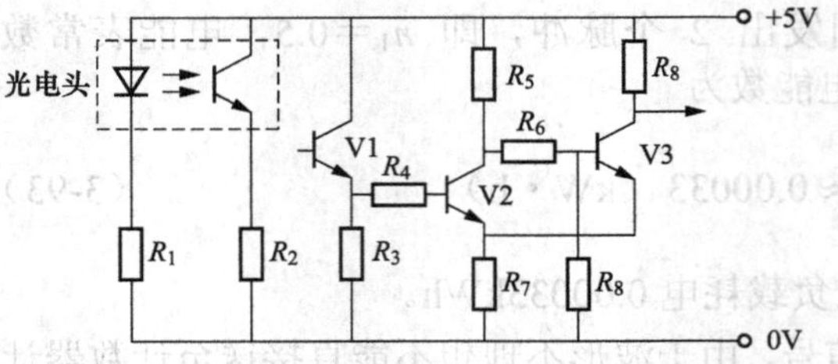

图 3-31　基本的光电转换电路

的质量及其实用性的关键。

一种最基本的光电转换电路如图 3-31 所示。当光敏管接收到较强的光照时，处于导通状态，光电流增加，V1 导通，作用到 V2 和 V3 组成的射极耦合放大器上，使输出电压呈高电平；反之，当光敏管接收到的光照较弱时，处于截止状态，相应的输出电压呈低电平。

实用的光电转换电路还应具有误动作判断功能，以及将输出初始脉冲整形、放大、限幅限宽等功能。图 3-32 所示是一种常用光电转换电路，JEC2 是一个高输入阻抗的低功耗射极耦合触发器，按图中的连接，即为施密特触发电路。电路中除了加有积分电路外，R_4、C_1 和 R_6 还组成一限幅、微分电路，把宽度随机的脉冲转化为大小、宽度相等的窄脉冲，以便送给分频器、计数器计数或给微机进行多功能化处理。

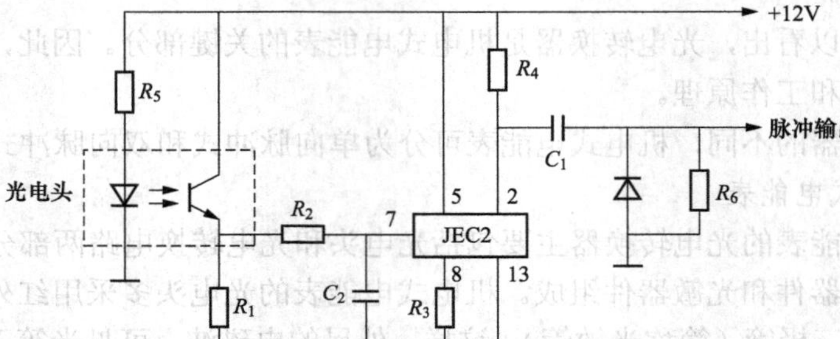

图 3-32　常用光电转换电路

光电转换器就其结构来说，一般分成两部分，即光电头和光电转换电路。为调配好发光管与光敏管的机械位置，通常设计有固定式台座，并整体地安装在与转动部件配合的支架上。一种最常用的穿透式光电头的机械安装结构如图 3-33 所示，图中，1 为转盘；2 为透光小孔，在转盘上可有一个、两个或多个小孔，透光小孔的直径应与发光管外径相当，不宜过大；支架 5 的作用是固定发光管 3 和光敏管 4 的相对位置。安装时，要特别注意发光管、光敏管与透光小孔的配合。

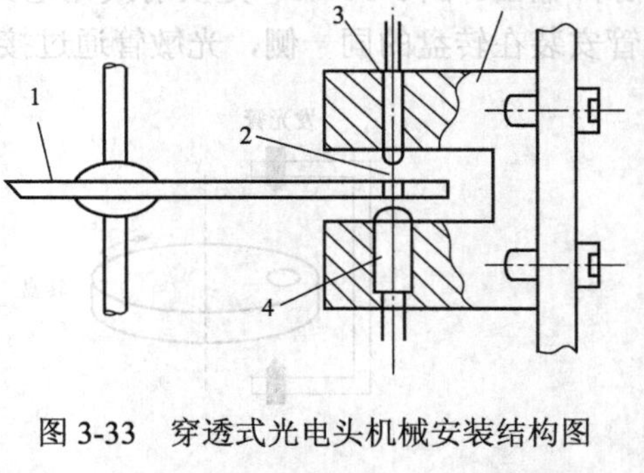

图 3-33　穿透式光电头机械安装结构图

1—转盘；2—透光小孔；3—发光管；4—光敏管；5—支架

2. 双向脉冲式电能表

双向脉冲式电能表具有双向计度的功能，既能测量正向消耗电能，又能测量反向消耗电能。当负载呈感性时正转，对应感性负载的耗能计量；负载呈容性时则反转，用另一计数器对容性负载的耗能计量。另外，一些并网运行变电站使用的有功电能表也有反转的可能，对此，过去一般都采用两只有功电能表分别进行正、反向计量，现在仅用一只双向脉冲式有功电能表即可实现有功电能的正、反转计量。

在电路设计和制造上，双向脉冲电能表比单向脉冲电能表复杂，它有两套光电头和转换电路，分别输出正转和反转电能脉冲。

双向脉冲式电能表转盘和光电头安装位置俯视图如图 3-34 所示。光电头 1、2 的轴线不通过转盘中心。当转盘逆时针转动（称为正转）时，光电头 1 每次先接触黑印，光电头 2 滞后一些；若转盘顺时针转动（称为反转），则光电头 2 先接触黑印，而光电头 1 滞后。

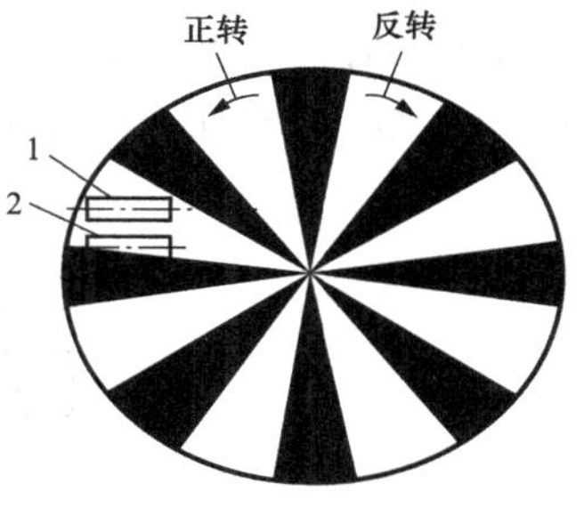

图 3-34 光电头安装位置俯视图

双向脉冲式电能表光电转换及双向脉冲输出控制电路如图 3-35 所示，图中，与非门 a、c（简称 a、c）完成两路光电转换，双向脉冲输出则由双 D 触发器Ⅰ、Ⅱ和与非门 b、d（简称 b、d）控制。转盘转动时，经两光电头检测，与非门 a、c 输出两路脉冲在时间上有差异，使与非门 b、d 只有一路有输出脉冲。下面结合脉冲时序图说明其工作过程：若 a 的输出超前 c 的输出，则各与非门输出时序如图 3-36 所示。a 的第一个脉冲前沿触发触发器Ⅰ，此时因 c 滞后 a，故 D1 端为低电平，$\bar{Q}1$ 输出高电平，a 和 $\bar{Q}1$ 同时施加于与非门 b，使其输出一低电平。而在 c 的第一个脉冲前沿触发触发器Ⅱ时，因 a 超前 c，故 D2 为高电平，$\bar{Q}2$ 输出低电平，将 d 封锁，因此 d 没有输出，一直保持高电平。反之，若 c 超前 a，则 d 有脉冲输出，而 b 没有。

由以上工作原理可知，光电转换器是机电式电能表的重要组成部分，成为连接电能计量功能单元与数据处理单元的纽带。光电转换器是机电式电能表的关键部件，其性能好坏直接影响整个表计的运行质量。进一步提高光电转换器的抗干扰能力和准确度，延长其使用寿命，降低功耗，并使其便于调整，是机电式电能表的发展方向。

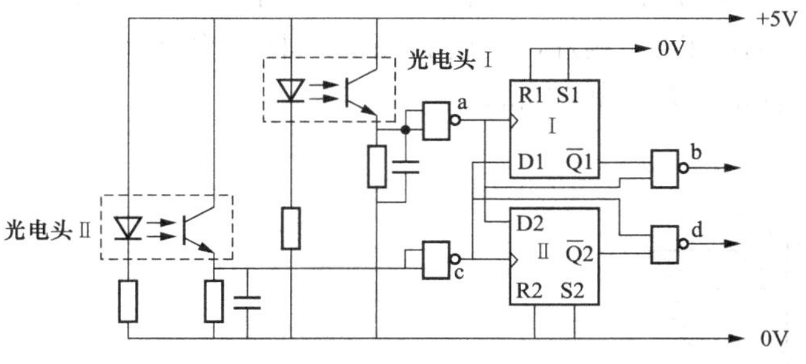

图 3-35 双向脉冲输出控制电路

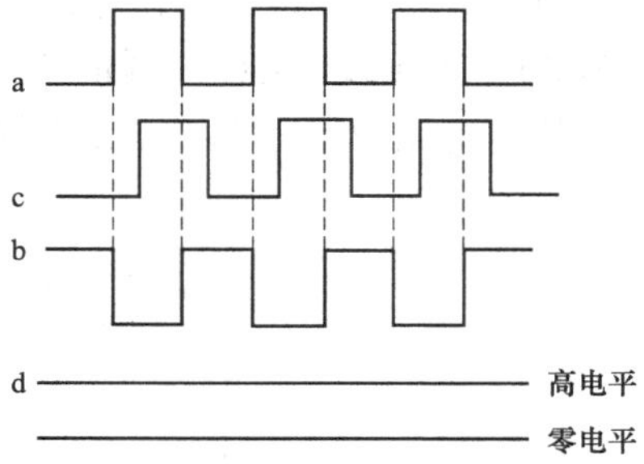

图 3-36 双向脉冲输出控制电路波形图

（二）全电子式电能表的结构和工作原理

近年来，进入我国电力系统的电子式电能表逐年增多，并广泛应用在电能计量和计费工作中。电子式电能表有较好的线性度和稳定度，具有功耗小，电压和频率的响应速度快，测量精度高等诸多优点。

电子式电能表是在数字功率表的基础上发展起来的，采用乘法器实现对电功率的测量，其工作原理框图如图 3-37 所示。被测量的高电压 u、大电流 i 经电压变换器和电流变换器转换后送至乘法器 M，乘法器 M 完成电压和电流瞬时值相乘，输出一个与一段时间内的平均功率成正比的直流电压 U，然后再利用电压/频率转换器，U 被转换成相应的脉冲频率 f，将该频率分频，并通过一段时间内计数器的计数，显示出相应的电能。

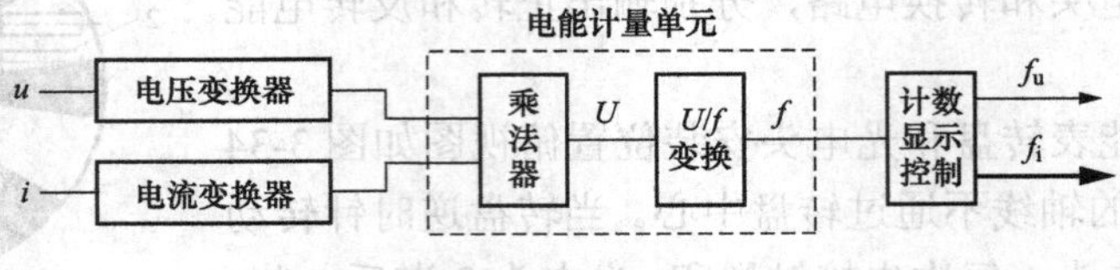

图 3-37 电子式电能表工作原理框图

1. 输入变换电路

电子式电能计量仪表中必须有电压和电流输入电路。为了确保电子器件获得良好的线性，必须把来自电力线的高电压、大电流转换成弱电小信号进行测量。输入电路的作用，一方面是将被测信号按一定的比例转换成低电压、小电流输入到乘法器中；另一方面是使乘法器和电网隔离，减小干扰。

（1）电流输入变换电路。测量几安培乃至几十安培的交流电流，必须要将其转变为等效的小信号交流电压或电流，否则无法测量。直接接入式电子式电能表一般采用锰铜分流片；经互感器接入电子式电能表内部一般采用二次侧互感器级联，以达到前级互感器二次侧不带强电的要求。以锰铜片作为分流电阻 R_S，当大电流 $i(t)$ 流过时会产生相应的成正比的微弱电压 $U_i(t)$，其数学表达式为

$$U_i(t)=i(t)R \tag{3-94}$$

该小信号 $U_i(t)$ 送入乘法器，作为测量流过电能表的电流 $i(t)$。锰铜分流器测量电器原理图如 3-38 所示。

锰铜分流器和普通电流互感器相比，具有线性好和温度系数小等优点。考虑到标准对电流线路自身功耗，最大工作电流以及起动功率所需的最小电流的需要，锰铜电阻 R_S 的选取范围为 30～300μΩ。例如，锰铜分流器 A 选用 F2 锰铜片，厚度 2mm，取样电阻 R_S 选 175μΩ，则当基本电流为 5A 时，1、2 之间的取样信号 U_i ＝0.875mV。

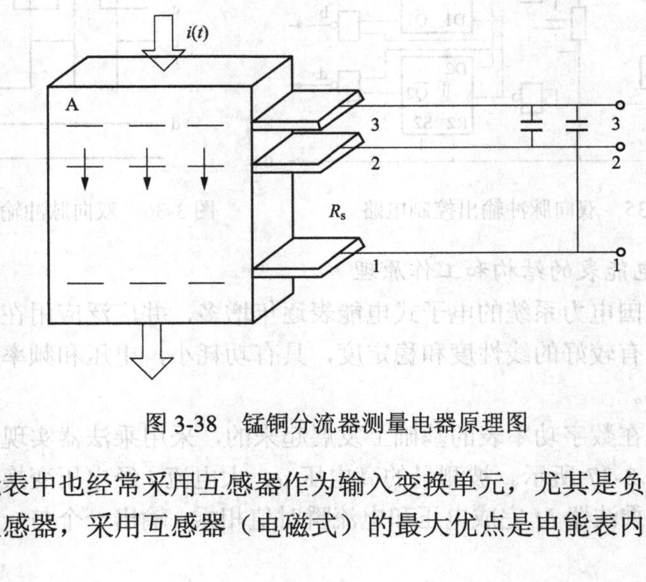

图 3-38 锰铜分流器测量电器原理图

在电子式电能表中也经常采用互感器作为输入变换单元，尤其是负载电流较大时，较普遍的使用了电流互感器，采用互感器（电磁式）的最大优点是电能表内主回路与二次回路、

电压和电流回路可以隔离分开，实现供电主回路电流互感器二次侧不带强电，并可提高电子式电能表的抗干扰能力。电流互感器电气原理框图如图 3-39 所示。

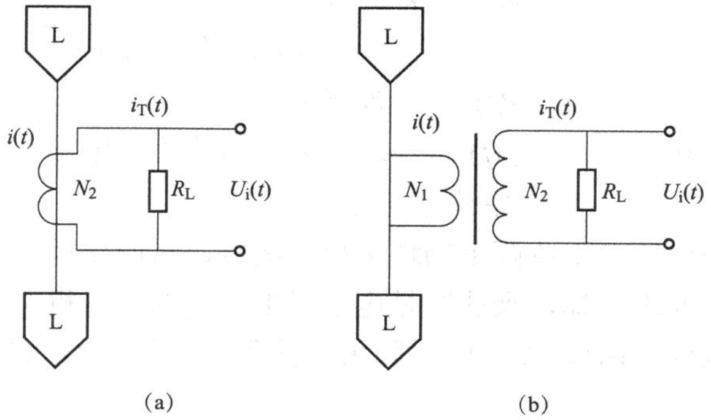

图 3-39　电流互感器电气原理图

（a）穿线式；（b）接入式

$$i(t)=i_T(t)K_I \tag{3-95}$$

式中　$i(t)$ ——流过电能表主回路的电流；

$i_T(t)$ ——流过电流互感器二次侧的电流；

K_I ——电流互感器的变比。

$$u(t)=i_T(t)R_L=\frac{i(t)}{K_I}R_L \tag{3-96}$$

式中　$u(t)$ ——送往电能计量装置的电流等效电压；

R_L ——负载电阻。

（2）电压输入变换电路。电压和电流一样，上百伏（100V 或 220V）的被测电压也必须经分压器或电压互感器转变为等效的小电压信号，方可送入乘法器。电子式电能表内使用的分压器一般为电阻网络或电压互感器。

采用电阻网络的最大优点是线性好、成本低，缺点是不能实现电气隔离。实用中，一般采用多级（如 3 级）分压，以便提高耐压和方便补偿与调试。典型电阻网络接线如图 3-40 所示。

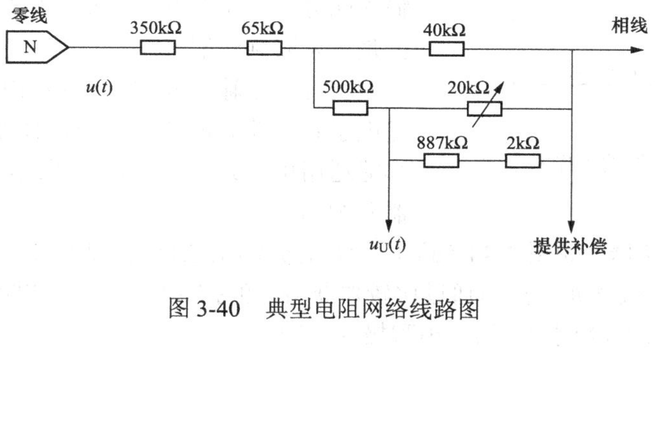

图 3-40　典型电阻网络线路图

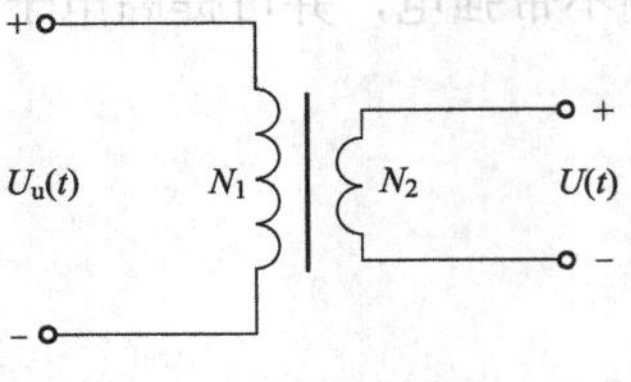

图 3-41　电压互感器电路图

采用互感器的最大优点是可实现一次侧和二次侧的电气隔离，并可提高电能表的抗干扰能力，缺点是成本高。电压互感器电路图如图 3-41 所示。

$$u(t) = K_U U_u(t) \tag{3-97}$$

式中　$u(t)$——被测电压；

$U_u(t)$——送给乘法器的等效电压。

2. 乘法器电路

乘法器是用来完成电压、电流两个物理量相乘运算，从而获得功率信号的电路或器件。由电子式电能表的工作原理可知，乘法器是电子式电能表的测量机构中的核心，乘法运算的准确度直接影响到电能表的准确度。根据所用乘法器的不同，可以将电子式电能表进一步划分。

乘法器主要有模拟乘法器和数字乘法器两大类，模拟乘法器可分为时分割乘法器、1/4 平方乘法器、热偶乘法器等多种。数字乘法器则使用微处理器完成对 A/D 转换器转换的电压和电流数字信号的乘法运算，即 A/D 采样计算型乘法器。

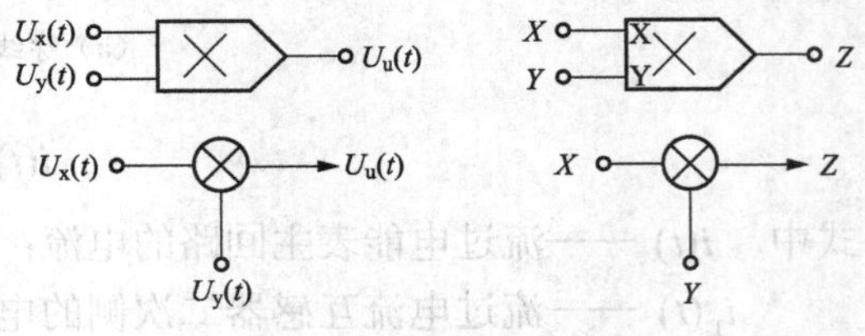

图 3-42　乘法器表示方式

模拟乘法器是一种完成两个互不相关的模拟信号，如输入电能表内连续变化的电压和电流进行相乘作用的电子电路，通常具有两个输入端和一个输出端，是一个三端网络，如图 3-42 所示。理想的乘法器的输出特性方程式可表示为

$$U_0(t) = KU_x(t)U_y(t) \tag{3-98}$$

式中　K——乘法器的增益。

从乘法的代数概念出发，乘法器具有四个工作区域，由它的两个输入电压极性来确定。根据两个输入电压的不同极性，乘积输出的极性有四种组合，可以用图 3-43 平面中的四个象限来具体说明。凡是能够适应两个输入电压极性的四种组合的乘法器，称为四象限乘法器。若一个输入端能够适应正、负两极性电压，而另一个输入端只能适应单一极性电压的乘法器，则称为二象限乘法器。若乘法器在两个输入端分别限定为某一种极性的电压能正常工作，它就是单象限乘法器。

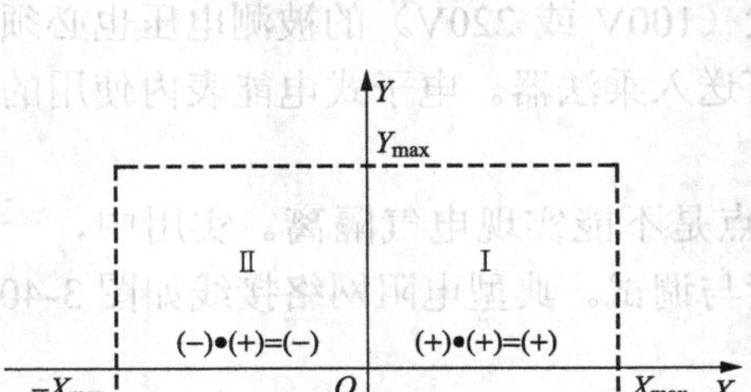

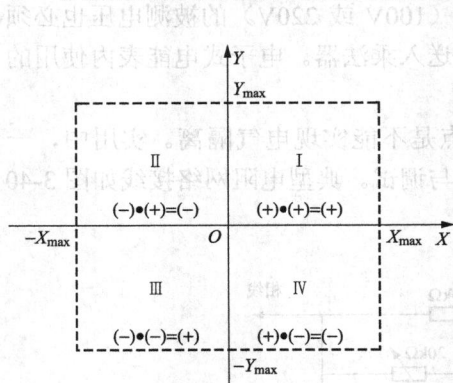

图 3-43　模拟乘法器的工作象限图

实现两个输入模拟量相乘的方法有多种。乘法器是电子式电能表的核心部分，并非每一种乘法器电路都能适用电子式电能表，电子式电能表中常用的乘法器介绍如下。

（1）时分割乘法器。如图 3-44（a）所示是时分割乘法器的原理框图。它通过三角波电压 U_g 和输入被测电压 U_y 相加，然后通过比较器获得方波控制电压 U_2；如图 3-44（b）所示是波形图。U_2 的工作周期取决于 U_y 的大小和极性，即

$$T_1=\frac{U_g-U_y}{2U_g}T \tag{3-99}$$

方波电压控制一个电子开关。当开关断开时放大器 A2 输出 $U_3=+U_x$；开关接通时，A2 输出 $U_3=-U_x$。由于 U_3 的工作周期与 U_y 成正比，而幅值是 $\pm U_x$，因此所得到的平均值与乘积 U_xU_y 成正比。若设低通滤波器的电压传输系数为 1，则其输出电压为

$$U_z=U_3=U_x\frac{U_g+U_y}{2U_g}-U_x\frac{U_g-U_y}{2U_g}=\frac{1}{U_g}U_xU_y \tag{3-100}$$

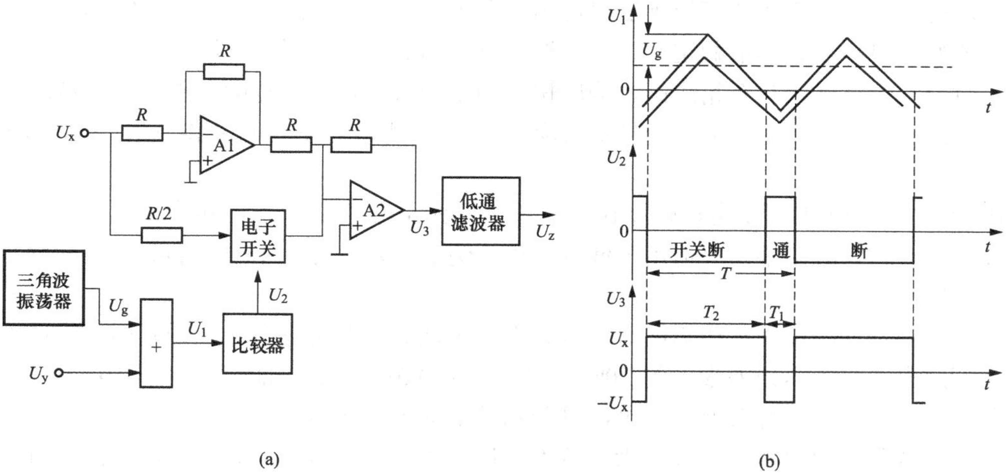

图 3-44　时分割乘法器原理图

（a）时分割乘法器的原理框图；（b）波形图

顾名思义，时分割乘法器实际上是对两个同样频率的电压输入量以一定的时间间隔Δt进行分割，当Δt足够小时，在此期间的输入电压可视为直流，乘法器在Δt足够小时，然后取相乘结果的平均值，则此平均电压就代表了两个输入电压的乘积。也就是说在Δt时间内，分割后的两个交变量的瞬间乘积可近似认为是两个直流小段分量的乘积。乘法器瞬间相乘的过程是对其中一个输入量进行倒相，倒相后就有了一个正向电压和一个反向电压，某瞬间取一定时间的正向电压构成方波正极性部分，其余时间取反向电压构成方波的负极性成分，如果使正、负极性部分的宽度之差与该输入量的大小成正比，而另一输入量被放大作正负方波的幅值，即用输入量之一去调制正、负方波的幅值，所产生的方波系列平均后所得到的直流就是两个输入电量的乘积。

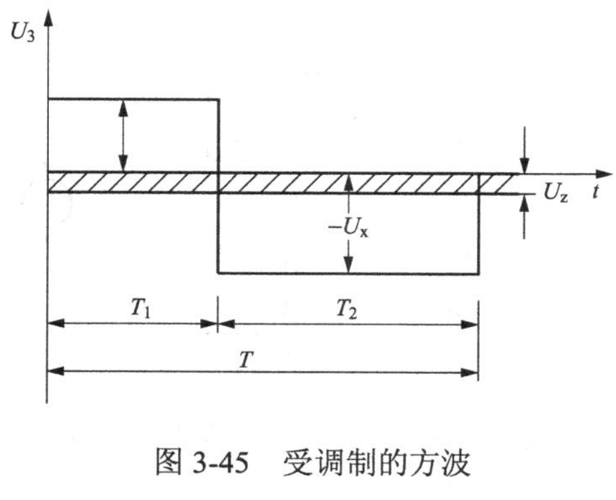

图 3-45　受调制的方波

如图 3-45 所示为图 3-44（b）中相乘时受调制的一个方波，T 是方波的周期，也就是时分割乘法器的分割时间间隔，正极性部分的宽度为 T_1，

幅值为$+U_x$，负极性部分的宽度为T_2，幅值为$-U_x$。设两个输入电量分别为U_x和U_y，U_y用来调宽，即改变宽度，使U_y与T_1-T_2成正比，U_x用来调幅，也就是方波的幅度U_x和$-U_x$与U_x成正比，可表示为

$$T_1-T_2=KU_yU_x=\left|-U_x\right|=U_x \tag{3-101}$$

则乘法器输出为

$$U_z=U_xT_1-U_xT_2=U_x(T_1-T_2)=KU_xU_y \tag{3-102}$$

式中 K——比例系数，与三角函数有关。

采用时分割原理构成的模拟乘法器可由完全不同的电路组成，具有各自的优缺点，但是三角波的幅值对称性、幅值稳定性、三角波的频率稳定性均是影响乘法器准确度指标的主要因素。时分割乘法器因具有精度高、响应快，功率因数变化范围宽的特点，广泛被用于静止式电能表的功率变换单元。输入信号从直流到65Hz工频交流时，可获得0.02%～0.01%的准确度。

由于放大器A2的输出电压幅度在$\pm U_x$之间变化，运算放大器的转换速率限制了工作频率的提高，因此时分割乘法只适用于低频工作，例如输入信号为1kHz时可有0.1%精度，在10kHz时只有0.2%精度。

对不同级别的电能表，所需的时分割频率是不同的，要考虑时分割频率引起的原理性误差应不超过电能表基本误差限度的20%。因此，对0.01～2级电能表，应在10Hz～3kHz确定时分割频率，若电子开关速度许可，时分割频率选用高些为好。

根据调宽和调幅原理，时分割乘法器不但适用于两个交流量而且也适用于两个直流量相乘，可用来测量有功功率和四象限无功功率及直流功率，还能测量交流或直流电压电流。

（2）1/4平方模拟乘法器的结构及工作原理。1/4平方模拟乘法器是以和差平方的形式反映两输入信号的乘积的。所谓和差平方，就是把两个模拟量如U_x和U_y进行求积

$$\frac{(U_x+U_y)^2-(U_x-U_y)^2}{4}=U_xU_y \tag{3-103}$$

1/4平方模拟乘法器的原理框图如图3-46所示，实现图中平方运算的方法有多种，较常用的是二极管—电阻转换网络平方电路，由这种平方电路构成的乘法器又称为晶体管阵列平方模拟乘法器。具体实现方法有发射极输入式平方电路和基极输入式平方电路，如图3-47（a）和图3-47（b）所示。这两种平方电路的工作原理类似，都是通过二极管正向压降的逐次累加得到近似平方的折线形特性曲线，即从其集电极得到正比于输入电压u的平方的输出电流（$i_c \propto u^2$）。

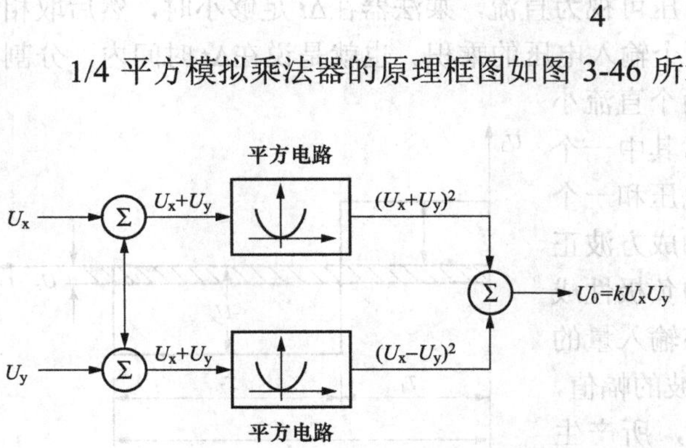

图3-46 1/4平方模拟乘法器的原理框图

利用该平方电路网络，以和差平方方式构成1/4平方模拟乘法器测量功率的原理电路如图3-48所示。图3-48上方的平方网络中，u_U和u_I作极性相反的串联，故输入电压为(u_U-u_I)，

输入电流为

$$i_1 = \frac{1}{4R\delta}(u_U + u_I) \tag{3-104}$$

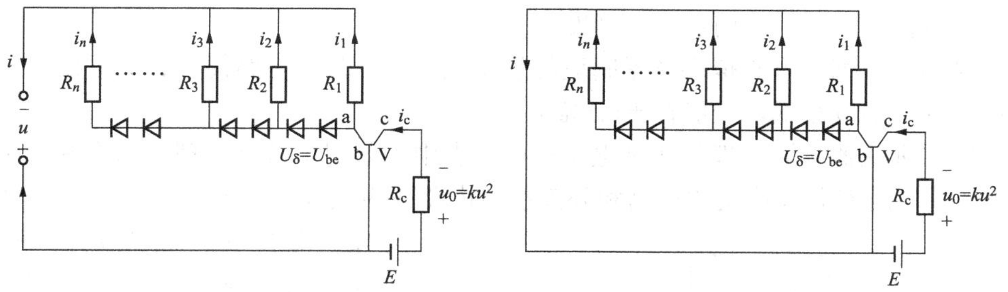

(a)　　(b)

图 3-47　二极管—电阻转换网络平方电路

（a）发射极输入式；（b）基极输入式

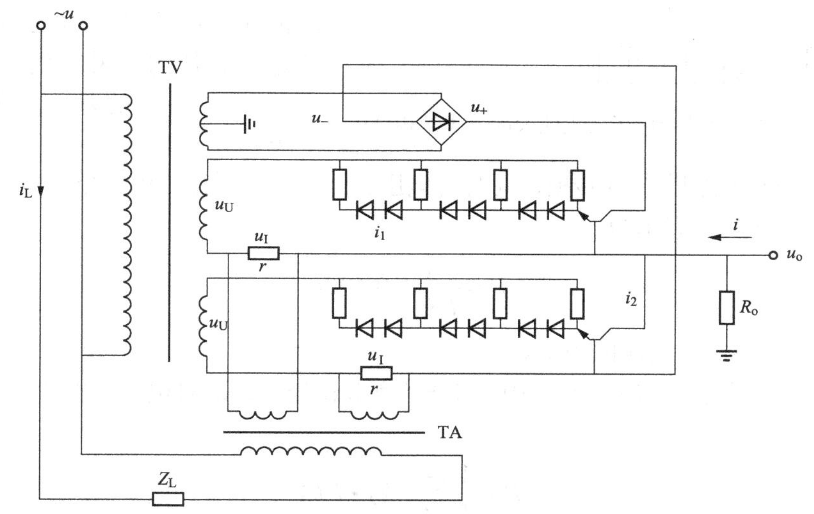

图 3-48　1/4 平方模拟乘法器测量功率的原理电路

图 3-48 下方的平方网络中，u_U 和 u_I 作极性相同的串联，故输入电压为 $(u_U + u_I)$，输入电流为

$$i_2 = \frac{1}{4RU_\delta}(u_U + u_I)^2 \tag{3-105}$$

因此，流过 R_0 的总电流为

$$i = i_2 - i_1 = \frac{1}{4RU_\delta}[(u_U - u_I)^2 - (u_U + u_I)^2] = \frac{1}{RU_\delta}u_U u_I \tag{3-106}$$

输出电压为

$$u_0 = iR_0 = \frac{R_0}{RU_\delta}u_U u_I \propto ui_L \tag{3-107}$$

这种平方模拟乘法器只适用于 $(u_U + u_I)$ 和 $(u_U - u_I)$ 都大于零的情况，所以为测量交流功

率，还需要在平方电路前加半波或者全部整流。另外，这种平方电路的准确度与二极管的数目有关系，二极管数目越多，越逼近平方特性，准确度越高，一般取二极管—电阻网络的节数 n 不大于 10。再者，二极管性能的一致性也非常重要，若各二极管特性不一致，整个平方电路的平方特性将变差，从而影响准确度。

采用晶体管阵列平方模拟乘法器制造的静止式电能表具有电路简单、成本低、可靠性高等特点；但其准确度较低，一般在±0.5%左右。

（3）数字乘法器。微处理器在全电子式电能表中主要用于数据处理，而在其测量机构中的应用并不多。随着芯片速度的提高和外部接口电路的更加成熟，微处理器的功能将得到充分发挥和扩展。可以预计，应用数字乘法器技术来完成功率/电能测量的前景十分广阔。采用数字乘法器，由计算机软件来完成乘法运算，可以在功率因数为0～1的全范围内保证电能表的测量准确度。这是多种模拟乘法器难以胜任的。采用数字乘法器的全电子式电能表的基本结构框图如图 3-49 所示。

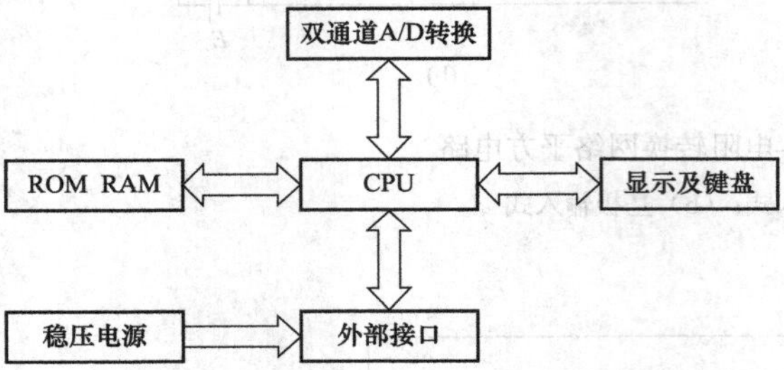

图 3-49 采用数字乘法器的全电子式电能表的基本结构框图

微处理器控制双通道 A/D 转换，同时对电压、电流进行采样，由微处理器完成相乘功能并累计电能。平均功率表示为

$$P=\frac{1}{T}\int_0^T u(t)i(t)\mathrm{d}t \tag{3-108}$$

式中 T——交流电压、电流的周期。

以Δt 为时间间隔将式（3-108）中的积分做离散化处理，即对电压、电流同时进行采样，则有

$$P=\frac{1}{T}\sum_{k=1}^{n}u(k)\cdot i(k) \tag{3-109}$$

$$T=N\Delta t$$

这就是用软件计算被测平均功率即有功功率的数学模型。从式（3-109）可以看出，平均功率的计算与功率求解过程与功率因数无关，因此，可以得出采用数字乘法器的全电子式电能表的电能测量与功率因数无关的结论，这是这类电能表的一个重要特点。

A/D 转换器的准确度一般较高，其转换误差可以忽略。通过软件来完成采样及乘法计算的准确度与Δt 的选取有关。Δt 越小，准确度越高，但计算量将增加，且会使实时性变差。由采样理论可知，连续信号离散后得到的时间序列不丢失原信号的信息，不仅采样频率要满足奈奎斯特定律，而且必须等分连续的信号周期，否则会产生测量误差。为此采用软件锁相技术将采样频率自动地锁定在输入信号频率的 N 倍上，这样可以在输入频率发生变化时自动调整采样间隔，即使时钟的漂移变化也不会给测量带来误差。

使用微处理器技术制造全电子式电能表的前景十分可观，但成本高是其商品化的一个主要障碍；数字乘法器的发展还要依靠于电路的集成和芯片价格的降低，但其功能强大、性能优越，在未来先进的电能管理领域中一定会广为应用。

3. 电压/频率转换器

目前采用的电压/频率转换器，大多是利用积分方式实现转换。电子式电能表常用的双向积分式电压/频率转换器的原理电路如图 3-50 所示。运放 N 和电容 C 组成积分器，上下电平比较器有两个比较电平 U_1、U_2。输出电压波形如图 3-51 所示。当开关 S 接通 $+U_1$ 时，电容 C 充电，输出电压 U_0 往负向变化（ab 段）；当达到比较器的下限电平 U_2 时，比较器控制开关 S 接通 $-U_1$，C 放电，电压 U_0 往正向变化；当达到比较器的上限电平 U_1 时，S 再次接通 $+U_1$，如此反复，达稳态后，便得到了周期为 T 的三角波。由于 ab 段和 cd 段的积分斜率是一样的，故积分时间也相等，均为 $T/2$。根据积分器输入、输出电压关系

$$U_1 - U_2 = \frac{U_1}{RC} \cdot \frac{T}{2} \tag{3-110}$$

得到输出电压 U_0 的频率

$$f = \frac{1}{T} = \frac{1}{2RC(U_1 - U_2)} U_i \propto U_i \tag{3-111}$$

即输出频率 f 与输入电压 U_1 成正比。

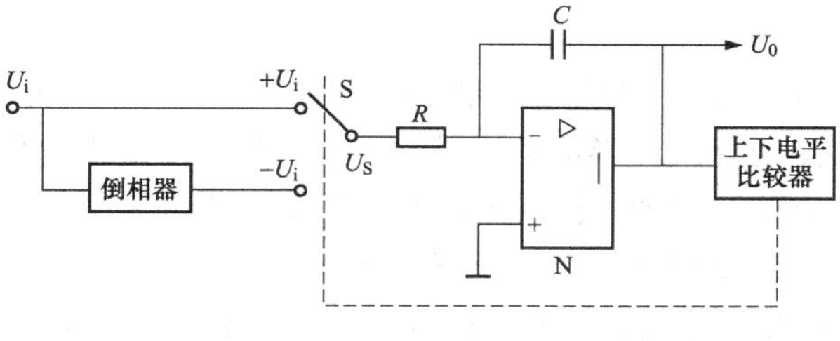

图 3-50　双向积分式电压/频率转换器的原理电路图

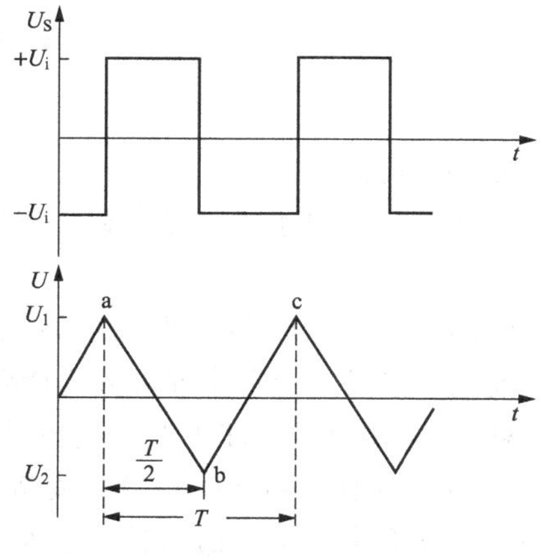

图 3-51　双向积分式电压/频率转换器的波形图

这种电压/频率转换器的主要特点是输出频率较低，选择高稳定性的电阻、电容元件，可使其准确度长期保持在±0.1%的水平。

4. 分频计数器

在机电式电能表中，由光电转换器将电能信号转换成脉冲信号；而在电子式电能表中，电能信号转化成相应脉冲信号的工作是由乘法器及电压/频率转换器完成的。这两种脉冲信号在送入计数器计数之前，需要先送入分频器进行分频，以降低脉冲频率。这样做，一方面是为了便于取出电能计量单位的位数（如百分之一度位）；另一方面是考虑计数器长期计数的容量问题。

分频，就是使输出信号的频率分为输入信号频率的整数分之一；计数，就是对输入的频率信号累计脉冲个数。

在电子式电能表中，分频器和计数器一般采用CMOS集成电路器件。这是因为集成电路器件工作可靠性、抗干扰能力、功率消耗、电路保安和机械尺寸等一系列指标均优于分立元器件组成的电路。

图3-52为分频计数器原理框图和脉冲波形。图中电压-频率转换器送来的脉冲信号 f_x 经整形电路整形后，可输出一系列规则的矩形波，并输入到控制门，A点的波形如图3-52（b）所示。把由石英晶体振荡器产生的标准时钟脉冲信号经分频后作为时间基准。分频后的标准时钟脉冲信号，如图3-52（b）B点的波形也送至控制门，于是控制门打开，将计数脉冲输出，得到如图3-52（b）C点的波形。计数器可记录时间 T 内通过控制门的脉冲数，每一个脉冲所代表的电量数经计算确定后，便可经译码电路由显示器显示出来。

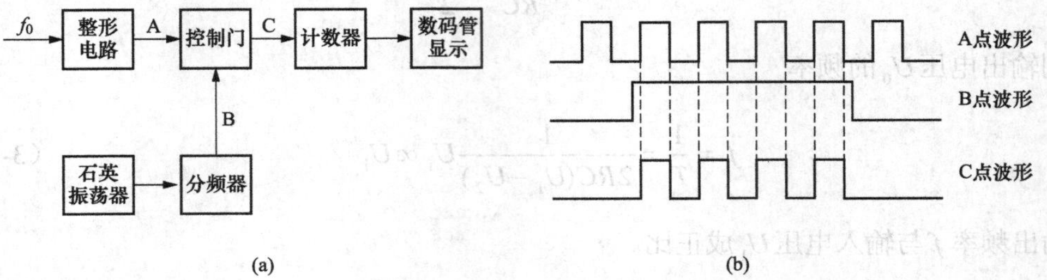

图3-52 分频计数器原理框图

（a）原理框图；（b）脉冲波形

5. 显示器

目前常见的电子式电能表显示器件有液晶显示器（LCD）、发光二极管（LED）、荧光管（FIP）。

液晶显示器（LCD）是利用液晶在一定电场下发生光学偏振而产生不同透光率来实现显示功能的。它根据光学原理可分为透射式、反射式和半透半反射式；根据视角大小可分为TN型（视角为90°）和STN型（视角可达160°）两种；根据工作温度范围可分为普遍型（0～65℃）和宽温型（–30～85℃）。液晶显示器在静态直流电场下寿命很短（一般为几千小时），而在动态交变电场下寿命很长（可达20万h）；除具有长寿命的优点之外，还具有功耗小（小于10μA），在有一定采光度时显示对比强等优点。

发光二极管（LED）是利用特殊结构和材质的二极管在施加正向工作电压、具有一定工作电流时，发出某一特定波长的可见光来实现显示功能的。根据同一正向工作电流下的发光强度可将其分为普亮、高亮和超高亮3种。发光二极管颜色有红、绿、黄等多种，具有温度范围宽（–40～85℃）、在弱光背景下显示醒目和低成本等优点；缺点是寿命短（一般为3～5万h）、耗电大（一般5～10mA）、露天下显示不清等。

荧光显示板（FIP）是利用特种荧光物质在一定电场和一定红外线热能下产生一定亮度的可见荧光来实现显示功能的。除成本高缺点外，其优缺点和发光二极管基本相同。

四、数字化电能表

由前文可知感应式电能表利用交变电流周围的交变磁场在金属圆盘中产生感应电流，进而产生电磁转矩这一原理，达到电能计量的目的。它具有生产工艺简单，成本低廉和可靠性高等特点，但其内部电磁旋转元件老化这一先天性的缺陷决定了感应式电能表的计量准确度不高。

为提高电能计量的精度，电子式电能表用电子电路元件替代感应式电能表的测量机构，根据电能是对电功率的积分这一原理计量电能，使得电子式电能表的计量准确度得到了很大的提高。但由于电子式电能表的内部都是由各种各样的模拟器件构成，电流电压信号的尖峰脉冲效应及周围环境温度造成的模拟器件的温漂效应等因素，也会对电子式电能表的准确度造成一定的影响。降低了电子式电能表的可靠性。

随着我国电力市场的成熟和用户对电能质量需求的不断提高，感应式电能表和电子式电能表已经远远不能满足当今工业社会发展的需要。"分时电价"能有效提高电网供电的可靠性，对电网传输的负荷起到"削峰平谷"的效果；为保证一些精密仪器和设备的正常运行，离不开对电网电压频率的高精度监测；半导体功率电子器件的大量应用使用电网注入了大量的谐波。作为电网中的计量装置，电能表应有测量电压电流信号的基波谐波以及有功功率和无功功率的功能。传统的电磁感应式电能表和电子式电能表都无法满足上述的要求，而数字化电能表是以微处理器芯片或专用的电能芯片为核心，用数字信号处理单元取代传统的机械元件，具有高精度、高可靠性和多功能等一系列优点，极大地满足了电力系统高速发展需求。

（一）数字化电能表的结构

毋庸置疑，现代电力工业市场对电能表提出了更高要求，微电子和计算机技术的进步对电能表的发展起到了推波助澜的作用，也给数字化电能表的全面应用提供了良好的土壤。

数字化电能表适用于新型数字化变电站中数字化的计量场合，其结构包括工作电源、中央微处理器、数字信号处理器、符合变电站通信规约标准的协议处理芯片、用于表计工作中数据传输的光纤接口等。

数字化测量系统由电子式互感器、合并器、数字化电能表和光纤构成。电能表不使用传统专用高精度计量芯片，也不进行采样，采样在互感器中完成。数字信号经光纤以太网传输，不受电磁波干扰，经过校验的数据无附加误差。电能表对互感器提供的数字化电压、电流信号进行处理。数字化电能表的电量输入采用数字接口，遵循 IEC 61850 标准，在物理层上采用高速光纤以太网，可以和电子式互感器实现真正意义上的无缝连接。底层操作系统大多采用嵌入式实时操作系统（RTOS），利用 RTOS 良好的可靠性和卓越的实时性以及可裁减性，可以方便地实现电能表的各种功能。

现阶段，我国数字化电能表从计量结构原理上大体分为两类：基于单片机（MCU）或者数字信号处理器（DSP）的数字化电能表和基于专用电能计量芯片的数字化电能表。

1. 基于 MCU/DSP 的数字化电能表

基于 MCU/DSP 的数字化电能表的典型结构如图 3-53 所示。这类电能表首先对现场的大电压和大电流信号进行调理整形和模数转换，然后将采样得到的数据送入 MCU/DSP，利用其内部的电能参量程序算法计算出各电能参量。

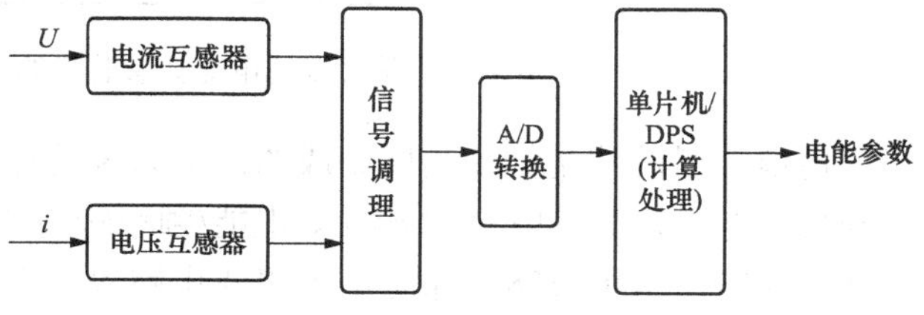

图 3-53　基于 MCU/DSP 的数字化电能表的典型结构

这类数字化电能表在硬件的具体实现时具有很大的灵活性，可以根据需要添加 LED 和 LCD 等显示电路模块；添加 RS-232、RS-485 和 CAN 总线等通信电路模块。从而轻松实现电能计量数据的就地显示和远方集中抄表的功能，同时还能方便地在服务器端进行在线数据分析。

在基于MCU的数字化电能表中，MCU是整个电能表装置的核心。现在市面上应用较为广泛的MCU主要有：基于Intel公司C51内核的51系列单片机，如ATMEL公司的AT89C51/52；TI公司的MSP430系列单片机，如MSP430F149；Motorola公司的飞思卡尔单片机，如68HC908。它们大都是8/16位的寄存器，时钟频率从几兆到几十兆不等，这些硬件的技术指标注定了基于单片机处理器不适用于大型复杂的程序算法运算。因此，基于单片机的数字化电能表在非谐波环境下计算电压电流时多采用均方根运算法；在谐波环境下时多采用离散傅里叶变换算法计算特定次的谐波；在计算电压频率参数时，多用时间窗脉冲计数的方法。

在基于DSP的数字化电能表中，DSP是整个电能表装置的处理核心。现阶段世界上生产DSP芯片的厂商主要有：TI，AD，Motorola和ATMEL等。其中又以TI公司生产的DSP芯片影响力最大，产品最为成熟，它占到了市场份额的50%以上，例如TMS320C2000系列、TMS320C_5000系列和TMS320C6000系列。它与MCU本质的区别就在于运算的速度上和对信号处理专有指令的优化上。与MCU相比，DSP芯片有着高达上百兆甚至上吉的时钟频率。更为关键的是，它拥有异常丰富的信号处理优化指令集，对于像FFT中的位倒序运算以及数字滤波器中的离散卷积运算，DSP能够提供“指令级”的运算速度，将运算量很大的电能计量程序算法应用于DSP芯片，在保证电能参量计量精度的基础上，运算结果的实时性也可以保证。

这类数字化电能表计量误差主要来源于A/D转换器的位数和电能参量计量算法。由于对信号进行了数字化的处理，这类电能表较传统的电磁感应式电能表而言仍具有很高的测量精度和稳定的误差等级。

2. 基于专用电能计量芯片的数字化电能表

基于专用电能计量芯片的数字化电能表的典型结构如图3-54所示。这类电能表以电能计量芯片为数据处理核心，直接用硬件得到有功电能和无功电能等电能参量。它只是基于微处理器电能表的一种变形，把A/D转换器移入了电能芯片内部，内部数据处理模块用了针对电能计量优化的DSP。不同之处在于这类电能表还需要一片微控制器，用于控制读取电能计量芯片寄存器中的数据并对数据进行上传。

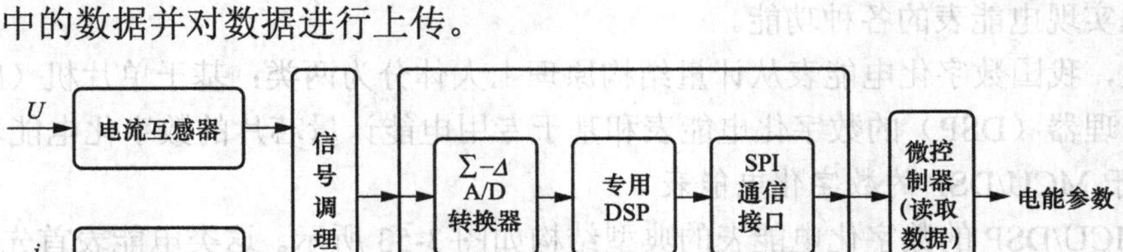

图3-54 基于专用电能计量芯片的数字化电能表的典型结构

电能计量芯片是一种高度集成的片上系统芯片，它集成了16～20位高精度的E-A型A/D转换器、电能计量专用DSP模块、电能/频率转换器以及SPI通信接口模块等。典型的产品有ADI公司的ADE7758，珠海炬力集成电路设计有限公司的ATT7022A/B，SAMES公司的SA9904A等，它们都具有信号有效值测量、有功计量、无功计量和频率测量等功能。

由于电能计量芯片片内集成专用DSP以及高精度的A/D转换器，使得这种基于专用电能计量芯片的电能表具有很强的抗干扰能力和较好的测量精度。这类电能表的多功能化依赖于电能计量芯片的多功能化，要想实现更多、更复杂的计量功能，就必须使用更高一级的电能计量芯片，在无形中提高了电能表研制的成本，同时又降低了电能表电能参量计量的灵活性。

（二）数字式电能表工作原理

光学根据 IEC 61850-9 标准，合并单元打包的数据中包含了数据类型、模拟量瞬时采样值和采样率、采样计数器、采样值状态字等信息。通过对相应数据的计算、处理，可以获得被测量的测量结果，具体计算方法如下。

有效值计算式为

$$A_{\mathrm{RMS}}=\sqrt{\frac{\sum_{n=1}^{N}A^2(n)}{N}} \tag{3-112}$$

平均有功功率计算公式为

$$P=\frac{\sum_{n=1}^{N}U(n)I(n)}{N} \tag{3-113}$$

式中　$U(n)$、$I(n)$——电压、电流瞬时采样值。

IEC 61850-9 协议规定模拟量采样值量化为 2 个字节。N 表示对电网 50Hz 信号一个周波的采样点数。依据式（1-112）和式（1-113）及规定的测量电压与测量电流的比例因子 SCP（IEC 61850-9-1 协议中规定为 11585，最大电压约为额定电压的 2 倍多）、额定相电压、额定相电流，计算出线路对应的电参量。具体计算方法为

$$U_{\mathrm{RMS}}=\frac{U_{\mathrm{tr}}A_{\mathrm{RMS}}}{SCP}$$

式中　U_{tr}——应用服务单元中规范的额定电压；

U_{RMS}——一次侧对应的电压有效值。

电力工业的发展需要电能计量仪表制造业的进步与之相适应。发电、输电、配电和用电均需要准确地计量电能。在世界性能源匮乏的今天，电能的节约与更有效利用意义重大。

智能变电站的出现将使得数字化电能表在现代电能计量与管理中逐步占据主导地位。数字化电能表具有以下优势：

（1）没有相线区别，接入方式是光纤，克服了传统电能表错接线的问题，省去了铜导线，节约了资源。

（2）使用光纤后，避免了二次回路损耗带来的误差，电子式电能表避免了二次电压回路短路，电流回路开路引起的安全问题。

（3）理论上无计量误差，电源外接，电能表功耗不影响计量准确性。

（4）无启动、潜动概念，在小电流或无电流状态下不影响电能计量，也没有负荷过载限制。

数字化电能表解决了传统电能表很多固有的缺陷，在数据准确性和可靠性方面显示出优越性，但其依赖外接工作电源，一旦失电，则停止计量；由于输入的是数字信号，信号线通信稳定性、交换机和接口质量、通信丢包等问题不可忽视。在电能计量专业方面，建议厂家在计量程序算法、安全认证、检定方法和通道监测上多加研究，以保证数字化电能表能满足电力系统计量要求。

第四章　智能变电站继电保护技术

第一节 智能变电站继电保护配置

智能变电站在我国已经进入了快速发展时期。智能变电站的建设，不仅有效地提高了电力系统运行的安全性和稳定性，而且对提高电力系统供电效率和质量具有极其重要的意义。作为智能电网的重要防线，智能变电站继电保护配置是智能电网得以安全运行的重要保障。伴随着智能电网技术的进步，智能变电站的概念和内涵不断地扩充和完善。同传统的变电站相比，智能变电站采用了新型保护和控制技术，为继电保护及测控装置的发展提供了广阔空间，保护测控可以获得更加全面的信息，控制手段将更加灵活可靠。

一、继电保护配置原则

与常规的变电站继电保护装置相比，智能变电站继电保护装置发生了相应变化，但赋予继电保护装置的责任没有变。例如继电保护的速动性、选择性、可靠性、灵敏性仍是继电保护装置基本要求。继电保护装置的技术条件应满足 GB/T 14285—2006《继电保护和安全自动装置技术规程》要求，通信规约应统一或兼容，继电保护装置（含变压器非电量保护装置）须具备远程投、退保护功能，以满足无人值班和调控中心的运行要求。

（一）110kV 及以下智能变电站

1. 设备配置

（1）站控层设备。站控层设备一般包括主机兼操作员工作站、远动通信装置、网络通信记录分析系统以及其他智能接口设备等。主机兼操作员站是变电站自动化系统的主要人机界面，应单套配置。远动通信装置要求直接采集来自间隔层或过程层的实时数据，也应单套配置。

（2）间隔层设备。间隔层设备包括测控装置、保护装置、电能计量装置、集中式处理装置及其他智能接口设备等。

1）测控装置。110kV 线路、分段均采用保护测控一体化装置，单套配置（设备并列于保护装置）；测控装置应按照 DL/T 860《变电站通信网络和系统》系列标准建模，具备完善的自描述功能，与站控层设备直接通信。测控装置应支持通过 GOOSE 报文实现间隔层防误联闭锁和下发控制命令功能。

2）保护装置。每回 110kV 线路的电源侧变电站一般宜配置一套线路保护装置，负荷侧变电站可以不配。保护应包括完整的三段相间和接地距离、四段零序方向过电流保护。

110kV 采用单母线分段接线时，配置一套母差保护。110kV 母联、桥接断路器配置一套完整、独立的，具备自投自退功能的分段、桥充电保护装置。要求充电保护应具有两段相过电流保护和两端零序过电流保护。

3）故障录波及网络记录分析一体化装置。对于重要的 110kV 变电站，要配置故障录波器，分别记录电流、电压、保护装置动作、断路器位置及保护通道的运行情况等。主变压器各侧录波信息应统一记录在一面故障录波装置内，故障录波器的录波量配置 64 路模拟量、128 路开关量。

4）计量装置配置。变电站内设置一套电能量计量系统子站设备，包括电能计量装置和电能量远方终端等，关口电能计量点可按单电能表配置。关口电能表配置为电子式多功能电能表，精度为0.2S级，并具备电压失压计时功能。全站配置一套电能量远方终端。

5）备自投和低频低压减负荷装置配置。根据主接线方式要求，分段断路器、线路断路器可配置备用电源自动投入装置。

（3）过程层设备。过程层设备包括电子式互感器、合并单元和智能终端。

1）互感器。互感器的配置原则主要兼顾技术先进性与经济性。目前，110（66）kV电压等级宜采用电子式互感器，电子式互感器由两路独立的采样系统进行采集，每路采样系统采用双A/D系统接入合并单元，每个合并单元输出两路数字采样值由同一路通道进入一套保护装置，以满足双重化保护相互完全独立的要求。

故障录波器、故障测距装置、母线保护、线路保护、测量、计量共用一套电子式互感器的采样系统。当选用罗氏线圈电子式互感器时，为满足测量、计量装置对精度的要求，需要单独配置一组低功率电子式电流互感器（Low power electronic current transformer，LPCT）。

35kV及以下（主变压器间隔除外）若采用户内开关柜保护测控下放布置时，宜采用常规互感器或模拟小信号输出互感器，可采用带模拟量插件的合并单元进行数字转换；若采用户外敞开式配电装置保护测控集中布置时，可采用电子式互感器。主变压器中性点（或公共绕组）可采用电子式电流互感器，且宜带一路独立采样系统；其余套管电流互感器根据实际需求可取消；线路、主变压器间隔若设置三相电压互感器，可采用电流电压组合型互感器，且宜带一路独立采样系统。在具备条件时，互感器可与隔离开关、断路器进行组合安装。

2）合并单元。主变压器各侧合并单元宜冗余配置；其余各间隔合并单元宜单套配置。同时，合并单元宜设置检修压板。

3）智能终端。根据Q/GDW 383—2009《智能变电站技术导则》，“智能设备由一次设备和智能组件组成，现阶段从物理形态和逻辑功能上都可理解为‘一次+二次’；未来会逐步走向功能集成化和结构一体化。”110kV智能变电站的智能终端配置原则为：110（66）kV智能终端宜单套配置；35kV及以下（主变压器间隔除外）若采用户内开关柜保护测控下放布置时，可不配置智能终端；若采用户外敞开式配电装置保护测控集中布置时，宜配置单套智能终端；主变压器高中低压侧智能终端宜冗余配置、主变压器本体智能终端宜单套配置；智能终端宜分散布置于配电装置场地。

2．配置原则

交换机应选用满足现场运行环境要求的工业交换机，并通过电力工业自动化检测机构的测试，满足DL/T 860系列标准。

站控层网络（含MMS、GOOSE）交换机：宜配置1台中心交换机，每台交换机端口数量应满足站控层设备接入要求，端口数量满足应用需求。

间隔层网络（含MMS、GOOSE）交换机：宜按照设备室或按电压等级配置，每台交换机端口数量满足应用需求。

过程层网络（含采样值、GOOSE）交换机：当GOOSE和采样值报文均采用网络方式传输时，110（66）kV电压等级宜每2个间隔配置2台交换机，主变压器各侧可独立配置2台交换机，35kV及以下交换机宜按照母线段配置；当采样值报文采用点对点方式传输，GOOSE报文采用网络方式传输时，110（66）kV电压等级宜每4个间隔配置2台交换机，主变压器各侧可独立配置2台交换机，35kV及以下交换机宜按照母线段配置。

（二）220kV 智能变电站系统

1．设备配置

（1）站控层设备。站控层设备一般包括主机兼操作员工作站、远动通信装置、网络通信记录分析系统，以及其他智能接口设备等。不同于110kV变电站设备配置的是，主机兼操作员工作站和远动通信装置均双套配置。

（2）间隔层设备。和110kV 及以下电压等级智能变电站基本相同。

（3）过程层设备。

1）互感器。为了实现双重化的保护配置，220kV采用双保护、单计量输出的法拉第磁旋光玻璃电子式电流电压互感器，合并单元双重化配置。其中线路间隔采用三相电流电压一体化电子式互感器。电流互感器采用套管式安装方式与罐式断路器集成安装，安装于套管升高座内。220kV 母线采用支柱式电子式电压互感器，不再独立配置。主变压器中性点电流互感器数据接入主变压器高压侧合并单元。

2）合并单元。220KV电压等级下，合并单元需采用IEC 61850-9-2点对点和网络方式输出数据。同时，单元应满足线路保护（或主变压器保护）点对点接口、母线保护点对点接口、测量/计量/录波网络接口3 个接口要求。因此，220kV 各间隔合并单元宜冗余配置；主变压器各侧、中性点（或公共绕组）合并单元宜冗余配置；各电压等级母线电压互感器合并单元宜冗余配置。

3）智能终端。220kV 智能变电站的智能终端配置原则为：220kV（除母线外）智能终端宜冗余配置，220kV 母线智能终端宜单套配置。

在220kV电压等级下，智能终端同时具备网络和点对点传输GOOSE信息的光纤接口。断路器智能终端应满足线路保护跳合闸（或主变压器跳闸）、母线保护跳闸、测控开入开出网络接口等3个光纤接口。智能终端配置如图4-1所示。

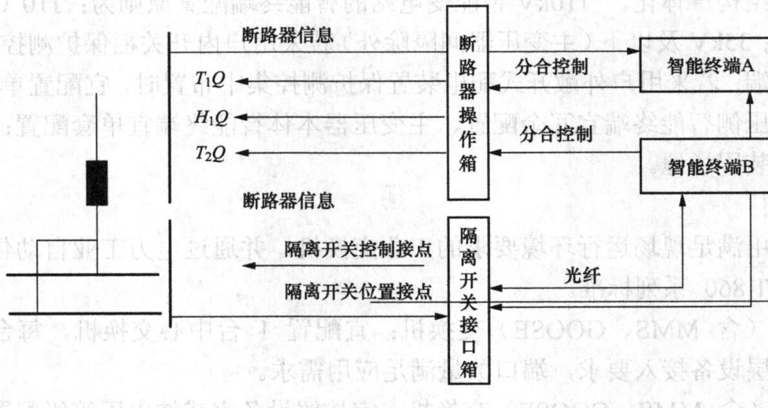

图4-1 智能终端配置示意图

2．配置原则

交换机应选用满足现场运行环境要求的工业交换机，并通过电力工业自动化。

二、对继电保护装置的技术要求

（1）继电保护的动作必须要具备可靠性、选择性、快速性以及灵敏性的特点，当电力系统处于不正常状态或故障状态时，保护能有选择的、快速的、可靠的动作，提高电力系统继电保护的选择性、速动性、可靠性、安全性，能够针对电网运行中存在的故障进行分析，并迅速做出响应并动作。

（2）控制好继电保护与监控、调度之间的关系，满足数字化以及远程控制变电站运行的要求，提高各级调度技术支持系统之间的连通性，保证电网能够安全、稳定、经济的运行。

（3）在网络结构上，智能变电站继电保护技术可以分为过程层、间隔层和站控层。各层设备的高可靠性，通信的高可靠性、实时性、高安全性，决定变电站继电保护的选择性、速动性、可靠性。各层间的相互配合使得环境、线路、设备的运行状态和数据的采集、传输、处理、判断更加便捷。

过程层主要实现对运行网络电气量的采集、一次设备运行状态的监控以及执行动作命令。例如，变压器、断路器、电流/电压互感器、智能电子装置。间隔层主要实现承上启下的通信功能（过程层和站控层的信息交互）、统计运算、数据采集、保存、处理并发出控制命令，最终完成对线路以及一次侧设备的高效保护。

然而，对于智能变电站继电保护技术的研究，为了服务变电站继电保护应用的选择性、速动性、可靠性、灵敏性，智能变电站需满足以下要求。

（1）一次设备功能要求如下：

1）一次设备应具备高可靠性，其绝缘采用能与设备本身以及运行环境相互适应。

2）由于智能变电站继电保护技术需要设备运行状态以及线路的数据等信息，为了数据的有效采集，可将其设置为自动采集。

3）根据实际需要，一次设备可被嵌入电子式互感器，提高集成化。

（2）智能组件的结构要求如下：

1）智能组件是具有高自动化的设备，该智能组件可以灵活配置，运行状态数据采集数字化、在控制方式上实现网络化和在状态检测上实现可视化。

2）根据实际需要，在满足相关标准要求的条件下，智能组件可集成计量、保护等功能。

3）智能组件宜就地安置在宿主设备旁。

4）智能组件采用双电源供电。

5）智能组件内各 IED 凡需要与站控层设备交互的，均可接入站控层网络。

6）根据实际情况，智能组件可以有不同功能的元件单元相互连接；实现一个智能组件的性能。

（3）智能组件的通用技术要求如下：

1）由于电网存在着恶劣环境，智能设备应适应现场电磁、温度、降雪、震动等恶劣环境，确保电网系统安全、可靠、稳定运行。

2）智能组件应具有就地综合分析判断、实时进行状态监测和不正常或故障状态预报的性能，满足设备智能化、设备状态可视化要求。

3）宜有标准化的物理接口及结构，具备“即插即用”功能。

4）通信应依靠以太网进行，通信使得过程层、间隔层以及站控层进行数据交换，其实时性、可靠性必须要高，应优化网络配置方案，保证了对实时性、可靠性要求高的 IED 的功能及性能要求。

5）应支持顺序控制，支持在线调试。

6）保护装置应能自动对时，不应依赖外部对时系统。

（4）信息采集和测量功能要求如下：

1）应实现对全站遥测信息和遥信信息（包括隔离开关、变压器分接头等信息）的采集。

2）在模拟量采集方面，若系统需要精度较高的模拟量，则系统应采用高精度数据采集技术。

3）考虑数据的实时性和同步性时，对有精确绝对时标和同步要求的电网数据，应实现统一断面实时数据的同步采集。

4）宜采用基于三态数据（稳态数据、暂态数据、动态数据）综合测控技术，进行全站数据的统一。

5）采集及标准方式输出。

6）测量系统应具有良好的频谱响应特性。

7）应具备电能质量数据测量功能。

（5）控制功能要求如下：

1）保护装置应监视 MU 采样值发送间隔离散值，当超出保护装置允许范围时，应报警、闭锁相关保护功能。

2）保护装置应采用两路不同的 A/D 采样数据，当某路数据无效时，保护装置应告警、合理保留或退出相关保护功能。当双 A/D 数据之一异常时，保护装置应采取措施，防止保护误动作。

3）应支持网络化控制功能。

4）应支持紧急操作模式功能。

（6）状态监测功能要求如下：

1）通过传感器的安装，能具备自动并实时采集线路、设备运行状态信息的能力。

2）应具备综合分析设备状态的功能，具备与其他相关系统通信并进行信息交互。

3）应具备远程调阅历史数据的能力。

（7）其他功能要求如下：

1）保护功能不应受站控层网络的影响。

2）保护装置应自动补偿采样延时，当采样延时异常时，应发报警信息、闭锁采自不同 MU 且有采样同步要求的保护。

3）保护装置应按 MU 设置“SV 接收”软压板。

4）保护装置应具有更改 GOOSE 和 SV 软压板描述功能。

5）保护装置应能通过不同输入虚端子对电流极性进行调整。

6）除远方操作压板和检修压板采用应压板外，其他压板应采用软压板；装置应保存软压板投退状态，并掉电不丢失，可查看或通过通信上送。

7）保护装置上送站控层数据所带的时标，应采用标准零时区，不应采用当地时区，人机界面应采用当地时区。

8）保护装置应有过程层通信中断、异常等状态的检测、告警或闭锁相关保护功能。

9）采用 GOOSE 服务传输温度等模拟量信号时，发送装置应设置变化量门槛，避免模拟量信号频繁变化。

10）SV 采样通信中断后，保护装置应采取措施防止保护误动作。

第二节　分布式母线保护

国家电网公司颁布的Q/GDW 441—2010《智能变电站继电保护技术规范》，给出了关于智能变电站中的母线保护装置的明确要求。母线装置作为电力系统中的重要部分，具有连接元件多、运行方式复杂等特点。集中式母线保护虽然配置简单，但适用场景有所限制，当接入母线装置的间隔数较多时，集中式母线保护将无法满足多间隔导致的大容量数据交换的要求。因此，设计应用于智能变电站的分布式母线装置很有意义。Q/GDW 441—2010 中指出："母线保护直接采样、直接跳闸，当接入元件较多时，可采用分布式母线保护"。集中式母线保护集中采集数据，集中进行处理，而分布式母线保护分散采集数据，然后进行集中处理，因此分布式母线保护相对优于集中式母线保护。此外，变电站保护未来的发展更倾向于分散布置及就地化。显然分布式母线保护比集中式母线保护更加符合这种发展趋势。

一、分布式母线保护装置

根据IEC 61850标准，智能变电站可分为过程层、间隔层、站控层。智能变电站的过程层由合并单元和智能操作箱单元两部分组成，合并单元主要面向各模拟量；智能操作箱单元主要面向各开关。数字化的模拟量信号（SMV）传输至过程层后按标准规范（IEC 61850-9-2）要求发送给保护及测控装置。过程层中的合并单元进行信息的上传下达：①收集断路器及断路器的状态信息传送给间隔层的保护及测控装置；②接收间隔层跳闸信号控制断路器跳闸。分布式母线保护装置的配置方案如图 4-2 所示。

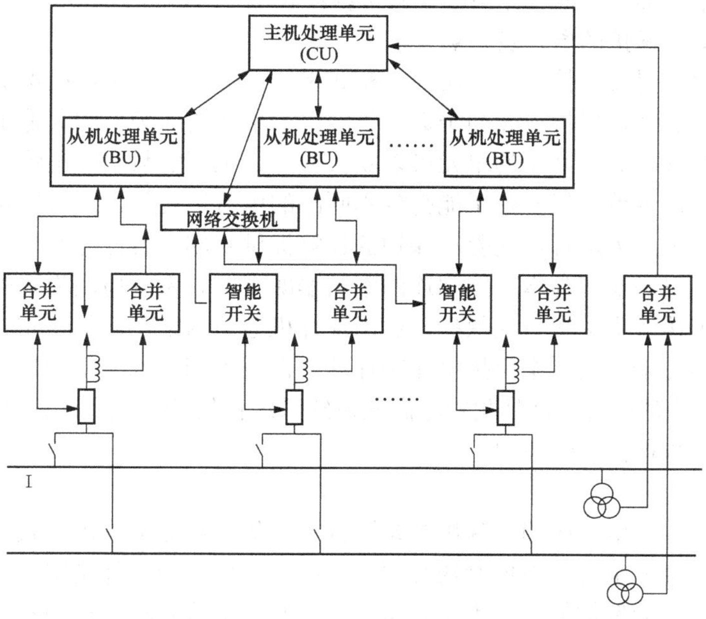

图 4-2　分布式母线保护装置的配置方案

如图 4-2 中的方框，进行电流采集及点对点传输 GOOSE 开关量的合并单元与从机处理单元连接，进行电压采集及网络传输的 GOOSE 开关量的合并单元与主机处理单元连接，各个从机处理单元（BU）与主机处理单元（CU）相连，它们之间均通过光纤进行相连。

图 4-2 中的主机处理单元由保护管理插件、逻辑运算插件、从机通信插件及过程层通信插件共同构成。其中，保护管理插件包括嵌入式处理器、存储器、以太网控制器及其他外设，功能是对整个装置人机界面、通信和录波等功能的管理；逻辑运算插件包括数字信号处理器及其他外设。一方面，逻辑运算插件通过高速数据总线与从机通信插件机进行通信；另一方面，其通过高速数据总线与主机处理单元过程层通信插件通信。通过这两种渠道接收 SMV 数据及 GOOSE 开关量数据。两者接收的 SMV 数据完全独立，以保证某一路数据无法采集的情况下仍能可靠闭锁。保护从机通信插件负责 CU 与 BU 之间通信，由数字信号处理器、4 组光纤收发 VI 及其他外设构成，每块保护从机通信插件可连接 4 个 BU，它的主要作用为：①将 BU 打包上送的电流 SMV 数据及点对点 GOOSE 开关量数据解压缩后传输给 CU；②接收 CU 的跳闸命令，打包后发送给 BU。过程层通信插件主要包括数字信号处理器和 8 个百兆光纤以太网接口两个部分，该插件支持 GOOSE 功能并满足 IEC 61850-9-2 规约，接收电压 SMV 数据及网络传输的 GOOSE 开关量数据并将其传输给逻辑运算插件。

从机处理单元由管理及通信插件和过程层通信插件构成。其中，管理及通信插件包括数字信号处理器、一组光纤收发接口及其他外设三部分组成。从机处理单元通过光纤与 CU 的从机通信插件相连，实现通信。此外，从机处理单元通过高速数据总线与 BU 过程层通信插件通信，接收电流 SMV 数据及点对点 GOOSE 开关量数据，并打包后传输给 CU。同时，接收 CU 下发的 GOOSE 跳闸命令并传输给过程层通信插件。过程层通信插件的功能是接收点对点采样数据，并向智能操作箱发送跳闸命令。每块过程层通信插件包括 8 个百兆光纤以太网接口，连接 4 个间隔，因此每个 BU 一共可以接收 12 个间隔的点对点采样数据。

二、分布式母线保护的原理及特点

与传统的集中式母线保护特点相比，分布式母线保护是由多个母线保护单元构成的，被保护母线的回路数目就是保护单元的个数，母线保护单元的保护屏和其他单元间的数据交换则通过以太网来实现。其他回路的单元可以获得通过大电网的数字量电流，这是由保护单元传送过来的，这样，各单元保护除了能得到本回路的电流量之外，还可以从以太网上获得其他所有回路的电流量，为进行母线差动保护的计算提供基础。若计算结果显示为母线内部故障，隔离本故障则只需断开与本回路相连的断路器即可；若系统检测为区外故障时，则断路器不动作，相比于传统集中式母线保护，利用计算机通信网络实现的分布式母线保护具有更高的可靠性。原因在于，当某个保护单元因计算错误或受到干扰而误动作时，只会跳开本回路，不会造成大面积的停电，这是配置超高压母线系统枢纽的关键。在变电站智能化的时代，分布式母线保护必将得到广泛应用。

1．电压闭锁

目前，电流元件和电压闭锁元件串联是国内主要的母线保护输出方式，电压闭锁元件对电压和电流的同步性要求可以不做制约性要求，因为电压闭锁元件是用来开放或者闭锁断路器失灵保护或电流差动保护的，而不是直接作用于判断电流差动保护和断路器失灵保护，所以对电压闭锁元件的电压与电流的处理方式和电流相同，只是最后显示电压属性。在变电站越来越智能化、数字化的情况下，合并单元只能进行模拟量的简单收集而自身不具备保护功能，此时的电压判别是在中央处理器中进行的，并且在电压量数字化后当作一个数据点，从过程层交换机中传输到中央处理器的 CPU1 和 CPU2。

2．断路器失灵保护

断路器失灵保护需要采集的信号可以为：①线路保护或变压器保护之类的间隔层和其他保护的跳闸信息；②断路器控制单元的失灵启动信号。所以在当今数字化越来越完善的智能变电站中，这些信息的交换是由间隔层网络完成的。母线保护所需信息传送方式是以GOOSE报文通过间隔层网络输送，这些信息是由线路保护和变压器保护的断路器控制单元提供的，判断断路器是否失灵，是通过获取与断路器失灵保护相关联的信息来实现的。只考虑保护信息传输的话，实现方法分两种，第一种可以运用管理插件来充当中转的作用；第二种是利用CPU3插件本身的网络接口来直接传输信息。前者因为使用了管理插件，该插件决定了系统可靠性的高低，因此从可靠性的角度考虑，不推荐第一种方式，应尽量考虑第二种方式。

3．分布式母线保护开关量传送方式

客户/服务器（C/S）和浏览器/服务器（B/S）这两种模式是IEC 61850的两种通信模式。母线保护需要获取间隔的开入量，保护动作时需要同时跳开多个间隔的断路器。从上行开入量的角度来看，选用C/S模式将无法实现某间隔的开入量与本间隔保护、测控装置以及被跨间隔的母线保护同时利用。从下行开出量的角度，如果选用C/S模式，母线保护动作将会花费很长时间，很有可能导致不同间隔跳闸时间差相隔较远。因此，选用P/S模式是最合适的，母线保护只需提供动作信息，并提交给间隔处理单元中的控制单元，该控制单元就能根据开关量信息，来直接判断是否进行跳闸。模型配置文件是用来协调间隔层中央处理器单元和过程层控制单元之间的配合的，它们均可能发布信息或订阅信息。在整个过程中，使用系统配置器直接对间隔层设备和控制单元的接口控制文件（ICD）进行处理。

在读入和显示发布者的ICD后，不仅获取用于发送的GoCB（GOOSE control block），而且获取ICD中添加的镜像逻辑节点，这些逻辑节点与其类型是相同的，相当于发布者在订阅者一侧的镜像，这些镜像与发布者Data set中的顺序和类型一致。当作为订阅者的IED接收到发布者发送的GOOSE后，将Data set中各成员信息写入对应的镜像逻辑节点，经过配置，作为订阅者的IED配置后的功能描述文件（CID-configured IED description）就包含了与发布者的IED GOOSE接收信息相关的镜像逻辑节点。经过上述配置，在间隔层设备CID中，添加了间隔层设备作为GOOSE订阅者所收到的所有GOOSE信息的镜像逻辑节点，这些信息可能来自本间隔控制单元或多个间隔控制单元。控制单元CID添加了所有GOOSE信息的镜像逻辑节点，这是控制单元在作为GOOSE订阅者时所接收到的，这些信息在线路保护等保护中可能来自本间隔的IED，在母线保护等保护中可能来自多个间隔的IED。

三、智能变电站分布式母线的保护方案

母线发生故障是电网运行中影响及危害最大的故障之一，而集中式母线保护二次接线复杂，易受干扰，不易扩展，并且发生故障后难以自适应运行，因此集中式母线保护发生故障时，往往危害较大。相反，分布式母线保护分散收集，集中处理，应对故障的能力更强。

1．有主站分布式母线保护方案

有主站分布式母线保护是指在间隔的就地保护单元BU中对母线间隔SV采样数据进行集中合并，将合并后的数据集中到主单元以进行差动判断，据此实现保护功能，也就是所述的“分散采集，集中处理”。过程层通信网络是保证保护方案有效可行的关键，过程层网络包括SAV网与GOOSE网两部分，其方案如图4-3所示。

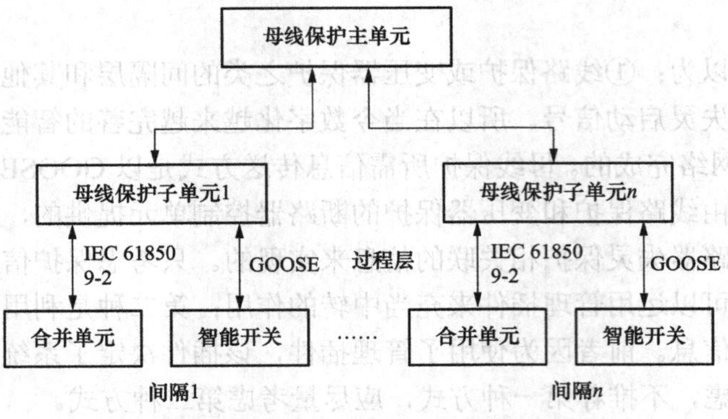

图 4-3　有主站分布母线差动保护方案

2．无主站分布式母线保护方案

无主站分布式母线保护方案采样值传输模式是采用发布者/订阅者的模式，合并单元 LLNO 采样值控制块对通信进行控制。采样值控制块包括：①多播采样值控制块（MSVCB），使用组播或广播方式，一个发布者向多个订阅者发送采样值数据；②单播采样值控制块（USVCB），USVCB 采用单播的方式，仅允许一个发布者和一个订阅者进行数据的交换。继电保护系统需要依据三相电流的信息实现母线电流差动保护。如果采样值报文全为 12 路传输，而保护装置不需要这么多，必将浪费带宽。在合并单元设定专门的母线差动保护进行采样控制块与母线差动数据集可以改善带宽浪费的情况，数据集中仅包含三相电流信息，这样将会减少需要传输的数据量。无主站分布式母线保护方案如图 4-4。

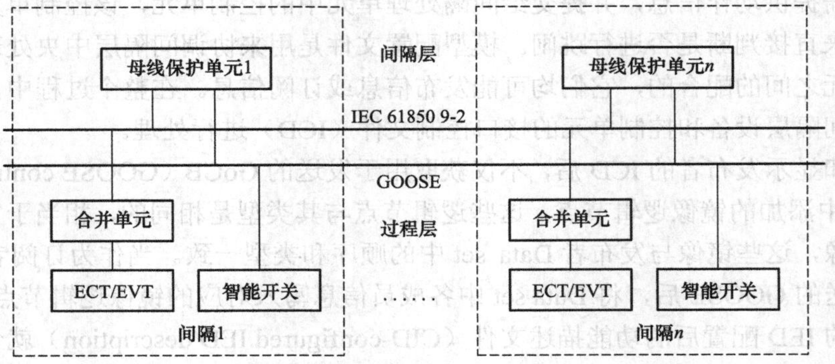

图 4-4　无主站分布式母线保护方案

对于母线保护而言，如何建立母线差动保护模型以及如何利用软件进行该模型的仿真是基于 IEC 6185 标准进行智能变电站自动化系统设计的难点与重点。智能化变电站的推广建设，给电网带来了极大的机遇与挑战，继电保护技术也需要根据变电站先进技术的发展做出优化调整，推动变电站自动化技术的发展。

第三节　广域/站域保护

一、广域/站域保护的定义

从根本上来说，电力系统是一个广域系统，其所有电气量是互相关联的一个整体，这就决定了该系统保护是一个全局问题，即将系统作为一个整体考虑。此外，电力系统的运行状态是不断变化的，同一个事件发生在不同的运行状态下，其对电网的影响也不同。因此，系统的稳定运行问题实际上是系统"在当前运行状态下"的稳定运行问题，具有时效性，这就需要通过不断获得系统各点的实时数据来实时确定保护控制策略。历史上多次的大停电事故研究发现，传统的继电保护主要着眼于具体元件的保护，通过开关动作，切除被保护元件内部故障。但是由于各电力设备的主保护相互独立，因此无法顾及故障元件被切除后，整个大电网系统中的潮流转移所引起的连锁反应，所以传统的保护及安全自动装置已经不能适应系统发展的要求，在很多情况下甚至是造成系统崩溃的助力。而广域继电保护采集被保护元件的保护信息域内各子站量测信息进行分析，其动作速度稍慢于传统主保护，主要用于主保护失效下提供后备保护功能，解决传统后备保护存在的问题，因此又称为广域后备保护（wide-area backup protection，WABP）。

按我国工程应用的划分，广域保护囊括了安全紧急控制的“三道防线”，而其继电保护功能则是整个紧急控制的基础，即“第一道防线”。广域保护系统利用广域测量系统（wide-area measurement system，WAMS）的相量测量信息，能够实现对故障可靠，精确地切除，同时能对切除故障后或经大扰动的系统进行在线实时安全分析，并在必要时采用适当的措施，防止发生大范围停电甚至全系统停电。由于相较于广域保护需要信息传输时间和稍复杂的保护算法，基于就地信息量的传统保护在速动性方面是广域保护目前无法代替的，所以广域保护的主要功能在于作为传统保护的后备保护，并在系统经受扰动后，通过一定的控制手段，使得系统快速恢复稳定。由此，广域保护系统可以分为两类：一类利用广域信息，完成继电保护功能，即为继电保护系统；另一类则是利用广域信息，主要具有安全监视、控制、稳定边界计算及状态估计等功能，其侧重点是广域信息的利用和安全功能的实现，即为稳控系统。

综上所述，广域保护系统，即一种依赖电力系统多点的信息，对故障进行可靠、精确的切除，以维持电网系统的安全稳定运行的系统，并在充分利用电网输电能力的情况下，提供更准确的电网规划方案。

另外，站域保护是一种基于变电站统一采集实时信息，以集中分析或分布协同方式判定故障，自动调整动作决策的继电保护方法。站域保护主要是将全站不同电压等级之间的保护、安全自动装置、安全稳定装置、测控、计量等系列设备集成优化在一套设备里，通过这套装置，对全站的设备进行集中式管理、控制。该装置各个功能独立、并列运行，相互间可数据共享。站域保护作为变电站内变压器和母线的后备保护，需要同时配合广域保护对变电站联络线的后备保护功能，其可视为广域保护的一个功能单元。

二、广域保护的功能

广域保护分为广域设备保护和广域系统保护。广域设备保护的功能如下：

（1）设备主保护的后备保护。由于需要收集多点信息，信息传输的时滞及相对复杂的保护算法，使得广域设备保护较难承担主保护功能。因此广域保护一般作为主保护的后备保护，使主保护之间能够相互协调配合。作为电力系统安全稳定的“第一道防线”，广域保护能够充分利用冗余信息，提高设备保护的可靠性，对于互感器断线导致的信息缺失有一定的免疫能力。

（2）按照停电范围最小准则切除故障。当某处的断路器出现故障时，由于保护整定的原因，可能使得上级线路动作，导致停电范围扩大，并且有可能在潮流转移的过程中导致连锁跳闸，进一步导致大停电事故。广域保护通过电源管理单元（power wanogement unit，PMU），对电网运行情况进行实时监控，并对保护方式进行快速决策，因而其具有一定的自适应能力，即能够根据电网拓扑，实时调整跳闸策略，使得停电范围最小。

广域系统保护的功能如下：

（1）自适应解列，协调过负荷保护与切机、切负荷装置，以避免相继断开。广域保护从全局角度对系统进行智能化安全自动控制，对运行负荷水平，系统拓扑，相关运行参数等进行实时监测和在线分析，实现广域控制功能的优化。

（2）避免电压、频率崩溃。广域系统保护不再着眼于某一设备，而是对电网系统进行全局调控。当系统出现某处故障导致某发电设备被切除时，有可能引起系统电压和频率骤降，广域系统保护的功能就是通过一系列逆调压控制，避免电压崩溃，同时调整剩余发电设备输出功率或合适的切机，切负荷操作，保证频率稳定。

（3）为电力系统稳定器等增加远方信号，抑制低频振荡。广域保护可以按状态关联、方向关联以及差动原理，结合智能技术，提高系统容错性，应对保护失效、信息缺失和信息模糊，弥补了历次大停电中保护之间的协调交流不够而导致连锁效应的不足。甚至作为电力系统的“第二道防线”或“第三道防线”，广域保护能够对系统的安全稳定运行采取更加精密的策略，比如低频低压减载，备用电源自动投入，自动解列非重要电源等。

站域保护作为广域保护的子站功能，其功能可基本等同于广域系统中的某合并单元，为广域系统提供电气量信息、中间判据、录波信息、电能计量信息等。另外，广域保护可以通过站域保护获取及下达命令而非通过就地保护。这有助于缓解通信压力，提高数据传输的效率。

国际大电网会议将广域保护的功能及控制手段和目标进行了定义，如图4-5所示。

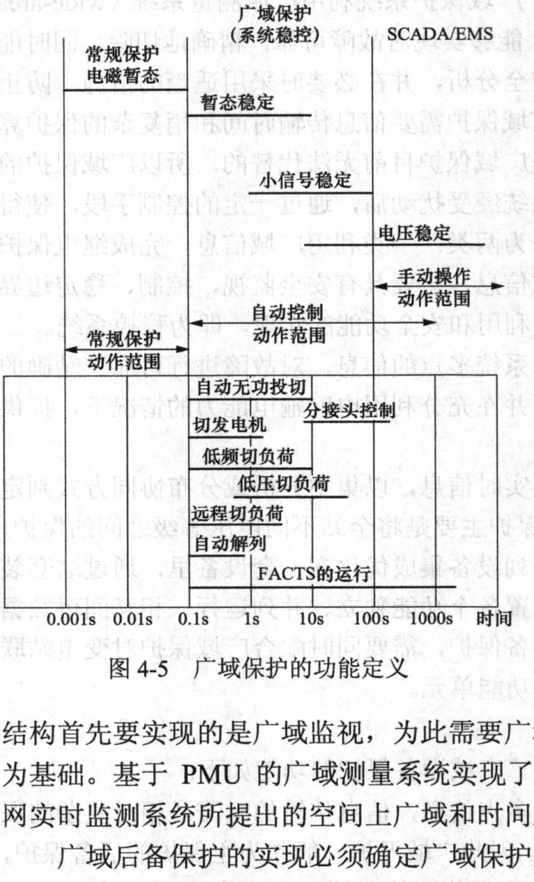

图4-5　广域保护的功能定义

三、广域/站域保护的配置

目前广域保护一般为三层结构，而建立三层结构首先要实现的是广域监视，为此需要广域测量系统（WAMS）。而WAMS一般以PMU为基础。基于PMU的广域测量系统实现了互联电网多点同步运行状态的实时监测，满足电网实时监测系统所提出的空间上广域和时间上同步的要求。

广域后备保护的实现必须确定广域保护系统（wide-area protection system，WAPS）的结构，不同的WAPS结构对广域后备保护算法、广域后备保护通信网络、广域后备保护分区等方面的设计也会有所不同。WAPS结构可分为分布式WAPS结构、变电站集中式WAPS结构、区域主站集中式WAPS结构三种。

1. 分布式广域保护系统结构

分布式WAPS结构示意图如图4-6所示，各元件意义如下：

（1）（merge unit，MU）：合并单元。

（2）（smart terminal，ST）：智能终端。

（3）（terminal unit，TU）：广域后备保护终端单元。

MU和ST接入TU采用“直采直跳”的过程层组网方式，即直接从二次设备获取电气信息，通过就地判断做出决策并通过路由器发送至广域电力通信网。在分布式系统结构中，为变电站内的每个一次设备（被保护元件）新增设 TU 装置，全网每个 TU 具有平等的地位，它们完成的功能主要如下：

（1）通过站内局域网与站内其他智能电子设备（intelligent electronic device，IED）通信，采集被保护元件的相关电流、电压等电气量信息以及断路器位置、其他保护动作情况等开关量信息。

（2）单独接入路由器的一个端口，通过广域电力通信网与站间其他 TU 通信，采集被保护元件的保护信息域内的相关电气量和开关量信息。

（3）根据自身信息和接收来自其他 TU 信息实现多信息的故障元件识别及保护动作策略的制定。

（4）根据保护动作策略执行跳、合开关操作。

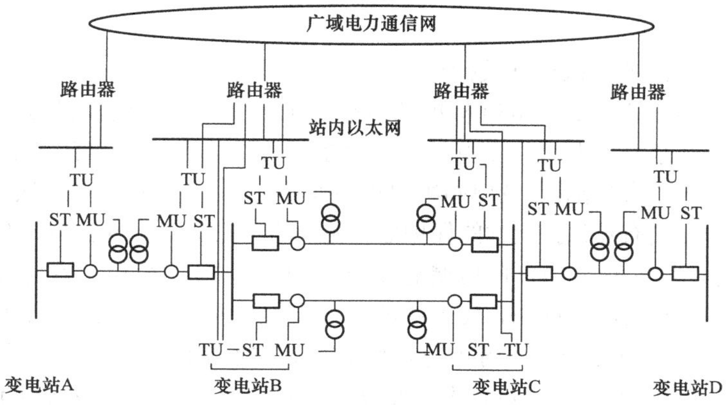

图 4-6　分布式 WAPS 结构示意图

虽然分布式 WAPS 内的一次设备均需一台 TU，以完成该模型要求的信息交互功能，但是装置成本大，变电站整体结构较为复杂，并且由于每一个 TU 都需要与所划定的保护区域内的其他 TU 交流，导致信息量较大，对信道要求也随之提高，进一步提高了工程应用的难度，最主要是难以结合安全稳定控制系统，故并不利于智能电网的发展前景。

2．变电站集中式广域保护系统结构

变电站集中式WAPS系统结构示意图如图4-7所示。该模型中，变电站本地终端单元（local terminal unit，LTU）对站内所有一次设备的广域后备保护做出决策。所以若采用如上所述的“直采直跳”的方式，难免使得变电站接线变得复杂以及增加其 CPU 处理负担，而这些会直接影响广域后备保护的可靠性。因此，为了解决以上问题，该模型采用“网采网跳”的运行方式，即通过 LTU 采集所有电气信息通过路由器上传至广域电力通信网，并由 LTU 间的通信，最终下达控制指令。

各变电站的 LTU 具有平等的地位，它们完成的功能主要如下：

（1）通过局域网采集站内所有被保护元件的电气量信息以及状态量信息。

（2）由 LTU 与广域电力通信网进行通信，采集被保护元件在其保护信息域内的相关电气量和开关量信息。

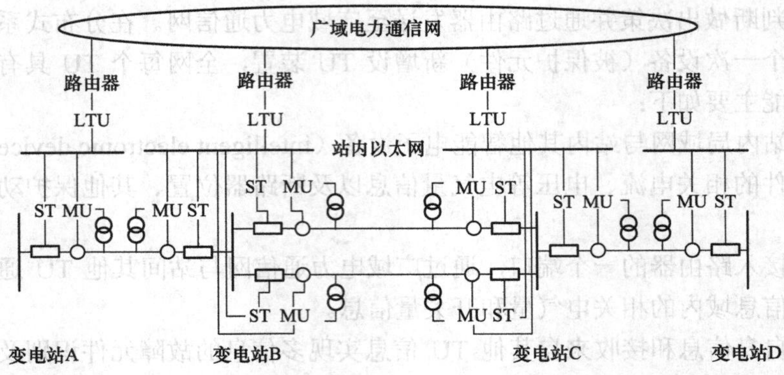

图 4-7 变电站集中式 WAPS 系统结构示意图

（3）根据自身信息以及与其他 LTU 之间的信息交流，实现多信息的故障元件识别及保护动作策略的制定。

（4）根据保护动作策略执行开关操作。

由于变电站自动化和 IEC 61850 标准的成功运用，使变电站过程层网络化成为可能，全站信息得到充分的共享，大大简化变电站二次设备的接线，易于 LTU 的信息采集和控制指令的发布。相对于分布式系统结构，变电站集中式装置投入较少，二次设备的接线简化，但每个变电站的 LTU 需与本站所有被保护元件的保护信息域内的其他变电站的 LTU 通信，同样存在广域通信流量大的问题，且各站的 LTU 间协调配合复杂，也难以与安全稳定控制功能相结合。

得益于 IEC 61850 的成功应用，变电站的过程层得以网络化，全站信息的共享成为现实，这使得变电站二次设备的复杂接线问题得以解决，大大提高了 LTU 信息采集和指令发布的效率。与分布式系统结构相比，一次设备不需要投入较多的 TU，节省了设备成本，降低了工程实现的难度。但同时，该模型依然存在 LTU 之间通信流量大的问题，由于信息量较大，各 LTU 之间的协调配合较为复杂，使得如何与安全稳定控制功能相结合这个根本问题，难以解决。

3．区域主站集中式广域保护结构

区域主站集中式 WAPS 结构示意图如图 4-8 所示，这里假设以 C 为主站，区域内其他变电站为子站。主站区域决策单元（RDU）负责所划保护区域的广域后备保护功能，为避免单个设备失效导致整个区域保护功能瘫痪，此处采用双重化配置。

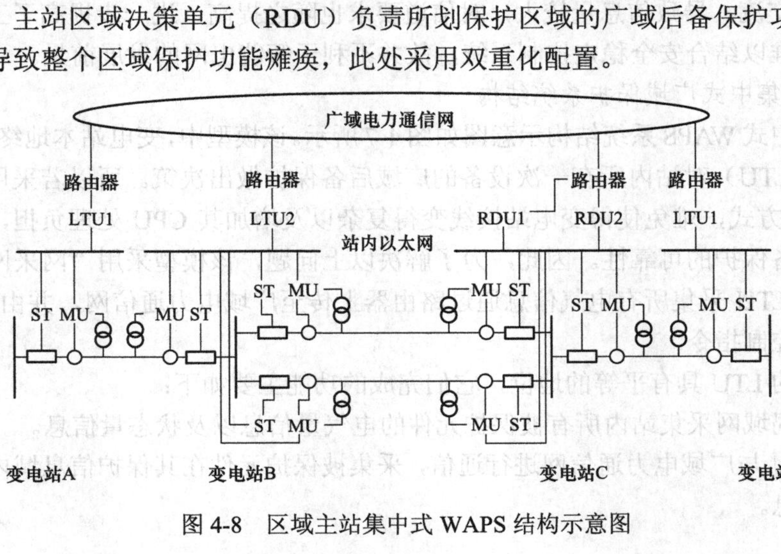

图 4-8 区域主站集中式 WAPS 结构示意图

全网各变电站 LTU 装置的主要功能如下：

（1）通过站内局域网采集变电站内所有被保护元件的电气量和状态量信息。

（2）与主站 RDU 通信，上传广域后备保护算法所需的信息。

（3）接收 RDU 的决策指令，并向 ST 下发开关操作指令。

主站 RDU 装置的主要功能如下：

（1）与区域内所有 LTU 通信，实现区域内所有变电站的广域后备保护信息汇集。

（2）根据自身信息以及与区域内其他 LTU 的交流，实现多信息的故障元件识别和对保护动作的决策。

（3）根据保护动作策略向相关子站的 LTU 发送广域后备保护决策。

区域主站集中式模型相当于是前两种模型的综合。在合理划分保护区域的前提下，在每个区域增加决策中心，所以每个区域相当于集中式模型，而区域和区域之间则相当于分布式模型。该模型能够有效降低广域保护对信道的要求，同时兼具简化设备接线，易于工程实现。在区域内，RDU 可以收集所有子站数据，保证信息的冗余度，提高其决策的可靠性，同时区域间不再需要全信息交流，降低了信息量的同时，能够获取大范围的电网实时信息。综上所述，该种模型比较符合目前对智能变电站的研究前景。

而对于站域保护，由于 220kV 及以上电压等级的变电站大部分采用双重化保护配置，所以站域保护多用于 110kV 变电站，作为单套主保护的后备保护及冗余保护。每套站域保护由数据采集及计算模块、故障判别模块、保护跳闸决策模块等 3 个功能模块组成，站域保护装置结构框如图 4-9 所示。

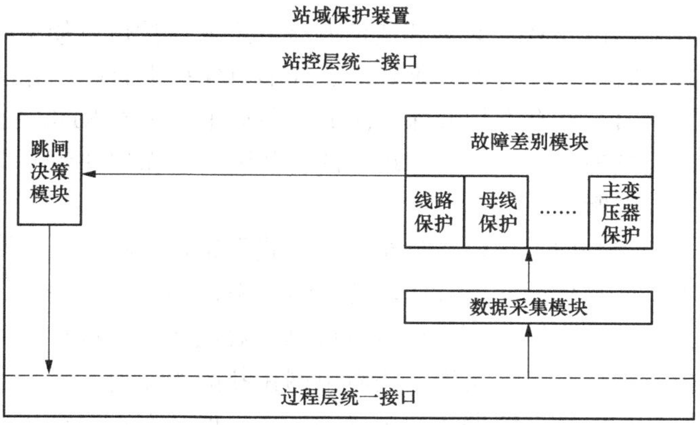

图 4-9 站域保护装置结构框图

各个模块的功能简单描述如下：

（1）数据采集模块。通过 IEC 61850 规约从智能变电站过程层网络上采集保护所需的电压、电流，采集站内各开关状态信息。

（2）故障判别模块。利用本变电站元件的故障方向信息和故障距离信息，计算各元件的故障方向信息和故障距离信息，执行故障判别算法，确定故障位置。

（3）跳闸决策模块。站域保护集成母差保护、变压器保护、线路保护、断路器失灵保护和低频低压减载等功能于一体，根据就地电气量完成相关的保护逻辑判断，并将判断结果以 GOOSE 方式通过过程层网络将跳闸策略发送到相应间隔的智能终端。

由于站域保护采用集中式结构，为了保证站域保护动作的可靠性，建议在 220kV 及以上的变电站中采用冗余配置，而对 110kV 及以下电压等级的保护装置采用单重化配置。

站域保护在实际现场的保护控制中主要有以下功能配置：

（1）110kV 线路保护配置三段式距离、零序保护，重合闸功能。

（2）110kV 分段保护配置过电流保护及母线充电保护功能；110kV 断路器失灵保护按母线段配置，通过间隔过电流启动接点和相应间隔的保护动作接点来启动断路器失灵保护，并经电压闭锁出口跳闸相邻断路器。

（3）10kV 简易母线保护按母线段配置，每段 10kV 母线配一套简易母线保护模块。闭锁元件动作逻辑由就地级保护完成后以通过站控层 GOOSE 方式发给本装置。

（4）10kV 还配置低频低压减载功能。

站域保护的通信包括间隔层间的信息交互、过程层与间隔层间的信息交互、间隔层与站控层间的信息交互等。新一代智能变电站将站域保护控制系统经过程层中心交换机接入，可以保护控制全站每个间隔，既能实现站域保护功能，也能精简交换机数量。IEC 61850 规定的针对原始的采样数据的光纤以太网通信帧格式，按各间隔合并单元传送的报文包含两个电压电流值，可算出一个合并单元 SV 报文每秒的数据流量为 5.472Mbit。而传送开关量信息的 GOOSE 报文与对时系统的 El588 报文每秒所需的带宽很小，所以一个合并单元每秒传输的数据流量不超过 10Mbit。如果智能变电站间隔数量过多也有可能配置十多台交换机，所以站域保护装置若要实现全站间隔的控制，每秒的数据流量有可能超过 100Mbit，应选择 1000M 光口接入中心交换机。

四、广域/站域保护的优点及用途

广域保护能够共享全区信息，因此在合理分区的前提下，其不仅能够准确、可靠地动作，以保证系统安全稳定运行，还能够保证系统内，保护设备间的协调配合，避免发生连锁跳闸和相继断开事故。

借由 PMU 装置和通信网络，广域保护可方便地收集全保护区内的电压、电流、断路器的实时信息，有能力更好地选择继电保护现有原理算法，对传统后备保护功能进行补充。

（1）在合理划分保护区域的前提下，主站 RDU 能够在短时间内收集大范围的电网信息，准确判断电网状态，并迅速的对故障状态做出决策，保证系统安全稳定运行，避免连锁跳闸和相继断开。

（2）由于选择“分布—集中式”结构，跳闸采用网络出口。这种方式使电缆排布大量减少，并且接线简单方便，使安装效率得到了极大的提高。

（3）广域保护采集多点信息，对电网状态进行实时监测，使得其具有一定自适应性，因此其做出的保护决策，随着电网拓扑的改变而不同，这对于复杂电网来说是难能可贵的。传统保护虽然能够保证高正确动作率，但是在正确动作的情况下却不能与其他保护配合，这是发生诸多大停电事故的原因所在。

另外，站域保护可作为一个控制子站接入广域保护系统，不但能和广域保护系统配合保护区域电网安全，而且能保护全站电力设备。

第四节　智能变电站继电保护接线方式

一、110kV 智能变电站继电保护接线方式

1．110kV 线路保护接线方式

对于 110kV 的线路保护而言，其保护和测控装置是按照单套进行配置的，且装置一体化。在线路间隔内，合并单元和智能终端只需单套配置。同时，智能终端和保护装置通过点对点连接方式，互相传递信息，可使保护装置直接作用于跳闸。对于跨间隔信息，合并单元利用点对点连接方式，连接到 GOOSE 网，并通过 GOOSE 网传递给保护测控装置。此保护的电

流电压是利用安装在线路上的 ECVT 获取。母线电压具备检同期性能，利用点对点传输，由母线合并单元通过间隔合并单元将信息传递给各个保护装置。110kV 线路保护的接线方式如图 4-10 所示。

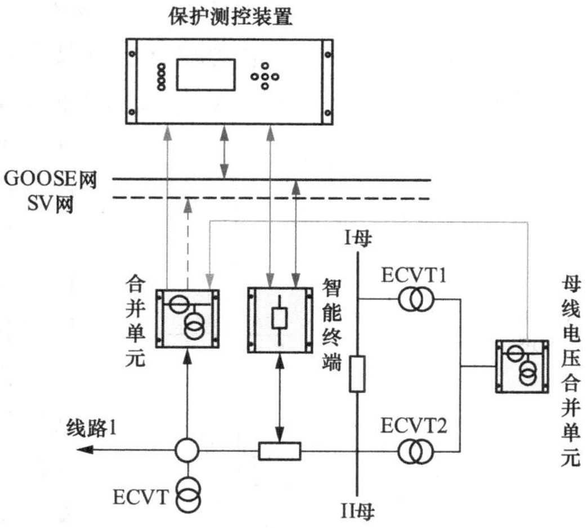

图 4-10　110kV 线路保护接线方式

2．110kV 变压器保护接线方式

110kV 变压器保护需对其高压侧、中压侧、低压侧分别进行信息传输，宜双套进行配置，且双套配置需采用主、后备保护和装置一体化。当主、后备保护分开配置时，后备保护宜和测控装置一体化。

如图 4-11 所示，在中压侧、低压侧上，其配置方式同 110kV 线路保护的配置方式一样。在高压侧，保护采用双套配置时，该侧的智能终端、智能终端均利用双套配置。同时，高压侧信息通过 GOOSE 网，采用点对点连接方式，传递到本体智能终端和保护装置。此时，利用就地电缆，变压器非电量保护装置可直接作用于跳闸，有关非电量保护的时延也就地实现。同时，本体智能终端上传非电量的动作报文、调档以及接地开关控制信息。

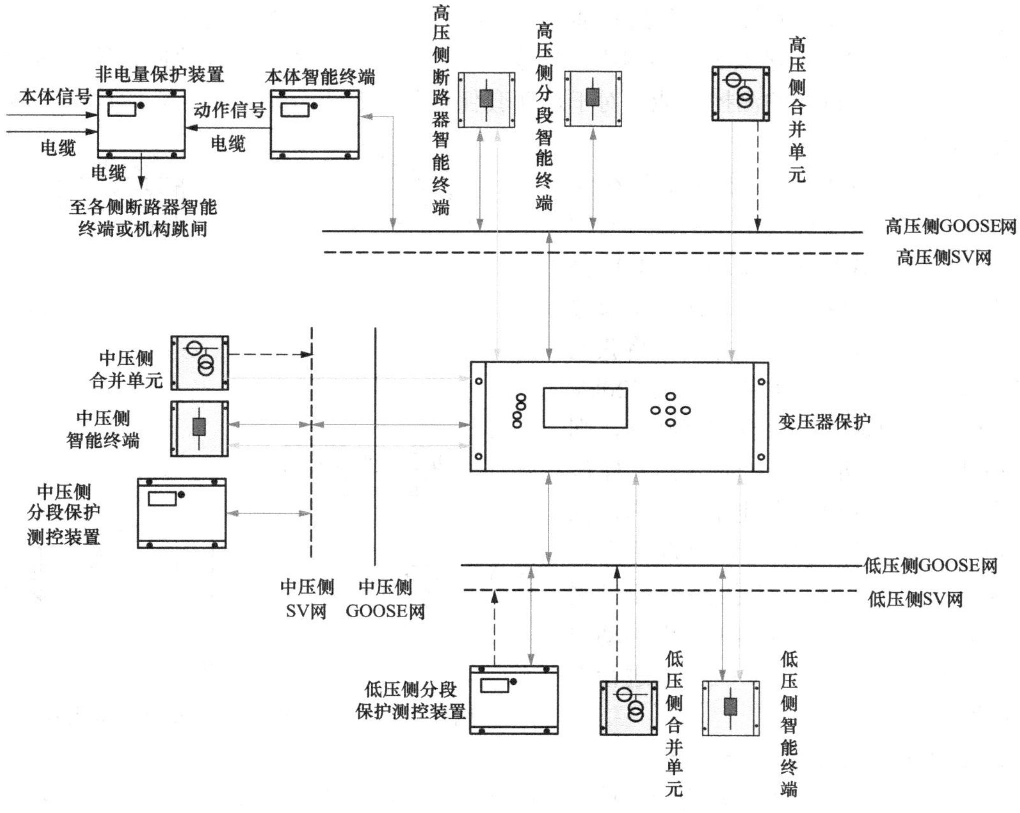

图 4-11　110kV 变压器保护的接线方式图

3．110kV分段（母联）保护接线方式

110kV 分段保护按单套配置，且其保护装置和测控装置一体化配置。其分段保护接线方式如图 4-12 所示。对 110kV 分段保护而言，跳闸采用点对点方式直跳，其他保护（主变压器保护）则跳分段，并利用 GOOSE 网络方式进行信息传输。对于 110kV 分段保护的合并单元和智能终端，其设备连接的方式同 110kV 线路保护的配置。110kV 分段保护采用安装在母线上的 ECT 获得电流电压，并直接将信息传递到智能终端。

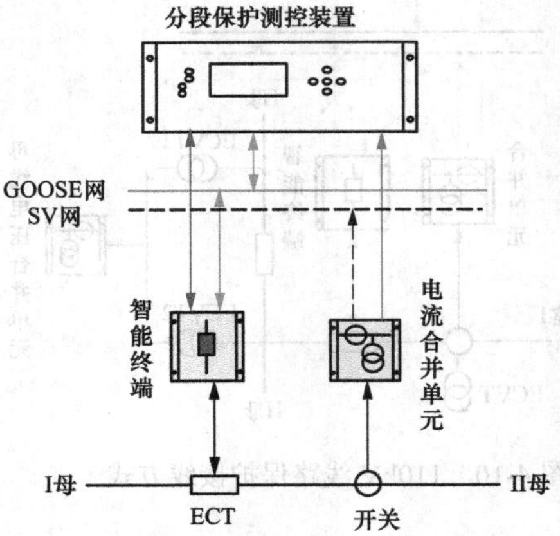

图 4-12 110kV 分段保护接线方式

而对 35kV 及以下等级的分段保护而言，则宜对其就地安装，保护、测控、智能终端和合并单元设备一体化配置。该设备装置需提供 GOOSE 保护跳闸接口（主变压器跳分段），通过点对点方式传输给 110kV 过程层 GOOSE 网络。

二、220kV 智能变电站接线方式

1．220kV 线路保护接线方式

按照双重化配置原则，220kV 线路需配置双套保护装置，以完成 220kV 线路的保护、测量和控制功能，且智能终端、合并单元也均应采用双套配置。220kV 线路保护（单套）接线方式如图 4-13 所示。测控和保护装置配有 2 个 MMS 以太网通信接口，从而和站控层系统进行通信。同时，保护装置至少需配有 3 个过程层光纤接口，其中 1 个光口用于接入过程层网络，接收失灵启动、保护闭锁、开关位置等 GOOSE 网的信息，并实现对机构的测控性能。对于这两套保护装置，需分别接入独立的过程层网络，且相互之间保持独立。

此保护需要的电流电压从安装在线路上的 ECVT 获取。母线电压具有检同期功能，其获取方式是通过安装的 ECT 获取。利用点对点传输方式，母线电压通过母线合并单元，以及间隔合并单元将获取的信息转接给各间隔保护装置。因 220kV 线路采用三相电流电压组合式互感器，则保护和测控装置所需的电流电压采样值可直接从本间隔获取。在线路间隔内，保护装置与智能终端之间则采用点对点直接跳闸方式，且保护应直接进行信息采样。对于跨间隔的信息（如母差保护动作远跳功能等），则需采用 GOOSE 网进行点对点传输。

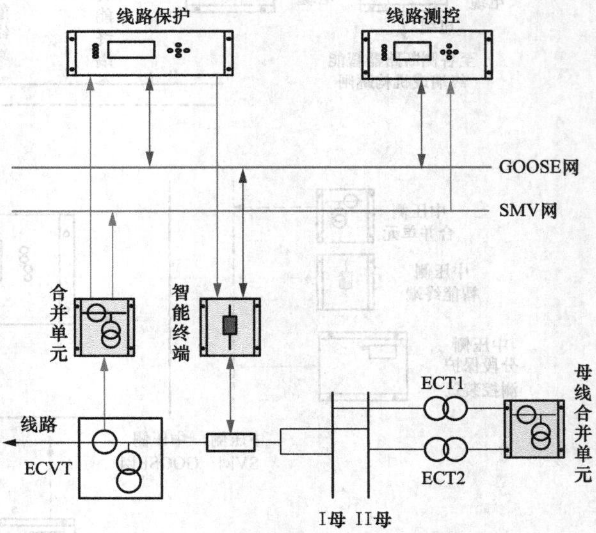

图 4-13 220kV 线路保护（单套）接线方式

2．220kV 变压器保护接线方式

按照双重化配置原则，各侧合并单元、智能终端均应采用双套配置。其变压器保护智能终端、合并单元配置（单套）示意图如图 4-14 所示。

对图 4-14 分析可知，在高压侧、中压侧、低压侧，其保护均采用安装的 ECVT 获得电流电压。

按双重化配置原则，主变压器保护配置双套装置，并实现差动、后备保护装置性能一体化；主变压器的高压侧、低压侧及本体的测量和控制功能需要配置 3 台测控装置来实现，且测控装置和主变压器保护具备连接有 2 个 MMS 以太网通信接口，用于和站控层系统进行通信。主变压器保护至少需有 5 个过程层光纤接口，1 个光纤接口用于接入过程层网络，用于接收失灵启动、保护闭锁、开关位置等 GOOSE 网的信息，实现对机构的测控性能。两套装置需要分别接入独立的过程层网络，相互之间保持独立。220kV 主变压器保护（单套）接线方式如图 4-15 所示。

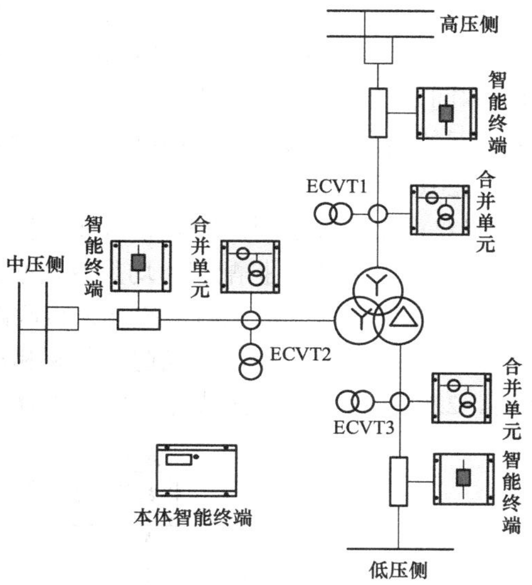

图 4-14 220kV 变压器保护智能终端、合并单元配置（单套）示意图

保护跳闸采用点对点直跳方式。保护装置可提供 2 个光纤接口，利用点对点方式分别接入高、低压侧的合并单元，以此获取保护的采样值数据。通过就地直接电缆，非电量保护应直接跳闸，配置的变压器本体智能终端则同时上传非电量动作报文、调档以及接地开关控制等信息。

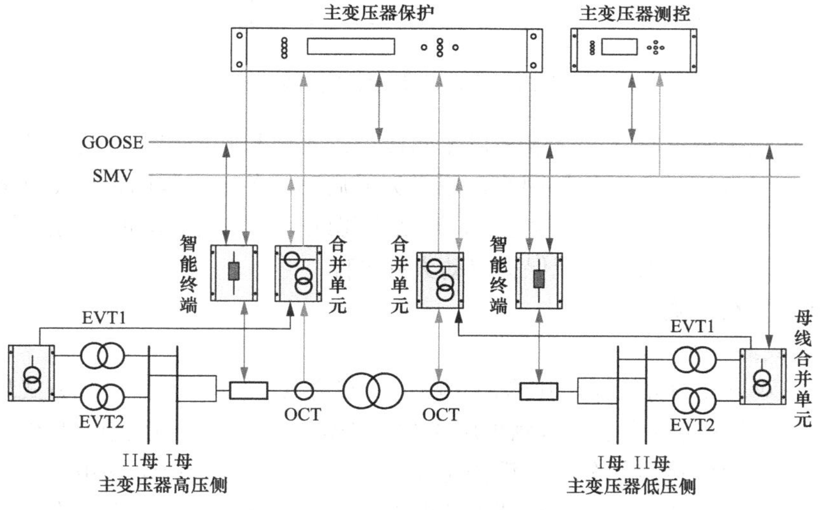

图 4-15 220kV 主变压器保护（单套）接线方式

主变压器各侧的测控装置需提供 1 个独立网络接口，并接入 GOOSE 网实现测控功能，通过点对点方式完成 GOOSE 信息的传输，且测控装置只需要接入任意一个过程层 GOOSE 网；保护装置也需提供 1 个独立网络接口，接入过程层 SMV 网，用于接收高、中、低压侧的合并单元采样值。

母线电压的并列功能是通过母线电压合并单元实现的，而母线电压合并单元则采用点对点方式将并列后电压接入主变压器间隔合并单元。通过间隔合并单元，实现电压的切换。同时利用本间隔的电流，在对数据进行综合处理后，再分别接入保护测控、录波装置。通过GOOSE网的信息，确定电压合并单元并列和切换所需的隔离开关位置。

3. 220kV 母线保护接线方式

按照双重化配置原则，220kV 母线保护需双套配置，各间隔的合并单元、智能终端配置方式同 220kV 变压器保护配置，均是双套配置。在采用分布式母线保护方案时，通过点对点模式，子单元接入多个间隔智能终端来接收跳闸命令，同时点对点的接收多个间隔合并单元的采样值数据，主单元则需完成逻辑判断和动作执行功能，并且与子单元采用点对点方式直接相连。220kV 母线保护接线方式如图 4-16 所示。

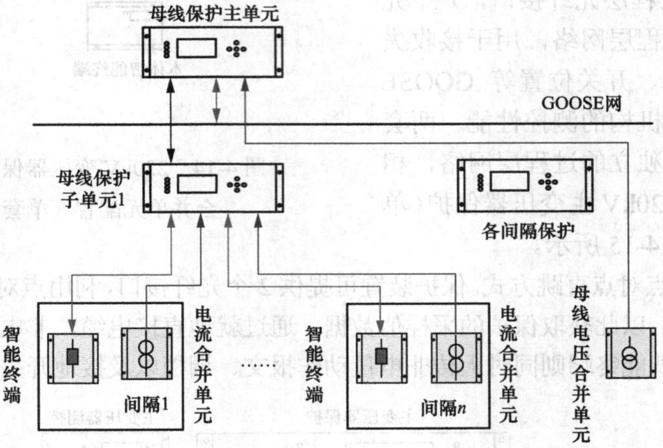

图 4-16 220kV 母线保护接线方式

其中，母线保护装置有 2 个 MMS 以太网接口，实现和站控层系统之间的通信。保护装置会有 1 个独立的光口接入过程层网络，用于失灵启动、各个间隔闭锁等 GOOSE 网信息的传输。通过点对点的 GOOSE 网传输方式，可实现母线保护和其他保护之间的联闭锁[如失灵启动、母联（分段）断路器过电流保护启动失灵等]。

三、500kV 接线方式

1. 500kV 线路保护

（1）相比于双母线四分段带专用旁路母线的接线方式，3/2 断路器接线方式现在更被广泛使用。3/2 断路器的接线方式是高压侧采用 3/2 断路器接线、中压侧采用双母线分段接线、低压侧采用双分支单母线接线的分相自耦变压器。其中，两台边断路器共用一条线路保护，所以应投入专用的检修 SV 接受软压板或对应断路器强制检修分位，以保证在一台断路器检修时，另一台断路器可以正常运行。

（2）500kV 线路采用光纤复用通信方式实施保护。光纤技术的优点就是拥有强大的电网管理能力，在实现网络扩展的同时也具有网络自愈功能。同时，光纤设备有抗脉冲磁场干扰的能力。当雷击电力设备引发暂态脉冲磁场时，光纤设备对脉冲磁场有很高的抗干扰度，使设备的运行不会受到影响。

（3）500kV 输电线路以双回线路为主，如图 4-17 所示，为确保设备安全稳定运行，可以采取跨线操作的方式，通过分相电流差动纵联保护提高继电保护装置动作的准确性。在同杆双回线路保护装置的应用中，不仅要求操作人员熟练掌握操作技巧，还要能充分利用重合闸，将事故带来的危害降到最低。

（4）在 500kV 输电线路的保护中，除了安装纵联保护外，接地保护也是必不可少的。纵联保护为全相速动保护，接地保护为三段式保护。此外，还要根据线路运行需要，采取相应的后备保护、反时限零序保护或者定时限零序方向电流保护。

2. 500kV 主变压器保护

变压器为单相自耦变压器，500kV 侧为 3/2 断路器接线，220kV 侧为双母线或双母线双分段接线，66（35）kV 侧为单母线接线。500kV 变压器的主接线形式如图 4-18 所示。为保障 500kV 变压器能安全稳定运行，通常其主变压器保护采取双重化保护配置。主保护采用差动保护，并配备相应的后备保护，在变压器的高压侧和中压侧中均安装单相接地保护装置，以保护变压器内的安全故障。

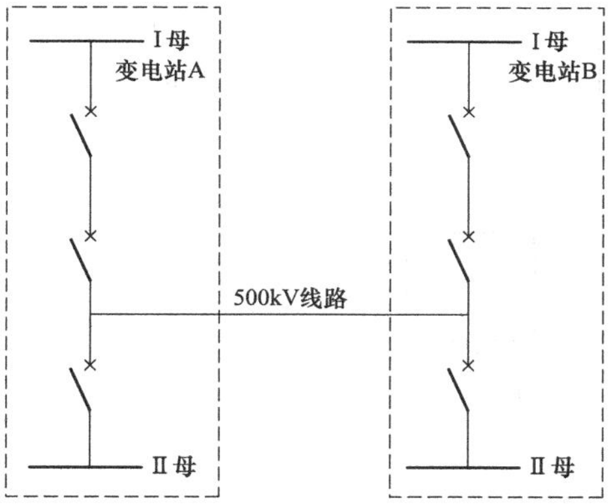

图 4-17　500kV 线路主接线方式

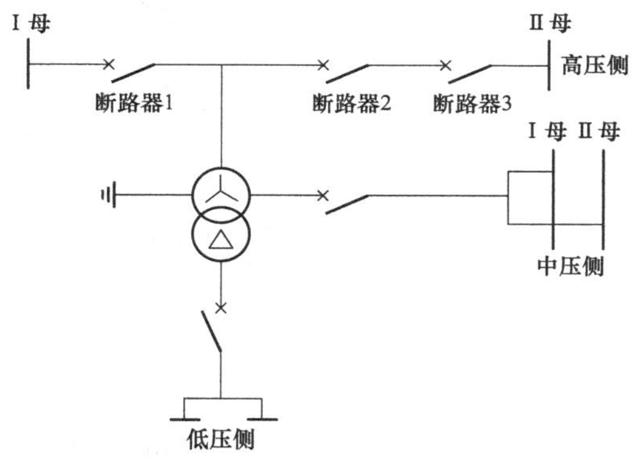

图 4-18　500kV 变压器的主接线形式

合并单元、智能终端配置如图 4-19 所示， ECT1、ECT2 合并单元采集的是高压侧电流量，高压侧 EVT1 合并单元采集的是高压侧电压量，中压侧 ECVT1 合并单元采集的是中压侧电流量和电压量，低压侧 ECVT2 合并单元采集的是低压侧电流量和电压量，低压绕组 ECT3 合并单元采集的是低压绕组电流量，公共绕组 ECT4 合并单元采集的是公共绕组电流量。

断路器非全相保护可以保护在由非全相引起的跳闸或闭闸情况下变压器能动作于信号或出口，保证铁芯不会因发热造成损坏。非电量保护可对输入的非电量接点进行 SOE 记录和保护报文记录并上传，经压板直接出口跳闸或发信报警。

其中，变压器非电量保护功能由非电量智能单元完成，非电量智能操作单元按照单套配置，下放到就地，安装在变压器本体智能操作柜内。智能单元装置采用“直采直跳”的方式，采集本体的各种非电量信息，信息上 GOOSE 网（联闭锁信号和故障录波），跳闸出口直接作用于各侧断路器。

3. 500kV 断路器保护

500kV 线路通常都是 3/2 接线方式，这种接线的正常运行方式是所有断路器都接通，双母线同时工作。其断路器保护应按断路器单元双重化配置，其中一套纵联保护采用以分相差

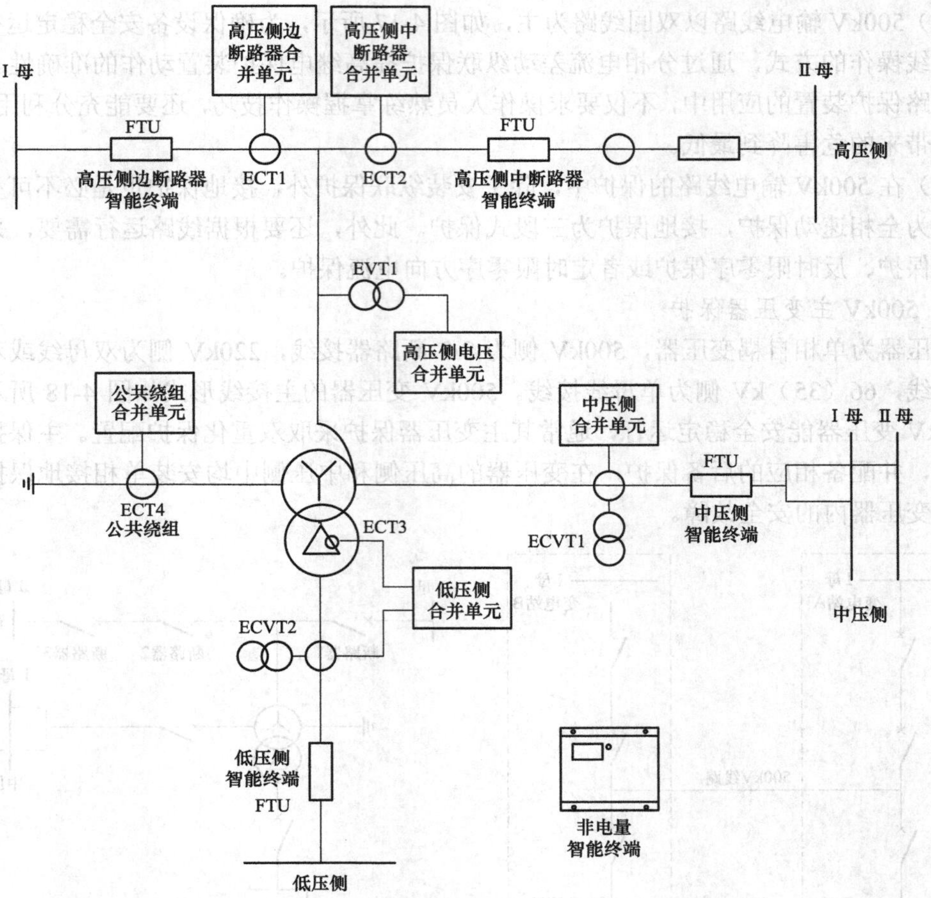

图 4-19 合并单元、智能终端配置图

动保护、零序电流差动保护元件为主体的快速主保护，可实现断路器失灵保护动作向对侧发允许信号功能，同时配置分段式距离和零序保护；另一套纵联保护采用以纵联距离和零序方向元件为主体的快速主保护，可实现断路器失灵保护动作向对侧发允许信号功能，同时配置分段式距离和零序保护。每台断路器保护柜包括断路器失灵保护、重合闸、充电保护，并配置一面断路器保护屏。失灵保护及死区保护作为断路器的重要保护，其动作可靠性直接关系电力系统的稳定，所以在 500kV 的 3/2 接线系统中一般都会采用断路器失灵保护及死区保护，以防止断路器发生拒动。断路器保护接线如图 4-20 所示，边断路器保护在考虑同期重合闸时，母线电压经 MU 接入线路 TV 的 MU。

4. 500kV 母线保护

母线是变电站的一个重要组成元件，如果母线发生故障会带来很严重的后果。500kV 母线一次接线为 3/2 接线方式，不需要对母线保护进行运行方式判别，不需要设电压闭锁元件，而是经 TA 断线闭锁、TA 饱和闭锁。智能变电站可采用分布式母线保护，即在被保护母线连接的每一条线路上装设一个母线保护单元，每个母线保护单元不仅对本线路的电流进行 A/D 转换采样，还处理通信网络送来的其他所有线路单元的电流采样值，通过计算、比较、检测，判断母线的故障。如果某个保护单元判断为母线故障，只断开本身回路，而不影响母线上其他回路。母线保护采用直接跳闸、采样方式，500kV 母线保护接线如图 4-21 所示，边断路器失灵通过 COOSE 网传输启动母差失灵功能。

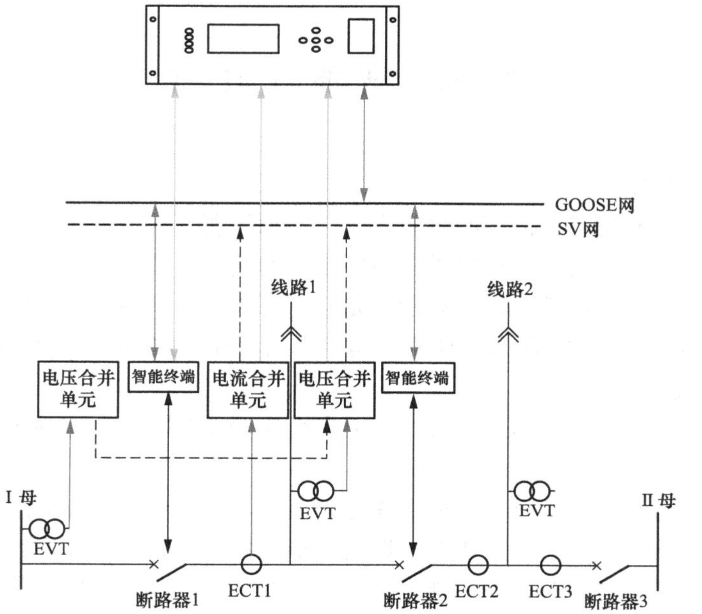

图 4-20　断路器保护接线

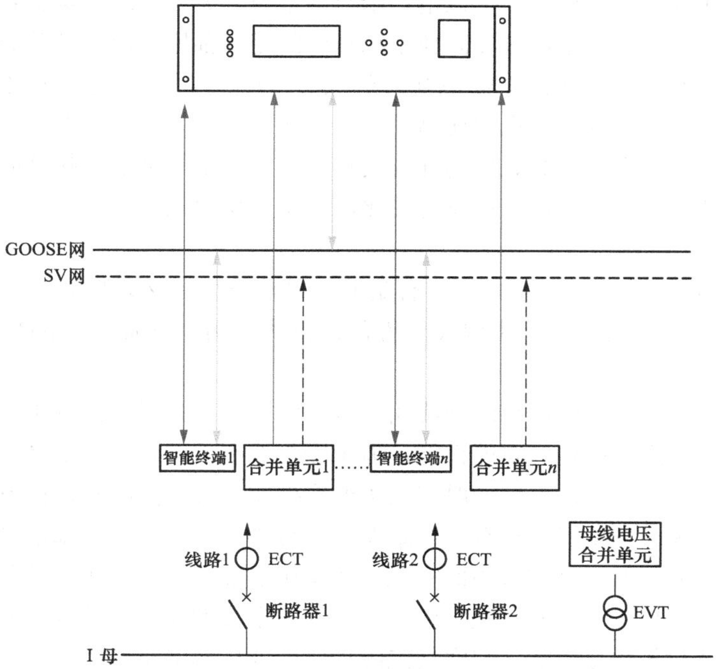

图 4-21　500kV 母线保护接线

第五章　智能变电站一次设备

第一节　智 能 变 压 器

一、智能变压器结构

变压器是变电站和发电厂的核心设备之一，它承担着变换交流电压、变换交流电流以及变换阻抗等任务。我国目前正在积极推广智能电网的建设，智能电网的建立和发展必然与变压器相关，变压器作为核心部件，其智能化是必不可少的。智能变压器就是在传统变压器的基础上增加了许多智能组件，从而实现变压器状态的自我感知、智能评估和智能计算等功能。

1．传统变压器

传统变压器配有非常多的传统组件，主要有变压器器身、变压器油箱、调压装置、冷却装置、保护装置等。

（1）变压器器身。变压器器身主要由铁芯、绕组、引线和绝缘部分组成。

铁芯作为变压器磁路，它主要进行电路的磁能与电能的转换工作。铁芯是由磁导率很高的磁导体构成，且磁导体自带绝缘性能，使其涡流损耗很小。铁芯的绝缘非常重要，既不能过大也不能过小，铁芯的绝缘与否直接影响着变压器是否安全运行。铁芯绝缘的目的是防止多点接地，并且铁芯本身一定是一点接地的，变压器正常运行时，带电的绕组和油箱之间存在电场，而铁芯和其他金属构件处于该电场中。由于电容分布不均，场强各异，如果铁芯没有接地，则将产生充放电现象，破坏固体绝缘和油的绝缘强度，所以铁芯必须有一点可以接地。铁芯由硅钢片组成，为减小涡流，片间有一定的绝缘电阻（一般仅几欧至几十欧），由于片间电容极大，在交变电场中可视为通路，因而铁芯中只需一点接地即可将整叠的铁芯叠片电位钳制在地电位。当铁芯或其金属构件有两点或两点以上（多点）接地时，接地点间就会形成闭合回路，使闭合回路的磁通量发生变化，产生感生电动势，并形成环路，产生局部过热，甚至烧毁铁芯。

绕组是变压器的“心脏”，它必须要有足够的机械强度，必须要有绝缘性、耐热性、散热性，防止雷击或者短路情况下出现突然性的局部大电流，从而产生的局部击穿、过热或者破坏。

变压器外部连续绕组各引出端的导线叫引线，它的功能是导入外部电能或输出变压后的电能。引线应该具有高效率传送电能性能，能承受一般碰撞的机械性能及在一定温度下保持正常工作状态的性能。此外，引线一般有三角形连接和星形连接两种连接方式。

（2）变压器油箱。变压器油箱有着容纳器身、容纳变压器油和冷却散热等作用，所以变压器油箱的体积也随着变压器的大小而变化。在变压器油箱中最为重要的是变压器油，它是变压器最基本的绝缘材料，充满了整个变压器，其最主要的作用是绝缘以及冷却。变压器油有很好的耐电强度和热传导性能，和空气绝缘相比，变压器油绝缘性能更加优良，热容量也优于空气，因此现在绝大多数变压器都是油浸式的。

（3）调压装置。为了给供电网提供更加稳定的电压，调节负载电流和控制电力潮流，必须对变压器进行电压调整。现在大部分的变压器调整电压的方式是在某一侧绕组上面设置分接头，用来除去或者增加一部分的线匝，改变线圈匝数，从而达到电压有级调整的目的。这种进行绕组变化以供调压的电路称为调压电路；变换分接头以进行调压所使用的组件称为分接开关。调压装置一般有无励磁调压和有载调压等。

无励磁调压，无励磁分接开关能够在变压器不施以电压的情况下变化变压器分接头，用来改变变压器的电压比。无励磁分接开关按照相数不同，能够分成单相和三相的无励磁分接开关；按照调压位置的不同，又能分为中性点调压、中部调压及线端调压这三种调压方式。无励磁分接开关的结构形式主要有笼形、鼓形、条形、盘形和楔形等形式的分接开关。

有载调压，有载分接开关能够在变压器励磁或者负载的状态下运行，是用来调节绕组分接位置的电压调节装置，有载分接开关通常由一个带过渡阻抗的切换开关和一个能带或者不带转换选择器的分接选择器组成，整个开关是通过驱动机构来实现的。在某些形式的分接开关中，切换开关和分接选择器通常是合成后作为一个开关来使用的。由于切换开关在断开电流时产生电弧，因此切换开关必须要有单独的油室来保护变压器油。分接选择器在触头不通过电流的条件下进行分接位置的改变，工作中不产生电弧，可以安置在变压器油箱内部。切换开关应该拥有单独的油室，并且必须配备油位计，为了防止压力过高，也需要配备压力保护装置，用来保护变压器油，同时也要配备压力释放装置，在压力过高的时候，释放压力，保护切换开关等部位的油室。

无励磁调压和有载调压都是变压器分接开关调压方式，区别在于无励磁调压开关不具备带负载转换挡位的能力，因为这种分接开关在转换挡位过程中，有短时断开过程，断开负荷电流会造成触头间拉弧烧坏分接开关或短路，故调挡时必须使变压器断电，因此，无励磁调压方式的用于对电压要求不是很严格且不需要经常调挡的变压器。而有载分接开关则可带负荷切换挡位，因为有载分接开关在调挡过程中，不存在短时断开过程，经过一个过渡电阻过渡，从一个挡位转换至另一个挡位，从而也就不存在负荷电流断开的拉弧过程，有载分接开关一般用于对电压要求严格且需经常调挡的变压器。

（4）冷却装置。变压器的冷却装置是将变压器在运行过程中由于损耗产生的热量散发出去，来保证变压器的安全稳定运行。小容量变压器是通过空气将热量传给散热片或散热管，向介质散发热量的方式进行散热的，当变压器容量增大时，这种方式不能有效的散去热量，所以必须采取冷却装置，以散发足够热量。

冷却方式一般有自然油循环和强迫油循环两种。

自然油循环风冷却方式的结构一般由散热器和风机组成，风机在底部吹风冷却散热器，所有的散热器都通过汇流母管与变压器油箱相连，风机挂在散热器底部。自然油循环散热器不是通过蝶阀直接与上节油箱深处的分接头相连的，而是散热器通过蝶阀与母管相连，母管再通过联管和蝶阀与油箱相连。

强迫油循环风冷一般由风冷却器、油泵、油流继电器、支架和管路等组成。风冷却器上部通过联管和蝶阀与上节油箱相连，下部通过油流继电器和蝶阀与下节油箱伸出的正确管头相连，形成一个油循环回路。强迫油循环风冷却方式是强迫油循环的冷却方式，这里潜油泵起到了强迫油循环的作用。当油泵把变压器顶层高温送入冷却管内，经过几次折流后，热量传给冷却管壁，再由管壁向空气放出热量。同时，风扇进行强制吹冷，冷空气带走热量，加速油箱冷却。冷却后的油从冷却器下端进入变压器油箱内。

（5）保护装置。保护装置一般有储油柜、油位计、压力释放阀、测温元件、气体继电器等。

储油柜俗称油枕，是一个圆柱形容器，横放于油箱上方，用管道与变压器的油箱连接。当变压器油热胀时，油由油箱流向储油柜；当变压器油冷缩时，油由储油柜流向油箱。储油柜油面上部的空气由通气管道与外部大气相通，通气管道中放置干燥剂，以减少空气中的水分进入储油柜中，储油柜的底部设有沉积器，以沉聚浸入储油柜的水分和污物，应定期加以排除。在储油柜的一端还装有油位表以观测油面的高低，当由于渗漏等原因造成油量不足时，应及时注油加以补充。

油位计一般有上、下限的报警装置，而智能变压器的油位计还增加了检测装置，根据油位来转换成电流信号，供远方监测及调整。

现代测温元件中，具有天然绝缘性质的光纤测温和非接触式的红外测温技术最为流行。光纤测温中，光栅测温最稳定，性能最好，它利用光纤材料的光敏性在纤芯内形成空间相位光栅，它实际上是利用空间相位光栅的布拉格散射波长特性，在纤芯内形成一个窄带的滤光器或者反射镜。红外测温是一种非接触式的在线监测技术，它集成了光电成像技术、计算机技术、图像处理技术，通过接收物体发出的红外线或者辐射，将其热量显示在荧光屏上，准确地判断物体表面的温度分布情况，具有准确、实时、快速的优点。

气体继电器是油浸式变压器上的重要安全保护装置，它安装在变压器箱盖与储油柜的联管上，在变压器内部故障产生的气体或油流作用下接通信号或跳闸回路，使有关装置发出警报信号或使变压器从电网中切除，达到保护变压器的作用。

气体继电器是利用变压器内故障时产生的热油流和热气流推动继电器动作的元件，是变压器的保护元件；气体继电器装在变压器的储油柜和油箱之间的管道内；如果充油的变压器内部发生放电故障，放电电弧使变压器中的油发生分解，产生甲烷、乙炔、氢气、一氧化碳、二氧化碳、乙烯、乙烷等多种特征气体，故障越严重，气体的量越大，这些气体产生后从变压器内部上升到上部储油柜的过程中，流经气体继电器；若气体量较少，则气体在气体继电器内聚积，使浮子下降，继电器的动合触点闭合，作用于轻气体保护发出警告信号；若气体量很大，油气通过气体继电器快速冲出，推动气体继电器内挡振动作，使另一组动合触点闭合，重瓦斯则直接启动继电保护跳闸，断开断路器，切除故障变压器。

2．智能变压器

智能变压器除了包括传统变压器的这些组件之外，还增加了智能单元控制模块，使工作人员可以远程精确控制和调整变压器。智能变压器的实现方式大多是在常规变压器的基础上增加智能组件，智能组件是由若干智能电子设备（IED）组成，承担设备的测量、可视化以及控制。

（1）油中气体在线监测装置。油中气体的监测，主要有电化学法和色谱法。电化学法，在监测装置的检测单元，油中溶解气体与氧气发生电化学反应产生一个与反应速率成正比的电信号，从而监测出特征气体的含量。在电化学方式下，油中气体在线监测装置可监测的气体有氢气、一氧化碳、乙炔、乙烯，一般用于110kV以下的变压器。色谱法，油中溶解气体在被从变压器油中分离后，进入在线监测装置的定量管，并通过其中的色谱柱，本来混合的气体通过色谱柱时分离出各单组分气体，到达传感器变换成电压信号，从而可监测出油中溶解气体各组分的含量。在色谱法下，油中气体在线监测装置可监测的气体至少有6种，分别为氢气、一氧化碳、甲烷、乙烯、乙炔、乙烷；还有些气体在线监测装置可监测 7 种特征气体，在 6 种气体的基础上增加了二氧化碳；也可监测 8 种特征气体，在 6 种气体基础上增加了二氧化碳和氧气；最多的可以达到监测 9 种气体，在 6 种气体基础上增加了二氧化碳、氧气和氮气。色谱法一般使用在 220kV 及以上电压等级的变压器中。油中气体在线监测装置应用在变压器上应注意提供必要的接口，以方便传感器的接入，一般情况下，电化学法的油中气体在线监测装置只需一个安装传感器的接口，安装于油流通畅部位即可；色谱法的油中气体在线监测装置需进油口和出油口两个专用接口，虽然有些资料介绍可将进油口、出油口同时安装在一个大口径放油阀门上，减少接口的数量，但笔者认为这样布置虽然减少接口数量，但因为进、出油口位置较近，容易形成油路的“短路”，对测量的准确度可能会带来一定的影响，所以不建议如此操作。

（2）智能组件柜。智能组件柜是智能变压器不可或缺的一部分，是智能变压器的灵魂所在。其柜体材质可采用冷轧钢板或不锈钢板，需进行严格的表面处理并采用防腐蚀措施，需有足够的机械强度，并应预留足够的扩展空间和维护空间，两路工作电源以一主一备的方式进行供电，柜体能够满足运行环境要求，柜体内部应有良好的电磁屏蔽措施以保证内部的电磁环境满足各智能电子设备的长期可靠运行要求。

这种实现方式有很大弊端，主要有：一次设备智能化程度不高，一次、二次设备不能有效集成；智能变电网结构太复杂，增加了设备的投资和系统的复杂程度，降低了系统可靠性；变电站和调度站不能有效统一，信息会重复处理。

二、智能变压器智能单元硬件

由于 IT 硬件技术的飞速发展，CPU 的运算处理能力越来越强，单芯片上面实现的 CPU 核的数量也在逐渐增加，能够支持实现复杂的实时监控功能，因此在此提出以单 CPU 芯片为核心的智能主机单元设计方案。以多核单芯片取代原来的多 CPU 方案，多个 CPU 核之间以内存共享或者芯片总线方式传递信息，极大地提高了电磁兼容性能，降低了功耗，同时，也简化了整个系统的硬件方案。智能变压器硬件结构如图 5-1 所示。

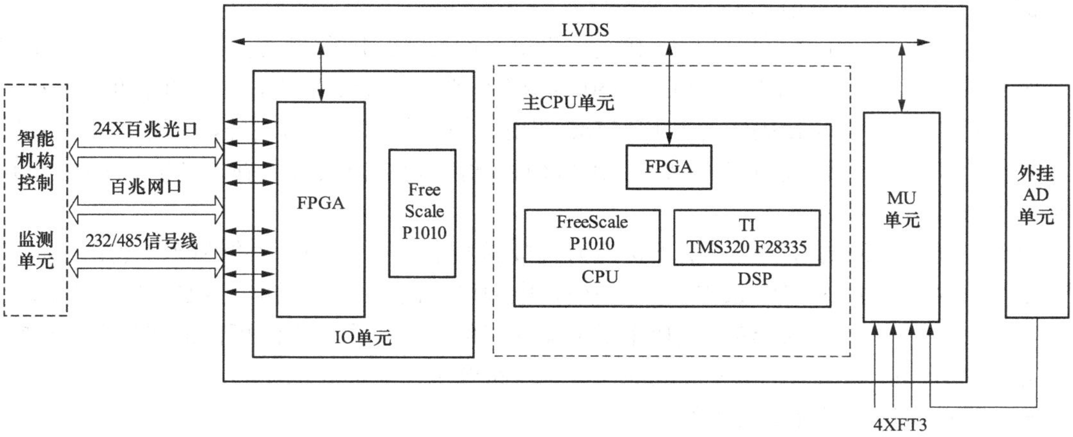

图 5-1　智能变压器硬件结构图

主 CPU 单元。精简指令集处理器 ARM 已被广泛运用于嵌入式工业控制领域，现场可编程门列阵 FPGA 以其高度的灵活性、并运行特性等优势逐渐在嵌入式产品中得到应用。目前

MUC+FPGA 结构已经逐渐成为嵌入式领域的主流结构。图 5-1 中的智能主机单元选择了 Zynq-7000 系列芯片作为主 CPU 单元模块，其主要有以下特点：

（1）芯片上面集成了双 ARM 内核和一个现场可编阵列（FPGA）内核。

（2）每个 ARM 核均为 Cortex-A9 结构，主频达 866MHz～1GHz。

（3）FPGA 具有 500 万门以上的逻辑单元。

（4）内置 18 个 25 位 DSP 乘法通道。

（5）丰富的接口，支持 UART、USB、CAN、SPI、I2C、100/1000M 以太网等接口各两路。

（6）具备硬件电路支持 DDR3、DDR2、LPDDR-2 等 RAM 内存。

（7）两路 12bit A/D 转换器。

Zynq-7000 可以看作两个 ARM 核和一个 FPGA 核构成的三核 SoC。基本的功能划分为 ARM1 实现 IEC 61850 建模、以太网通信、用户接口、文件系统操作等非实时处理功能；ARM2 完成实时计算、控制等实时处理功能；FPGA 完成硬件接口、信号调理、数据预处理、实时时钟等。FPGA 与 ARM 之间通过芯片上的 AXI 软总线进行数据交互；两个 ARM 核之间通过片上共享 RAM 及逆行数据交互。

（1）开关量输入/输出（I/O）单元。I/O 单元实现智能主机单元与监控探头的控制和数据连接功能。I/O 单元由 Zynq 的 FPGA 模块驱动，包含了适当的信号放大和调理电路。FPGA 在给每路 I/O 通道发送数据之前接收数据之后，可以较为灵活地部署和配置一些逻辑单元来处理来自智能机构和传感探头的生数据，仅需将处理后的数据报送给主 CPU 单元，从而减轻了主 CPU 的运算负担，增加了系统的灵活性。

（2）外置模拟/数字转换（A/D）单元。芯片内部集成了两个 1MHz 的 12bit A/D 转换器，每个转换器可以通过多路开关实现多路复用。由于变压器在线监测所需要的模拟量通道很多，要求的采样精度为 12～16bit 或者更高，采集模拟量所需要的采样频率差异非常大，不同探头的模拟特性不同，需要不同的信号前置调理电路，所以在硬件设计中通过专用的 A/D 单元来实现探头的驱动和数据接口。

（3）对时单元。由于采用了单一智能主机单元的方式，因此只要主机单元与变电站自动化系统实现精确对时即可。根据 IEC 61850 以及在线监控功能的需求，对时的精度要求在 1μs 范围内，因此除了 IRIG-B 码或者 IEEE 1588 实现高精度秒脉冲对时之外，智能主机单元中需要内置一个高精度晶振，将秒脉冲精度分解成微秒脉冲。晶振具有温度补偿功能，确保在-40～+75℃的长时间高精度守时。

（4）电源。电源的可靠性和抗干扰能力直接影响了智能主机单元的性能和使用寿命。本设计采用军工级别的 AC/DC 220V 输入的模块电源以提高可靠性，输出为 DC 5V。在每个板卡上有自己的隔离 DC/DC 转换模块来供应本板卡的电力所需。电源可保证在低温下正常启动，并有充分的防雷保护、电源滤波等，可确保符合电磁兼容要求。

三、智能变压器智能单元软件

智能变压器智能单元软件结构如图 5-2 所示。由智能单元硬件可知，智能单元软件需要包括以下三方面内容：

（1）非实时处理功能软件。通过对 ARM 1 的软件编程实现，完成 IEC 61580 建模、以太网通信、用户接口、文件系统操作等功能。

（2）实时处理功能软件。通过对 ARM 2 软件编程实现，完成实时计算、状态监测、监控等实时处理功能。

（3）逻辑控制软件。通过对 FPGA 的软件编程实现，完成硬件接口、信号调理、数据预处理、实时时钟等功能。

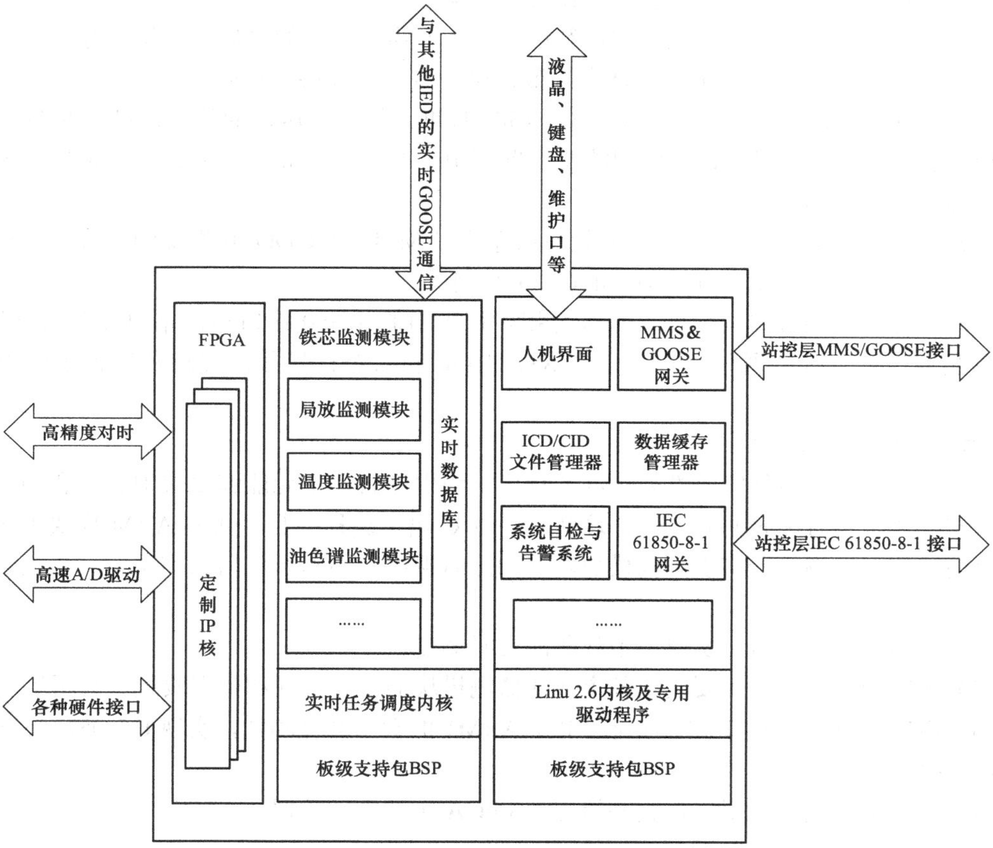

图 5-2　智能变压器智能单元软件结构图

（一）非实时处理软件单元

在嵌入式系统中，ARM+Linux 的搭配得到了越来越多的应用，Linux 以其开源、稳定、跨平台、可裁剪等优势得到很多工程师青睐。在工业控制领域，考虑到实时性需求，一些基于 Linux 内核的实时嵌入式操作系统也逐渐得到应用。

智能变压器包含了在线监测功能，数据量大、类型复杂、数据处理方式也都不尽相同；随着软件、硬件条件越来越成熟，一些以往只能在 PC 端上实现的人工智能算法也逐渐可以在智能主控单元完成，以减轻工作站的计算机负担；智能主控单元还需完成以太网通信、文件系统管理、人机界面等功能，因此选择 Linux 系统为非实时处理软件单元操作系统。

在 Linux 操作系统的支持下，人机界面、以太网通信、文件管理系统等功能可直接完成。常用的部分非实时功能如下：

（1）系统监测与管理。为保障智能主机单元正常运行，软件具备自我监测和管理功能。

此功能可以自动监测主 CPU 实时处理单元、I/O 单元以及 A/D 单元等是否在线、工作是否正常；还可以监测系统过热、过负荷、存储空间不足、网络流量异常、重要进程停止等异常事件，以 MMS 的形式上报给外界系统。

（2）应用程序管理器。可以动态加载应用进程，对应用程序进行配置、安装或升级；对应用程序进行动态管理，如启停、修改配置、删除等。

（3）数据缓存管理器。根据需求，智能主机单元需要一定的可掉电数据缓存能力，在系统硬件上，配备内存至少 2GB 的 SD 卡，数据以一定的文件格式存储。

（4）ICD/CID 模型管理器。根据 IEC 61580 标准，智能变压器的数字建模一 ICD/CID 文件的形式保存和交互。每个运行的智能变压器有明确 ICD 文件定义，并且可以根据站控层下发的 CID 文件来配置。

（5）MMS&GOOSE 网关。系统的状态信息将以 MMS 或 GOOSE 报文的形式上报给站控层系统，在本单元上需要支持 MMS 和 GOOSE 网关。

（6）对外的软件接口与界面。除外界提供标准 IEC 61580 接口外，本单元还对外提供：与后台配置管理软件的通信接口；一个 SSL SHell 和命令行界面；支持控制柜主面板操作软件。

（二）实时处理软件单元

在此单元上专门运行实时性要求高的程序。为保证智能单元能够尽快地测量和响应变压器的状态变化，实时和时间确定性，这些程序以 C 语言编程并且直接在 ARM 模块上运行，由一个简单的任务调度器实现不同模块功能的分时调度，不基于任何操作系统。相关软件模块如下：

（1）应用程序调度器。实现多个任务的实时调度。

（2）实时应用程序。主要包括各个在线监测模块的实时管理和数据收集、分析等功能。

（3）通信模块。实现与非实时处理单元 ARM1 的数据交互功能，实现 GOOSE、SV 信息的发送和接收。

（4）数据缓存模块。用于接收并缓存由 FPGA 来的实时数据。

第二节 智能断路器

随着我国电网建设的快速发展，数字化变电站成为建设和研究的热点。数字化变电站的核心在于一次设备的智能化与二次设备的网络化。对于断路器这种极其重要的电力一次设备而言，其智能化的实现有十分重要的意义。

断路器智能化在于运行状态实时监测、通断精确、智能控制和信息传递网络化等。随着电力电子技术和自动控制理论的广泛应用，计算机与网络通信技术的飞速发展，以及对传感器技术和人工智能的深入研究和综合应用，智能断路器的功能得到了极大的扩展和完善。

一、智能断路器简介

传统的断路器是利用某些物理效应，其控制主要由控制箱实现，通过液压或油压产生机械动作来实现电路的闭合与断开。因此体积比较大、功耗大、温升高、可靠性差。机械控制通断方式存在动作延时，影响了准确性与速动性。常规断路器断开时无法根据实时开断电流大小选择合适的灭弧室工作条件与断开速度，导致断路器实际使用寿命大大减少，增大了设备的更换率。

数字化变电站的发展趋势要求继电保护技术沿着智能化、网络化、自适应化和保护化，集测量、控制及数据通信于一体的方向发展，在这种发展方向的要求下，传统的断路器在信息传递、集中控制方面已经远远不能满足电力系统的要求。因此，新型智能断路器取代常规断路器成为发展的必然趋势。

在 IEC 62063 标准中，对于智能断路器设备的定义为：具有较高性能的断路器和控制设备，配有电子设备、传感器和执行器，不仅具有断路器的基本功能，还具有附加功能，尤其在检测和诊断方面。

智能化断路器综合了现代高电压零飞弧技术、电子技术、电气自动化技术、网络通信技术、计算机及其软件技术等，采用模块化结构，完全突破了传统断路器的许多不足，集保护、测量、监控于一体。除了具备过负荷、过电流、速断、漏电、接地等常规控制、保护、报警、整定功能外，同时还具备人机对话显示、存储、记忆、逻辑分析、判断和选择以及网络通信等功能。能够实时地显示温度、电流、电压、功率因数、有功功率、无功功率等各种特征参数并进行故障参数、类型的储存，具有自诊断能力，从而为运行维护人员进行相应的信息查询和故障判断处理提供现场的实际运行资料，为系统运行方式的优化奠定了基础。

通过其所具备的网络通信技术可以使多台智能化断路器实现与中央控制计算机双向通信，构成智能化的供配电系统，实现"四遥"功能，为无人化站所和实现区域联锁、远方监控、运方调整等创造必要的设备技术保障。

二、智能断路器的工作原理

在目前阶段，智能断路器得到了相应的发展，具有智能操作功能的断路器是在现有断路器的基础上引入智能控制单元，它由数据采集、智能识别和调节装置三个基本模块构成，其工作原理如图 5-3 所示。

图 5-3 中实线部分为现有断路器和变电站的有关结构和相互关联。智能识别模块是智能控制单元的核心，由微处理器构成的微机控制系统，能根据操作前所采集到的电网信息和主控制室发出的操作信号，自动地识别操作时断路器所处的电网工作状态，根据对断路器仿真分析的结果决定出合适的分合闸运动特性，并对执行机构发出调节信息，待调节完成后再发出分合闸信号；数据采集模块主要由新型传感器组成，随时把电网的数据以数字信号的形式提供给智能识别模块，以进行处理分析；执行机构由能接收定量控制信息的部件和驱动执行器组成，用来调整操动机构的参数，以便改变每次操作时的运动特性。此外，还可根据需要加装显示模块、通信模块以及各种检测模块，以扩大智能操作断路器的智能化功能。

智能断路器基本工作模式是根据监测到的不同故障电流，自动选择操动机构及灭弧室预先设定的工作条件，如正常运行电流较小时以较低速度分闸，系统短路电流较大时以较高速度分闸，以获得电气和机械性能上的最佳分闸效果。这种智能操作要求断路器具有机构动作时间上的可控性，目前断路器常用的气动操动机构、液压操动机构和弹簧操动机构由于中间转换介质等因素，控制时间离散性大，其运动特性很难达到理想的可控状态。采取电磁操动机构的断路器利用电容储能、永磁保持、电磁驱动、电子控制等技术，当机构确定后运动部件只有一个，没有中间转换介质，分合闸特性仅与线圈参数相关，可以通过微电子技术来实现微秒级的控制，通过对于速度特性控制实现断路器的智能化操作。

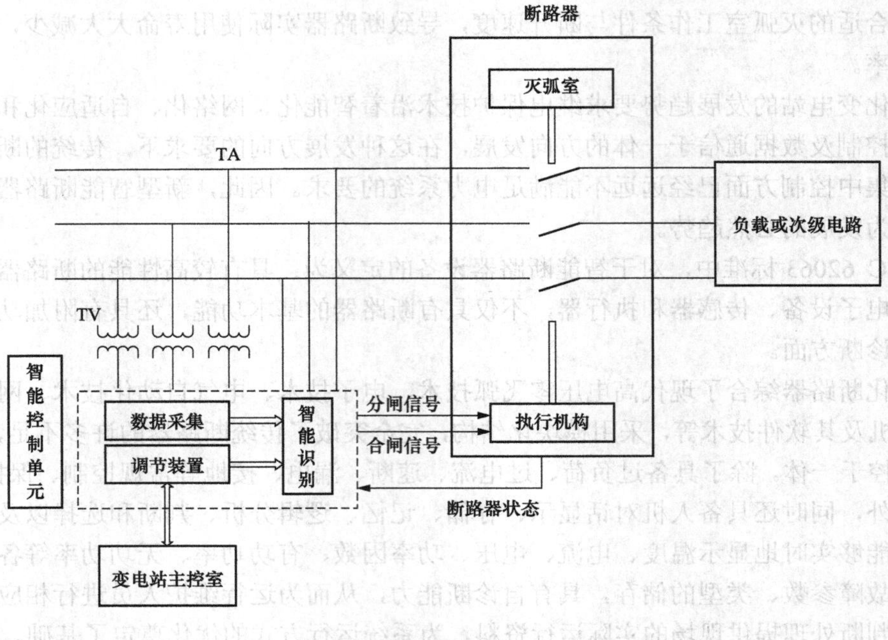

图 5-3　智能断路器的工作原理

智能操作断路器的工作过程是：当系统故障由继电保护装置发出分闸信号或由操作人员发出操作信号后，首先启动智能识别模块工作，判断当前断路器所处的工作条件，对调节装置发出不同的定量控制信息而自动调整操动机构的参数，以获得与当前系统工作状态相适应的运动特性，然后使断路器动作。

智能断路器中智能控制单元的核心是集保护、测量、监控于一体的多功能脱扣器，它主要由微处理器单元、信号检测采集单元、开关量输入单元、显示和键盘单元、执行输出单元、通信接口、电源等部分组成，其原理框图如图 5-4 所示。

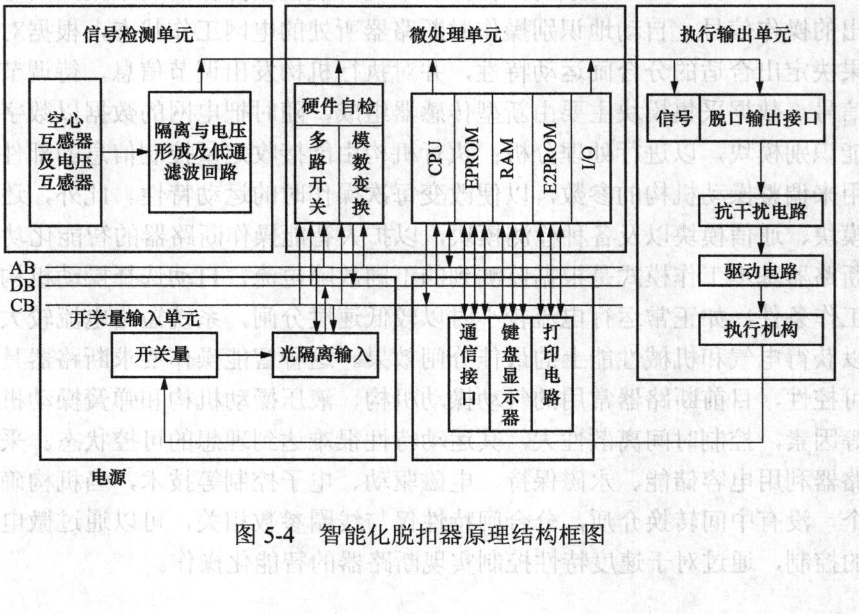

图 5-4　智能化脱扣器原理结构框图

1. 微处理器单元

单片机以其高性价比和可靠性成为智能化断路器智能控制系统的首选。微处理器单元由高性能的自带 A/D 转换、看门狗监视器、I2C 串行总线和高速输入输出通道、通信接口和标准 JTAG 程序的单片机及其外围电子电路组成，同时配以优化的软件，组成的单片机控制系统所需外围元件少，使得设计简单，布线方便，而且在稳定性和抗干扰能力上都有极大的提高。

各交流量分别经信号输入回路、低通滤波器送到 CPU 控制的多路开关，经模数转换后，由 DB 数据总线送到数据存储器（RAM）。CPU 通过调用程序存储器（EPROM）中的程序对采集的数据进行计算，其计算结果与存放在电可擦存储器（EEPROM）中的整定值进行比较，做出相应的故障判断处理；再通过输入/输出端口（I/O）将处理信号送到相应外设（信号与出口）发出报警信号，或执行跳闸。微处理单元除了具有对整个系统的测量、保护、逻辑等功能外，还具有自我故障诊断和监察的能力，当断路器本身发生故障或环境温度超过允许范围时，能发出相应的信号显示或报警，同时重新启动。自诊断的项目主要有 EPROM 出错、A/D 转换出错、环境超温、TA 断线、跳闸线圈断线、断路器拒动及触头维护。微处理单元的自诊断功能不仅大大提高了断路器的运行可靠性，更给后期维修、故障判断工作提供了极大的方便。

2. 信号检测采集单元

信号检测采集单元作为智能化断路器十分重要的组成部分，要求有较高的转换精度、灵敏度、可靠性、频率响应、测量范围以及抗干扰能力，以便微处理单元能够做出精确的判断处理。因此，信号检测采集单元的保护信号和测量信号分别取自不同类型的电流互感器，以满足保护和测量的要求。在测量大电流（短路电流）时，基本上都采用线性度好、精确度高的空心电流互感器进行保护信号的检测；而小电流及电参数的检测则采用铁芯互感器；测量和保护用的电压信号则由电压互感器获得。上述信号经过信号处理电路后，便能将主回路中的电压及电流信号线性的转换为数字电路和单片机可处理的电平信号，经单片机分析判断后发出信号或控制断路器的动作。

根据电流、电压的采样值，还可利用不同的算法计算出相应的电压、电流的有效值、有功功率、无功功率、频率、功率因数、电能等参数，实现各种表计功能，对降低成本，简化布线，提高低压配电的可靠性大有益处。

3. 开关量输入单元

为了满足控制逻辑的需要，单片机内部具有的高速输入通道（HSI）和高速输出通道（HSO），可以很方便地用于开关量的输入与输出，便于上位机的监视和操作控制。开关量的输入主要是断路器的辅助触点状态，经过光电隔离可以很方便地输入 CPU 中，以此判断断路器的状态。

4. 显示和键盘单元

在智能化设备中，不仅要实现自动控制，还要能把相关信息传递给操作运行人员，还要能够接受外部输入并做出响应。良好的用户界面是人机对话所不可缺少的，灵活的键盘管理及直观的信息显示给用户提供了极大的便利。通过液晶屏或发光管能够适时显示各种状态和负载的参数值及故障电流、故障类型和保护动作、试验整定情况，结合按键还可以进行保护的整定、预警值的设定、开关的试验和各种功能的检测。

5. 执行输出单元

智能化断路器的执行元件为一个带永久磁铁的磁通变换器，其特点是体积小、功耗低、脱扣力大。正常工作时，永久磁铁使动静铁芯保持吸合。来自互感器的过负荷、短路、接地等故障信号，按预先设计好的保护特性要求，经微处理器单元处理后，发出一定宽度的跳闸脉冲（负方波脉冲），再送到磁通变换器的线圈，产生反向磁场，抵消永久磁通，动铁芯释放产生的机械能量推动断路器的脱扣器，使断路器分断。

6. 通信接口

智能化断路器所带的串行通信接口，可将智能化断路器连接到现场总线，将配电系统组成局域网，一台计算机作为主站，若干带通信接口的智能断路器组成从站。断路器编号、分合闸状态、各种设定值、运行电流值、电压值、故障电流值、动作时间及故障状态等多种参数进行网络传输，实现与系统上位管理机或控制调度中心计算机间的信息交换，接收上位机或远方调度控制中心的数据上传要求，完成对现场设备的远方监控和遥测、遥信、遥调、遥控功能。

7. 电源

智能化断路器采用双电源供电方式，只要其中任何一路电源正常工作，均可以可靠地给多功能脱扣器供电。一路电源为自生电源，用速饱和铁芯电流互感器从主电路感应获得电源。另一路电源为辅助电源，以“或”的方式由外部提供，它不仅能够在主电源不能工作时提供电源，还可在主电路停电或断路器投入运行前对控制器进行参数整定、功能检查、试验、状态显示、通信，以及在断路器故障分断后保持各种状态指示及故障检查，以维持其正常工作和各种显示。

三、智能断路器的选型

智能断路器用于控制和保护低压配电网络。智能断路器一般安装在低压配电 DW45 万能式断路器柜中，作为主开关，起总保护作用。智能断路器主要有框架断路器（又称万能式断路器）、塑料外壳式断路器和微型断路器。

1. 框架断路器（ACB）

原则上额定电流在630A以上要求采用框架断路器(air cicuit breaker，ACB)，一般为630～6300A。框架断路器的分段能力高，在实际应用中，800A 以上的回路、对分段能力要求特别高的回路或需要功能较多的回路应该采用框架断路器。比如施耐德的空气断路器 MT 系列就分为 3 种，分别是 630～1600A、800～4000A、4000～6300A 型号系列。框架断路器电流等级和分断能力均比塑料外壳式断路器高，一般用于上级进线，塑料外壳式断路器用于框架断路器下级。框架断路器的所有零件都装在一个绝缘的金属框架内，常为开启式，可装设多种附件，更换触头和部件较为方便，多用在电源端总开关。过电流脱扣器有电磁式、电子式和智能式脱扣器等。断路器具有长延时、短延时、瞬时及接地故障四段保护，每种保护整定值均根据其壳架等级在一定范围内调整。手动及电动操作均有，随着微电子技术的发展，目前部分智能型断路器具有区域选择连锁功能，充分保证了动作的灵敏性和选择性。

2. 塑料外壳式断路器（MCCB）

因其接地线端子外触头、灭弧室、脱扣器和操动机构等都装在一个塑料外壳内，所以称为塑料外壳式断路器。其辅助触点，欠电压脱扣器以及分励脱扣器等多采用模块化，结构非常紧凑，一般不考虑维修，适合作为支路的保护开关。塑料外壳式断路器（moulded case circuit breaker，MCCB）的额定电流一般在 630A 以下（一些新产品可达到 1600A），塑料外壳式断路器能够自动切断电流在电流超过跳脱设定后。塑料外壳式断路器通常含有热磁跳脱单元，而大型号的塑料外壳式断路器会配备固态跳脱传感器，其脱扣单元分为热磁脱扣和电子脱扣器。

塑料外壳式断路器多采用手动操作，大容量可选择电动分合。由于电子式过电流脱扣器的应用，可分为 A 类和 B 类两种，B 类具有良好的三段保护特性，但由于价格因素，采用热磁式脱扣器的 A 类产品的市场占有率更高。塑料外壳式断路器有电磁式和电子式两种，一般电磁式塑料外壳式断路器为非选择性断路器，仅有长延时及瞬时两种保护方式；电子式塑料外壳式断路器有长延时、短延时、瞬时和接地故障四种保护功能。部分电子式塑料外壳式断路器新推出的产品还带有区域选择性连锁功能。

3．微型断路器（MCB）

微型断路器（micro circuit breaker，MCB）是建筑电气终端配电装置中使用最广泛的一种终端保护电器。用于 125A 以下的单相、三相的短路、过负荷、过电压等保护，包括单极 1P、二极 2P、三极 3P、四极 4P 等四种形式。在民用建筑设计中低压断路器主要用于线路的过负荷、短路、过电流、失电压、欠电压、接地、漏电、双电源自动切换及电动机的不频繁起动等 9 种保护及操作，断路器选择还应考虑断路器与断路器、断路器与熔断器的选择性配合。

框架式断路器（ACB）、塑料外壳式断路器（MCCB）、微型断路器（MCB）主要区别如下：

（1）分断能力不同。ACB 的分断能力相对较高，MCCB 次之，MCB 最差。

（2）安装的位置不同。ACB 多被采用作为主断路器（电源端总开关），因为它本身具有延时功能，能够延时分断和脱扣，而且还具有很好的通信功能和选择性；MCCB 多被用作配电电器，在线路的中间位置，因为它只具备分断能力和反时限脱扣能力，不具备选择性，所以只能作为下级保护开关或紧急停止开关；MCB 多被用在负载端，因为它的分断能力相对比较低，一般为 6000A 和 4500A。

（3）外形尺寸也相差很大。MCB 的体积小，安装方便；ACB 的体积最大，安装繁杂；MCCB 体积在另外两者之间。

第三节　智　能　开　关

如图 5-5 所示为智能高压开关设备的系统结构图。

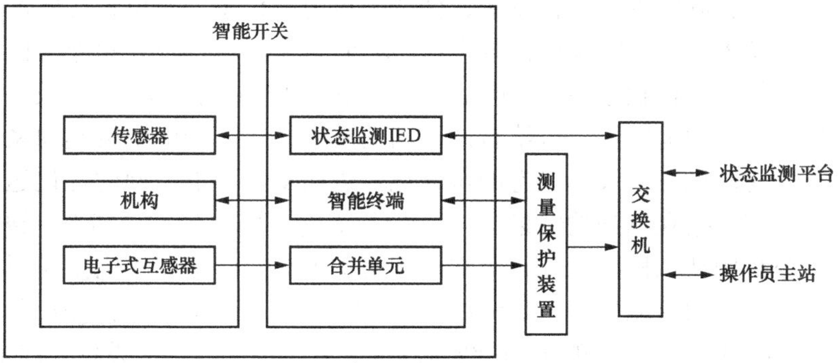

图 5-5　智能高压开关设备的系统结构图

智能高压开关设备基于测量、控制、监测等各种感知信息，对开关设备的运行状态、控制状态、可靠性状态进行综合状态评估，并能根据评估结果与智能电网进行互动，实现优化智能电网控制和支撑智能电网运行的目的，同时能够及早发现其性能隐患，预防故障发生，提高电力系统的可靠性。其优势如下：

（1）设计及功能集成度高。集成电子式互感器、传感器元件、智能组件等，布置更加优化，减少占地；除了实现常规开关的功能，智能高压开关还能实现状态的监测和评估、计量及保护功能等。

（2）接口统一。各部分接口遵循统一规约，内部组件互换性好，外部互联性好，可减少设计以及现场调试工作量。

（3）提高设备整体运行可靠性。由于对设备状态的实时感知与预测，能够对设备做到状态检修，避免不必要的定期检修问题。

（4）优化系统运行。选相合闸控制技术的应用可以减少系统过电压，程序化控制技术可以提高电网运行的自动化程度。

（5）体现环保节约理念。对外接口大多采用光缆通信，大大减少铜芯电缆的使用，减少设计、安装、调试等人力的投入，缩短安装调试周期。

由于智能电网建设的需求，我国智能高压开关设备的应用处于起步阶段，部分开关设备厂家在其原有开关设备上安装了电子式互感器、SF_6 气体状态传感器、局部放电传感器、分合闸线圈电流传感器、储能电机电流传感器、位移传感器及避雷器监测器，在智能组件柜内集成了机械状态智能电子设备、测量智能电子设备、局部放电智能电子设备、避雷器监测智能电子设备、开关设备控制器、合并单元等，最终形成智能化高压开关设备。

智能气体绝缘金属封闭开关设备（gas-insulated metal-enclosed switchgear，GIS）不仅具有传统 GIS 的基本功能，还具有测量、控制和监测功能。测量功能指的是智能高压开关设备自身能够对开关设备主回路的电流及电压、开关设备的分合位置、SF_6 气体压力报警和操动机构闭锁等信息进行测量，并通过基于 IEC 61850 的通信网络传送至变电站上层系统。控制功能指的是变电站上层系统能够通过基于 IEC 61850 的通信网络对智能高压开关设备进行分合操作。监测功能指的是智能高压开关设备自身能够对开关设备机械特性、SF_6 气体密度、局部放电等状态进行在线监测，并可通过基于 IEC 61850 的通信网络上传至变电站上层系统。

智能高压开关设备包括开关设备本体和智能组件，在开关设备本体上安装各种传感器（包括电子式互感器、分合闸线圈电流传感器、储能电机电流传感器、位移传感器、局部放电传感器、触头温升传感器、SF_6 气体状态传感器、环境温度传感器等）和操动机构。传感器通过感知开关设备本体的各种状态参量（包括绝缘状态、机械状态等），通过数字或模拟的方式传送给智能组件，再由智能组件上报给智能电网的其他系统；智能电网其他系统可根据获取的状态信息，实现对高压开关设备状态的可视化，进而支撑智能电网的优化运行，同时智能电网的其他相关系统根据观测到的结果进行“决策”，对智能组件发送指令，智能组件经过逻辑判断后发出指令给操动机构执行分合操作，从而实现对智能电网的优化控制。

智能高压开关设备的智能化演变趋势如图 5-6 所示，大致分为以下三个阶段：

（1）属于智能组件的保护、测控、在线监测等装置（传统的二次设备）都是外置独立的，它们与高压开关设备（传统的一次设备）构成了一个“松散的”智能高压开关设备。而图 5-6 中智能组件和高压开关设备之间的横线刚好划出了相当于过程层和间隔层的界限，其表现形式适合现阶段的变电站技术。由此可见，设备层并没有排斥过程层、间隔层的概念。

（2）在过渡阶段，在线监测设备应融入高压开关设备中，主要是传感器的接入/植入，可以反映高压开关设备的诊断信息，其余的组件还是独立于高压开关设备外部，当然也可以安装在高压开关设备附近。“松散的”智能开关设备体现了紧凑化的趋势。

（3）随着技术发展，智能组件和高压开关设备进一步融合，高压开关设备可以集成的组件也越来越多，最终形成真正意义上的紧凑型一体化智能高压开关设备。智能高压开关设备采用“高压开关设备+智能组件”的模式。智能组件是各种保护、测量、控制、计量和检测等装置的统称，与高压开关设备相对独立。智能组件的概念是灵活的，可以分散（一个组件，一个功能），也可以集成（一个组件，几个功能）；安装方式是既可以外置，也可以内嵌。智能组件的构成，包含了传统间隔层的设备，其灵活的配置方式符合现状与未来的发展要求。

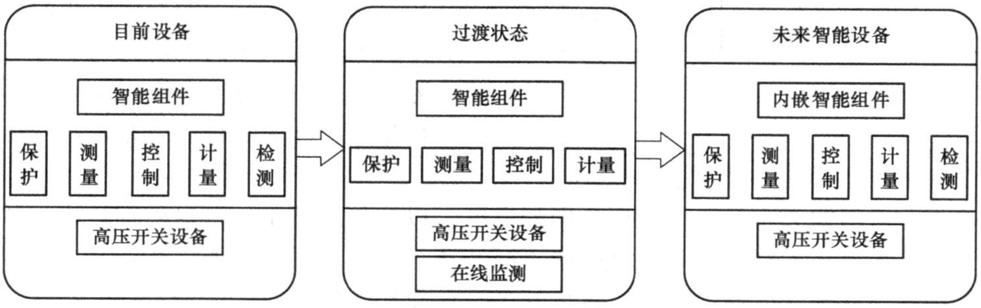

图 5-6　智能高压开关设备的智能化演变趋势

开关设备智能化涉及传感技术、抗干扰技术、微处理器集成技术、电网分析和故障诊断等多个领域，要达到功能完善、价格合理的程度还需要较长的时间。但随着技术的进一步发展、智能化费用的减少和功能的完善，智能化设备将会受到越来越多电力用户的重视。设备信息数字化、功能集成化、结构紧凑化、检修状态化是发展方向，运维高效化是最终目标。

随着智能变电站试点工程建设以及全面建设阶段逐步展开，在智能高压开关的设计方面有如下发展需求及趋势：①随着智能电网建设的不断深入，智能开关设备支持智能电网优化运行的基本理念将不断完善；②为节约变电站占地面积及投资，随着电子装置抗干扰性能的提高及开关设备电磁干扰环境的研究，传统的间隔层设备会逐步下放到开关设备旁的智能组件柜中，同时电子装置的集成度将越来越高；③传感器与本体的一体化。

本节主要介绍智能高压隔离开关、智能高压熔断器以及智能负荷开关，关于智能断路器的内容在上一节已介绍过，此处不再赘述。

一、智能高压隔离开关

近年来，高压输变电设备的安全运行已成为影响电力系统安全、稳定、经济运行的重要因素。其中，高压隔离开关（简称隔离开关）是电力系统中应用最广泛也是最为重要的一类高压电器，一旦发生故障就会引起电网事故。因此，隔离开关及其运行可靠性直接关系整个电力系统的安全运行和供电质量，必须提高其运行的可靠性和安全性。隔离开关系统方案如图 5-7 所示。

高压隔离开关是电力系统中执行开合、转换线路、对电力系统进行控制和保护的可操作式电器设备。隔离开关根据不同的分类方法有多种类型和结构，按照绝缘支柱的数目可分为

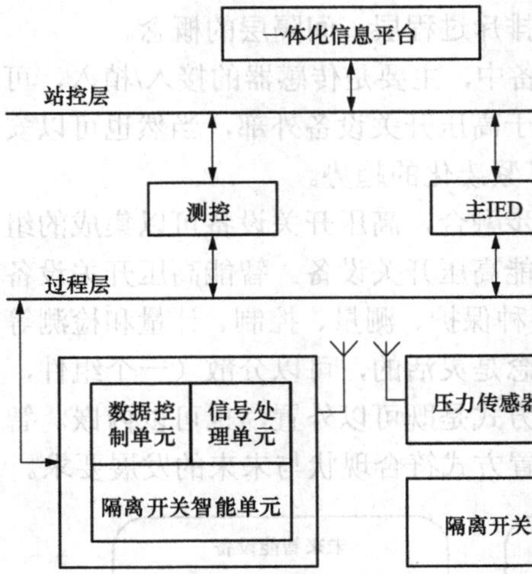

图 5-7 隔离开关系统方案

单柱式、双柱式和三柱式；按照装设接地点可分为户内式和户外式；按照运动方式可分为水平旋转、垂直旋转、摆动式和插入式；按照隔离开关配用的操动机构可分为电动、手动和气动等类型。

目前，隔离开关在运行中受环境、气候条件以及设计制造等因素影响，容易产生机械或电气方面的故障。尤其是当隔离开关的动触指与静触杆不能有效接触，引起动触指与静触杆接触部位发热过热等缺陷，造成隔离开关损坏，电网大面积停电事故，不但给电力系统造成巨大的经济损失，而且对变电站运行人员的人身安全造成损害。因此，准确判断隔离开关是否到位是解决变电站中高压电器设备正常运行的关键问题。

随着国家电网向大容量、特高压方向的发展，以及传感技术、信息处理技术、状态监测和故障诊断技术在高压开关设备领域中的不断渗透，形成了强电与弱电相结合、传统技术与高新技术相结合的现状，推动了高压隔离开关设备向智能化方向发展。

目前，判断隔离开关是否到位多采用人工现场利用望远镜观测、主观判断的方法。这种方法容易受到观测者的主观影响，而且准确性低、效率低。现有的隔离开关到位自动检测方法，主要有测温法、测距法、光学法、图像法、测力法等。下面简单介绍这几种方法的原理及存在的优缺点。

（1）测温法是对隔离开关触头进行测温，以温度的变化间接监测隔离开关到位状态。测温法主要有红外线测温、光纤测温、传感器测温等。总之，测温法成本较低，目前应用较广泛，但是由于温度的变化存在滞后性，不能实时监测隔离开关到位的状态，且该方法受隔离开关性能、参数以及负荷的影响严重，判断不可靠。

（2）测距法是利用测距传感器或接近传感器测量动触头 U 形槽两臂的距离变化来判断隔离开关接触状态。由于隔离开关的工作特点和空间限制，测距或者接近传感器的安装点与实际动静触头的接触点存在不吻合的情况，安装和维护不方便，且测距或者接近传感器本身有一定误差，因此测量也不可靠。

（3）光学法采用光学传感器直接监测隔离开关动静触头位置，具有隔离开关动作辅助触点，与操作保护装置连接，聚光反射体设在隔离开关的动触头上，光发射接收装置设置在隔离开关底座安全平台上，由光发射接收装置的对比判断电路的输出端与隔离开关辅助触点连接，判断出隔离开关是否分合到位，此信号送给操作保护装置，作为远方操作的监视信号。这是一种直接测量的方法，不受强电磁场的干扰，抗干扰能力强。然而，采用单束光发射和接收，位置不能保证准确，检测过程不可靠。安装后调整困难，难度高。

（4）图像法是采用计算机视觉技术，能通过摄像机获取隔离开关所在区域的图像，通过图像处理，自动识别出隔离开关的开合状态以及异常状态，并对其异常状态进行报警。隔离开关的状态分为闭合状态、断开状态、异常状态。根据隔离开关可见断口的灰度图像可以识别出其状态，识别方法常见的是基于模式识别中的最小距离分类器。这种方法工作稳定、直观，自动化和智能化程度高。然而目前的图像监测方法存在诸多缺陷和不足，例如对天气依赖性强，识别准确率不高，识别结果的可靠性较差，成本昂贵等。

（5）目前的测力法是在隔离开关动触头与静触杆接触点或者接触点附近位置安装测力传感器，通过测量压力变化及大小，可判断出隔离开关的开合状态以及异常状态。这种方法属于直接测力法，其工作稳定、安全可靠，特别是对周围的强电磁场干扰具有良好的抵抗能力，而且系统安装不影响原有系统的工作，自动化和智能化程度高，是今后发展的必然趋势。目前该方法由于开关运动稳定性差，可能存在传感器测力点与实际夹住点不吻合，且测力传感器需要直流供电，需要定期更换电池。

二、智能高压熔断器

熔断器以其优异的保护性能成为配电设备及线路过载和短路电流故障的首选保护电器。它开断的短路电流大并能非常显著地遏制其幅值，尤其是其具有速断功能，这些都是其他保护电器不可比拟的。

特别是熔断器与负荷开关、接触器的配合使用，可替代价格昂贵的断路器，它的限流作用可大大降低变电站中供电设备的投资成本。随着人们对其认识的提高，它的市场占有率也越来越大，各类环网柜的大量使用就是一个很好的例证。

熔断器根据使用电压可分为高压熔断器和低压熔断器。根据保护对象可分为保护变压器用和一般电气设备用的熔断器、保护电压互感器的熔断器、保护电力电容器的熔断器、保护半导体元件的熔断器、保护电动机的熔断器和保护家用电器的熔断器等。根据结构可分为敞开式、半封闭式、管式和喷射式熔断器。

敞开式熔断器结构简单，熔体完全暴露于空气中，由瓷柱作支撑，没有支座，适用于低压户外。分断电流时在大气中产生较大的声光。

半封闭式熔断器的熔体装在瓷架上，插入两端带有金属插座的瓷盒中，适用于低压户内。分断电流时，所产生的声光被瓷盒挡住。

管式熔断器的熔体装在熔断体内。然后插在支座或直接连在电路上使用。熔断体是两端套有金属帽或带有触刀的完全密封的绝缘管。这种熔断器的绝缘管内若充以石英砂，则分断电流时具有限流作用，可大大提高分断能力，故又称作高分断能力熔断器。若管内抽真空，则称作真空熔断器。若管内充以 SF_6 气体，则称作 SF_6 熔断器，其目的是改善灭弧性能。由于石英砂、真空和 SF_6 气体均具有较好的绝缘性能，故这种熔断器既适用于低压也适用于高压环境。

喷射式熔断器是将熔体装在由固体产气材料制成的绝缘管内。固体产气材料可采用电工反白纸板或有机玻璃材料等。当短路电流通过熔体时，熔体随即熔断产生电弧，高温电弧使固体产气材料迅速分解产生大量高压气体，从而将电离的气体带电弧在管子两端喷出，发出极大的声光，并在交流电流过零时熄灭电弧而分断电流。绝缘管通常是装在一个绝缘支架上，组成熔断器整体。有时绝缘管上端做成可活动式，在分断电流后随即脱开而跌落，此种喷射式熔断器俗称跌落熔断器，一般用于电压等级高于 6kV 的户外场合。

此外，熔断器根据分断电流范围还可分为一般用途熔断器、后备熔断器和全范围熔断器。一般用途熔断器的分断电流范围指从过载电流大于额定电流 1.6～2 倍起，到最大分断电流的范围。这种熔断器主要用于保护电力变压器和一般电气设备。后备熔断器的分断电流范围指从过载电流大于额定电流 4～7 倍起，到最大分断电流的范围。这种熔断器常与接触器串联使用，在过载电流小于额定电流 4～7 倍的范围时，由接触器来实现分断保护，其主要用于保护电动机。

三、智能负荷开关

智能负荷开关按照使用电压可分为高压负荷开关和低压负荷开关，高压负荷开关主要有 6 种。

（1）固体产气式高压负荷开关。利用开断电弧本身的能量使弧室的产气材料产生气体来吹灭电弧，其结构较为简单，适用于 35kV 及以下的产品。

（2）压气式高压负荷开关。利用开断过程中活塞的压气吹灭电弧，其结构也较为简单，适用于 35kV 及以下产品。

（3）压缩空气式高压负荷开关。利用压缩空气吹灭电弧，能开断较大的电流，其结构较为复杂，适用于 60kV 及以上的产品。

（4）SF_6 式高压负荷开关。利用 SF_6 气体灭弧，其开断电流大，开断电容电流性能好，但结构较为复杂，适用于 35kV 及以上产品。

（5）油浸式高压负荷开关。利用电弧本身能量使电弧周围的油分解气化并冷却熄灭电弧，其结构较为简单，但重量大，适用于 35kV 及以下的户外产品。

（6）真空式高压负荷开关。利用真空介质灭弧，电寿命长，相对价格较高，适用于 220kV 及以下的产品。

高压负荷开关的工作原理与断路器相似。一般装有简单的灭弧装置，但其结构比较简单。压气式高压负荷开关的工作过程是：分闸时，在分闸弹簧的作用下，主轴顺时针旋转，一方面通过曲柄滑块机构使活塞向上移动，将气体压缩；另一方面通过两套四连杆机构组成的传动系统，使主闸刀先打开，然后推动灭弧闸刀使弧触头打开，气缸中的压缩空气通过喷口吹灭电弧。合闸时，通过主轴及传动系统，使主闸刀和灭弧闸刀同时顺时针旋转，弧触头先闭合；主轴继续转动，使主触头随后闭合。在合闸过程中，分闸弹簧同时储能。由于负荷开关不能开断短路电流，故常与限流式高压熔断器组合在一起使用，利用限流熔断器的限流功能，不仅完成开断电路的任务并且可显著减轻短路电流所引起的热和电动力。

低压负荷开关又称开关熔断器组，适用于交流工频电路中，以手动不频繁地通断有载电路；也可用于线路的过载与短路保护。通断电路由触刀完成，过载与短路保护由熔断器完成。20 世纪 70 年代以前所用的胶盖刀开关和铁壳开关均属于低压负荷开关。小容量的低压负荷开关触头分合速度与手柄操作速度有关；容量较大的低压负荷开关操作机构采用弹簧储能动作原理，分合速度与手柄操作的快慢无关，结构较简单，并附有可靠的机械连锁装置，盖子打开后开关不能合闸及开关合闸后盖子不能打开，可保证工作安全。

总之，智能一次设备是指变电站高压电器设备（主要包括断路器、隔离开关、变压器）具有自动测量、自动控制、自动调节、自身状态监测及预警、通信功能。

智能一次设备在智能电网中的作用如下：

（1）与设备管理互动。全面清晰地把握设备运行状态、发现设备潜伏故障，优化电网运行及设备检修决策，提高设备可用率，降低运行管理成本。

（2）与调度系统互动。提供设备故障模式及发生概率预报，使设备状态对调度系统是可观测的，使电网调度增加新的决策维度。

（3）智能高级应用。从传统关注设备可靠性转变为关注电网的可靠性，提高电网运行的智能化水平。预期设备寿命，从电网的大视角实现寿命周期成本管理。

一次设备智能化是智能变电站的重要标志之一。采用标准的信息接口，实现集状态监测、测控保护、信息通信等技术于一体的智能化一次设备，可满足整个智能电网电力流、信息流、业务流一体化的需求。智能化一次设备通过先进的状态监测手段和可靠的自评价体系，可以科学地判断一次设备的运行状态，识别故障的早期征兆，并根据分析诊断结果，为设备运维管理部门合理安排检修和调度部门调整运行方式提供辅助决策依据，在发生故障时能对设备进行故障分析，对故障的部位、严重程度进行评估。大规模间隙发电和分布式发电接入，要求电网具有很高的灵活性，而一次设备智能化是满足这种要求的重要基础。

一次设备智能化、信息交换标准化、系统高度集成化、运行控制自动化、保护控制协同化、分析决策在线化是智能变电站的主要特征。高可靠性的设备是变电站坚强的基础，综合分析、自动协同控制是变电站智能的关键，设备信息数字化、功能集成化、结构紧凑化是未来的发展方向。

第六章　智能变电站二次设备

智能变电站采用 IEC 61850 标准，将变电站二次系统设备按照功能分为过程层、间隔层和站控层。智能变电站网络在逻辑上由三层设备和站控层网络、间隔层网络和过程层网络组成，在物理上一般配置两层，即站控层和过程层，其基本结构如图 6-1 所示。目前智能变电站的典型设计方案是将保护、测控等间隔层设备置于二次设备室内，将智能终端、合并单元等过程层设备置于户外的智能控制柜之中，间隔层设备和过程层设备之间通过光缆实现信息交互。

站控层网络采用星形网络，重要网络采用双星形网络。该网络用于实现站控层内部及站控层与间隔层之间的信息交换，称为 MMS 网，主要用于监视间隔层设备及控制信息，对可靠性要求不高，数据量较大。

过程层网络实现间隔层和过程层设备之间的状态和控制信息的交换，以及采样值的传输，对实时性有要求，采用点对点通信方式，前者采用 100Mbit/s 或更高通信速度的 GOOSE 网络，后者采用 100Mbit/s 或 1000Mbit/s 通信速度的 SV 网。GOOSE 网按照电压等级进行配置，一般采用星形结构，220kV 以上电压等级则采用双网结构。SV 网也同样按照电压等级进行配置，采用星形结构和光纤通信。对于结构简单，保护配置较为简易的 110kV 及以下电压等级可以采用“三层一网”结构，仅对交换机配置有影响。在新一代智能变电站中要求过程层 GOOSE 网和 SV 网合一。

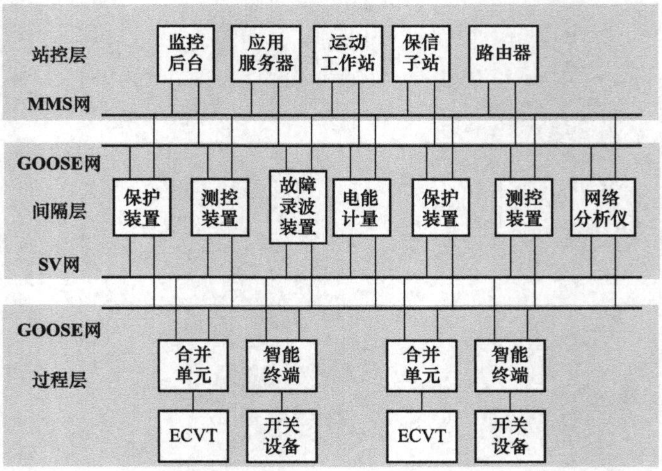

图 6-1　智能变电站网络基本结构

第一节　过 程 层 设 备

过程层设备包括一次设备及其所属的智能组件、独立智能电子装置。过程层实现所有与一次设备接口相关的功能，是一次设备的数字化接口。典型的过程层设备有过程接口装置、传感器和执行元件等，它们将交流模拟量、直流模拟量、直流状态量等就地转化为数字信号提供给上层，并接受和执行上层下发的控制命令。过程层设备由合并单元、智能终端和智能组件等组成。

合并单元是用以对来自二次转换器的电流、电压数据进行时间相关组合的物理单元，分为点对点接口或组网接口（SV 网）。智能设备与一次设备间采用光缆相连，与保护、测控等二次设备间采用光纤相连，实现对变压器、断路器、隔离开关等一次设备的状态进行采集，并将这些信息上传给间隔层设备，同时接收间隔层设备发出的控制命令，完成对一次设备的合、分闸等操作。输出接口有点对点接口或 GOOSE 网。

采用合并单元和智能终端简化了操作回路的设计，但也增加了站内二次设备总体数量，使得控制柜柜体安装空间紧张，温升难以控制。新一代的智能变电站将低电压等级的同一间隔内的合并单元与智能终端进行功能整合，形成合并单元智能终端集成装置。

对于 220kV 及以上电压等级的合并单元、智能终端应双重化配置，每套配置的合并单元和智能终端功能应独立完备、安全可靠。对于 110kV 及以下电压等级，则采用合并单元智能终端集成装置，单套配置。对于 35kV 及以下电压等级的各间隔保护装置按照单套配置，采用常规互感器、电缆直接跳闸，一般不配置合并单元和智能终端，在开关柜安装时，可以集成保护、测控、合并单元和智能终端等功能。

一、合并单元

由于智能变电站中电子式互感器的使用日益广泛，而电子式互感器一般按照 A、B、C 三相分别进行配置，而且电压互感器和电流互感器也多分开配置，所以需要采用统一标准将多个电子式互感器的保护电流、测量电流、测量电压的采样值进行合并采样并输出，这种设备就是合并单元。合并单元装置采用如图 6-2 所示的编号方式。

N - S - ××-××

图 6-2　合并单元编号方式示意图

在图 6-2 中，N 为电压等级，对于集成装置不区分电压等级；S 为类型，集成装置；××为集成装置子类型 1 和类型 2，根据装置的应用场合进行编码。子类型 1 有断路器 CB、母线 B 和本体 T 三种；类型 2 有主变压器低压测安装，代码为 D。合并单元智能终端集成装置设备编码有 N-S-CB、N-S-B、N-S-CB-D 三种，适用于 110kV 及以下的线路间隔和主变压器间隔。

如图 6-3 所示为 PSMU 系列合并单元，它是最新研发的新一代数字化采样装置，具备交流模拟量采集的功能，采集传统 TA/TV 输出的二次模拟信号，可通过 GB/T 20840.8—2017《互感器　第 8 部分：电子式电流互感器》报文格式接收光纤同步串口信号，能兼容 5Mbit/s 及 10Mbit/s 的编码速率。采用 DL/T 860.92—2016《电力自动化通信网络和系统　第 9-2 部分：特定通信服务映射（SCSM）-基于 ISO/IEC 8802-3 的采样值》规定的报文格式，输出同步后的采样值。

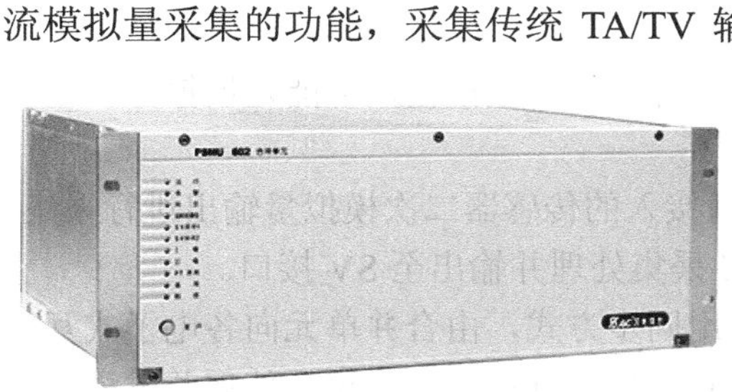

图 6-3　PSMU 系列合并单元

合并单元与数字化电子式互感器连接，主要用于同步采集多路 ECT/EVT 输出的数字信号，或把常规互感器输出的模拟信号转换成数字量输出，将信号发送给保护、测控设备。合并单元将多路电子式互感器输出的电流、电压信号合并，按照统一的标准输出接口，将信号发送给保护、测控、录波器等装置。合并单元的数字输出接口常被称为 SV、SAV 或 SMV 接口，三者都是采样值（sampled value）的缩写。如图 6-4 所示为电子式互感器与合并单元连接示意图。

合并单元按照功能一般分为间隔合并单元和母线合并单元。间隔合并单元用于线路、变压器和电容器等间隔的电气量采集，如三相电压、三相保护用电流、三相测量用电流、同期电压、零序电压电流等；母线合并单元一般采集母线电压或同期电压。

目前变电站中合并单元采样和输出频率统一为 4kHz（每工频周期采样 80 点），可满足保护、测控等装置要求。对于计量合并单元，采样频率可以采用 12.8kHz（每工频周期采样 256 点）。

合并单元技术包括的功能有：电气量采集、接口与协议、状态量采集与发送、合并单元时钟同步、合并单元失步到同步的实现、守时、电压并列和电压切换。

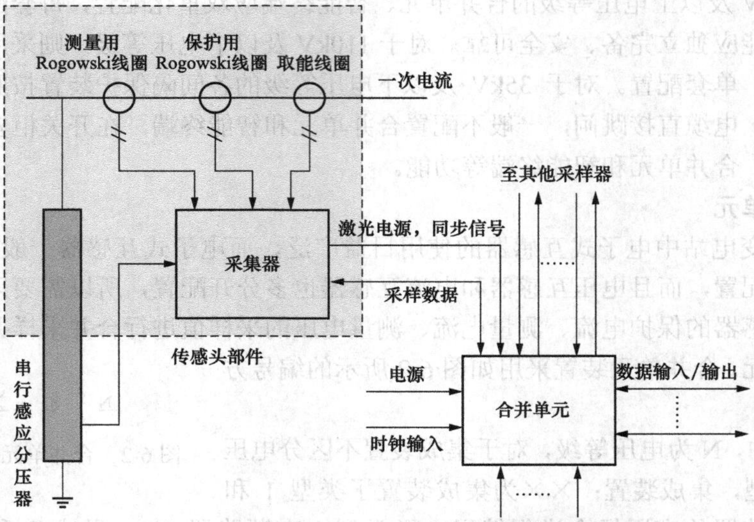

图 6-4　电子式互感器与合并单元连接示意图

合并单元采用分布式构架，应用主要功能模块可以分为输入模块、处理模块和输出模块。

1. 输入模块

输入模块主要完成输入数据的接收、重采样。合并单元电气量输入可能是模拟量，也可能是数字量，一般采用定时采集方式。

模拟量采集可以通过电压、电流变送器，直接对接入的传感器二次模拟量输出进行采集，模拟信号经过隔离变换、低通滤波处理后进入 CPU 采集处理并输出至 SV 接口。

数字量采集的信号有同步和异步两种方式。采用同步方式，由合并单元向各电子式互感器发送同步脉冲信号，电子式互感器收到信号后，对一次电气量开始采集、处理并发送至合并单元。采用异步方式，则电子式互感器根据自己的采样频率进行数据采集、处理并发送至合并单元，由合并单元处理数据同步问题。

由于数据从互感器输出到合并单元存在延时，采样通道不同，延时也不同。为给保护提供同步的数据输出，需要对数据进行二次重构，保证输出端输出的是同步的数据。

2. 处理模块

处理模块包括采集数据的处理、时钟同步、守时、电压切换、并列等功能。

合并单元状态量输入可自身直接采集，或经 GOOSE 通信采集。自采集方式原理是硬件上对信号进行光电隔离变换，将强电的通断信号转换为数字量“0”“1”电平，然后进行定时采样处理。CPU 采集前对信号进行硬件滤波，对采集到的信号还要进行软件滤波。面向通用对象的变电站事件（GOOSE）是 IEC 61850 标准中用于满足变电站自动化系统快速报文需求的机制，主要用于实现多 IED 之间的信息传递。

合并单元时钟同步的精度直接决定了合并单元采样值输出的绝对相位精度，继而影响后续测控、PMU 装置的精度。合并单元要求采样的同步误差不大于±1μs，目前广泛采用 IRIG-B 对时。合并单元在外部时钟从无到有的过程中调整，其采样周期的调整及同步标志的置位时刻将影响后续保护的动作特性，故采样周期调整步长应不大于 1μs。

合并单元要求在时钟丢失 10min 内，其内部时钟与绝对时间偏差保证在 4μs 之内。当合并单元与电子式互感器之间没有硬同步信号时，合并单元应具备前端采样、处理和采样传输时延的补偿功能。合并单元一般利用外部时钟的秒脉冲宽度对装置晶振频率进行调整补偿，在时钟正常时计算补偿系数，在外部时钟消失后通过使用该补偿系数重新计算晶振频率，以保证在外部时钟消失后依靠装置晶振频率运行也能满足要求。

对于单母分段接线等主接线形式的母线电压合并单元还需要电压具备并列功能。合并单元可以通过开入插件或 GOOSE 插件采集母联断路器位置及并列命令。并列信号采用数字量“0”“1”电平。

当合并单元对应间隔接双母线时，其间隔电压根据运行方式可能取Ⅰ母线电压，也可能取Ⅱ母线电压，这时需要合并单元完成本间隔电压切换功能。切换功能可以通过开入开出插件或 GOOSE 插件采集线路隔离开关位置实现。

3. 输出模块

通过内部数据处理模块接收处理模块的数据，根据发送要求对数据进行二次处理并发送至端口。合并单元提供输出 IEC 60044-8 的 FT3 协议的接口和 IEC 61850-9 协议的接口，以满足保护、测控、录波、计量设备使用，输出接口模块化，并可根据需要增加输出模块。合并单元的数值量输出应采用二次值方式。

二、智能终端

在智能变电站设计初期，实现一次设备智能化的思路是独立智能的输入/输出单元。在断路器或变压器附近的控制柜中，对一次设备状态信息就地进行采集，并将信息上传给间隔层设备，间隔层设备发出控制信息，根据接收到的控制信息由就地采集信息的设备完成对一次设备的分合闸操作。这种设备就称为智能终端。该设备代理了操作箱的使用，采用软件逻辑完成控制，使操作回路的设计得到简化。智能终端实物如图 6-5 所示。

图 6-5 PCS-222 智能终端实物图

智能变电站中保护装置和测控装置先通过光缆连接智能终端，再由智能终端通过电缆连接一次设备，保护装置通过 GOOSE 通信向智能终端发送跳合闸命令，由智能终端对一次设备进行操作。智能终端与一次设备采用电缆连接，与保护、测控等二次设备采用光纤连接，实现对一次设备的测量、控制功能。按照控制对象不同分类，智能终端可以分为断路器智能终端和本体智能终端两大类。

断路器智能终端与断路器、隔离开关及接地开关等一次开关设备就近安装，完成对一次设备（含断路器操动机构）的信息采集和分合控制等功能。本体智能终端与主变压器、高压电抗器等一次设备就近安装，完成主变压器分接头挡位测量与调节、中性点接地开关控制、本体非电量保护等。

1. 开关量采集

智能终端的开关量输入采用DC220V/110V强电方式采集，输入量点数根据工程需要灵活配置。外部强电与装置内部弱电之间具有电气间隔。装置对开入信号进行硬件滤波和软件消抖处理，将软件消抖前的时标作为GOOSE上送的开入变位时标。

本体智能终端通常还要采集主变压器分接头挡位开入，然后按照BCD编码（或其他编码方式）计算后，将得到的挡位值通过GOOSE上送给测控装置。

2. 直流量采集

智能终端能实时监测所处环境的温度和湿度，本体智能终端还能实时采集变压器油面温度、绕组温度等信息。这些信号由安装于一次设备或就地智能柜中的传感元件输出，通常采用0～5V或4～20mA两种方式。

3. 一次设备控制

智能终端具备断路器控制功能，可根据工程需要来选择分相控制或三相控制。智能单元应具备操作箱功能，包括分合闸回路、合后监视、重合闸、操作电源监视和控制回路断线监视等。断路器操作回路支持其他间隔层或过程层装置通过硬触电的方式接入，并进行跳合闸操作。

4. GOOSE通信

智能终端与间隔层的IED（保护控制设备）的通信功能通过GOOSE传输机制完成。保护和测控等间隔层设备对一次设备的控制命令通过GOOSE通信下发给智能终端，同时智能终端以GOOSE通信方式上传就地采集到一次设备状态，以及装置自检、告警等信息。智能单元应具备GOOSE命令记录功能，记录收到命令时刻、GOOSE命令来源及出口动作时刻等内容，并能提供便捷地查看方式。

通信规约遵循DL/T 860（IEC 61850）标准。智能单元应能接收IEC 61588或B码时钟同步信号功能，对时误差精度不应大于±1ms。

5. 事件记录

在智能变电站中，智能终端与一次设备的联系最为紧密，所有间隔层设备都要通过智能终端来对一次设备进行控制，智能终端上发生的任何事件都可能影响到一次设备的运行。故智能终端本身要有强大的事件记录功能，不仅记录的信息要完整详细，且要求记录的时间要达到1ms级，足够准确以便在故障发生后进行追溯和分析。

第二节 间隔层设备

间隔层设备主要功能是采集本间隔一次设备的信号，对一次设备进行操作控制，并将相关信息上送给站控设备和接收站控设备的命令。间隔层设备由每个间隔的控制、保护或监视单元组成，包括继电保护装置、测控装置、故障录波装置、网络记录分析及稳控装置等。

一、继电保护控制

国家电网公司在新一代智能变电站建设中对继电保护和安全自动控制技术提出了层次化保护控制体系架构。层次化保护控制由就地级保护、站域级保护控制和广域级保护控制三个层次构成。

就地级保护面向单个被保护对象，利用被保护对象自身信息独立决策，实现可靠、快速地切除故障。

站域级保护控制面向变电站，利用站内多个对象的电气量、开关量和就地级保护设备状态信息，集中决策，实现保护的冗余和优化，完成并提升变电站层面的安全自动控制功能，同时作为广域级保护控制的子站。

广域级保护控制面向多个变电站，利用各站的综合信息，统一判别决策，实现相关保护及安全稳定控制等功能。

1. 就地级保护

就地级保护采用直采直跳，结合 GOOSE 网络实现联闭锁功能。保护装置直接采样，不依赖外部时钟实现保护功能，保证就地间隔保护的可靠性。保护装置直接跳闸，保证了保护的速动性。利用 IEC 61850 信息共享，实现联闭锁功能。站域层网络及区域通信系统故障，均不应影响就地级间隔保护的性能。

新一代就地级保护设备的新要求主要体现在两个方面，一是中低压间隔保护采用“六合一”装置；二是保护及相关二次设备增加状态监测与智能诊断等功能。

2. 站域保护控制

站域保护控制可以获取多个间隔或全站信息，比间隔保护得到的信息更多，有可能对现有保护系统进行补充和优化。对 110kV 及以下电压等级设有配置双重化的保护系统，可做集中冗余保护，同时可实现全站备用电源自动投入，低频低压减载、断路器失灵等安全自动控制功能。

站域保护装置可采用网络采样、网络跳闸方式，接入变电站过程层 SV 与 GOOSE 网。

站域保护控制功能可兼作广域保护子站，其装置应支持二次设备状态监测和智能诊断功能。

3. 广域保护控制

广域级保护控制主要着眼于电网运行中的安全稳定控制优化、继电保护与安全稳定控制的协调、现有保护系统的补充优化、保护定制优化等。广域保护控制系统由布置在某变电站的主机和其他多个变电站的子站经电力通信网络连接而成。各站的站域保护通过控制子站来实现广域保护控制。

三个层次的保护之间有信息交换。广域级保护控制采集站域级保护控制、测量信息，并经站域保护控制系统下达指令；站域级保护控制采集就地级保护信息，不经就地级保护，直接下达控制指令。部分广域保护控制系统子站，如稳控执行站，也可能直接连接到 SV、GOOSE 网络，而不经过站域保护控制装置转接。

就地级保护功能实现不依赖站域、广域保护控制系统，但会有必要的信息交换。三者有机结合，构成完整的层次化保护系统。

二、电能质量监测装置

随着智能电网的飞速发展，一级用户对电能质量的要求越来越高，网络化、信息化、标准化、智能化将成为电能质量监测设备发展的必然趋势。为了保护电网的安全运行和用户的安全用电，迫切需要加强对电网电能质量的监测和综合分析。依照国家标准采用相关统计方法进行在线评估，将电能质量指标参数供给电力企业、用户进行分析应用，以掌握电网的电能质量水平与状况，对电能质量事件及时采取防范措施，如限制强干扰源等，从而确保电力系统的安全、可靠、经济运行，保护电力用户的合法权益。

目前，电网结构正在发生根本性的变化，交直流混合运行、分布式电源的接入以及日益多变的电网负荷特性，使电能质量问题逐渐突出，存在如谐波超标、三相不平衡、电压暂态等电能质量问题，因此需要对电网进行长期的电能质量在线监测。电能质量在线监测设备主要对主干电网、配电网和有特殊需求的地方进行监测。根据不同监测要求，监测点的位置可选择在：①重要的供电母线及线路，如枢纽变电站的高低压母线；②向敏感和污染源用户供电的母线及线路，如电气化铁路、电弧炉等；③电源接入点，如发电厂（场、站）高压母线及送出线路，特别是风电场、光伏电站等新能源发电接入点；④其他特殊需要监测点，如装设 FACTS 设备的母线及线路、直流输电换流站等。

电能质量在线监测设备在智能变电站与常规变电站中的应用和设计有着明显的不同，如采样频率固定、采样数据传输方式、实时数据通信传输等，都对基于智能变电站的电能质量在线监测设备带来了新要求。如图 6-6 所示为电能质量监测装置。

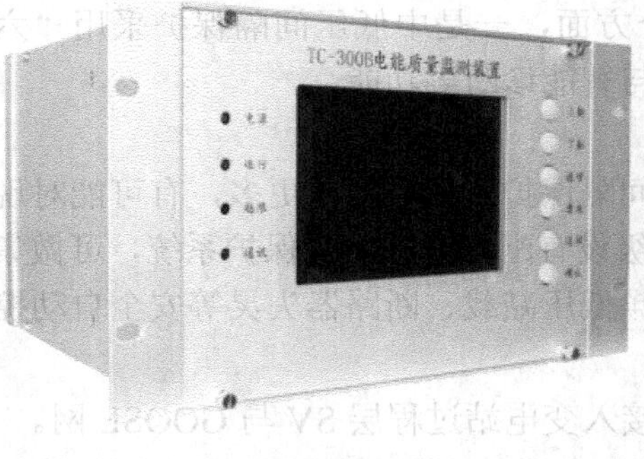

图 6-6　电能质量监测装置

智能变电站的电能质量监测设备一方面需要具备实时处理分析大规模数据的能力，并且具备更高的监测精度，从而使运行和监管部门能准确、高效、迅速分析和评估电能质量状况。另一方面，各地实施电能质量监测与管理的水平差别比较大，缺乏统一的技术标准和系统规划，使得电网运行和监管部门在使用不同厂商提供的电能质量监测设备时，面临着数据格式、数据质量、数据交换方式、数据应用方法的严重不一致的问题，需不同厂家设备间能够实现数据通信的兼容性，并能实现监测设备间的信息共享，降低系统监测成本。

智能变电站的电能质量监测设备的各项技术指标应满足 GB/T 19862—2016《电能质量监测设备通用要求》和 Q/GDW 650—2011《电能质量监测终端技术规范》的规定，监测设备的测量方法应满足 IEC 61000-4-30 的 A 类仪器要求。

新一代智能变电站的数字化电能质量在线监测装置接于保护测控 MU。由于采样频率固定为每 20ms 80 点，根据采样定律和拟合插值方式，谐波监测次数降低为 25 次。新一代智能变电站的集中式电能质量在线监测设备一般都具有 4 条以上线路容量（4 组三相全电压和 4 组以上三相全电流），用于分别监测主变压器高、低压侧电压、电流和重要出线。

在新一代智能变电站中，由于电能质量分析计算量非常大，因此数字化电能质量在线监测装置设计时考虑采用数据分析处理、数据接收以及数据管理相分开的方式。因此需构建 IEC 61850 标准的电能质量监测装置硬件平台，以高性能 Power PC 及浮点 DSP 为基础，采用可实时处理和分析大规模数据、功能模块化的设计思想，将应用功能进行模块化、标准化、可重用化设计，可兼容模拟采样及数字采样，通过内部高速数据总线进行实时数据交换。这种分布式系统具有较好的通用性和扩展性，软硬件升级简单。同时，IEC 61850 标准不仅定义了统一的数据格式，还定义了数据传输相关通信接口和服务模型。将 IEC 61850 标准引入电能质量监测系统中，从设备层面解决了数据兼容问题，实现了不同厂家监测设备间信息的共享，提高了监测平台的运行效率，降低了系统监测成本。

衡量电能质量的标准有以下 6 点。

1. 频率偏差

电力系统频率是电能质量的基本标准之一。电力系统的负荷始终随着时间不断发生变化，要随时保持发电厂的有功功率与用户有功功率的平衡，维持系统频率恒定，就要求电力系统应具有一定的旋转备用容量，一般运行备用容量要求达到 1%～3%系统总容量。

一般测量电力系统的频率都是利用单相电压的波形来分析的。电力系统正常运行时，系统频率为工频 50Hz。对于频率的估计，可以直接通过对电压信号的采样值进行简单的处理求得（电压为纯正弦量）。

通过比较前后两个采样点的电压值来判断是否有零点出现。如果两点电压值符号相反，则存在一个零点。如果两点符号一样，则不存在零点。通过计算一段时间内过零点的个数的方法来监测频率。

实际频率计算时，首先采用数字滤波器对原始波形滤波，再采用过零检测法计算。设测量装置采样间隔时间为 t，在一定的时间间隔 T 内，采样点数为 n，对输入的正过零点计数为 K（即周期个数为 K），则信号的频率为

$$f = \frac{T}{nt / K} \tag{6-1}$$

在电能质量相关标准中，频率偏差监测终端允许误差要求为 42.5～57.5Hz，最大误差±0.01Hz。

2. 电压偏差

电力系统由发电厂、升压变压器、输电线路、各级降压变压器和配电线及各种用电设备组成。由于用电负荷不断变化，电力系统运行中有功功率始终处于动态平衡中，系统各点的电压也时时变化，这种变化具有一定范围限制，也就是供电电压允许偏差，即实际运行电压对系统标称电压偏差的百分比。

电压偏离额定值的原因包括：供电距离超过合理的供电半径；供电导线截面积选择不当，电压损失过大；线路过负荷运行；用电功率因数过低，无功电流大，加大了电压损失；冲击性负荷及非对称性负荷的影响；缺乏或使用不当的调压措施。

在电压偏差计算中，测量电压有效值的基本时间窗口是 10 个周期，连续测量并计算电压有效值的平均值，最终计算获得供电电压偏差值为

$$\Delta U = \frac{U_{\mathrm{re}} - U_{\mathrm{N}}}{U_{\mathrm{N}}} \times 100\% \tag{6-2}$$

式中　ΔU——电压偏差，%；

U_{re}——电压测量值，kV；

U_{N}——系统标称电压。

在电能质量相关标准中，终端允许误差要求：10%～150%标称电压范围内，最大误差±0.2%。

3. 三相不平衡

理想的三相交流电力系统中，三相电压应有同样的幅值，相位角互差 120°，这样的系统称为对称系统。由于构成电力系统的元件参数不对称，尤其是三相负荷的不对称，会造成系统三相电压长时间运行在不平衡状态。系统处于不平衡运行时，其电压、电流均含有大量的负序分量和零序分量，对电气设备造成不同程度的影响。

三相不平衡包括三相电压不平衡和三相电流不平衡，其不平衡程度用电压或电流不平衡度指标衡量。不平衡度是指三相系统中电压、电流负序基波或零序基波分量与正序基波分量的均方根值百分比值，即

$$\varepsilon U_2 = \frac{U_2}{U_1} \times 100\%$$
$$\varepsilon U_0 = \frac{U_0}{U_1} \times 100\% \tag{6-3}$$

式（6-3）中，角标 1 表示正序，2 表示负序，0 表示零序。电压为三相电压各分量的均方根值。将电压换成电流，则是电流的不平衡度。

在电能质量相关标准中，三相不平衡度允许误差要求为±0.5%。

4. 谐波

随着现代工业的发展，电力系统非线性负荷日益增多，如各种换流设备、变频装置、电弧炉、电气化轨道等非线性负荷遍及全系统；电视机、节能灯等家用电器也日益广泛使用。这些非线性负荷产生的谐波注入电网，将使电压波形产生畸变。谐波是对周期性交流量进行傅里叶级数分解，得到频率为基波频率整数倍（大于 1）的分量。间谐波是对周期性交流量进行傅里叶级数分解，得到频率为基波频率非整数倍的分量。

电网谐波、间谐波的产生的原因有：①发电机和电动机，包括发电机磁饱和非线性产生的谐波、发电机不对称运行引起的高次谐波等；②电弧的非线性伏安特性形成的高次谐波；③电设备产生的谐波，晶闸管整流设备、变频装置、电弧炉、电石炉、气体放电类电光源、家用电器。

在电能质量相关标准中，谐波/间谐波的允许误差分为 A、B 级，如表 6-1 所示。

表 6-1　谐波/间谐波的允许误差

等级	被测量	条件	允许误差
A	电压	$U_h \geqslant 1\% U_N$	$5\% U_h$
		$U_h < 1\% U_N$	$0.05\% U_N$
	电流	$I_h \geqslant 3\% I_N$	$5\% I_h$
		$I_h < 3\% I_N$	$0.15\% I_N$
B	电压	$U_h \geqslant 3\% U_N$	$5\% U_h$
		$U_h < 3\% U_N$	$0.15\% U_N$
	电流	$I_h \geqslant 10\% I_N$	$5\% I_h$
		$I_h < 10\% I_N$	$0.50\% I_N$

5. 电压波动与闪变

电弧炉、轧钢机等大功率装置的运行会引起电网电压的波动，而电压波动常会导致许多电气设备不能正常工作。通常，白炽灯对电压波动的敏感程度要远大于日光灯、电视机等设备，并且所有建筑的照明都大量使用白炽灯。若电压波动的大小不足以使白炽灯闪烁，则肯定不会使日光灯、电视机等设备工作异常。因此，通常选用白炽灯的工况来判断电压波动值是否能够被接受。

由于一般用电设备对电压波动敏感度远低于白炽灯，通常选用人对白炽灯照度波动的主观视感（即闪变）作为衡量电压波动危害程度的评价指标。

在电能质量指标计算中，FFT 计算在电能质量指标计算中应用最广泛，是谐波、间谐波、三相不平衡度等相关指标计算的基础，是电能质量监测设备中指标计算最耗时、耗资源的部分。FFT 的计算精度决定电能质量相关指标测量的准确度，计算速度决定了监测设备的整体计算性能。

系统频率是电力系统的重要参数，一般在 50Hz 左右波动。常规变电站电能质量监测设备大都具有频率锁相跟踪环节，当系统频率发生变化时，会实时调整采样率。但是智能变电站 MU 采样频率固定为每 20ms 80 点，一旦系统频率偏离 50Hz，DFT 计算就会随着计算中值上下波动。为解决这一问题，监测设备可采用对原始采样值进行插值再计算的方法。插值的方法有很多，如线性插值、拉格朗日插值、抛物线插值等方法，实际应根据监测设备硬件资源速度来进行选择。

三、数字化计量设备

电能计量是完成电力营销部门电费计算工作的重要环节。电能量采集管理系统是对用户计量点电能数据进行远程采集、处理和实时监控的基础应用系统。电能采集系统通过采集终端、智能电能表，实现用户用电信息的自动采集、计量异常检测、电能质量检测、用电分析与管理、用电信息发布、分布式能源监控等功能。数字化电能表如图 6-7 所示。

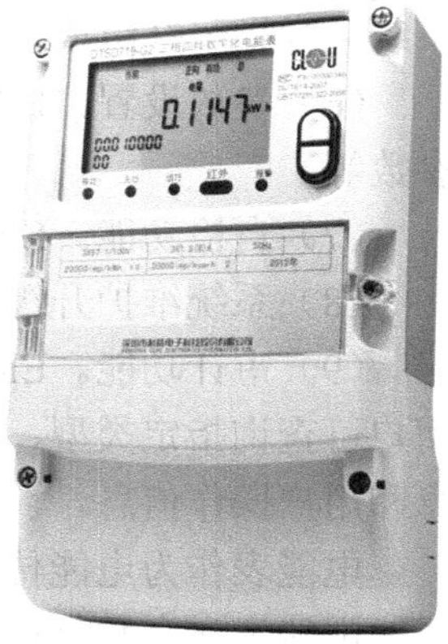

图 6-7 数字化电能表

电能量采集管理系统由主站、通信信道、采集终端、智能电能表等部分组成。系统中厂站采集终端完成变电站内电能表数据的采集，再通过专用通信信道将数据上传至主站系统。主站系统完成数据的接收、存储、统计和分析，并可通过中间库、Web Service 和数据中心等系统接口方式与其他信息系统实现数据共享或数据的双向交换。电能表主要完成电压及电流有效值、有功电能、无功电能等各个电量参数的计算。

智能变电站内的电能计量由数字化电能表和采集终端等装置来实现，其信息采集、通信、计算、输出过程全部实现数字化，是智能变电站的重要功能组成部分。

变电站电能采集终端（ERTU）是介于主站与电能表之间的中间设备，主要具有电能量数据采集、处理、存储和传输等功能。电能表通过通信线连接至 ERTU 的通信端口，采集终端按照设定的积分周期采集、冻结、处理、存储、传输电能表的各项数据，并通过调制解调器、无线专网、光纤网络等接口实现与主站的通信。数字化 ERTU 可同时接入采用串口方式通信的传统智能电能表和采用以太网通信的全数字化电能表，并可按照不同的通信协议实现数据的采集。同时，数字化电能量采集终端可作为终端电能表的代理装置，采用IEC 61850标准实现与其他数字智能装置的通信，以及与本地后台监控系统的通信。电能采集终端有以下功能：

（1）电量数据采集。ERTU 支持两种数据采集方式，即读取电能表中的实时电量数据和读取电能表中的负荷曲线数据。同时支持以不同的协议采集不同类型电能表的电量数据。系统提供以下三种方式来触发采集操作：

1）用户命令触发。

2）定时抄表任务触发。

3）自动补抄任务触发。

（2）电量数据查询。ERTU 允许用户远程或本地查询电量数据。电量数据可以是数据库中的历史数据，也可以是当前电能表中的实时数据。

（3）档案管理。ERTU 支持对档案进行查询和设置。档案包括采集终端档案和电能表档案。采集终端档案与每一台 ERTU 一一对应，包含终端所有必备信息。用户可以远程或本地查询及修改信息，但不支持删除操作。电能表档案与 ERTU 下所挂电能表相对应。每一块电能表有一份档案，包括表号、通信地址等，用户可以在 ERTU 中增加、删除、修改相应的电能表档案。

（4）定时任务管理。定时任务是整个系统的核心，大部分电量数据的采集和传输都通过定时任务实现。用户可通过不同的起始时间、执行周期和执行优先权来合理安排多个定时任务，避免冲突，充分利用资源。定时任务的类型有定时抄表/回送任务、定时电能表时钟同步任务和定时 GPS 时钟同步任务三种。定时抄表/回送任务是最重要的，在 ERTU 中，依照不同的需求，允许有多个不同的此类定时任务，任务的执行由 ERTU 根据设置信息来调度任务。

（5）本地显示。ERTU 通常具有友好的本地用户交互界面，主要由液晶显示屏、键盘、系统运行指示灯组成。

（6）参数设置。ERTU 参数设置主要针对本地功能，主要有通信参数、显示参数和时钟参数等。

（7）自检功能。ERTU 通常具有软、硬件看门狗功能，以及硬件自诊断功能。

（8）系统维护升级。主要实现远程查询、设置参数档案、在线诊断、在线升级等功能。

（9）审计功能。ERTU 将会检测并记录系统的运行状况，记录的信息存储在数据库中，用户可查询指定类型、指定时间范围的审计信息。审计信息包括单点事件信息、系统运行信息和用户操作信息。

电能表作为电能传输和消耗的计量装置，发展经历了感应式电能表、脉冲式电能表、电子式电能表和全数字化电能表等阶段。

智能变电站中采用的全数字化电能表，其主要功能包括电能量计量、需量计量、费率管理、事件管理（告警管理）、时钟管理、电能质量管理和负荷曲线等内容。

为了实现电能计量，需要通过数据采集将各种信息读出，以便实现对各种电能信息的管理和分析。电能表读取电流、电压采样值之后，采用傅里叶变换算法进行有功、无功电能计量。

智能变电站的计量系统由过程层 IED 设备（含电子式电流互感器、电子式电压互感器及合并单元）、间隔层 IED 设备（含基于 IEC 61850 的数字化电能表和变电站层的电能量采集终端）组成。合并单元的作用是对电压、电流模拟量信号进行时间同步和聚集，经过内部的信号处理电路输出已合并好的采样值。合并单元和全数字化电能表之间采用 IEC 61850-9-2 通信协议，一个电能表只需要一个合并单元提供的模拟采样数据就可以完成计量任务。

为保证计量的准确性，数字化变电站内通常配置独立的计量用合并单元。一般，数字化电能表每工频周期接收采样速率为 200 点，也支持每工频周期 80 点的速率。

数字化电能表理论上是没有误差的，但实际中可能会由于算法及浮点数运算的有效误差而引起误差。而计算机系统的固有误差非常小，算法的误差与信号的频率波动、波形和非同步采样有关。因此数字化电能表可以通过改进计量算法来提高精度。全数字化电能表的计量准确度要求满足有功电能计量 0.2S 级、无功电能计量 2.0 级。如按照数字量虚拟负荷校准时，精度要求达到 0.05 级。

四、故障录波器

电力系统故障录波器是研究现代电网的基础，也是评价继电保护动作行为及分析设备故障性质和原因的重要依据。电力系统故障录波记录电力系统动态过程，主要任务是记录大扰动（如短路故障、系统振荡、频率崩溃、电压崩溃等）引起的系统电压、电流及其导出量，如系统有功功率、无功功率及系统频率的变化全过程。故障录波屏如图 6-8 所示，故障录波器在电力系统中的作用主要包括：

（1）系统发生故障，继电保护装置动作准确，可以通过故障录波器记录下来的电流量和电压量，对故障线路进行测距，帮助巡线人员尽快找到故障点，从而及时采取措施，缩短停电时间，减少损失。

（2）断路器不明原因跳闸时，通过对故障录波器记录的波形进行分析，可以判断出断路器跳闸的原因。从而采取相应措施，将线路恢复送电或停电检修，避免盲目强送造成更大的损失，同时为检修策略提供依据。

（3）判断继电保护装置的动作行为。当系统由于继电保护装置误动造成无故障跳闸或者系统有故障但保护装置拒动时，需要利用故障录波器中记录的开关量动作情况来判断保护的动作是否准确，并可以据此找到故障处。对于复杂的故障，可以通过记录下来的电流、电压量对故障量进行计算，从而对保护进行定量考核。

220kV 及以上电压等级系统一般要求安装故障录波器。常规变电站故障录波器按照配置方式可以分为集中式和分散式两种。集中式配置由一台故障录波器采集全站重要的电流、电压信号和继电保护、安装自动装置的动作触点、断路器辅助触点及通信通道信号等波形，并将记录数据和初步分析结果送到远方录波主站进一步处理。

在智能变电站中，用于传输状态量、电压及电流等信号的二次电缆被数字化通信网络所取代。站控层、间隔层及过程层的通信网络报文成为变电站智能设备间信息交互和共享的主要方式。故障录波器也采用数字化录波器，数字化录波器全面支持 IEC 61850 协议，要求采样数据同步，对故障信息录波并进行数据存储。

智能变电站以交换式以太网和光缆组成的网络通信系统替代以往的二次连接电缆和回路。数字式故障录波装置智能记录电压、电流发生突变引起的保护动作，不能分析由于某个智能单元出现故障，或者报文有误等导致保护的误动或拒动等，也不记录间隔层与变电站层之间的事件，因此需要设备完整的记录整个智能化变电站中各智能单元之间的通信过程，重视事件的整个发展过程，为以后的事故分析提供依据。网络报文记录分析装置就是完成上述功能的，即实时监视、记录全站 SV 报文，GOOSE 报文、MMS 报文及其他未识别报文；实时分析、诊断通信网络的健康状况、通信异常情况，提前发现通信网络的薄弱环节和故障设备，给出报警，预防电力系统事故的发生。智能变电站中，网络报文分析装置一般集中配置。一套网络报文记录分析装置既提供电口以太网[❶]，用来监视站控层网络，又提供光纤以太网接口，用来监视过程层网络。

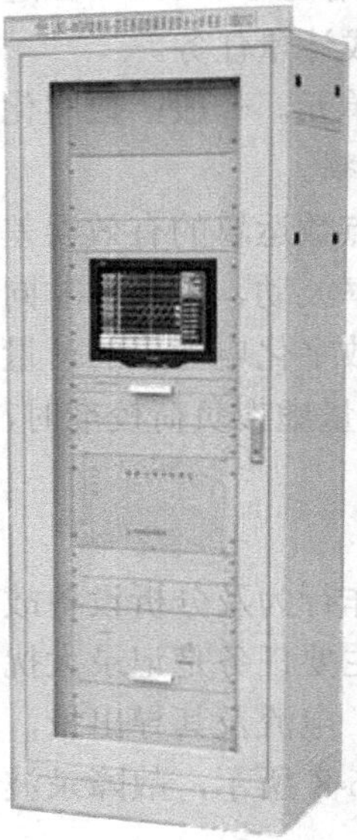

图 6-8 故障录波屏

故障录波器和网络报文分析装置在智能变电站中是必不可少的设备。故障录波器的数据来源于过程层网络，网络报文分析装置的数据除了过程层网络之外，还要监视站控层网络。由于两者数据的同源性，在变电站中故障录波器和网络报文记录分析装置的配置可以合成采用集成装置，也可以分别配置这两种装置。

在智能变电站建设中，这两种方式都有应用。集成装置可以节省投资，减少屏柜数量，降低现场维护和调试工作量。集成装置可以接入两个网络，接入过程层网络，接收各合并单元提供的采样值数据，接收各智能终端提供的断路器状态和各保护装置发出的各类跳闸和告警信号；保存过程层的所有网络报文，同时根据报文完成故障录波功能。接入站控层网络，主要记录站控层的网络报文信息。

第三节 站控层设备

站控层设备有监控主机、数据通信网关机、数据服务器、综合应用服务器、操作员站、工程师工作站、PMU 数据集中器和计划管理终端等。

变电站监控系统对全站设备的运行参数进行采集、测量，并对运行状态进行监视和记录；对变电站主要一次设备（如断路器和隔离开关）进行自动控制或远方操作；当变电站的主要设备或输配电线路发生故障时，能及时记录和提供故障信息；将采集到的数据通过先进的网络通信技术及时上送至调度主站并执行调度主站下达的命令。监控系统主要由数据采集、数据分类和处理、数据存储、辅助分析决策、优化控制、安全监控、操作与控制、人机联系、系统维护、同步对时等功能模块组成。

智能变电站监控系统除了完成常规变电站监控与数据采集功能外，还将视频、环境监测、在线监测等各种子系统的数据进行有机融合，在此基础上满足电网实时在线分析和控制决策及运行状态可视化等要求。智能变电站监控系统不仅是变电站智能化实现的关键，也是调度中心和生产管理等主站系统实现各项高级应用的基础。智能变电站监控系统全面遵循 IEC 61850 标准，高度集成系统设备，广泛应用高级应用功能。

智能变电站监控系统以全景数据库技术、通信标准化技术和信息可视化技术为基础，集成了数据归一化模块和数据校验模块。它提供基于模型的应用程序编程接口及结构化查询语言接口，以实现各种实时和历史数据访问服务；提供标准化的通信接口，以实现系统外部的数据访问服务和文件传送服务。如图 6-9 所示为数字化电能计量监控测试平台。

❶ 电口以太网是指通过网线直接连接的以太网口，因直接通过网线连接，传输的是电信号，与光纤以太网传播的是光信号不同。

图 6-9　数字化电能计量监控测试平台

一、设备配置与发展趋势

智能变电站监控系统主要由站控层设备组成，包括监控主机、数据通信网关机、PMU 数据集中器、综合应用服务器、站用时间同步装置等。

（1）监控主机。实现变电站的 SCADA 功能，通过读取间隔层装置的实时数据、运行实时数据库，来实现站内一、二次设备的运行状态监控、操作与控制等功能。一般监控主机采用双台冗余配置。

（2）数据服务器。用于变电站数据的集中存储，为站控层设备和应用提供数据访问服务。存储数据主要包括历史采样数据、事件记录、录波文件等。

（3）操作员站。站内运行监控的主要人机界面，实现对全站一、二次设备的实时监视和操作控制，具有事件记录及报警状态显示、画面曲线报表展示等功能，具备事件查询、设备状态、参数查询、操作控制等功能。

（4）工程师站。实现智能变电站监控系统的配置、维护和管理。

（5）“五防”工作站。进行“五防”规则管理，闭锁不正确的遥控操作。通过“五防”操作票管理，保证遥控操作或就地操作的正确执行次序和执行对象。

（6）综合应用服务器。接收站内一次设备在线监测数据、站内辅助应用信息、设备基础信息等，进行集中处理、分析和展示，是安全Ⅱ区的设备。

（7）保护信息管理子站。集成站内保护装置信息，能够存储保护故障录波信息，具备修改保护装置的保护定值、切换运行定值区号的功能。

（8）Ⅰ区数据通信网关机。直接采集站内数据，通过专用通道向调度中心传送实时信息，同时接收调度中心的操作和控制命令。需要采用专用独立设备，无硬盘、无风扇设计。

（9）Ⅱ区数据通信网关机。实现Ⅱ区非实时数据向调度中心的数据传输，具备远方查询和浏览功能；实现变电站告警信息向调度主站的直接传输，同时支持调度主站对变电站的图形调阅和远程浏览。

（10）Ⅲ/Ⅳ区数据通信网关机。实现与 PMS、输变电设备状态监测等其他主站系统的信息传输。

（11）图形网关机。实现智能变电站的告警直传与远程浏览功能，具备将变电站告警信息以字符串形式远传调度的能力，具备将变电站动态图形G格式文件远传调度的能力。

（12）PMU数据集中器。用于站端PMU数据接收和转发的通信装置。能够同时接收多个通道的测量数据，并能实时向多个调度通道转发测量数据。

（13）站用时间同步系统。为全站所有设备提供统一的时间同步信号，应采用GPS和北斗系统双对时源。

计算机性能的提高和智能变电站监控系统一体化技术的发展，使得实际智能变电站建设时，站控层设备可进行功能集成，减少设备数量，也就是说智能变电站设备的发展趋势是集成化。

监控主机将分布式测控装置采集的实时数据集中到监控主机上，对计算机有较高的实时性和大数据量通信的性能要求。监控主机一般采用高性能工业控制计算机，高性能多核CPU，8G以上内存，500G以上硬盘存储器，从而能支持监控主机的功能集成。一般监控主机上集成数据服务器、工程师站、操作员站、“五防”闭锁工作站及保护管理信息的功能。

通信网关机是变电站与调控主站通信的关键节点，Ⅰ区数据通信网关机相当于传统的远动机，在智能变电站中可称为智能远动机，主要实现与主站SCADA/EMS系统的通信，将站内数据转发给调控中心，同时为调控中心提供远程操作控制功能，并为调控中心提供更强大的站端功能支持。

数据通信网关机要求对实时数据直采直送，必须采用独立设备。为保证稳定性，数据通信网关机一般要求采用无硬盘、无风扇设计。传统的远动机一般采用嵌入式装置，随着技术发展，也有采用X86架构的计算机，同时使用固态硬盘和高性能散热片来满足无硬盘和无风扇要求。Ⅰ区数据通信网关机如果配置性能较强，也可以用来集成图形网关机功能。Ⅱ区数据通信网关机主要用于上送变电站非实时信息，可以集成保护信息子站功能。

基于安全分区的要求，Ⅱ区的综合应用服务器一般不与监控主机集成，Ⅱ区网关机也不与Ⅰ区网关机集成。对于110kV以下电压等级变电站可以弱化安全分区问题。在新一代110kV智能变电站中为增加系统集成度，可将综合应用服务机合并到监控主机，Ⅱ区网关机合并到Ⅰ区网关机，减少监控系统设备。

二、应用功能

智能变电站监控系统采用IEC 61850标准与间隔层设备通信，具备良好的可视化展示和便捷的人机操作界面，既要实现实时数据的快速处理和历史数据的海量存储功能，也要实现网关机的规约转换功能。监控系统通过这些基本功能配置，实现对站内一、二次设备的实时监视和可靠的操作控制，并支持调度主站对站内的监视控制。

（1）数据访问和存储功能。实时数据库提供安全、高效的实时数据存取，支持多应用并发访问和实时同步更新；历史数据库采用成熟的商用数据库或文件库，提供数据库管理工具进行维护、更新和扩充操作；历史、实时数据库通过标准数据总线接口为其他应用提供数据服务。

（2）图形展示与管理功能。完成图元编辑、图形制作和显示功能，并与实时数据库相关联，导入/导出满足DL/T 1230—2013《电力系统图形描述规范》语言格式的要求，便于其他系统导入使用，实现图形的共享；可动态显示系统采集的开关量和模拟量、系统计算量和设备技术参数；图形展示与管理功能可直接展示变电站接线图的拓扑结果，并以变化图元形式直观反映实时数据变化，实时跟踪一次设备状态，动态展示实时量测值；能够提供柱形图、折线图、饼图等丰富的可视化展示手段。

（3）人机界面操作控制功能。人机交互界面为变电站操作人员对设备的选择、控制、取消、监护、修改、置数等控制操作提供界面；控制操作界面一般依附于变电站图形界面，要求简洁、直观、操作简便；控制操作功能同时提供对外接口，能够为高度自动化的控制操作应用提供支持，实现远方调度控制、无功优化控制、顺序控制等功能。

（4）防误操作和闭锁功能。防误闭锁功能在监控系统误操作时发生作用，防止造成损失和人员伤害，一般也称为“五防”功能。误操作一般指的是错误的操作对象或操作次序，闭锁功能在误操作时生效，禁止遥控操作。防误闭锁功能实现全站性逻辑闭锁功能，站控层设备能满足全站性逻辑闭锁。间隔测控装置判断本间隔的闭锁条件及间隔间装置的相关闭锁。防误闭锁功能一般集成在监控系统中，但一个独立于监控系统之外的“五防”系统也是智能变电站的一种可选方案。

（5）规约转换与数据传输功能。智能变电站需要将按照不同规约传输的数据进行转换。目前变电站与调度总站之间的主流通信规约是 IEC 60870-104 规约，因此变电站监控系统需要具备规约数据转换的功能。另外，规约转换功能为智能变电站监控系统提供了充分扩展能力，能够适应各种非 IEC 61850 数据的接入。

（6）IEC 61850 通信客户端功能。智能变电站监控系统需要基于 IEC 61850 标准，将间隔层设备的数据信息上送给站控层设备。间隔层设备运行了 IEC 61850 服务器模块，对应监控主机、远动网主机、保护信息子站都要求具备 IEC 61850 通信客户端功能才能够获取间隔层设备数据，并对间隔层进行控制、置数等操作。

（7）系统模型配置与校核功能。智能变电站监控系统需要提供独立的系统配置工具和装置配置工具，能正确识别和导入不同制造商的 IEC 61850 模型文件，具备良好的兼容性。装置配置工具支持装置 ICD 文件生成和维护，支持从 SCD 文件中提取需要的装置实例配置信息；应具备虚端子导出功能，生成虚端子连接图，以图形形式来表达各虚端子之间的连接。装置配置工具具备 SCD 文件导入和校验功能，可读取智能变电站 SCD 文件，测试导入的 SCD 文件的信息是否正确。

（8）告警直传和远程浏览功能。智能变电站有大量数据需要上送调度，增加了主站系统数据库的处理负担，为在加强主站对变电站监控能力的同时，不增加主站服务器的负担，提出了告警直传和远程浏览功能。告警直传上送的测点告警不同于传统的点号分合上送模式，而是通过 DL/T 476—2012《电力系统实时数据通信应用层协议》直接上传告警事件的信息文本。按照预先定义的标准格式，调度主站能够直接解析该文本，获得变电站、间隔及告警事件信息。远程浏览提供了从远方实时浏览变电站就地的监控画面的功能。在不增加主站工作量的情况下，使得调控主站运行人员可以在任何时间浏览当地变电站监控系统的实时画面，直观了解变电站系统运行状况、潮流走向、一次设备位置等。主站端没有绘制变电站的图形，而是实时远程调用变电站图形到主站端显示。实现方式上，变电站采用 G 格式图形文件，通过 DL/T 476—2012 协议将图形文件上传给主站。由于图元是动态变化的，该功能同时能够将动态图元的变化信息上传给调度的对应图形，从而实现图元的远方动态展示。智能告警与远程浏览功能一般布置在 I 区数据通信网关机上。

智能变电站监控系统除了上述常规应用功能外，还发展出了一系列智能化应用功能，提升了变电站的自动化水平。高级应用功能是智能变电站区别于传统变电站的一个重要特征。

智能变电站高级应用功能可分为运行监视、辅助决策、调节控制、维护管理等。运行监视类高级功能对电网运行状况和设备状态进行全面监视和展示，为就地或远方的运行值班人员提供直观的电网和设备状况，如设备状态可视化等。辅助决策类高级功能对站内的全景信息进行综合分析处理，为就地或远方的运维人员提供辅助决策，如智能告警与分析决策、故障信息综合分析判断等。调节控制类高级功能与上级调度主站、其他管理主站进行协同互动，实现变电站倒闸操作的自动化及优化控制等，如顺序控制、站域控制等。维护管理类高级功能是和系统配置、调试及辅助系统管理相关的其他高级功能，如源端维护等。高级应用功能软件一般采用模块化、组件化设计，可在工程实施时根据各个智能变电站的实际情况，有选择的采用。

智能变电站高级应用功能目前主要应用于智能告警与分析决策、源端维护、顺序控制、故障信息综合分析判断、智能操作票、设备状态可视化、站域控制、经济运行与优化控制等方面。

第七章　智能变电站设备测试技术

第一节　电子式互感器测试技术

一、电子式互感器的测试标准

为了规范电子式互感器的有关定义、使用条件、性能指标、设计要求以及试验项目，IEC 颁布了相关标准：IEC 60044-7-1999《互感器　第 7 部分：电子式电压互感器》以及 IEC 60044-8-2002《互感器　第 8 部分：电子式电流互感器》。2003 年中国互感器标准化技术委员会上提出，根据 IEC 制定的电子式互感器国际标准来制定国家标准的计划。经过多次会议讨论与修改，2007 年中国互感器标准化技术委员会正式颁布了中华人民共和国国家标准：GB/T 20840.7—2007《互感器　第 7 部分：电子式电压互感器》以及 GB/T 20840.8—2007《互感器　第 8 部分：电子式电流互感器》。国际化标准和国家标准的发布实施有利于推进电子式互感器技术的发展与应用。

二、电子式互感器的测试项目

（一）出厂前测试

国家标准中规定了电子式互感器的测试项目，主要包括型式试验、例行试验、特殊试验三个部分。型式试验是指“对每种型式电子式互感器所进行的试验，用它验证按同一技术规范制造的所有电子式互感器均满足除例行试验外的各项要求”（注：“在一台互感器上进行的型式试验，对具有较少差别的互感器，可认为是有效的，但此差别应经制造厂与用户协商同意”）。例行试验是指“每台互感器都应经受的试验”；特殊试验是指“一种不同于以上的两种试验，是由制造厂商与用户协商确定的”。电子式电压互感器和电子式电流互感器需要测试的项目略有不同，下面分别介绍每一种试验项目以及相应的试验方法。

1. 电子式电压互感器型式试验项目

（1）一次电压端的冲击试验。冲击试验是指施加参考电压和额定耐受电压，参考的冲击电压应该为额定冲击电压的 50%～75%。记录冲击电压的峰值和波形，观察参考电压和额定耐受电压下记录的波形变异，作为试验中绝缘损坏的依据。冲击试验包括额定雷电冲击试验和操作冲击试验。

（2）户外型电子式电压互感器湿试验。湿试验是指户外型电子式互感器承受淋雨情况下仍保持绝缘性能。湿试验程序按照 GB/T 16927.1—2011《高电压试验技术　第 1 部分：一般定义及试验要求》中的规定进行。

（3）准确度试验。准确度试验包括基本准确度试验，准确度与温度关系的试验，准确度与频率关系的试验，器件更换的准确度试验。

（4）异常条件承受能力试验。异常条件承受能力试验是指在异常情况下对电子式互感器进行试验，如果试验后冷却到室温，电子式互感器无可见损伤，其误差与试验前记录相比不超过其准确级误差限值的一半，则表明电子式电压互感器顺利通过此项试验。异常条件承受能力试验包括短路承受能力试验和过热承受能力试验。

（5）电磁兼容试验。电磁兼容试验是指电子式电压互感器在电磁环境下满意的运行，且不对该环境中的其他设备产生超过限制的电磁干扰。电磁兼容试验包括电磁兼容发射试验、电磁兼容抗干扰度试验，其中电磁兼容抗干扰度试验有谐波和谐间波抗干扰度试验、慢电压变化抗干扰度试验、电压暂降和短时中断抗干扰度试验、浪涌干扰度试验、电快速瞬变脉冲群抗干扰度试验、振荡波抗干扰度试验、静电放电抗扰度试验、工频磁场抗扰度试验、脉冲磁场抗干扰度试验、阻尼振荡磁场抗扰度试验、射频磁场辐射抗扰度试验。

（6）低压器件冲击耐压试验。一般低压电器元器件的耐压试验标准按 3 倍的工频电压进行试验，过程中不应出现电气放电和机械损伤。

（7）暂态性能试验。暂态性能试验包括一次短路和线路带滞留电荷的重合闸试验。

2. 电子式电流互感器型式试验项目

（1）短时电流试验。短时电流试验规定电子式电流互感器如果试验后冷却到室温，电子式电流互感器无可见损伤，其误差与试验前记录相比不超过其准确级误差限值的一半，接触导体表面的绝缘无明显劣化现象，则表明电子式电流互感器顺利通过此项试验。

（2）温升试验。温升试验标准是试验过程中，若温升变化值每小时不超过 1K，认为电子式电流互感器已达到稳定。

（3）一次端的冲击试验。与电子式电压互感器相同，一次端的冲击试验包括额定雷电流冲击试验和操作冲击试验。

（4）户外型电子式电流互感器湿试验。湿试验是指户外型电子式互感器承受淋雨情况下仍保持绝缘性能。湿试验程序按照 GB/T 16927.1—2011 中的规定进行。

（5）低压器件冲击耐压试验。电子式电流互感器的低压器件冲击耐压试验包括工频耐压试验和冲击耐压试验，试验标准均为：在试验过程中未发生击穿或闪络现象，试验后电子式电流互感器能满足基本准确度要求。

（6）电磁兼容试验。电磁兼容试验是指电子式互感器在电磁环境下满意的运行，且不对该环境中的其他设备产生超过限制的电磁干扰。电磁兼容试验包括电磁兼容发射试验、电磁兼容抗干扰度试验，其中电磁兼容抗干扰度试验有谐波和谐间波抗干扰度试验、慢电压变化抗干扰度试验、电压暂降和短时中断抗干扰度试验、浪涌干扰度试验、电快速瞬变脉冲群抗干扰度试验、振荡波抗干扰度试验、静电放电抗扰度试验、工频磁场抗扰度试验、脉冲磁场抗干扰度试验、阻尼振荡磁场抗扰度试验、射频磁场辐射抗扰度试验。

（7）准确度试验。根据电子式电流互感器用途，准确度试验从大的方向上分为测量用电子式电流互感器的基本准确度试验和保护用电子式电流互感器的基本准确度试验，另外还有温度循环准确度试验、准确度与频率关系的试验、元器件更换的准确度试验以及信噪比试验等。

（8）保护用电子式电流互感器的补充准确度试验。为了验证电子式电流互感器是否满足复合误差限值和瞬时误差限值需要对其进行复合误差试验和暂态特性试验。

（9）防护等级的验证。按照 GB 4208—2008《外壳防护等级（IP 代码）》对依据运行条件装配完整的电子式电流互感器所有部件的外壳进行试验，户外装置的各外壳应承受冲击试验。

（10）密封性试验。为了验证泄漏率不超过规定的允许值，对于充气式电子式电流互感器，用累积漏气量测量计算泄漏率。对于油浸式电子式电流互感器，密封性能试验是对电磁单元进行的型式试验。

（11）振动试验。振动试验包括一次、二次部件的振动试验，短时电流期间的一次部件振动试验，一次部件与断路器机械耦联时的振动试验。

电子式电压互感器和电流互感器例行试验与特殊试验项目大致相同，其中有些试验项目在型式试验中已经详细地介绍了，具体如下：

（1）例行试验项目。端子标志检验、一次端子的工频耐压试验、局部放电测量、低压器件的工频耐压试验、准确度试验、密封性试验、电容量和介质损耗因数测量。

（2）特殊试验项目。截断雷电冲击试验、一次端子多次截断冲击试验、机械强度试验、谐波准确度试验、依据所采用技术需要的试验。

（二）投运前测试

电子式互感器在变电站安装完成后，在通电运行前需要进行校验，主要是准确度的校验，目的是确认电子式互感器的准确度满足相应等级的误差限值要求。准确度校验一般在变电站现场，通过升压（升流）器产生所需的高电压（电流），并利用高准确度等级的校验系统和标准电压（电流）互感器测量出电子式互感器在不同电压或电流下的误差。如果出现误差超过限值的情况，则厂家需根据测试结果在合并单元中对互感器的输出进行修正，使互感器的整体误差满足标准规定的相应准确度等级的误差要求。

（三）现场校验

电子式互感器运行一段时间后需要对其进行校验，验证其稳定性和可靠性，校验工作一般在现场进行。现场校验的项目有：外观检查；绝缘电阻试验；工频耐压试验；极性检查；电子式互感器输出时间特性测试；准确度校验。

通常所说的电子式互感器的校验主要是指对其输出信号的比值误差和相位误差校准试验。现场校验方式主要分为电子式互感器离线校验和电子式互感器在线校验两种方式，接下来就详细地介绍两种不同的校验方式。

三、电子式互感器离线校验

电子式互感器离线校验是指在停电状态下对电子式互感器进行误差校准，根据电子式互感器二次侧输出形式不同，分为模拟量输出校验和数字量输出校验。电子式互感器模拟输出为小电压/电流信号，而数字输出为数据报文。其中，模拟量输出校验方法又分为直接比较法和差值法。

（一）电子式互感器模拟量输出校验

1. 直接比较法

如图 7-1 所示为直接比较法校验原理图，被校验通道由被校验电子互感器、二次转化器以及被校验信号通道采集装置构成，标准通道由标准互感器、标准信号转换装置以及标准信号数据采集装置构成。直接比较法是指一次信号源通过两路通道进行数据转换和采集，利用PC机的软件直接进行对比分析，计算出被校电子式互感器的误差大小。其中，标准通道和被校通道的数据采集通过外部同步时钟进行同步。直接比较法不需要标准互感器和被校互感器的额定变比相同，方便了标准互感器的选取。

2. 差值法

如图 7-2 所示为差值法校验原理图，差值法的校验原理大致上与直接比较法相同，不同的是被校验通道的二次转换器改为差值处理电路。差值处理电路是将被校验电子式互感器的模拟输出量与标准电子式互感器的输出量作差，传输到计算机分析软件计算出被校互感器的误差大小。为了减少测试误差，差值法要求被校互感器的输出量与标准互感器的输出量差别不大，因此与直接比较法相比，限制了标准电子式互感器的选取。

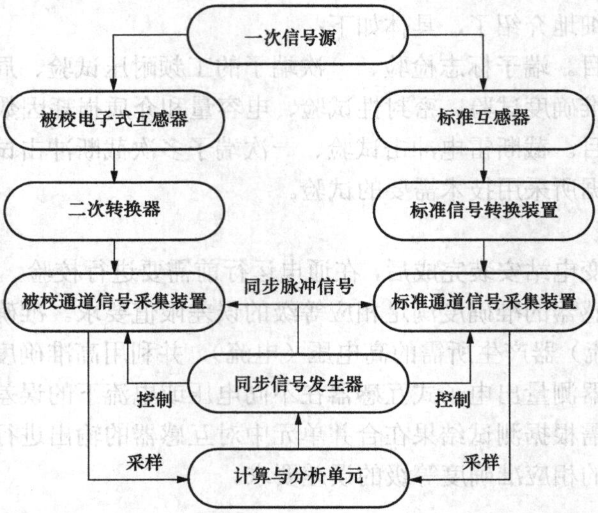

图 7-1　电子式互感器模拟量输出直接比较法校验原理图

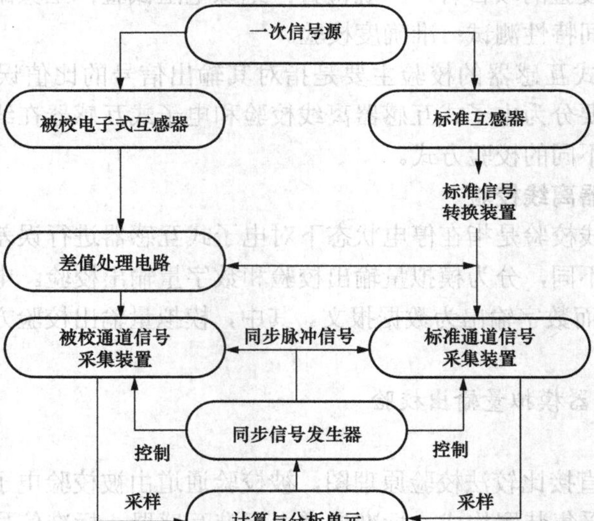

图 7-2　电子式互感器模拟量输出差值法校验原理图

（二）电子式互感器数字量输出校验

如图 7-3 所示为电子式互感器数字量输出校验原理图，被校验通道由被校电子式互感器、合并单元构成，被校互感器与合并单元作为整体的数字输出进行校验。标准通道由标准互感器、标准信号转换装置和标准通道信号采集装置构成，标准互感器输出模拟量经过转换装置变为小模拟信号，通过采集装置变为数字信号在校验中与被校互感器的数字输出进行计算与分析。同步信号发生器使被校通道与标准通道实现同步采样。电子式互感器在数字量输出校验的实现过程中对每一个环节的准确度要求均比较高。

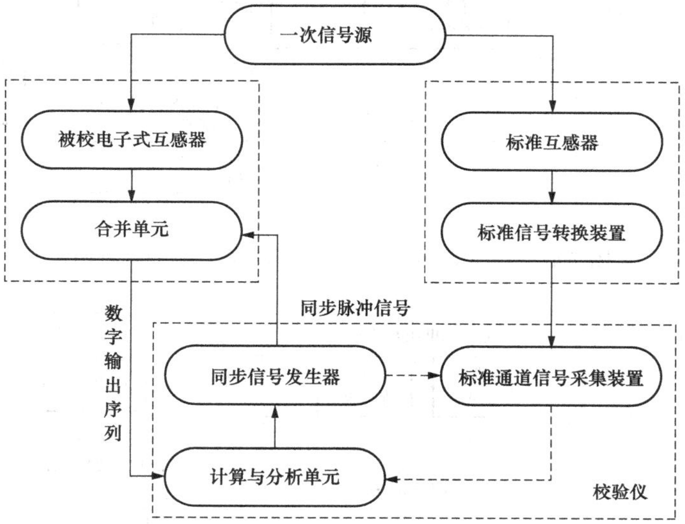

图 7-3　电子式互感器数字量输出校验原理图

除了电子式互感器模拟量输出校验的两种方法外，有关文献提出了一种可以将被校互感器和标准互感器的模拟输出量转换成数字量再进行校验的方法。针对电子式互感器数字量输出校验方法，又提出了一种将被校验互感器的数字量转成模拟量，与标准互感器的模拟量进行对比，计算出被校互感器的比值和相位差，或者将标准互感器的模拟量转化成数字量，与被校电子式互感器输出的数字量进行对比。以上方法表明，电子式互感器的模拟量输出校验和数字量输出校验可以相互转化，但是上述这些方法只能针对单一模拟量和数字量输出，不能两者兼顾，为此有关文献提出了一种能够兼顾模拟量和数字量输出的电子式互感器的校验方法，介绍了电子式电压互感器模拟量和数字量输出的校验原理，同时论证了方法的合理性和可行性。

电子式电压互感器的模拟量输出、数字量输出的校验原理分别如图 7-4、图 7-5 所示，被校互感器和标准互感器的一次端子施加相同的电压。精密电压互感器将标准电压互感器的二次输出电压转换成小电压信号，然后由数据采集卡 1 采样。电子式电压互感器的模拟输出直接由数据采集卡 1 采样。与电子式互感器模拟输出相比较，数字输出是一组包含一次电压信息的数字帧，该数字帧由合并单元打包通过网络接口输出。数字帧通过网络接口读入计算机，然后由软件解码得到一次电压信息。秒脉冲模块输出同步信号，使采集卡 1 和采集卡 2 同时刻采样，或者使采集卡 1 和被校电子式互感器的数字输出值具有时间相关性。

电子式互感器离线校验按照被校互感器输出的形式有着不同的校验方法，模拟量输出模式中的直接比较法对标准互感器的要求不高，但是二次转换器的存在会加大测量误差；差值法对标准互感器的要求高，但是相比直接比较法测量误差较小。数字量输出模式的校验方式对每一个单元的准确度要求都比较高。总体来说，无论是模拟量输出还是数字量输出校验，误差来源都是由标准互感器误差、信号采集误差、信号传输延时和同步误差、信号处理算法误差组成，为了减小校验误差应该减小每一部分的误差，这也是今后需要继续研究的问题。

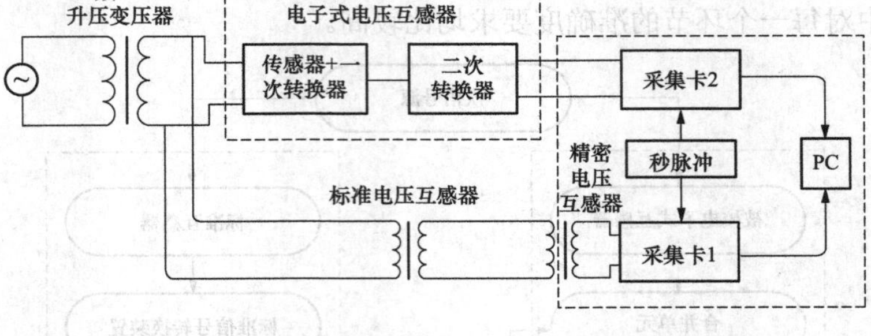

图 7-4　电子式电压互感器模拟量输出校验原理框图

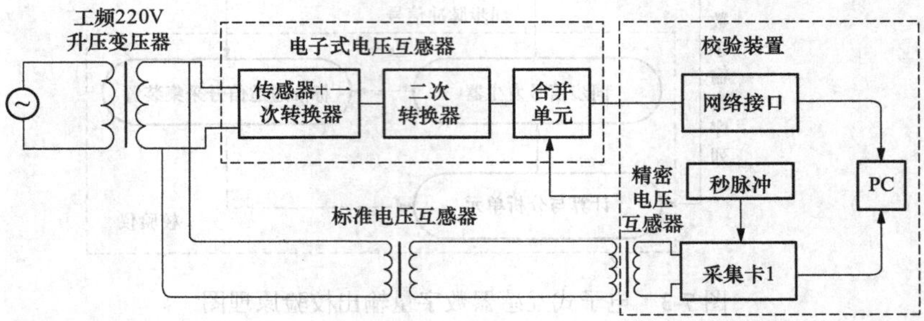

图 7-5　电子式电压互感器数字量输出校验原理框图

四、电子式互感器在线校验

现有的互感器校验仪，无论是针对传统互感器还是针对电子式互感器，采用的都是离线校验方式，即线路停电，互感器从电网中退出运行，然后在地面上利用升压、升流设备产生大电压或大电流，并通过长导线加到被校互感器上。这种校验方式由于需要线路停电，操作流程十分复杂，且会给用户造成不便，所以一般是定期校验，校验周期为 1 年甚至更长。电子式互感器的故障率远高于传统互感器，很可能在两次校验之间出现问题而没被及时发现，进而引发更严重的故障。另外，电子式互感器由于含有大量的元器件，其在线运行时的误差状态和离线校验时的状态有一定区别，现有的离线校验方式并不能准确地反映互感器在线运行时的误差变化情况。通过构建电子式互感器的在线校验系统，可在天气状况允许的条件下随时对运行中的互感器进行校验，缩短了校验周期，有利于及时发现互感器存在的问题，避免更严重事故的发生。下面从在线校验基本原理、标准互感器设计、采集传输系统设计、软件算法、操作方式以及现场应用这 6 个方面详细地介绍电子式互感器的在线校验。

（一）在线校验基本原理

1. 电子式电压互感器在线校验系统基本原理

如图 7-6 所示为电子式电压互感器在线校验系统原理图，在线校验系统由标准通道、被校验通道以及校验平台 PC 机组成。标准互感器和被校验互感器在同一高压母线上获取信号。标准互感器、数据采集单元以及低压侧控制单元构成标准通道，信号转换的作用是将高压信号转换成低压小信号。数据采集模块接收到同步脉冲后，通过光纤传送到低压侧控制单元，低压侧控制单元产生两路同步信号传送给标准通道和被校通道，接收采集单元传送的信号并传送至 PC 机。被校验互感器、合并单元和网卡组成被校通道，被校互感器获取的信号通过光纤传输到合并单元，通过合并单元转换成帧格式，帧格式的数字信号通过网卡传送至 PC 机。

2. 电子式电流互感器在线校验系统基本原理

如图 7-7 所示为电子式电流互感器在线校验系统原理图，在线校验系统由标准通道、被校通道以及校验平台 PC 机组成。钳形双线圈作为标准互感器与被校验互感器安装在同一高压母线上，从母线上获取高压信号。标准通道由钳形双线圈、高压侧采集单元以及低压侧模块构成，采集单元采集到的高压信号通过光纤传送到低压侧单元，低压侧模块首先将光信号转换成电信号，并进行电平转换后，通过 RS 232 总线发送给 PC 机。被校通道由被校互感器、合并单元以及网卡组成，被校互感器采集的高压信号同样通过光纤传送至合并单元，合并单元将信号转换成帧格式后通过网卡传送至 PC 机。其中，同步模块控制被校通道与标准通道实现同步采样。

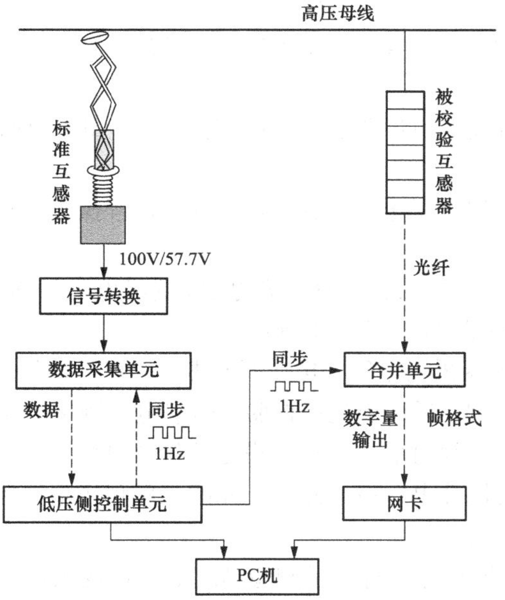

图 7-6　电子式电压互感器在线校验系统原理图

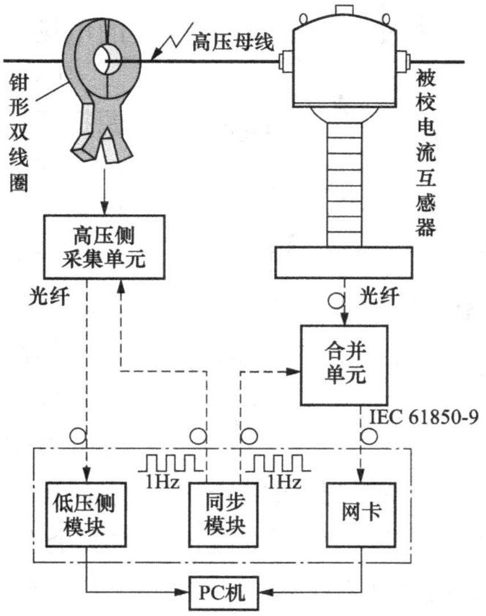

图 7-7　电子式电流互感器在线校验系统原理图

（二）标准互感器设计

1. 标准电压互感器设计

电子式电压互感器在线校验不同于传统的校验方式，传统方式通过升压设备将高压信号加在被校通道和标准通道上，而在线校验的标准信号直接取于母线。基于此，校验信号必须满足几个基本条件：①在不断电情况下能够准确获取母线信号；②保证被校通道及标准信号通道的同步采用；③由于电磁环境的干扰，校验算法需能准确提取基波信号。

相关文献给出了一种关于传统模拟量输出的电压互感器误差在线评估方法，但存在的不足有：①精度较低，只有 0.1 级，采用电容分压器作为标准，电容分压器易受杂散电容的影响，在变电站复杂的电磁环境下难以保证精度；②电容分压器与低压侧电路之间直接采用电气连接，一旦高压侧有过电压发生，将对低压侧校验系统产生较大的冲击；③该系统较为笨重，需要多人操作，十分不便也不安全。

针对其存在的不足，设计了一种基于 SF_6 绝缘电磁式电压互感器与自动升降装置结合的在线校验系统，采用准确度为 0.02 级 SF_6 绝缘电压互感器作为标准电压互感器，由于电磁式电压互感器不受杂散电容的影响，体积小、重量轻，适合现场校验。利用自动升降装置将标准互感器高压端子接到一次导线上，操作方便且安全。

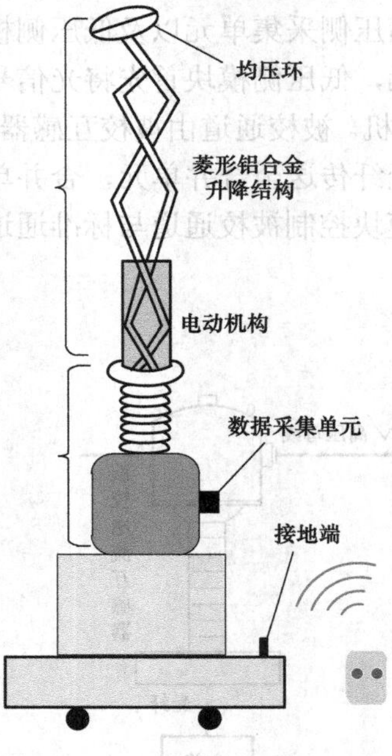

图 7-8　移动式高压侧标准电压在线测量单元原理图

移动式高压侧标准电压在线测量单元原理图如图 7-8 所示，其由电磁式电压互感器及自动升降装置等部分组成。为进行在线校验，设计了一种不停电时获取母线上的高压信号的自动升降装置。为了保证在线校验获取的信号可靠且安全，做了以下设计：

（1）设计了一种由电动机控制的升降结构，连接电压互感器高压侧接线端和高压母线，可将其灵活地升至高压母线或从母线上退出。

（2）升降结构的顶端置有防止尖端放电的均压环，使顶端的电场分布均匀。

（3）电动装置及其电源置于金属屏蔽器内，电量不足时电源指示灯亮。

（4）无线接收器置于电动装置内，可进行远程操控，安全性高。

（5）本装置采用准确度为 0.02 级的 SF_6 绝缘电压互感器，以保证标准通道测量电压信号的准确度。

标准电压互感器采用电磁式电压互感器，体积小、准确度高，且抗干扰能力强，适用于在线校验。标准电压测量单元在接入及退出母线时，很可能产生危害设备绝缘的过电压，一般操作过电压不能超过额定电压的 4 倍，因此，将标准电压在线测量单元的工频耐压值设为 4 倍的额定电压，保证在线操作的安全性。

虽然这种数字输出的电子式电压互感器在线校验方法解决了校验精度低、现场操作不安全等问题，但是采用电磁式电压互感器作为标准互感器仍然存在不少问题。电磁式电压互感器带有铁芯，接入线路容易发生铁磁谐振。为了解决这个问题，有关文献提出了一种基于开合式电容传感方法的电压互感器误差带电校验系统，采用两个开合式电容器及其他辅助器件构成的电压传感器作为标准传感器，利用两开合式电容器输出相互比对的形式实现传感器准确度自检，并利用其输出的平均值作为最终输出，大大提高了校验准确度及可靠性，测试结果证明该带电校验系统可达到 0.05 级准确度。标准电压互感器的具体设计如下：

标准电压互感器结构示意图如图 7-9 所示，标准电压互感器由两个开合式电容器、NPO 电容、杂散电容等三部分电容组成。开合式电容器放置在屏蔽罩内并固定在绝缘支柱上方的支撑平板上，开合式电容器由两个半环形圆柱体构成，包括内环、外环及隔板等部分。内环与外环之间通过隔板固定并隔开。内环、外环及中间的气体构成气体电容器。开合式电容器安装固定在屏蔽罩内部，用来降低外部干扰，开合时利用升降杆实现接入或退出一次导线。

电压比对传感器的输出结果为以上三组电容的分压结果，取 NPO 电容上的电压作为输出电压信号，NPO 电容值大小为 100nF。为了提高测量结果的准确性，利用两个开合式电容器的输出结果相互比对，如果其差别在 0.01%以内，则说明开合式电容器闭合良好，位置正常，此时取其平均值作为最终结果；如果差别超过 0.01%，则说明开合式电容器存在异常，提示工作人员进行检修。这种方式有效提高了比对结果的准确度和可靠性。温度传感器用于实时监测标准电压传感器内部温度，为传感器输出数据的温度补偿提供数据支撑。

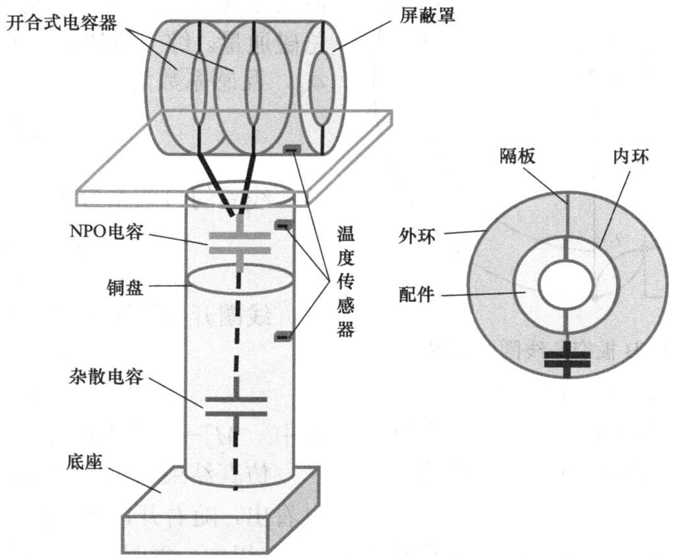

图 7-9 标准电压互感器结构示意图

2. 标准电流互感器设计

电子式电流互感器在线校验不同于传统的校验方式，需要考虑的问题在于如何在带电的情况下设计出高精度的标准电流互感器。接入线路的电流互感器通常设计成钳形结构，钳形结构的电流互感器主要是以铁芯线圈为主，铁芯线圈测量精度高，但是当线圈接入线路存在气隙或铁芯钳口表面污浊就会造成较大误差，满足不了精度要求。

为了实现带电校验的准确度，有关文献设计了一种基于 PCB 钳形空心线圈作为标准电流互感器，空心线圈也称 Rogowski 线圈，具有测量动态范围广、频带宽等优点。基于印刷电路板的特点使得线圈制造简单，生产成本低，同时避免了手工绕线产生的误差。采用基于 PCB 空心线圈作为标准电流互感器从根本上解决了铁芯的磁路饱和问题，被测电流不受限制，响应速度快，不与被测电路直接接触，同时也能起到很好的隔离作用。由于空心线圈容易受到一次导线位置和开口气隙的影响，为了验证 PCB 空心线圈是否能够满足精度要求，相关文献针对开口气隙与误差的关系进行了仿真，针对一次导体偏心对 PCB 空心线圈的测量影响也进行了仿真，具体分析如下：

首先分析开口气隙对线圈误差的影响，钳形 PCB 板空心线圈示意图如图 7-10 所示，钳形空心线圈由左半线圈、右半线圈以及中间的独立线匝构成。假设导流载体通过左半线圈的圆心，按照等分的思想，将单匝线圈区域平行与磁场方向平均分成 n 等分，每一区域的磁通量等于该区域中心的磁场强度与区域面积的乘积。单匝线圈的磁通量为 n 等分区域磁通量总和，从而得到 N 匝线圈的磁通量。右半线圈的磁通量计算方法同左半线圈相同，不同的是由

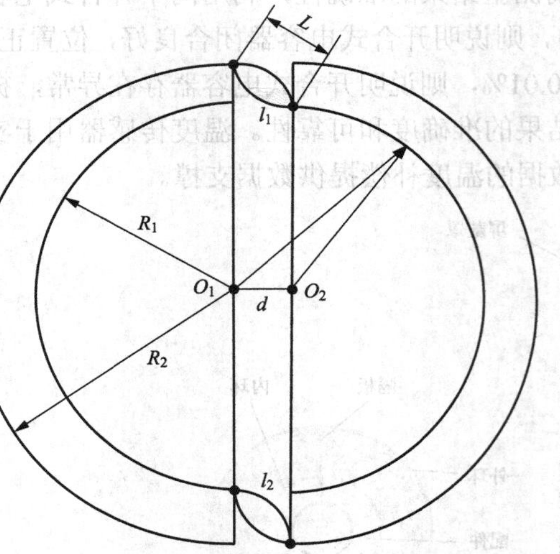

图 7-10 钳形 PCB 板空心线圈示意图

O_1—左半线圈的圆心；O_2—右半线圈的圆心；l_1、l_2—独立线匝；L—线匝截面长度；R_1—左半线圈的半径；R_2—右半线圈的半径；d—开口距离

于一次导体通过左半线圈圆心，导体到不同线匝不同等分区域的距离 R_{tr} 不同。根据几何关系，推导出单匝线圈的磁通量，进而得到 N 匝线圈的磁通量。同理，计算载流导体到中间线匝 l_1、l_2 每一等分区域的距离，根据 n 等分区域以及 N 匝线匝的求和公式，得到中间区域的总磁通量。综上所述，钳形空心线圈总磁通为 ϕ_N，互感系数为

$$M=\frac{\phi_N}{I} \tag{7-1}$$

线圈的自感系数为

$$L=\frac{N\phi_N}{I} \tag{7-2}$$

线圈开口气隙为 d，产生的误差为

$$\varepsilon=\frac{M-M^*}{M^*} \tag{7-3}$$

式中 M^*——线圈闭合时的互感器系数。

仿真结果如图 7-11 所示，从图 7-11 中可以看出，随着开口距离的不断增大，误差也在增大，但是开口距离在 0.1mm 内，误差控制在 0.05%以内，表明设计的基于 PCB 钳形空心线圈作为标准电流互感器准确能可以达到 0.05 级的要求。

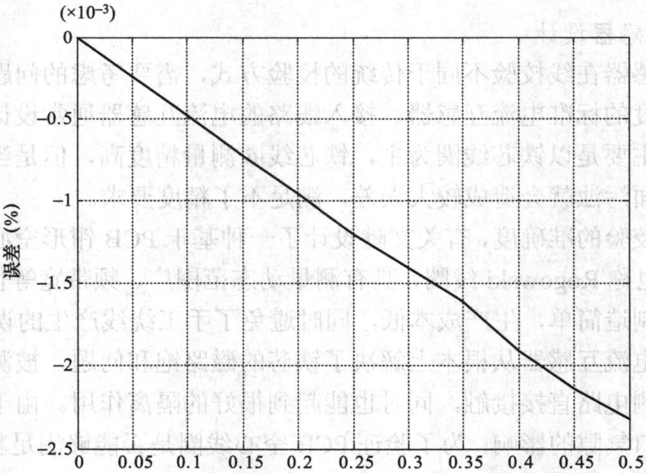

图 7-11 开口距离与误差关系图

接下来考虑一次导体偏心情况对线圈误差的影响。如图 7-12 所示，O 点为线圈中心点，正常情况下，载流导体垂直于线圈并穿过线圈中心，O_1 为导体偏心后的位置，偏心距离记为 l，线圈内外半径分别为 R_1、R_2，由于线圈左右对称，选取右半圆进行分析。

如图 7-13 所示，对单个线匝互感进行分析。当导体发生偏心现象时，穿过单个线匝的磁

通量为

$$\phi_1=\int_{r_{10}}^{r_{1\mathrm{m}}}\mu_0 h\frac{I}{2\pi x}\mathrm{d}x=\frac{\mu_0 hI}{2\pi}\ln\frac{r_{1\mathrm{m}}}{r_{10}} \tag{7-4}$$

其中 $A_{10}A_{1\mathrm{m}}$ 为右半圆第一个线匝，$AA_{1\mathrm{m}}$ 为以偏心后的 O_1 为圆心以外半径作圆形成的截面，根据式（7-4）可以看出，穿过线匝 $A_{10}A_{1\mathrm{m}}$ 和截面 $AA_{1\mathrm{m}}$ 磁通量相等。由式（7-4）可以递推出所有线匝磁通量。线圈总磁通为

$$\phi_{总}=2\phi_{右}=2\sum_{j=1}^{n}\frac{\mu_0 hI}{2\pi}\ln\frac{r_{j\mathrm{m}}}{r_{j0}} \tag{7-5}$$

根据线圈总磁通量可以得到当导体偏心情况下，线圈的互感系数。与正常情况下线圈互感系数进行比较能够计算出误差值

$$\varepsilon_M=\frac{M-M_0}{M_0}\times 100\% \tag{7-6}$$

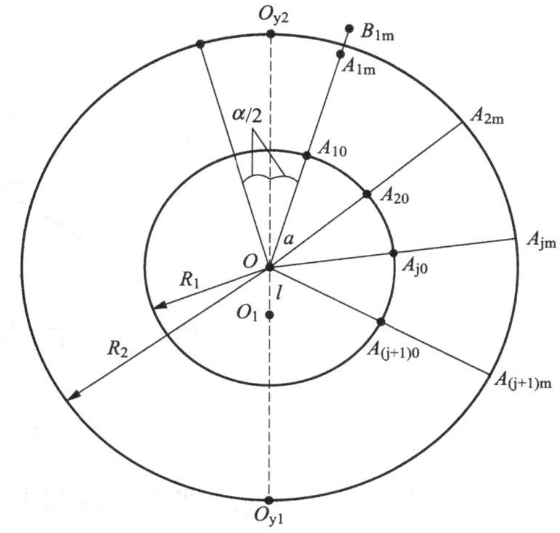

图 7-12 空心线圈的偏心分析示意图

图 7-14 为偏心距离与空心线圈误差结果图，可以看出线圈误差会随着偏心距离的增大而增大，但是误差值比较小，在线圈均匀分布的情况下可以忽略不计。

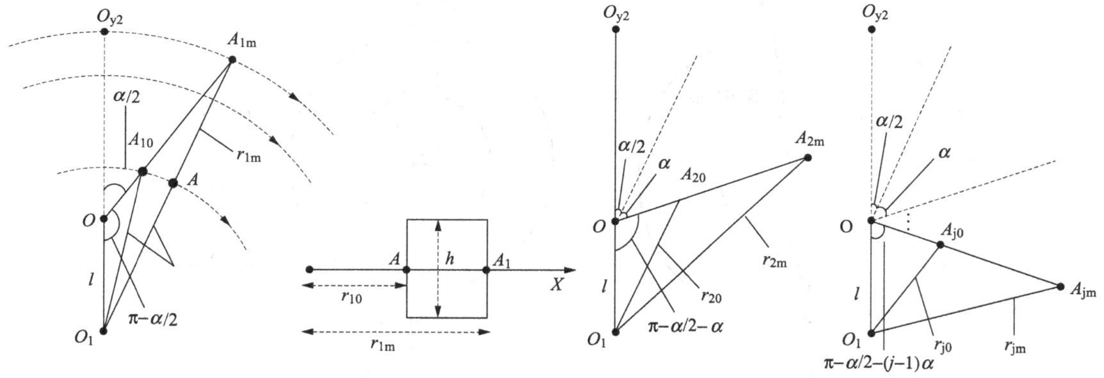

图 7-13 单个线匝互感分析

此设计基于钳形 PCB 板空心线圈在线校验系统中作为标准电流互感器满足 0.05 级要求，但是仍存在以下问题：①采用钳形线圈作为标准电流互感器，测量精度同样受到开口气隙的影响，同时无法判断带电安装后是否存在气隙，因此精度可能也无法满足要求；②在线校验过程中需要工作人员通过绝缘爬梯在高压线上操作，存在安全隐患问题。

针对存在的问题，有关文献研究了一种电子式电流互感器在线校验系统，采用由铁芯线圈和空心线圈组成的钳形双线圈作为标准电流互感器。校验时通过两线圈的相互比对，实现了钳形双线圈准确度的自动校准，保证了系统精度。通过绝缘操作杆在地电位操作，将钳形双线圈接入被校母线，简化了操作流程，提高了操作安全性。下面分别对铁芯线圈和空心线圈进行分析。

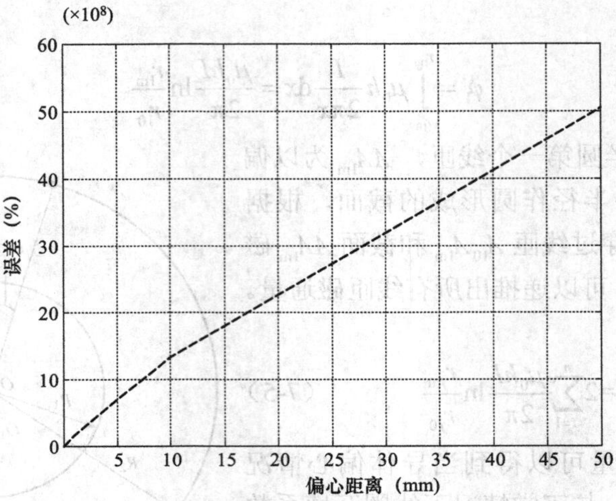

图 7-14　偏心距离与误差关系图

如图 7-15（a）所示，当铁芯线圈未紧闭时，上下两个部分都存在气隙，上部分的开口气隙大致为两个梯形气隙，下部分为三角形气隙。假设将下部分对称的三角形气隙分成两部分，分别填补到上面的梯形气隙中，可以近似认为线圈上部分存在平行的开口，线圈下方闭合完好，如图 7-15（b）所示。

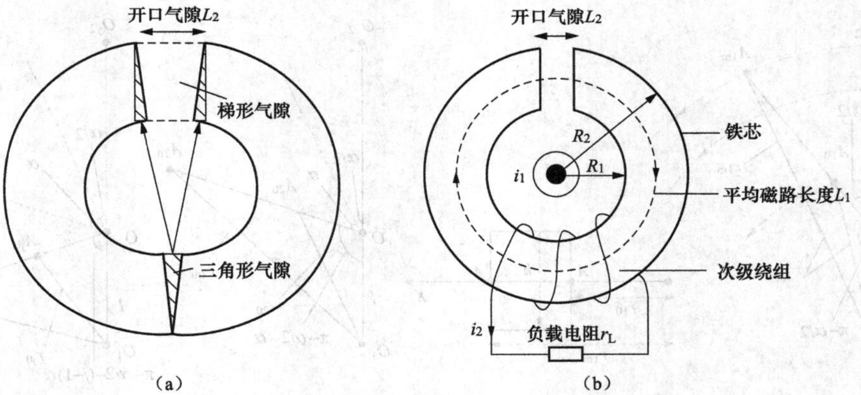

图 7-15　钳形铁芯线圈开口分析示意图

（a）铁芯线圈未闭合时；（b）线圈下方闭合

设一次电流表达式为 $I_1\sin(\omega t+\varphi_1)$，其中 I_1 为一次电流 i_1 的幅值，ω 为一次电流角频率，φ_1 为初始相位。R_{m2} 为钳形铁芯线圈开口气隙磁阻，R_L 为负载电阻，r 为线圈内阻，N_2 为二次绕组的匝数。线圈存在开口气隙，通过铁芯线圈二次绕组中的电流为

$$\begin{cases} i_2 = I_1 \cdot \dfrac{N_1}{N_2} \cdot \dfrac{\omega}{\sqrt{\omega^2+K^2}}\sin\left(\omega t+\varphi_1+\arctan\dfrac{K}{\omega}\right) \\ K = \dfrac{R_{m2} \cdot (R_L+r)}{N_2^2} \end{cases} \tag{7-7}$$

当铁芯线圈开口气隙为 0 时，铁芯线圈二次输出电流为

$$i_{20} = I_1 \bullet \frac{N_1}{N_2} \bullet \sin(\omega t + \varphi_1) \tag{7-8}$$

两种情况对比下钳形铁芯线圈产生的比差 $\varepsilon_{\text{iron}}$ 和角差 φ_{iron} 分别为

$$\begin{cases} \varepsilon_{\text{iron}} = \left(\dfrac{\omega}{\sqrt{\omega^2 + K^2}} - 1 \right) \times 100\% \\ \varphi_{\text{iron}} = \arctan \dfrac{K}{\omega} \end{cases} \tag{7-9}$$

从式（7-9）中可以看出，比差、角差与一次电流角频率和 K 有关，K 又与 R_{m2}、R_L、r，N_2 有关。对于钳形铁芯线圈来说，R_L、N_2、ω 都是不变的，只有铁芯线圈开口气隙磁阻 R_{m2} 会随开口气隙 L_2 的变化而改变。因此，钳形铁芯线圈的比差 $\varepsilon_{\text{iron}}$ 和角差 φ_{iron} 只与开口气隙相关。图 7-16 为开口气隙与比差、角差关系的仿真结果图，从图中可以看出，当开口气隙增大时，比差、角差都逐渐增大，不同的是比差朝负方向增大，角差朝正方向增大，且角差受到的影响更大。

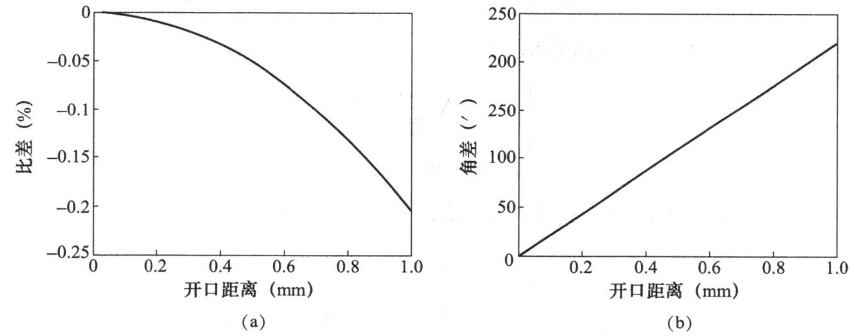

图 7-16　钳形铁芯线圈开口气隙与比差、角差关系仿真结果图

（a）比差变化；（b）角差变化

如图 7-17（a）所示，O 点为线圈闭合时中心点，O_1、O_2 为线圈左右半圆的圆心。开口距离记为 l，线圈内外半径分别为 R_1、R_2，由于线圈左右对称，选取右半圆进行分析。

如图 7-17（b）所示，对单个线匝互感进行分析。当开口距离为 l 时，穿过单个线匝的磁通量为

$$\phi_1 = \int_{d_{10}}^{d_{1m}} \mu_0 h \frac{I}{2\pi x} \mathrm{d}x = \frac{\mu_0 h I}{2\pi} \ln \frac{d_{1m}}{d_{10}} \tag{7-10}$$

其中 $C_{10}C_{1m}$ 为右半圆第一个线匝，CC_{1m} 为线圈张开后以 O_2 为圆心以外半径作圆形成的截面，根据式（7-11）可以看出，穿过线匝 $C_{10}C_{1m}$ 和截面 CC_{1m} 磁通量相等。由式（7-10）可以递推出所有线匝磁通量。线圈总磁通为

$$\phi_{\text{总}} = 2\phi_{\text{右}} = 2\sum_{k=1}^{n} \frac{M_0 h I}{2\pi} \ln \frac{d_{km}}{d_{k0}} \tag{7-11}$$

根据线圈总磁通量可以得到开口距离为 l 时，线圈的互感系数与自感系数为

$$\begin{cases} M_1 = \dfrac{\phi_{\text{air}}}{I} = \sum\limits_{k=1}^{n} \dfrac{\mu_0 h}{\pi} \ln \dfrac{d_{km}}{d_{k0}} \\ L_1 = N M_1 \end{cases} \tag{7-12}$$

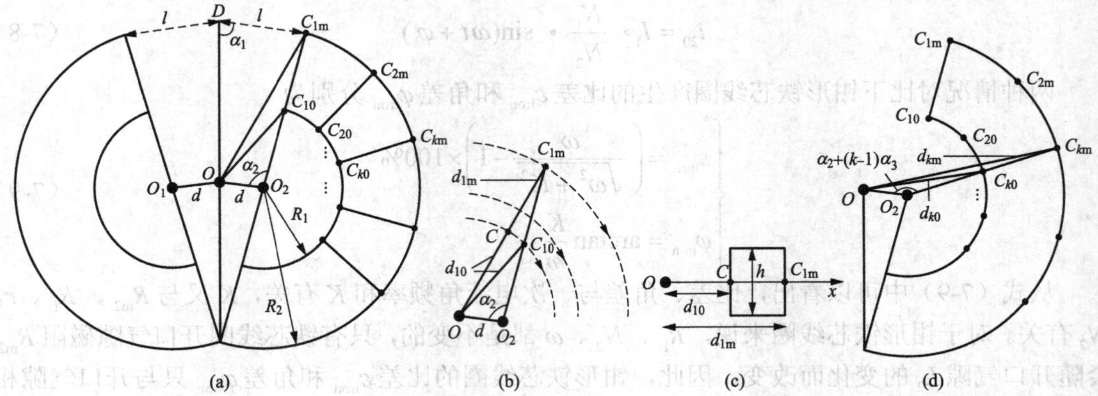

图 7-17　钳形空心线圈开口气隙分析示意图

O—空心线圈闭合时圆心；O_1—左半圆圆心；O_2—右半圆圆心；l—左、右半圆开口气隙；R_1—空心线圈内半径；R_2—空心线圈半径；$C_{k0}C_{km}$—右半圆第 k 个线匝；h—空心线圈厚度

线圈闭合情况下，互感和自感系数为

$$\begin{cases} M_0 = N\dfrac{\mu_0 h}{2\pi}\ln\dfrac{R_2}{R_1} \\ L_0 = NM_0 \end{cases} \tag{7-13}$$

根据式（7-12）和式（7-13）得到当比差、角差误差计算式为

$$\begin{cases} \varepsilon_{\text{air}} = \left[\dfrac{\dfrac{M_1}{\sqrt{(R_0+R_z)^2+L_1^2}}}{\dfrac{M_0}{\sqrt{(R_0+R_z)^2+L_0^2}}} - 1\right]\times 100\% \\ \varphi_{\text{air}} = \arctan\dfrac{\omega L_0}{R_0+R_z} - \arctan\dfrac{\omega L_1}{R_0+R_z} \end{cases} \tag{7-14}$$

图 7-18 为开口气隙与比差、角差关系的仿真结果图，从图中可以看出，当开口气隙增大时，比差、角差都逐渐增大，不同的是比差朝负方向增大，角差朝正方向增大，可以认为钳形空心线圈角差基本上不受开口气隙的影响。

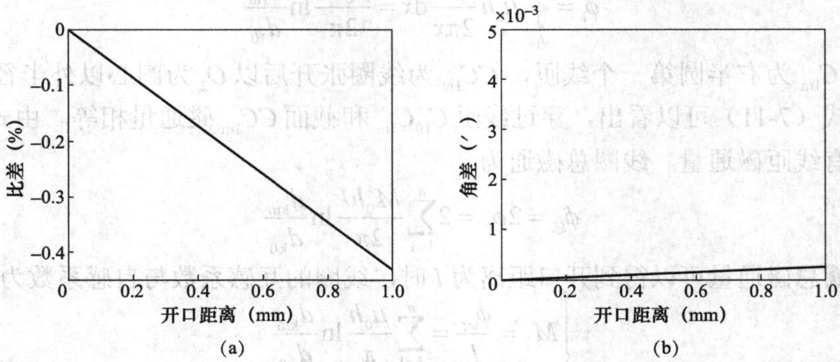

图 7-18　钳形空心线圈误差随开口气隙变化的仿真

（a）比差变化；（b）角差变化

从图 7-16 和图 7-18 中可以看出，钳形铁芯线圈和空心线圈有各自不同的特点，钳形铁芯线圈角差受到开口气隙的影响大，而空心线圈角差基本上不受影响，因此，提出了一种高精度的钳形双线圈，经过测试可以达到 0.05 级的准确度。这种双线圈的实现过程如下：

（1）将钳形铁芯和钳形空心线圈组合成一个钳形双线圈，通过机械方式将两者结合在一起，保证使用时两线圈之间的相对位置不会移动。

（2）在线校验时，将钳形双线圈接入母线，首先分析计算空心线圈和铁芯线圈各自的相位，对两相位值做比对，若差值不超过 2′的阈值（0.05 级要求），则说明双线圈闭合完好，则此时铁芯线圈的精度满足要求；若超过阈值，则说明存在双线圈气隙，需要重新闭合双线圈，再次判断，直到双线圈闭合完好后，以铁芯线圈的输出作为标准，开始校验。

采用铁芯线圈和空心线圈组成的钳形双线圈在一定程度上能够保证准确度要求，但是还是会存在误差，为了进一步消除误差提高精度，需要研究分析线匝的补偿方法。针对其问题有关文献利用类似的方法，对钳形空心线圈的补偿线匝进行了分析。

补偿线匝开口气隙分析示意图如图 7-19 所示，通过在钳形空心线圈开口处加入额外的补偿线匝来降低开口气隙的影响。当补偿线匝匝数为 1 且线圈闭合紧密时，其互感和自感分别为

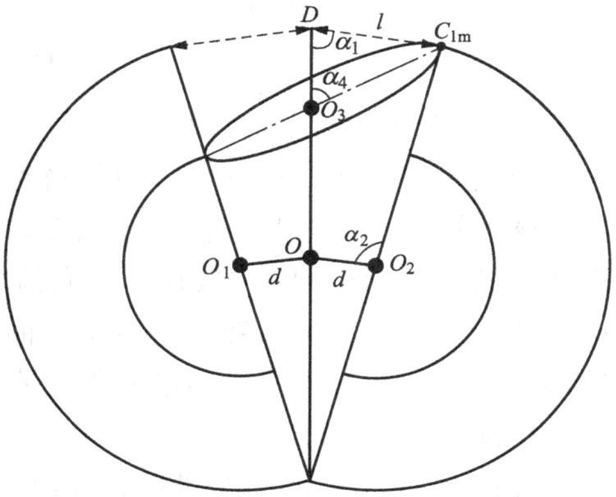

图 7-19　补偿线匝开口气隙分析示意图

$$\begin{cases} M_2 = (N+1)\dfrac{\mu_0 h}{2\pi}\ln\dfrac{R_2}{R_1} \\ L_2 = (N+1)M_2 \end{cases} \tag{7-15}$$

当存在开口气隙且气隙大小为 1 时，由于气隙大小相对于空心线圈的尺寸要小得多，因而钳形空心线圈的互感和自感可以写为

$$\begin{cases} M_3 = \sum\limits_{k=1}^{n}\dfrac{\mu_0 h}{\pi}\ln\dfrac{d_{km}}{d_{k0}} + \dfrac{\mu_0 h}{2\pi}\ln\dfrac{R_2}{R_1}\cos\alpha_4 \\ L_3 = (N+1)M_3 \\ \cos\alpha_1 = \dfrac{DC_{1m}^2 + O_3D^2 - O_3C_{1m}^2}{2\times DC_{1m}\times O_3D} \\ \cos\alpha_4 = \dfrac{O_3C_{1m}^2 + O_3D^2 - DC_{1m}^2}{2\times O_3C_{1m}\times O_3D} \end{cases} \tag{7-16}$$

式中，$DC_{1m}=l$，当开口气隙较小时，$O_3C_{1m}\approx\dfrac{R_2-R_1}{2}$。

从图 7-20 可以看出，钳形空心线圈加入补偿线匝后，比差随开口气隙的变化比不加补偿线匝要小得多，角差变化基本不变，表明加入的补偿线匝能够提高双线圈的测量精度。

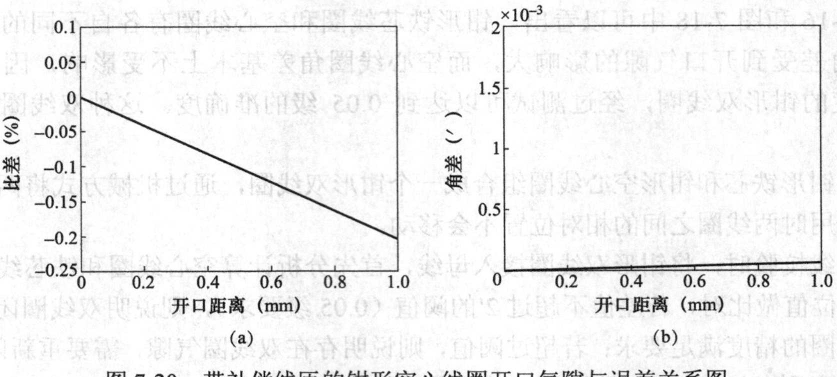

图 7-20 带补偿线匝的钳形空心线圈开口气隙与误差关系图

（a）比差变化；（b）角差变化

（三）采集传输系统设计

数据采集传输的过程，一般是将外部输入物理量，如电压、电流、电磁场等，经过适当的传感器转化为电信号，再经过调理、采样、量化得到数字量，最后将数字量送入相应的处理或存储元件的过程。完成这样一套流程的设备就被称为数据采集系统。与传统互感器类似，电子式互感器同样可以数字化输出，而采集系统正是完成这种功能的不可或缺的部分。高压侧和低压侧存在着不同功能的器件，它们通过联合工作，将一次侧的电压及电流量的情况实时的反映在上位机上。

如图 7-21 所示的整个过程称为电子式互感器信号采集与传输，数据采集系统处于整个系统的高压侧。从图 7-21 中可以看出高压侧与低压侧通过三条线路互连，它们分别是：

（1）同步光纤。用于将同步信号传递给高压侧，触发高压侧采集系统的多路同步采样。

（2）数据光纤。与合并单元进行波特率为 2Mbit/s 的串行异步通信。

（3）供电电源。当采用光供电模式时，此光纤用来从低压侧向高压侧供给能量。

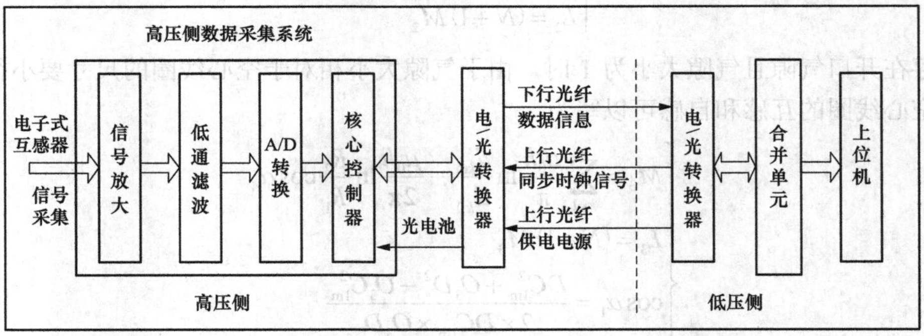

图 7-21 电子式互感器信号采集与传输

电子式互感器信号采集与传输各部分的功能与结构介绍如下：

（1）电子式互感器。作为最前端的元件，利用电子式电压/电流互感器，将一次侧电流、电压量转换为较为微弱的电压量，为数据采集系统提供输入。

（2）数据采集系统。将来自互感器的输入量送入信号调理电路，电压互感器经信号放大和低通滤波等过程，转变为满足 A/D 输入要求的电压信号，电流互感器由于输出为电流信号，通过取样电阻转换成电压信号，再进行信号放大和滤波；A/D 转换器将模拟信号转换成数字信号，通过光纤发送给低压侧模块的合并单元。

（3）合并单元。将数据采集系统发送来的，已数字化的信号进行合并、组帧，并按特定格式将此信号转发给上位机；同时产生采样同步脉冲，将此脉冲同时通过光纤送到高压侧，触发各路采集系统采集同一时刻的信号。

（4）上位机。接收合并单元传输来的数字量，并运用不同上位机软件，如 LABVIEW、VC++等，还原一次侧波形，使工作人员能够直观、实时地了解一次侧信号状态。

（四）软件算法

在电子式互感器校验装置中，数据分析与计算模块在接收到标准通道和被校通道的信号后，利用数据处理算法完成对两路信号分析和计算，得到待校验电子互感器的比值误差和相位误差。由于校验系统基准信号源除了含有基波分量外，还包含高次谐波分量、间谐波和白噪声等干扰信号，特别是在现场校验和在线校验的情况下，电子式互感器周围的电磁环境十分复杂，而且实际电网频率是在 49.5～50.5Hz 波动，因此数据分析与计算模块输入的信号不可避免地存在一定干扰量，只有提高信号处理算法的精度，才能保证计算结果的高准确度。下面简单介绍一下几种不同的校验算法。

1. 正弦函数模型算法

假设被采样的电流、电压信号都是纯正弦量，既不含有非周期分量，也不含有高频分量。这样可以利用正弦函数的一系列特性，从若干个采样值中计算出电压和电流的幅值、相位以及功率和测量阻抗等参数。例如，电流可以表示为

$$i(nT_{\mathrm{s}}) = \sqrt{2}I\sin(\omega nT_{\mathrm{s}} + a_{0\mathrm{I}}) \tag{7-17}$$

式中　ω——角频率；

I——电流有效值；

T_{s}——采样间隔；

$a_{0\mathrm{I}}$——$n=0$ 时的电流初相位。

实际上通过互感器后的电流、电压都含有各种暂态分量，而且数据采集系统还会引入各种误差，所以这一类算法要获得精确的结果，必须和数字滤波器配合使用。

2. 正交滤波算法

正交滤波算法的基本思想是利用三角函数的正交特性，将待分析的时变信号与某一确定频率的正余弦函数进行周期积分，从而得到信号中该频率分量的幅值和相位信息。根据三角函数的正交性，得到

$$C_1 = \frac{1}{N}\sum_{n=0}^{N-1}u(n)\left(\cos\frac{2\pi}{N}n - \mathrm{j}\sin\frac{2\pi}{N}n\right) \tag{7-18}$$

$$C_1 = \frac{A_1}{2}\mathrm{e}^{\mathrm{j}\varphi_1} = R_1 + \mathrm{j}I_1 \tag{7-19}$$

式中　A_1——基波幅值；

φ_1——初相位。

所以信号的基波幅值和初相位为

$$A_1 = 2\sqrt{R_1^2 + I_1^2} \tag{7-20}$$

$$\varphi_1 = \arctan\frac{I_1}{R_1} \tag{7-21}$$

显然，这种算法必须准确提取基波频率并保证采样频率 f_s 为信号基波频率 f_0 的整数倍，才能得到令人满意的准确度。频率波动和谐波含量对这种算法影响较大。这种影响可以通过解析变换（Hilbert 变换）和低通滤波的信号预处理方法来消除，但是整个算法的计算量较大。

3. 高阶正弦拟合算法

高阶正弦拟合法是基于最小二乘拟合的非线性拟合方法。设离散序列 $u(n)$，则其数学表达式为

$$u(n)=u(nT_s)=\sum_{k=0}^{m}A_k\cos(kn\omega T_s+\varphi_k) \tag{7-22}$$

构造函数 g，得

$$g(A_0, A_k, \ldots, \varphi_k, \ldots, \omega)=\sum_{n=0}^{N-1}[u(t_n)-u(n)]^2 \tag{7-23}$$

$$t_n=n/T \tag{7-24}$$

根据最小二乘原理，待求的 $2m+2$ 个未知数 $A_0, A_k, \ldots, \varphi_k, \ldots, \omega$ 使函数 g 具有最小值。将 u 对各未知数求偏导数，可以得到 $2m+2$ 个方程。由于信号频率 f_0 的未知，这 $2m+2$ 个方程为非线性方程。从物理意义上看，这个非线性方程组的解必定存在。因此，可以通过牛顿迭代法来解这个方程组求得所需要的信号参数。

由于这种算法将信号频率作为未知数求解，所以对于采样频率 f_s 不是 f_0 的整数倍时，也能得到令人满意的解，但它需要合适的方法取得初值进行迭代才能减小运算量。

4. 离散傅里叶变换及其插值校正算法

对 $f(n)$ 进行离散傅里叶变换（discrete fourier transform，DFT）得

$$F(k)=\sum_{k=0}^{N-1}f(n)\mathrm{e}^{-\mathrm{j}\frac{2\pi}{N}kn} \tag{7-25}$$

$$k=0, 1, \ldots, N-1$$

式中 $F(k)$——频率间隔为 f_s/N 的有限频率域序列，它由 N 条离线谱线组成。

设 $F(k)=Amp^k\mathrm{e}^{-\mathrm{j}pha^k}$，那么通常所说的频谱分析认为 $\left|Amp^k\right|$ 为信号的幅度谱，pha^k 为信号的相位谱。因此，可得到基波幅值 $A=\max(pha^k)$。设 $A=\max(pha^k)$ 对应的 k 值为 $k_{\max}$，则信号基波频率为 $f_0=f_sk_{\max}/N$，基波相位 φ_1 为 pha^k。

这种不加校正的频谱分析方法带来的最大幅值误差可达到 36.4%，即使在加窗[❶]的情况下，相位误差最大可达 90°。误差主要是由频谱泄漏和栅栏效应引起的。

要得到准确的幅值谱和相位谱，必须对由 DFT 得到的频谱进行校正。加权差值算法是校正方法中的一种。差值算法可以消除栅栏效应引入的误差，而“频谱泄漏”引起的误差可以通过适当加窗来改善。

5. DFT 算法和准同步算法相结合

对于一个周期为 T 的周期函数 $f(t)$，它的平均值为 $\overline{f(t)}=\dfrac{1}{T}\int_t^{t+T}g(t)\mathrm{d}t$，其中 t 是积分起点。若在一个周期内等分成 N 段，由梯形求积公式可知

---

❶ 加窗处理：在信号处理中，可以说加窗处理是一个必经的过程，因此计算机只能处理有限长度的信号，因此原始信号 $X(t)$ 要以 T（采样时间）截断，即有限化，成为 $XT(t)$ 后再进一步处理。

$$\overline{f(t)}=\frac{1}{N}\sum_{i=1}^{N}f(t_i) \tag{7-26}$$

如果增加 N 的值，可以使 $f(t)$ 的平均值达到很高的精度，这就是采用准同步的基本原理。如果区间长度不是 T 而是 $T\pm\Delta$，Δ为波动误差，则由式（7-26）计算的 $f(t)$ 的平均值与 $f(t)$ 真正的平均值之间存在一定的误差。如果通过提高每周期的采用次数，再用 DFT 分析，这样增加了计算量，并且误差随波动误差Δ的增加而增加，所以增加采用次数很难达到目的。而准同步采用在允许不大的误差Δ存在的情况下，通过适当增加采样区间来消除非同步误差带来的影响。

6. 快速傅式变换（FFT）算法

傅里叶变换是一种将信号从时域变换到频域的变换形式，是信号处理领域中的重要的分析工具。离散傅里叶变换是连续傅里叶变换在离散系统中的表现形式。由于 DFT 的计算量很大，其应用受到了很大的限制，而 FFT（fast fourier transform ation，快速傅式变换）算法是快速 DFT 的一种高效方法，FFT 可以分为时间抽取 FFT 和频率抽取 FFT 两大类。

互感器校验仪利用 FFT 测量参数。假定通过互感器后待测部分的电压信号、参考部分的电流信号都是周期函数，则可用傅里叶级数表示为

$$u(t)=b_0+\sum_{k=1}^{N}(b_k\cos k\omega t+a_k\sin k\omega t) \tag{7-27}$$

$$i(t)=c_0+\sum_{k=1}^{N}(c_k\cos k\omega t+d_k\sin k\omega t) \tag{7-28}$$

且存在

$$U_{km}=\sqrt{a_k^2+b_k^2},\ \theta_k=\arctan\frac{b_k}{a_k} \tag{7-29}$$

$$I_{km}=\sqrt{c_k^2+d_k^2},\ \beta_k=\arctan\frac{d_k}{c_k} \tag{7-30}$$

由此就可以求得各次谐波的参数、幅值及相位。要得到基波分量，只是令 k=1 即可。在实际计算中对连续信号 $u(t)$ 在基波周期内进行 N 点采样，得到时域内电压序列 $\{u(n)\}$，FFT 变换为频域内的复序列，再利用式（7-27）～式（7-30）解出基波分量。这样，就可以求得需要的参数。

（五）操作方式

1. 电子式电压互感器在线校验操作方式

不同于传统离线校验方式，电子式电压互感器在线校验的难点在于获取标准电压信号。基于标准电压在线测量单元的设计，可以方便地获得母线高压信号，实现电子式电压互感器在线校验。图 7-22 为电子式电压互感器在线校验操作流程，操作步骤介绍如下：

（1）标准电压互感器。标准电压互感器上连接有升降装置，升降装置上面连有均压环。接好互感器二次端子输出线并与校验系统硬件平台相连。

（2）操作者接通升降装置电源，通过遥控装置控制升降装置上方的均压环与待测高压母线相接触。

（3）自动升降装置与待测高压母线连接后，获取标准电压信号后将被校互感器接入硬件平台，线路接好并检查无误后，开始校验。

（4）整个过程必须保证操作者在安全区域内操作，避免危险事故发生。校验完成后，操

作者遥控自动升降装置退出高压母线，断开升降装置电源，校验结束。

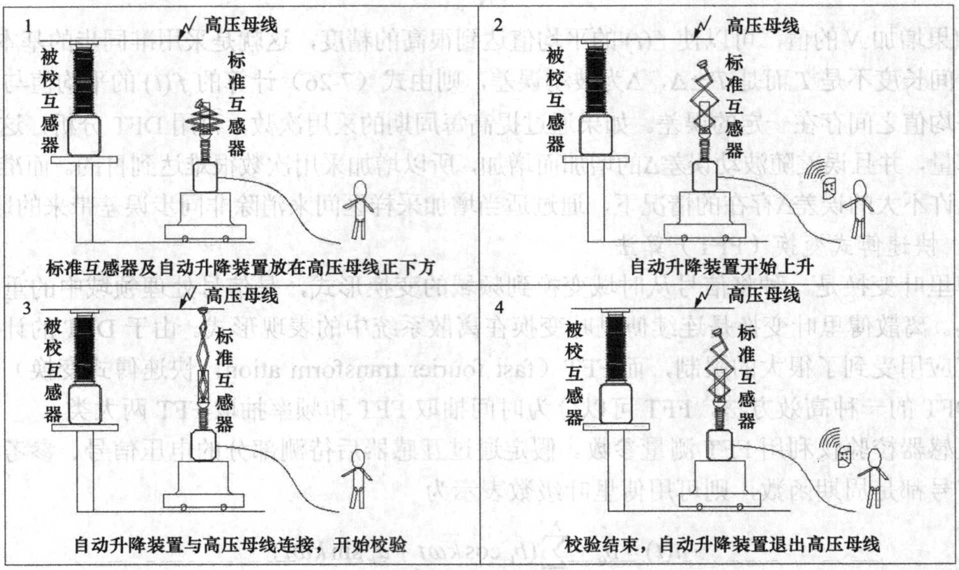

图 7-22　电子式电压互感器在线校验操作流程

2. 电子式电流互感器在线校验操作方式

与电子式电压互感器在线校验相比，电流互感器在线校验由于钳形线圈的使用，标准互感器可以直接接入线路中，可以很容易地获取电流信号，但是需要实现带电作业的操作方式。

GB/T 2900.55—2016《电工术语　带电作业》和 GB/T 18857—2008《配电线路带电作业技术导则》中简述了带电作业的概念和操作方法。带电作业是指工作人员接触带电部分的作业，或工作人员身体的任一部分或使用的工具、装置、设备进入带电作业区域内的作业。其中，带电作业区域包含安全区域和采取预防措施保证安全的保护区域。

作业方法按作业人员作业时是否直接接触带电设备分为直接作业和间接作业两种。直接作业是指工作人员通过绝缘手套并与周围不同电位适当隔离保护，直接对带电体进行的作业，包括使用绝缘手套作业和橡胶手套作业。间接作业是指作业人员与带电体保持一定的距离，用绝缘工具进行作业，通常使用绝缘杆进行操作。按作业人员自身电位划分，带电作业可分为地电位作业、中间电位作业和等电位作业三种。

地电位作业、中间电位作业和等电位作业三种作业方式中人体与带电体的关系如图 7-23 所示。等电位作业时人体与带电体的关系是：带电体（人体）→绝缘体→大地（杆塔）。中间

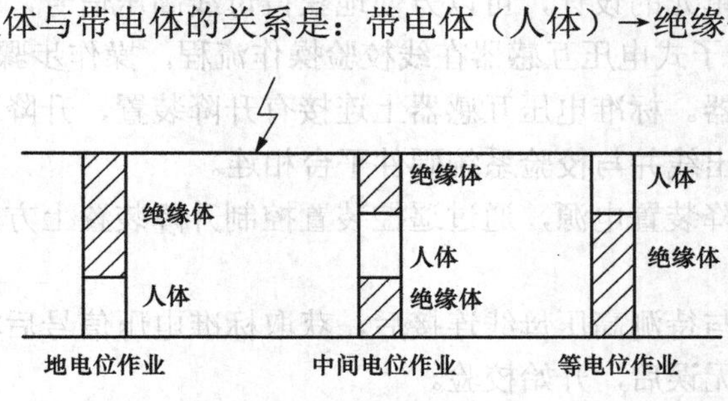

图 7-23　三种电位带电作业人体与带电体的关系图

电位作业属于间接作业法的一种形式，其人体与带电体的关系是：大地（杆塔）→绝缘体→人体→绝缘工具→带电体。地电位作业也属于间接作业法的一种形式，其人体与带电体的关系是：大地（杆塔）人→绝缘工具→带电体。

如图 7-24 所示为地电位带电作业示意图，地电位作业是指人体处于零电位状态下，使用绝缘工具间接接触带电设备，从而达到检修目的，其特点是人体处于地电位时，不占据带电设备对地的空间尺寸，地面或杆塔上，人体电位与大地保持同一电位，此时通过人体的电流有两条通道，一是带电体→绝缘操作杆→人体→大地，构成电阻通道；二是带电体→空气间隙，构成电容电流回路，这两个回路电流都经过人体流入大地。只要人体与带电体保持足够的安全距离，有足够的空气间隙，且采用绝缘性能良好的工具，通过人体的泄漏电流和电容电流是非常小的（微安级），这样小的电流对人体毫无影响，因此，足以保证作业人员的安全。

地电位带电作业需要注意的是：绝缘工具的性能直接关系到作业人员的安全。如果绝缘工具表面脏污，或者内外表面受潮，泄漏电流将急剧增加，当增加到人体的感知电流以上时，就会出现麻电甚至触电事故。因此在使用时，应保持工具表面干燥清洁，并注意妥当保管防止受潮。另外，对于较高电压等级的作业时，由于电场强度高、静电感应严重，还应采取防护电场的措施。如操作人员在 330kV 及以上电压等级的带电线路杆塔上及变电站架构上作业时，即使是地电位作业也须穿静电感应防护服、导电鞋等防静电感应装备，220kV 线路杆塔上作业时宜穿导电鞋。

如图 7-25 所示为中间电位带电作业示意图，中间电位带电作业是指作业人员站在绝缘梯上或绝缘平台上用绝缘杆进行的作业，此时人体电位是低于导电体电位、高于地电位的某一悬浮的中间电位。作业人员通过两部分绝缘体分别与接地体和带电体隔开，这两部分绝缘体共同起着限制流经人体电流的作用，同时人体还要通过组合间隙来防止带电体通过对人体和接地体发生放电，其中组合间隙由两段空气间隙组成。需要指出的是，采用中间电位带电作业方式，带电体对地电压由组合间隙共同承受，人体电位是一悬浮电位，与带电体和接地体是有电位差的，因此在作业过程中需要注意以下几点：

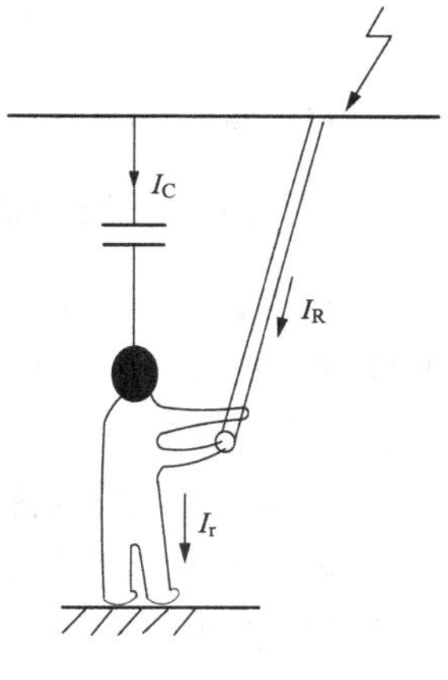

图 7-24　地电位带电作业示意图

（1）地面作业人员是不允许直接用手向中间电位作业人员传递物品的。一是若直接接触或传递金属工具，由于二者之间的电位差，将可能出现静电电击现象；二是若地面作业人员直接接触中间电位作业人员，相当于短接了绝缘平台，使绝缘平台的电阻 R_2 和人与地之间的电容 C_2 被短路，可能使泄漏电流急剧增大，而且因组合间隙变为单间隙，有可能发生空气间隙击穿，导致作业人员电击伤亡。

（2）当系统电压较高时，空间场强较高，中间电位作业人员应穿屏蔽服，避免因场强过大引起人的不适感。

（3）绝缘平台和绝缘杆应定期检验，保持良好的绝缘性能，其有效绝缘长度应满足相应电压等级规定的要求，其组合间隙一般应比相应电压等级的单间隙大 20%左右。

如图 7-26 所示为等电位带电作业示意图，等电位带电作业是指作业人员站在绝缘梯上或绝缘平台上通过绝缘手套直接接触带电体的作业，此时人体与带电体处于等电位，我们知道由电造成人体有麻电感甚至死亡的原因，不在于人体所处电位的高低，而取决于流经人体的电流的大小。根据欧姆定律，当人体不同时接触有电位差的物体时，人体中就没有电流通过，所以等电位作业是安全的。但是在等电位操作过程中，也要应注意以下几点：

（1）作业人员借助某一绝缘工具进入高电位时，该绝缘工具性能应良好且保持与相应电压等级相适应的有效绝缘长度，使通过人体的泄漏电流控制在微安级的水平。

（2）其组合间隙的长度必须满足相关规程及标准的规定，使放电概率控制在 10^{-5} 以下。

（3）在进入或脱离等电位时，要防止暂态冲击电流对人体的影响。因此，在等电位作业中，作业人员必须穿戴全套屏蔽服，实施安全防护。

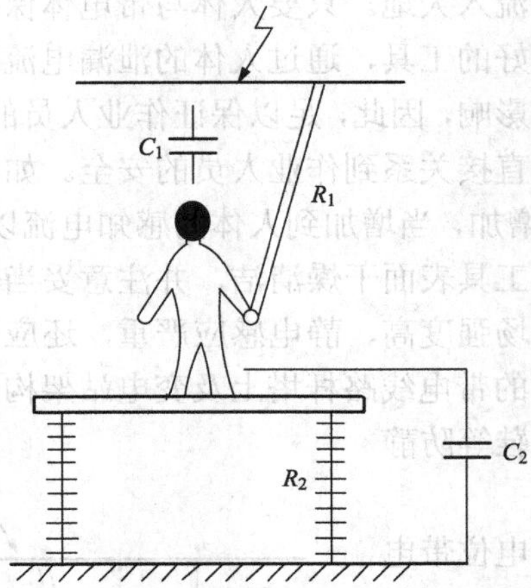

图 7-25　中间电位带电作业示意图

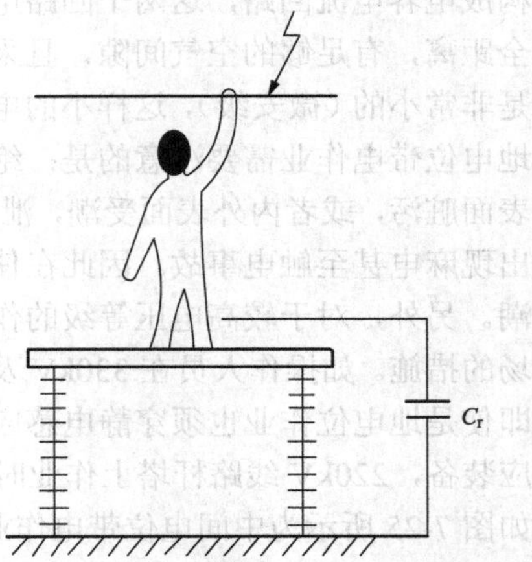

图 7-26　等电位带电作业示意图

综合比较三种作业方式，均存在潜在的危险性。需要考虑的问题是变电站中的线路，一般不具有承重能力，例如连接互感器和断路器之间的导线，一般无法承受一个人的重量，所以等电位作业不适合互感器的在线校验。另外，对于设计紧凑的变电站，一般各个设备之间的距离较小，如果两设备之间有人作业，相当于拉近了设备之间的距离，可能会导致两设备之间绝缘距离不够，进而发生更严重的问题。由于地电位作业方式实施起来更为简单方便，需要的场地也相对小，在实际操作中都是采用地电位带电作业方式。

电子式电压互感器在线校验与电流互感器在线校验相比，危险性小，遥控操作的方式也相对方便，而电流互感器在线校验涉及带电操作，工作人员在校验的过程中要时刻小心谨慎，避免危险的发生。

第二节　数字化电能表测试技术

一、概述

近年来，基于数字接口技术的电子式互感器在智能变电站中的电气量参数采集中得到了广泛的应用。IEC 61850 标准的颁布实施以及合并单元的成功应用实现了过程层采样值信息的统一建模，而计算机以太网技术以及光纤技术的快速发展为过程层网络的信息传递提供了新的传输途径。电子式互感器有别于传统的互感器，没有磁饱和的问题，对测量值具有良好的线性关系，测量范围宽，二次侧的数字接口能将模拟量采样值按照协议标准组帧成为具有标准格式的采样值数据包，是未来智能变电站发展的方向。因而，目前智能变电站中大量使用了电子式互感器。

由于电子式互感器的输出为数字量信号，传统模拟量输入的电能表无法与其实现对接，在这种情况下，信号输入为数字量信号的数字化电能表应运而生。数字化电能表的出现大大提高了电能计量的智能化水平，但是也带来了计量准确度的问题。随着厂网分离等电力企业体制改革以及电力市场环境的逐步形成，供电服务商业化，电能也成为一种具有多种参数指标并与电力企业经济效益直接相关的商品。因此发电厂、电力用户密切关注电能计量装置及其准确度，电力企业对经济效益的考核也越来越重视，其核心就是保障贸易结算过程中电能计量的准确性和可靠性。

为了保证电能表的准确度，对电能表的测试是必不可少的。数字化电能表是指遵循 IEC 61850-9-1 或 IEC 61850-9-2 数字化变电站通信规约和 IEC 60044-7/8 电子式互感器标准，具有数字信号输入接口，应用于智能变电站的新型电能表。由于数字化电能表在输入端采用了光纤以太网的端口模式，而传统的校验装置只能提供模拟信号，无法与数字信号端口连接通信，故而不能对数字化电能表进行校验。因此需要研究数字化电能表校验装置对其进行校验，被测表和校验仪接收信号源产生的数字采样值，分别输出被测表脉冲和校验仪标准通道的电量值，从而得到被校电能表的误差值。

因此，有必要对数字化电能表进行检定。至今，也还没有相应的技术标准对数字化电能表各项指标及其检定方法加以规范，但是国内的科研机构、高等院校或生产企业等相继开展了相关研究。

国外，基于 IEC 61850 标准的数字化电能表的应用还不是很多，因此对这类数字化电能表的校验也还没有相关的国际标准或欧美标准可依据，目前只有西门子公司等少数厂商开展了数字化电能表校验方法及装置的研究。西门子公司研制出一种基于数字功率源的数字化电能表校验装置，其中数字功率源采用数字波形拟合和通信协议转换的技术方案。

国内，随着数字化变电站建设规模的不断扩大，多家科研机构、高等院校及生产厂商相继对数字化电能计量系统量值溯源方法开展了相关探索和研究，基于不同的认识和理解以及应用实际，提出若干种不同的数字化电能表的校验方案。

南京自动化股份有限公司提出一种基于数字功率源的数字化电能表校验方法，通过数字信号处理器产生离散波形数据，然后对其按照 IEC 61850-9-1/2 标准进行编码，再经以太网输出提供给被校数字化电能表，比较离散波形数据的计算值和被校数字化电能表的电能输出值，从而得到被校数字化电能表的误差。

广东电网有限责任公司电力科学研究院提出了两种基于 IEC 61850 标准的数字化电能表的检测方法。第一种是基于模拟功率源的方法，原理是用三相模拟功率源输出模拟电压、电流信号，既直接输出提供给标准模拟电能表，同时又经过采样并进行通信协议转换后，提供给被校数字化电能表和标准数字化电能表。通过比较标准数字化电能表与被校数字化电能表的电能计算值，得到被校数字化电能表的误差。第二种方法是基于数字功率源和标准数字化电能表的方法，其中，具体用到的数字功率源的实现原理，与南京自动化股份有限公司的方案相同。

中国计量科学研究院也对数字化电能表提出了两种检测方法，其一是标准数字功率源法，具体实现上与南京自动化股份有限公司给出的方法相似，所不同的是，南京自动化股份有限公司是采用计算的方法得到标准的电能值，而中国计量科学研究院则是通过接收符合 IEC 61850-9-1 通信协议标准的数据包，然后经解包后再计算出标准的电能值；其二是数字功率源和标准数字化电能表法，其与广东电网有限责任公司电力科学研究院提出的方法基本相同。

四川电力科学研究院与清华大学合作，对数字化电能表的误差特性以及数字化电能计量溯源方法也进行了理论研究，构建了一种"双输入式数字化标准电能表"及其检测系统。所构建的标准数字化电能表可输出两种数字电参量，即模拟功率源经过 ADC 转换后的数字电参量，以及数字波形拟合的数字电参量。

江苏电力科学研究院也研制出数字化电能表测试系统，也是基于标准数字功率源法构建的。

二、数字化电能表测试方法

由于目前行业内没有统一的数字化电能表校准项目标准，考虑到数字化电能表应能兼容各地区不同变电站使用环境，有必要形成统一校准规范，达到校准一致性的目的，从而验证数字化电能表功能完备性。若缺少某些测试项目可能导致返厂维修频繁，不利于数字化电能表的维护和智能变电站计量系统稳定。

结合数字化电能表目前在各地应用所出现的问题，经研究发现数字化电能表现场测试项目除基本要求的校准项目外，还应包括以下几个方面：

（1）准确度。数字化电能表在多合并单元数据报文下的计量准确度；在不同采样率情况下计量准确度；报文丢失率在 0.01%情况下的计量准确度；改变一次电压电流规格，数字化电能表仍然具有同等级计量准确度。

（2）功能方面：数字化电能表的最大通道映射能力；最大支持 ASDU 数；是否支持 GMRP 组网 VLAN 设置功能；支持数字化电能表日计时误差检测；多合并单元现场应用环境中，数字化电能表能支持在一路合并单元电流处于检修状态下正常计量。

数字电能表的检定与传统电能表有很大的区别。传统电能表以模拟的二次电流电压作为输入，而数字电能表以遵循 IEC 61850-9-1/2 规约的采样值作为输入，并以光纤以太网的形式输入到电能表。所以，传统电能表的检定方法，无法直接对数字电能表进行检定。

目前尚无数字式电能表的检定规程出台，对现有的数字电能表的测试方法按溯源方式进行分类，主要有向标准模拟电能表溯源、向标准数字电能表溯源、向标准数字功率源溯源 3 种。

1. 向标准模拟电能表溯源

由于模拟电能表的溯源体系相当完善，把数字电能表向模拟标准表溯源是一个很直接的方式。但两者的输入形式不同，需要在两者输入之前加入一个转换模块。在 GB/T 17215.303—2013《交流电测量设备特殊要求　第 3 部分：数字化电能表》中，提出了如图 7-27 所示的检定方法。在该检定方法中，数字表之前加入了信号调理和高精度 A/D 转换设备、协议组包设备和网络设备等环节，使模拟信号源的电压/电流模拟量能最终输入到数字电能表中。该检定方法形式明了，实现了与模拟标准表的直接比对，但最终测得的误差结果实际上是被测电能表与它之前所有模块的整体误差。因此，该方法要求信号调理和 A/D 转换设备要有很高的精度，协议组包设备和网络设备不会产生误码和丢包等附加误差。所以，要使该检定方法实用化，还需要对信号调理和 A/D 转换的精度进行检定，对协议组包设备和网络设备的性能也要保证。

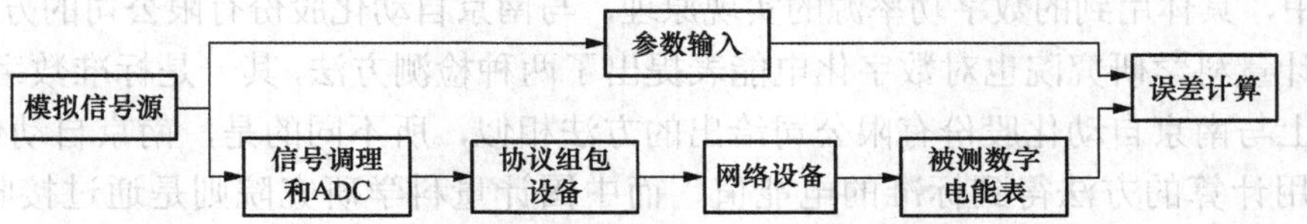

图 7-27　向标准模拟电能表溯源的检定方法

2. 向标准数字电能表溯源

该方法是提供一个标准数字电能表，给标准数字电能表和被测数字电能表相同的输入，然后直接比对电能计算的结果。这种方法把标准数字电能表和被测电能表放在完全对等的位置，没有其他环节误差的引入，清晰明了。根据功率源的不同，可以分成纯数字功率源和实际功率源两种模式。

有众多研究机构提到使用纯数字功率源向标准数字电能表溯源的方法。湖南省数字电能表地方标准和 GB/T 17215.303—2013 都把这种方法作为数字电能表的误差检定方法之一。如图 7-28 所示是向标准数字电能表溯源的检定方法。采用纯数字功率源的方法省去了模拟功率源和 A/D 采样的环节，直接通过数字功率源产生标准的数字电流/电压信号。其优点是实现简单、成本低；其缺点是数字功率源是周期性的计算结果，无法真正模拟实际信号在采样过程中产生的各种不确定性，因此无法模拟真正电能产生的过程和机理。同时，该方法的标准数字电能表本身的溯源也是一个问题。由于现有的溯源体系中只有标准的传统电能表，标准数字电能表只能向更高等级的传统电能表溯源，那么又必须加入 A/D 转换和规约生成等环节。这又回到了前面所述溯源方法的问题。

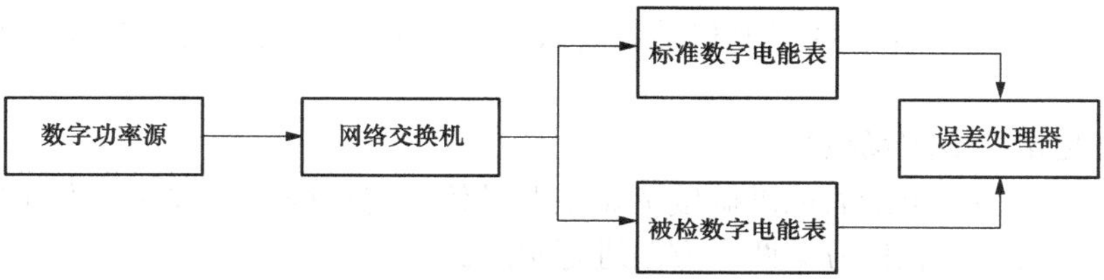

图 7-28 向标准数字电能表溯源的检定方法

与纯数字功率源相对应的，也有使用实际功率源来向标准数字电能表溯源的。该方法也包含了信号调理与模数转换模块，但被测电能表还是直接与标准数字电能表结果进行比对。广东电科院等研究机构提出了如图 7-29 所示的数字电能表检定方法，该方法的优点在于使用了实际的功率源，能够反映电能计量的实际情况，同时，该方法能方便地实现标准数字电能表向传统标准电能表的溯源。

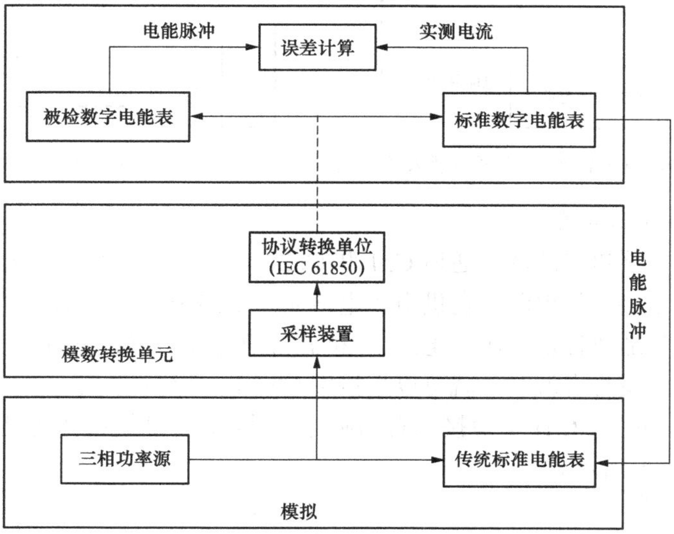

图 7-29 基于实际功率源的数字电能表检定方法

3. 向标准数字功率源溯源

该方法由中国计量科学院和浙江电力试验研究院提出，并在 GB/T 17215.303—2013 中作为数字电能表的误差检定方法之一。向标准数字功率源溯源的数字电能表检定方法如图 7-30 所示。在该方法中，标准数字功率源输出遵循 IEC 61850-9-1/2 协议的采样值数据帧，并且该数据帧所代表的电压、电流信号的幅值和相位可以根据实际的要求设置。根据配置的参数可以得到理论电能值，与被测电能表输出的电能值比较，就可以得到被检电能表的误差。该检定方法的特点在于结构进一步简化，没有了标准数字电能表。标准数字功率源输出的采样值是理论计算而来的，应该是绝对精确的，但为了符合国家相关法规规定，数字功率源也应该向上溯源。但数字功率源并没有标准器具与之比对，所以，该检定方法中最关键的还是数字功率源的溯源问题。

目前，对于数字化电能表的测试仍然缺少统一的规程标准。按照溯源对象的不同，将检定方法分成了三类。向模拟标准电能表溯源的方法由于在被检电能表前加了信号调理和模数转换单元，它们的误差也会计入被检电能表的误差中；向数字标准电能表溯源方法的问题在于数字电能表本身没有一套溯源体系，最终标准数字电能表还是要向标准模拟电能表溯源，溯源时又会引入信号调理和模数转换单元；向标准数字功率源溯源方法的关键还是溯源问题。

三、数字化电能表现场校验

目前，对于数字化电能表的准确度测试主要是依靠现场校验的方式。本部分从数字化电能表现场校验的硬件和软件方案两个方面进行阐述。

（一）数字化电能表现场校验硬件方案

数字化电能表现场校验系统硬件结构如图 7-31 所示，由工控机、24 位 PCI 采集卡、设备驱动程序、网卡和同步时钟组成。

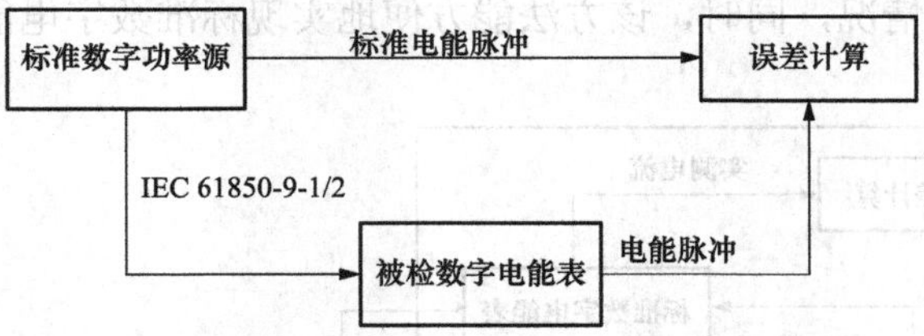

图 7-30 向标准数字功率源溯源的数字电能表检定方法

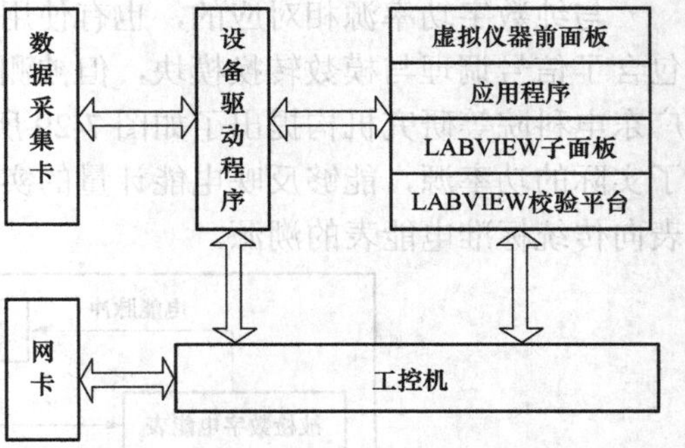

图 7-31 校验系统硬件结构

1. 采集卡自供电源电路

采集系统使用了采集卡的两个通道 Ch1 和 Ch2，为了保证采集通道采集信号的稳定性和准确性，在两个通道接上拉电阻。自供电源电路如图 7-32 所示，通过从工控机自带 5V 直流源接上拉电阻为采集通道提供电源，电阻 R_1 和 R_2 的阻值为 2kΩ。Ch1 和 Ch2 可以采集无源信号，而当加入电源变为有源时，就可以直接用 Ch3 和 Ch4 来采集。

如图 7-33（a）所示，Ch1 通道接入有功脉冲信号，Ch2 通道接入无功脉冲信号，电能表侧接线如图 7-33（b）所示。

2. 光网转换电路

合并单元采用光纤传输信号，工控机接收端通过网卡根据局域网通信协议接收报文。由于光信号转网络信号需要外设多模光纤转换器，这样增加了设备的接线复杂度，因此采用光网转换卡内置到工控机，在工控机外部设置接头，从而可以直接将光纤接到工控机上。

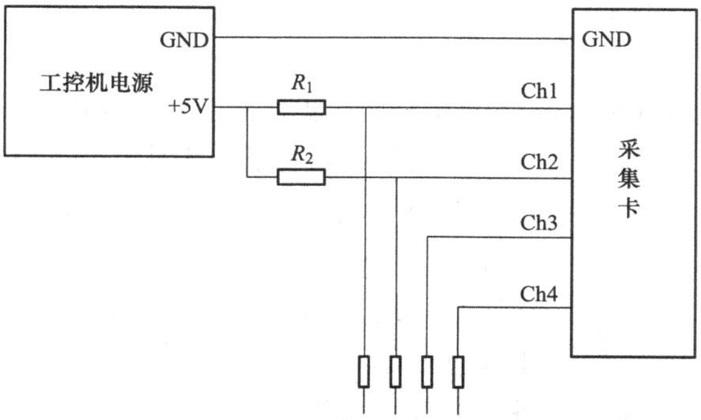

图 7-32　自供电源电路

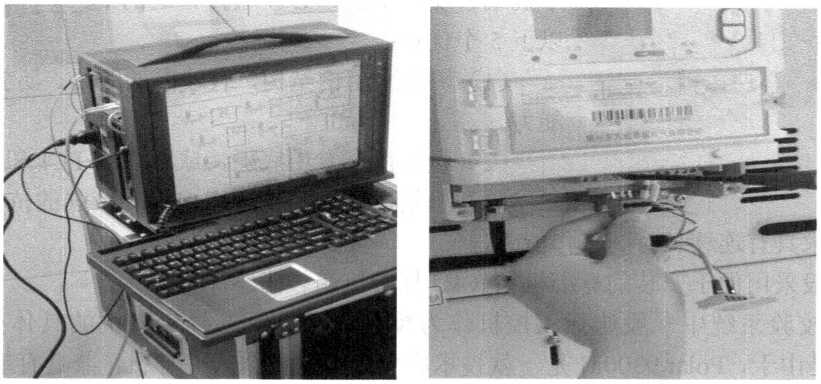

(a)　(b)

图 7-33　采集接线演示图

（a）工控机侧接线；（b）电能表侧接线

光网转换卡安装在工控机内部，并采用工控机所提供的+5V 直流电源供电。光网转化卡供电示意图如图 7-34 所示。光纤采集信号时，采用光网转换卡转换后接以太网接口的网卡。若信号为以太网传递时，直接将信号给网卡上的网线接口。

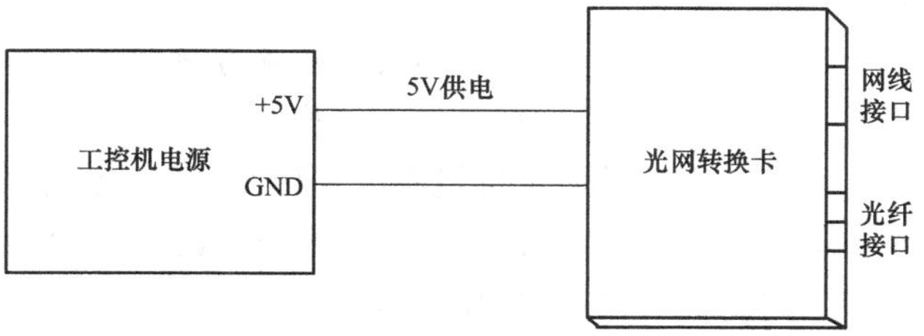

图 7-34　网转换卡供电示意图

3. 同步时钟系统

在具体设计时，参考通道中的数据采集卡应使用 M 系列多功能采集卡中的 NI6221，板上的时钟源可以作为数字时基，可以对合并单元提供公共的时间基准源，从而控制采样起始时刻。因此，使用一个公共外部触发时钟，就可以有效做到采集卡和合并单元准确同步。同步时钟系统采用了高精度晶体振荡器 DSA321SCA，对于两路通道中因为对同步时钟的响应时间不一致而产生的固定时延，即信号相位差，在校验系统软件中设计相位补偿程序。

在工控机 PC 平台上建立的虚拟校验系统功能在于对数据进行分析、处理、显示和保存等。利用该虚拟校验系统能够对数据进行分析、处理、显示和保存等，最终准确输出比差、角差、频率和谐波分量等参数。

4. 工控机

工控机（industrial personal computer，IPC）即工业控制计算机，其实物图如图 7-35 所示，是一种采用总线结构，对生产过程及机电设备、工艺装备进行检测与控制的工具总称。工控机具有重要的计算机属性和特征，如具有计算机 CPU、硬盘、内存、外设及接口，并有操作系统、控制网络和协议、计算能力、友好的人机界面。工控行业的产品和技术非常特殊，属于中间产品，是为其他各行业提供可靠、嵌入式、智能化的工业计算机。

图 7-35 工控机实物图

由于数字化电能表校验现场可能存在不同程度的电磁干扰或者噪声干扰，必须选择合适的 PC 平台，工控机具有以下 5 个优点：

（1）机箱采用钢结构，有较高的防磁、防尘、防冲击的能力。

（2）机箱内有专用底板，底板上有 PCI 和 ISA 插槽。

（3）机箱内有专门电源，电源有较强的抗干扰能力。

（4）要求具有连续长时间工作能力。

（5）一般采用便于安装的标准机箱（4U 标准机箱较为常见）。

所以在校验系统中一般选择工控机作为校验平台，所选择工控机的具体型号为 Polar 9300M。这是由于，Polar 9300M 是一款技术成熟的工业便携式计算机，兼具有笔记本计算机的便携性能及台式计算机可扩展插卡性能，Polar 9300M 便携式仪器计算机适合实验室及需要有移动性的任何测试场所，尤其适合于电能计量现场。

配合各种虚拟仪器卡或者自行设计的各类测试卡，可用 Polar 9300M 便携式仪器计算机方便地构成性能优异的测试仪器。由 Polar 9300M 便携式仪器计算机构成的测试仪器目前广泛应用于数据采集、PLC 现场编程、网络协议测试、车载、电力测试、电信测试、军事、工业自动化等领域。

（二）数字化电能表现场校验软件方案

1. 开发环境的选择与软件结构

目前，测控领域上位机系统软件开发的主流解决方案传统式脚本语言开发（Visual Basic 和 Visual C++）、图形化开发语言开发（LABVIEW 和 HP VEE）和应用工业组态软件进行组态（国内的 MCGX，美国的 Fix）。

传统脚本式语言的工程性不强，开发人员将花费大量时间在代码编制而非过程监控上；组态软件应用简单，但灵活性差，且在硬件连接上存在不稳定因素；应用图形化开发平台 LABVIEW 建构系统上位机，其具备所有高级开发语言的特性和特点，从底层建构，形式灵活，程序模块化，结构清晰，采用面向对象的概念，便于软件开发和再利用。

LABVIEW 软件提供有大量的系统库函数，在很多工程应用场合，开发人员可以直接调用库函数，或对其稍加改动，即可达到工程实际的需要。硬件方面，NI 公司提供有全系列数据采集卡，同时配有驱动库 NI-DAQ 及在上位机中对硬件进行配置的软件环境 MAX。因此采用 NI 公司的板卡及开发平台，可以在最大限度内保证软、硬件的无缝连接。

软件设计主要分为数据采集模块，参数输入模块、数据保存模块、计算分析模块、曲线展示模块和生成报告模块。校验系统结构设计模块如图 7-36 所示。

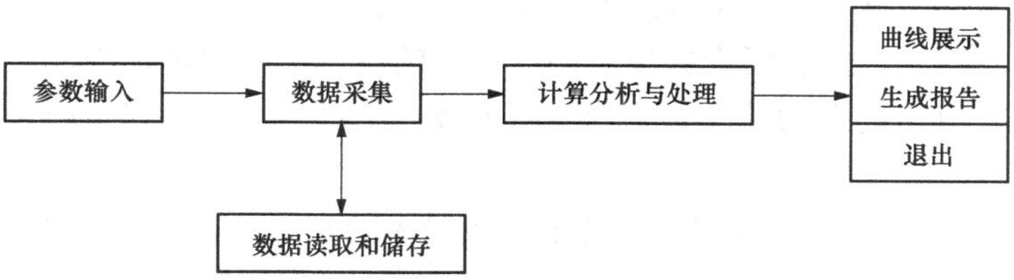

图 7-36　校验系统结构设计模块

在对合并单元数据通道、采样时间长度等参数输入以后，校验系统开始进行数据采集。数据采集分两路，一路为上位机从合并单元接收到的网络数据包，另一路为数据采集卡从数字电能表采集到的脉冲信号。采集到的数据存入到特定的数据文件中，以便后续的分析和计算。

2. 软件主界面

主界面的调用子程序部分采用事件结构及条件结构来实现，当控件被触发时，该控件将运行其连接的事件，采用调用节点的方式来实现调用子程序的功能。其主界面如图 7-37 所示。

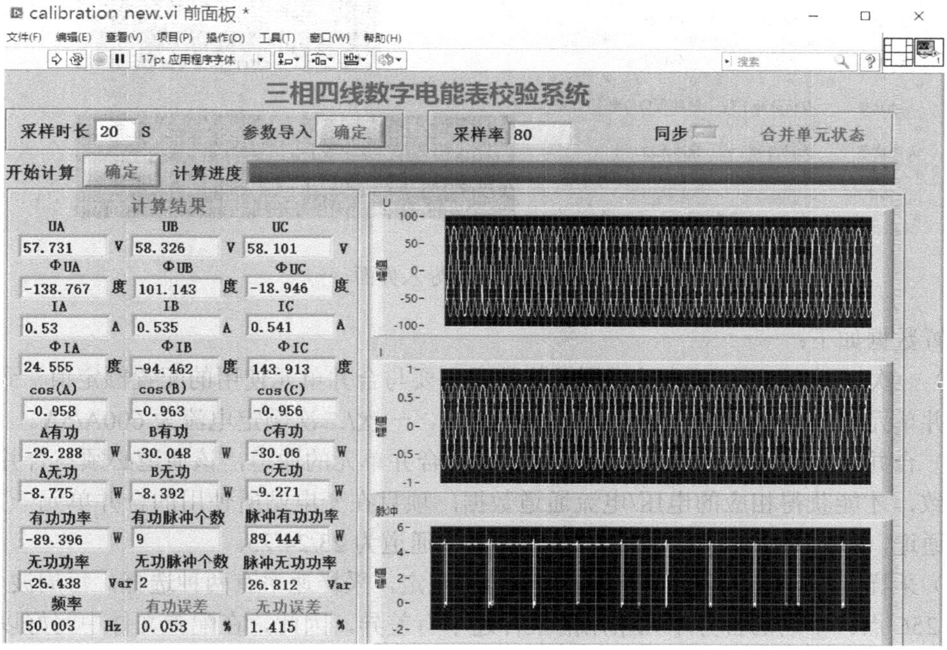

图 7-37　校验系统程序主界面

系统主界面分为参数配置部分、合并单元状态展示部分、图形展示部分、计算结果展示部分。

（1）参数配置部分包含电能表编号、电能表有功/无功脉冲常数、合并单元采样速率、合并单元一次额定电压/电流、二次额定电压/电流、合并单元采样通道号。

（2）合并单元状态主要展示合并单元采样率和同步状态。

（3）图形展示部分展示电压电流波形以及电能表脉冲波形。

（4）计算结果展示部分包括合并单元侧计算出的电压电流幅值、相位，各相有功、无功功率和电能表侧计算出的有功脉冲、无功脉冲个数，脉冲有功功率和脉冲无功功率，有功功率、无功功率误差。

“参数导入”控件触发后，读取校验通道及校验表的配置数据，并用对话框展示。参数导入界面如图 7-38 所示。

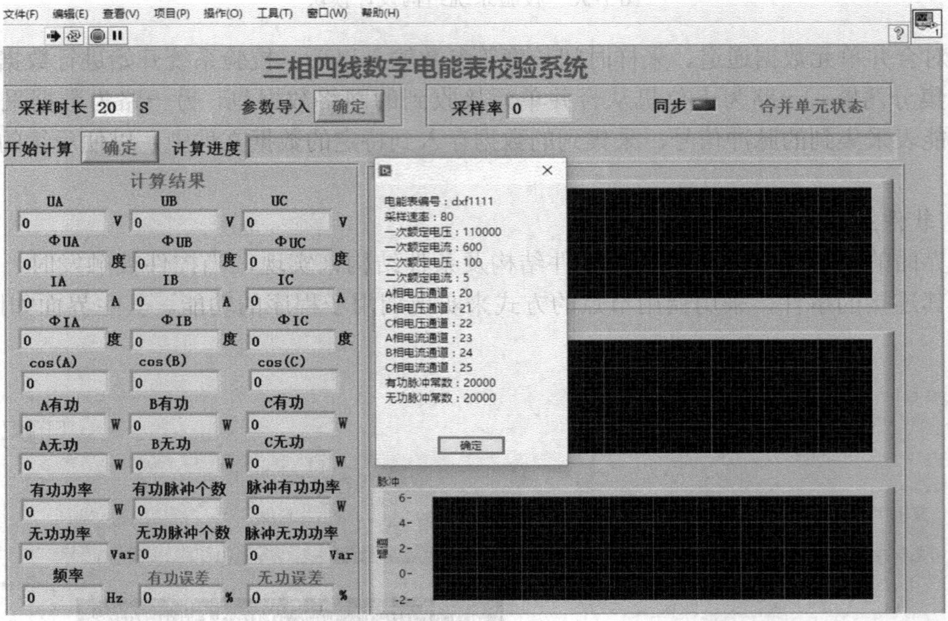

图 7-38　参数导入界面

配置数据如下：

（1）一次/二次额定电压/电流。额定值的设定要与合并单元使用的配置额定值一致。本项目中合并单元一次/二次额定电压为 11000V/100V，一次/二次额定电流为 600A/5A。

（2）合并单元采样通道选择。选择需要校验合并单元的通道，该通道必须与合并单元所连线一致，才能获得相应的电压/电流通道数据。项目在变电站所使用的合并单元一共有 25 路数据通道，3 相电压通道为 20/21/22，3 相电流通道为 23/24/25。

（3）采样速率。根据 IEC 61850 9-2LE 协议规定，采样速率有两种选择，每周波 80 点和每周波 256 点。不同的合并单元采用的采样速率有差异，因此，在配置文件中写好以后通过参数配置的方式进行设定。

（4）有功/无功脉冲常数。电能表的有功脉冲常数单位为 Imp/kWh，无功脉冲常数单位为 Imp/kvarh。脉冲电能为脉冲常数和脉冲个数的乘积。

导入参数以后，就可以开始采集和分析计算了。点击“开始计算”主程序调用采集子程序，对合并单元网卡数据和板卡数据进行采集，并在子程序中进行计算。

第三节　智能变电站设备状态监测技术

一、概述

智能电网是目前电力系统重要的发展方向。智能变电站作为智能电网的核心组成部分，它的作用毋庸置疑。智能变电站以全站信息数字化、通信平台网络化、信息共享标准化为基本要求，不仅需要完成信息采集、测量、计量、控制与保护等常规功能，还必须在线监测站内设备的运行状态，智能评估设备的检修周期，从而完成设备的全寿命周期管理。保证一次设备的正常运行并对设备的损耗情况进行预估，从而建立合理的检修计划是实现变电站智能化的基础。因此，状态监测技术已经成为智能变电站的核心技术之一，该技术近年来也得到了越来越多的关注。

状态监测技术是一种监测设备运行特性的技术，通过提取故障特征信号及被监测特性的变化或趋势，评估设备的运行状况，或者在严重故障发生前能对设备维修的需要进行预估。

早在20世纪中叶，一些发达国家就开始了状态检测的相关研究工作。由于工业技术水平的局限，生产和运行环境中存在着大量的电磁干扰，因此对电力设备特征量的状态监测就存在着较大误差，设备状态监测和故障诊断技术的发展便遇到了挑战。到了20世纪末期，随着计算机技术、信息技术的蓬勃发展，状态监测技术得到了较大的进步。一些欧美国家陆续开发了变压器、断路器、局部放电在线监测系统。最近几年，随着光电技术的发展，更多类型的状态监测系统的出现，推动了状态监测技术的发展。

我国状态监测技术的发展开始于20世纪80年代。由于当时国内的计算机信息技术的局限，状态监测技术的发展较慢。到了21世纪，随着电子信息技术的迅速发展，以及国内各大厂家和科研院校的重视，国内的状态监测技术才渐渐走向成熟。目前，我国在这方面的成果主要集中于一次设备状态监测方面，比如变压器油成分检测、电能计量装置在线校验等方面取得重大进展。此外，随着我国智能变电站的全面建设和状态检修方式的全面推广，在线检测技术在智能变电站中已经得到了大范围的应用。

总体而言，变电站状态监测技术的发展主要经历了以下三个阶段：

（1）带电检测阶段。20世纪70年代，在不停电状态下便能对电气设备的某些参数进行测量，但是准确度、灵敏度都较低。

（2）数字化检测阶段。到了20世纪80年代，当时开发出的带电检测仪利用传感器将被测量的设备参数模拟值直接转换成数字信号，标志着状态监测技术已经正式进入数字化。这种检测方式不需要将检测仪器接入检测回路，而且数字化的信号也更为准确，抗干扰性更强。

（3）计算机在线监测阶段。随着传感器技术、计算机技术、数字信号处理技术的发展，变电站状态监测技术开始进入计算机时代，它以计算机处理技术为中心，实现多参数的实时在线监测。现阶段，例如变压器油成分分析、电气设备红外线测温技术等已经得到广泛应用，在变电站状态监测中发挥着极其重要的作用。

二、变压器状态监测技术

变压器作为电力系统中的重要设备，它承担着电压变换、电能分配和转移的责任，变压器的稳定、安全运行是电力系统安全运行必不可少的一部分。作为最重要的一次设备，变压器不仅价格昂贵，若其故障将会带来重大的经济损失，威胁人身安全及财产安全。因此，保证变压器的安全稳定运行对提高国家安全性、保护企业利益以及人民生命财产具有十分重要的意义。

随着坚强智能电网的发展，智能变电站中的变压器监测和维护工作十分重要。传统的变压器检测方式是定期检修，到了一定的时间周期，对变压器各项参数、性能和运行状态进行停机式数据采集后再进行人工处理，并以此为依据对变压器进行状态判断和控制。定期检修需要占用大量的人力物力，同时在一段时间内暂停运行所检修的电力设备，这并不能得到变压器准确实时的运行数据。在检修的时间间隔内，无法得到电力系统的故障信息可能会导致严重的后果。在生产高效化和运行安全化的大趋势下，传统的定期检修方式已经不再适用于变压器实时准确的监测和维护了。

我国的变压器在线监测系统的开发开始于20世纪80年代。随着电力设备的数字化和智能化，电力监测设备的智能化也成为国内各高校、院所研究的主流。在各高校中，西安交通大学和清华大学陆续研发出了故障监测诊断系统，这为电力设备状态监测技术的发展打下了坚实的基础。20世纪末期，南方某电力局安装了第一台智能变压器早期故障监测装置，在接下来的时间里该局对全市33台220kV主变压器安装了在线监测装置。各个不同的监测装置实现全局联网，并通过通信控制器、调制解调器和公用通信网向监控中心传送在线监测的有关信息。同时通过计算机对各个变压器状态进行每日每月的参数记录和分析，远程设置和修改监测系统的运行状态，传递报警信号。逐步实现了对全市所有主变压器的连续性、持久性和数字化的监控维护，预测并避免了很多隐藏性电力故障，极大程度上确保了全市电力系统的稳定安全运行，其采集记录的数据和信息为国内的相关研发工作提供了宝贵的信息。

总体而言，变压器状态检修经历了三个阶段：20世纪50年代以前采用事故检修方法；20世纪70年代左右主要使用定期检修；20世纪80年代以后则进入状态检修阶段。事故检修阶段，变压器容量普遍较小，并且电网供电压力也不大，所以维修时间比较充裕，检修也比较容易。到了20世纪70年代左右，随着社会经济的不断发展和社会用电量的提高，变压器的容量不断上升，事故检修已经不能满足稳定供电的要求，设备停运的影响越来越大。定期检修，不仅给用电企业造成了一定的经济损失，而且也给供电公司带来了成本浪费。进入20世纪80年代之后，状态检修方式开始逐步进入电力行业。

1. 超高频局部放电检测技术

由于发生放电性故障时，发生放电的部位会发出超高频电磁波信号，因此通过监测超高频信号可以对放电性故障进行检测。最近几年，超高频检测技术在局部放电上的应用越来越广。某些电力设备（如电机、电缆等）的监测中，超高频检测技术已经取得了很大的进展。由于超高频监测技术的优点，其在局部放电的检测已经应用很多年。局部放电信号通过波和驻波的形式发射，电磁波传输管超高频检测技术的同轴结构尺寸决定了驻波与波的截止频率。此外，由于时间间隔的存在，在谐振腔长度的信号传输，损耗小，易于检测。变压器的局部放电现象一般都发生在变压器内的油纸隔层中，绝缘层构造曲曲折折，局部放电的电磁波信号在绝缘层传播过程中会出现折射和衰减。此外，变压器的内壁也可以传播电磁干扰，检测变得更加困难。总之，超高频监测技术仍然处于变压器局部放电监测的探索阶段。

超高频法可监测局部放电、电弧放电、火花放电导致的故障。

超高频局部放电检测技术灵敏度高，且可以将电晕干扰降到最低，对各种缺陷有良好的知觉，但对故障点的位置查找很难实现。

2. 红外线测温技术

当变压器发生过热性故障时，变压器对应的部位都会发生温度的变化，因此通过对温度进行监测就可以发现变压器内的过热性故障。红外热像技术是一项常用的监测技术，它主要内容是红外辐射的产生、传递、转换、探测。该技术是根据科学常识，只要物体的温度超过绝对零度的，该物体始终对外发生红外能量，而该能量的波长和大小始终是与该物体的温度相关联的，因此要想测定一个物体的表面温度，只需测量其对外辐射出的热量即可。红外线探测技术可以用来监测和识别由于变压器引线接触不良、超负荷运行等引起的温度变化。电路中的局部过热或者触点接地导致的铁芯过热都可以用该方法测量。

红外测温法的优点是测温反应迅速、范围广并且具有良好的精准度。但同样红外测温法容易受到环境因素影响，并且不方便测量物体内部温度。

3. 油色谱监测技术

油色谱监测技术的原理就是当变压器内部故障时，气体含量在油中会产生许多变化，其中包括产气的速率和量，因此，当变压器内部发生油中溶解气体类的故障时，可以采用油色谱检测技术进行监测。该技术的依据是在不同类型的故障中，油中不同气体的比例是不同的，所以在在线监测中可以通过不同特征气体的含量判断故障类型。实际中最常用的特征气体有 H_2、CO、CH_4、C_2H_6、C_2H_4 和 C_2H_2 等气体。当收集的信息满足初始的判断条件时，就可以通过上述方法来判断故障。油色谱法可以检测过热故障、放电故障、短路故障和过负荷故障，其具有分析效率高、灵敏度高而且易于实现无人化操作的优点，但也存在着不能给出定性结果的缺点。该技术主要采用比值法、气相色谱法。油色谱状态监测原理框图如图 7-39 所示。

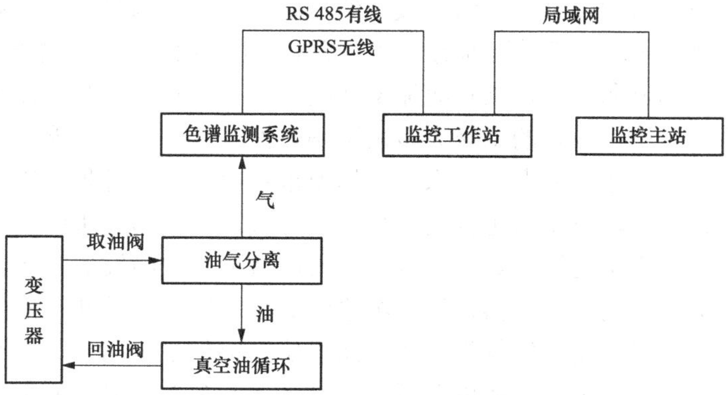

图 7-39　油色谱状态监测原理框图

4. 振动监测技术

当变压器发生绕组和开关故障时，变压器内的铁芯和绕组就会发生振动。振动检测技术的原理就是变压器内部存在磁场和电流，若发生故障时，变压器内部就会发生铁芯振动和绕组振动。对油箱表面的振动进行检测就可以知道变压器铁芯和绕组的状态，此外还可通过振动监测发现调压开关的故障，并对局部放电进行定位。振动监测是一种外部监测，振动传感器一般安装在设备表面。振动传感器获得的振动信号再经过数字化处理，然后提取分析就可以获得信号的特征值，最后通过特定的诊断算法就可以得到设备的运行状态。

5. 介质损耗因素检测技术

当变压器发生绝缘性故障时，绝缘材料的滞后电导率和极化会引起能量损失，即内部的介电损耗。通过监测介质损耗因素可以判断是否发生绝缘性故障。该技术的原理是电场中的能量损失会产生介电损耗介质，外在电压、频率保持不变时，介质损耗与损耗角正切值呈正相关。由于介质损耗只与所选绝缘材质有关，因此可以通过测量介质损耗来评估设备的绝缘性能。介质损耗因素状态监测原理如图 7-40 所示。

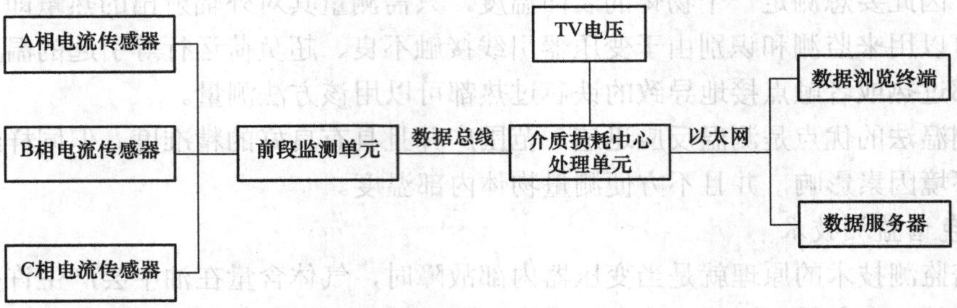

图 7-40 介质损耗因素状态监测原理图

三、断路器状态监测技术

随着电力系统的飞速发展，尤其是智能变电站的大力建设，对高压开关设备的可靠性提出了更严格的要求。断路器作为电力系统中最主要的高压开关设备，其重要性不言而喻。智能变电站要求自动采集变电站内断路器的状态信息，并通过评估、分析，确定设备故障类型以及故障程度，进而实现状态可视化，由此可见，对断路器实行在线监测十分重要。断路器在线监测是通过应用新型的传感、通信、数字信号处理以及监测等技术，对运行中的断路器的状态进行连续监测，分析处理采集到的信号，提取其中有用信号来判断断路器的运行状态，分析异常情况及异常部位和程度，预测故障发展趋势，并对异常状况进行预警。

早期，电力系统对电气设备的维修大多采用预防性维修，随着智能电网的提出，这种检修方式已经不能满足电力系统的发展需求，迫切要求对电力系统各种高压一次设备实行状态检修。状态检修是设备故障发生前进行的一种检修方式，即采用先进的监测和诊断技术提取设备的运行状态值，结合历史运行数据，预判设备的故障及故障发展趋势，断路器在线监测技术在其中起到了关键作用。断路器在线监测系统通过对运行中的断路器的状态进行实时监测，为电力设备实现从“预防性维修”到“状态检修”提供了依据，从而有效降低了设备维修的费用，对断路器本身的使用寿命以及运行的经济效益都有了显著的提高。因此，开展断路器在线监测，尽早发现潜在的隐患故障，可以减少设备故障率，对电力系统的安全稳定性具有重要作用。

与电力系统的其他一次变电设备相比，断路器在线监测技术的研究比较迟缓，直到 20 世纪 90 年代前后，美国和日本率先开展断路器在线监测，提出了诸多相关概念。20 世纪 60 年代，GIS 的应用要求是对断路器必须实施在线监测，这样才能节省维修的工作量和费用。所以，从一定程度上讲，断路器在线监测的研究是在 GIS 的应用和“状态检修”的带动下开展起来的。

目前，断路器在线监测技术在一些发达国家已比较完善，并推出了一系列可靠性较高的产品，这一系列产品对断路器在线监测技术的不断发展提供了坚实的基础，为实现电力系统安全运行提供了强有力的保障。我国断路器在线监测技术也取得了飞速的发展，现阶段，断路器在线监测技术的研究主要还存在以下不足：

（1）集成度不够。多数在线监测装置都不能实现综合监测，只是对其中某几个参数进行监测，不利于信息的融合。

（2）精度不够。现场监测所采用的传感器精度不高以及信号处理器的精度不够。

（3）扩充性不好。断路器在线监测装置应对变电站内不同间隔的不同断路器进行监测，并应与变电站在线监测系统相兼容，为智能变电站信息一体化平台提供实时信息。

（4）信息共享程度低。由于不同厂家采用不同协议进行数据的传输，造成数据不能共享，而智能变电站要求，变电站内不同设备之间必须实现互操作。

随着传感器、计算机、信号处理以及在线监测等技术的飞速发展，一些新理论、新技术逐渐被开发和应用，对智能变电站断路器的进一步研究具有重要的实用价值。

高压断路器在电力系统中承担着保护和控制的作用，电力系统的安全运行直接受断路器性能的影响，同时断路器也是一次设备中检修和维护工作量最大的设备之一。高压断路器状态监测主要是对机械特性状态、开断次数、操动机构油压、分合闸线圈电流波形和触头电寿命的监测。高压断路器状态监测关键在于既要保证监测系统的可靠性，又要使监测系统简单并易于实施。

1. 断路器机械性能监测

有关高压断路器故障统计结果表明，其故障主要是操动机构的故障。对于操动机构故障有很多在线监测方法，如红外线分析、系统动态响应特性测试、系统压力测试、超声波分析等。断路器机械状态监测包括行程监测、速度监测及操作过程中振动信号的监测等。

2. 断路器触头电寿命监测

触头电磨损是影响断路器电寿命的重要因素，因而也是状态监测的重要参数。利用不同开断电流下的等效磨损曲线，累计出每次电流开断所对应的相对电磨损，采用触头累积磨损量作为判断断路器电寿命的依据。

3. 真空灭弧室真空度检测

真空开关在电力系统中应用广泛，其工作稳定性、有效性与灭弧室的真空度有很大的关系。对灭弧室真空度测量应用较广的是间接测量方法。检测灭弧室内真空度的具体方法有很多，主要有灵敏度较高的磁控放电法、工频耐压法、火花计法和德斯拉线圈法。

四、避雷器状态监测技术

避雷器作为过电压保护设备在电力系统中应用广泛，常见的是金属氧化物避雷器（metal oxide arrester，MOA），其代表为氧化锌避雷器，主要用于防护雷电过电压和操作过电压，是保证电力系统安全运行的重要设备之一。它具有响应快、伏安特性平坦、性能稳定、通流容量大、残压低、寿命长、结构简单等优点，广泛使用于发电、输电、变电、配电等系统中。

MOA在线监测技术基于微安级小电流信号采集技术、嵌入式微处理器数据分析和处理技术、以太网和国际标准IEC 61850通信规约等通信技术、人工智能专家系统而深入地运用，同时也得到了很大的发展。该技术作为智能变电站在线监测的重要组成部分，基本实现了

MOA 在线监测的智能化、数字化、信息化、网络化。MOA 在线监测技术已经在我国智能变电站改造和新建电站中得到了广泛的应用，并发挥着积极的作用，有力地保障了供电可靠性。针对运行过程中暴露出的一些问题，国家电网公司和中国南方电网公司相继颁布了相应的技术标准，规范了 MOA 在线监测的设计、运行和维护，并提出建设“新一代智能变电站”的要求。

随着国、内外科研院校、制造企业持续地研发，新技术的不断运用，MOA 在线监测技术仍在不断升级、优化，朝着更智能、更准确、更简洁的方向发展。

避雷器在运行过程中，长期承受工频电压、冲击电压、内部受潮的影响，易引起阀片老化、功耗加剧以及阻性泄漏电流的增加，使避雷器内部阀片温度升高并引发热崩溃，造成避雷器爆炸。

避雷器状态监测包括全电流监测、阻性电流监测和功率损耗监测。全电流监测可用来监测避雷器的密封性能；阻性电流监测可用来监测避雷器阀片运行稳定性；功率损耗监测则直接反映 MOA 的劣化情况。

1. 全电流监测

全电流监测是在避雷器底部与大地之间接入监测装置，对全电流的状态进行监测，由此判断设备是否受潮。基本思想是总泄漏电流 I_x 的增加可以反映阻性电流 I_R 的增长。当 MOA 受潮时，导致绝缘电阻变小，MOA 的总泄漏电流会显著增加。

2. 阻性电流监测

随着工作时间的变长，氧化锌避雷器逐渐老化，阻性电流会增大，故可以直接监测避雷器阻性电流的变化。当阀片初期老化或受潮时，阻性电流的反应比较灵敏。当阻性电流增加 50%时，应加强监视；当阻性电流增加一倍时应及时停电检查。

3. 功率损耗监测

避雷器在正常运行电压下，随着阻性电流的增加，功率损耗也会增加，因此在避雷器状态监测中有必要对功率损耗进行监测。功率损耗监测是指通过避雷器阻性电流的大小计算功率损耗，对设备的功率损耗进行监测，判断设备的运行状态及其劣化程度，它是阻性电流监测的一种延伸监测方法。

为了正确反映阀片的热老化程度，MOA 的状态监测以对泄漏电流的监测为基础。泄漏电流包括阀片柱，磁套和绝缘杆泄漏电流，其中的阻性分量是表征 MOA 运行情况的主要指标。一般由内部受潮或污秽引起的绝缘电流和磁套泄漏电流较小，阀片泄漏电流不会突变，所以正常情况下测得的 MOA 阻性电流近似等价为流过 MOA 阀片柱的阻性电流。监测得到的 MOA 阻性电流和功率损耗与正常值比较，即可判断出 MOA 的运行状况。如图 7-41 所示为 MOA 阀片的等效模型，它由一个线性电容与非线性电阻并联而成，用它来测量分析 MOA 运行工况特征量可以满足故障诊断的要求。

由图 7-41 可知，MOA 阀片的总泄漏电流 I_x 可分为阻性电流 I_R 和容性电流 I_C，阻性电流产生的有功损耗使阀片发热。正常运行时，R_x 的非线性使得在正弦电压的作用下，流过 MOA 的阻性电流既含基波又含高次谐波分量，而容性电流分量只含基波分量。因此阻性电流中所含的谐波量等于总泄漏电流中所含的谐波量，由于只有阻性电流的基波才产生功率损耗，而阻性电流只占总泄漏电流的 10%～20%，故总泄漏电流的变化量就可以忽略不计。所以基波阻性电流和总泄漏电流均能表征 MOA 运行工况。

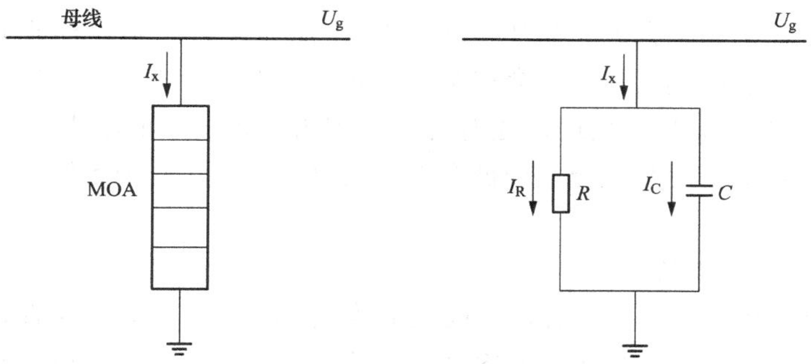

图 7-41　MOA 阀片锌柱等效电路

由于避雷器状态监测会受到环境温度和湿度、系统电压、电磁干扰和安装位置、外表污秽等多种因素影响，因此应以纵向比较为主再考虑其他因素后做出综合判断。

五、GIS 局部放电状态监测系统

随着智能电网建设工作在我国的持续展开，智能化的气体绝缘全封闭组合电器（gas insulated switchgear，GIS）已经成为智能变电站不可或缺的一个重要组成部分，得到了各方面的广泛关注。GIS 比起开放式的传统变电站，GIS 的优点在于架构紧凑，不占太大空间，可以随意配置并且组合起来很容易，可靠性和安全系数都很高，环境适应能力强，维修成本低，主要零部件的维修周期要大于 20 年。但 GIS 也有其固有的缺点，GIS 的故障定位和检修难度都非常大，另外 GIS 的检修工作烦琐复杂，事故后平均停电检修时间要远远长于常规的设备，并且 GIS 的停电范围波及比较广，常常可能会涉及其他没有发生故障的元器件。所以为了消除可能发生的隐患、掌握 GIS 内部的实时运行状况，有必要在线监测 GIS 设备的运行状态和各项指标。

（一）GIS 局部放电产生原因及危害

对于各种电力设备，各自绝缘系统的不同部位有着不均匀的电场强度，当某个区域的电场强度超过了这个区域击穿强度的阈值的时候，就会发生放电现象，但是两个导体之间施加的电压没有被放电所击穿，因此绝缘系统的整体结构依然完整，这就是局部放电的现象。局部放电的产生与绝缘介质的电场分布和绝缘系统的物理性能有关。通常在较高的电场强度下，局部放电往往发生在绝缘体内部电气强度不高的区域里。其中在 GIS 可能出现的绝缘缺陷可以总结如下：

（1）固定缺陷。导体和外壳的内表面由于受制造工艺所限或是在安装时不慎损坏擦划，可能带有一些小的突起金属粒。同样在固体绝缘表面一样会有金属微粒，这种金属凸起会产生毛刺并且很尖锐。工频状态稳定的情况下这种金属凸起不会产生太大问题，但是当受到快速过电压时，比如在冲击、快速暂态过电压条件下会引起击穿。

（2）GIS 腔体内任意移动的自由金属微粒。在 GIS 设备的制造、安装和使用的过程中都有可能产生金属微粒，金属微粒的危害在于它可以积累电荷。当金属微粒遇到交流电压会产生长位移，一般情况下金属微粒的运动和放电都是不确定的，而金属微粒接近高压导体且没有发生触碰时，会发生放电现象。这种情形放电的概率要比在导体上的固体颗粒产生放电的概率高出 10 倍多。

（3）传导部分的接触不良。在静电屏蔽或者一些可移动的器件下。因为不牢固或者可移动器件发生放电现象的概率会大大提升。这种放电比较好监测，但这种放电现象反复无常。

（4）由于制作工艺的制约，可能会在绝缘子制造时内部产生空隙。另外一种情形则是由于闪络导致绝缘子表面上产生痕迹，还有可能是因为电极的表面不平整或生产时落入其中的金属微粒。由于环氧树脂与金属电极拥有不同的收缩比例，这种条件下也可能产生气泡和间隙。

（二）GIS局部放电类型

GIS 中的局部放电类型有很多种，不同局部放电类型的放电特性也都不相同，对 GIS 的损害也表现出差异。根据局部放电对 GIS 的损害程度把局部放电分为以下几类：

（1）自由粒子放电。自由导电微粒会导致 GIS 局部放电。在 GIS 设备的制造、安装和使用的过程中，要是环境指标不合格，残留悬浮微粒；生产工艺不佳时可能产生金属微粒。金属微粒的危害在于它可以积累电荷，当金属微粒遇到交流电压会产生长位移，大部分时候金属微粒的运动和放电都是不确定的。而接近高压导体而且没有碰撞时，最容易发生放电并引起放电故障。此时，放电的概率要比导体上的固体颗粒产生放电概率高出 10 倍。

（2）悬浮电位放电。在 GIS 内部没有接地或者接到母线上的元件称为悬浮元件。由悬浮元件造成的放电现象称为悬浮电位放电。一般情况下，悬浮元件的放电有很高的幅值。

（3）内部尖端放电。绝缘体或金属导体外壳在制造过程中形成的毛刺与突起是导致尖端放电的一个原因。带电导体的尖端电场最强，电场力会将绝缘子外壳上可移动微粒迁移到电场强度较低的地方，不产生放电。若是微粒固定在外壳突起处，则可能发生放电。

（4）内绝缘放电。GIS 盆式绝缘子不干净、有灰时易导致表面闪络。若 GIS 制造过程中加工水平不过关，留下的皮屑、布丝、毛发等同样可以导致局部放电。电场中介质能承受的强度和介电常数成反比，所以当绝缘体中混入气泡等多种杂质，局部放电现象经常会发生。通常产生气泡的原因有两个，一是产品制作工艺的限制，不可避免的混入气泡；二是绝缘材料自身也可能分解出气泡。

（三）GIS局部放电监测方法

国内外对 GIS 进行了大量的试验，其中 CIGRE（International Council on Large Electric systems，国际大电网会议）联合工作组对 GIS 试验方法进行了分析和处理，认为 GIS 最有效的是 AC 耐压和局部放电相结合的测量方法。而在对于 GIS 的内部局部放电的测量中公认有两种比较好的方法分别是超声波检测法和超高频法。

（1）超声波检测法。局部放电现象在 GIS 内部发生过程中，源头附近的内部分子互相碰撞，引起振动产生声波，并以纵波波形通过球面形式扩散到周围。此时检测金属内壁震动或在外部探测超声信号，即可实现 GIS 局部放电检测。

电磁干扰对声波在 GIS 内部的 SF_6 气体中的传播速度影响可以忽略不计，但声波在不同介质中的传播速度差别很大，SF_6 气体中声波的传播速度仅仅是油中的 10%，而且高频部分的信号衰减的非常快，再加上工作现场混乱、设施复杂，会附加上很强烈的噪声。这样的情形下，超声法灵敏度会下降。此外，由于振动波的传播要经过很多种介质，不同的介质中传播的速度不同，振动波的衰减程度也会不同。另外不同介质在彼此交界的地方会发生反射，这种情形下信号变得更为复杂，分析起来更加困难，只有通过精密的换算加上熟练之后靠经验去识别才能精确测量放电量，对工作人员的经验要求很高，这无疑是增大了监测的难度和成本。因此，超声波检测法有其局限性。超声波监测法的特性决定了这种方法只适用于现场测试，对于在线监测系统而言这种方法并不合适。

（2）超高频法。GIS 局部放电时会发出超高频电磁波信号，通过监测这种信号判定局部放电的方法就是超高频法。

当高气压环境下的 SF_6 气体发生局部放电现象时，由于 SF_6 的绝缘特性非常好，所以局部放电的信号阶跃很快且脉冲时间短暂，仅为纳秒级别，并且还向周围辐射高达 3G Hz 的电磁波。由于 GIS 设备具有很好的波导性，所以超高频信号能够在其中传播。

由于大部分的干扰信号的频谱一般都不会超过 200MHz，而且干扰信号在传播的过程会大幅度衰减，要避开电晕类干扰信号从而检测局部放电产生的超高频信号是个不错的选择，因为这些信号频谱都在几百兆赫以上。

现在应用的超高频局放测试仪，对于频谱在 300～1500MHz 的信号都可以有效地检测，并且还能保证优良的抗干扰能力。在这个范围内，信号在空气中的衰减速率比在油和 SF_6 气体中高得多。

另外，其他干扰信号例如开关过程中产生的干扰信号、电网中的电晕干扰以及其他高压设施的放电。这类干扰信号的频谱一般小于 150MHz，比局部放电信号窄。用高频电磁波检测局部放电情况，可以避开电晕干扰、其他高压设备的放电信号等低频干扰。此法可以大幅提升测量的信噪比。

第八章　典型工程应用案例

第一节　110kV 变电站典型案例

一、工程介绍

本工程为新建 110kV 智能变电站，电压等级为 110/10kV，2 台内置的 50MVA 有载调压主变压器，采用内桥接线方式，10kV 单母线三段式。10kV 线路 24 回，电容器 4 回，消弧线圈变压器户外布置。某 110kV 智能变电站现场运行概况如图 8-1 所示。

全站按无人值班运行方式设计，变电站自动化系统基于信息一体化平台，采用 IEC 61850 体系结构，实现测控、保护、录波、计量、监测等功能。采用开放式的分层分布式系统，由站控层、间隔层和过程层构成。采用星形组网，采用 IEC 61850 通信协议，网络传输信息包括 SMV、MMS、IEEE 1588 和 GOOSE 等，通过设置优先级、合理划分网段等手段，优化网络通道，减少数据流量，优化交换机配置，保证信息传输的实时性。

图 8-1　某 110kV 智能变电站现场运行概况

二、工程方案

（一）网络结构配置

工程依据新一代智能变电站统一技术方案和设计要求，采用信息集成技术、高可靠性网络和智能化电气设备整合技术，实现功能集成化、结构紧凑化、信息数字化、检修状态化、运行高效化等运行优点。工程采用 NS3000S 型智能变电站自动化系统，完成站内实时数据采集与分析、设备操作与控制以及智能告警与监测等功能。变电站自动化系统基于 IEC 61850 标准协议，按过程层、间隔层和站控层三层结构设计，变电站网络结构如图 8-2 所示。

1. 过程层设备配置

过程层配置组合式电子式电流、电压互感器采用 IEC 61850-9-2 协议组网经合并单元与间隔层通信。过程层采用常规开关+智能终端+在线监测就地化形式实现“智能型断路器”功能，通过 GOOSE 快速报文机制与间隔层完成通信。保护、故障录波等装置 SV 和 GOOSE 共同使用一个通信端口，减少交换机网络通信端口数目，降低通信设备建设成本；过程层配置 2 套支持 IEEE 1588 全球定位系统装置冗余，通过支持 IEEE 1588 的交换机，实现智能终端、电子式互感器合并单元、故障录波、保护等设备同步对时；运用保护自动装置和交换机支持GMRP协议，优化网络配置。

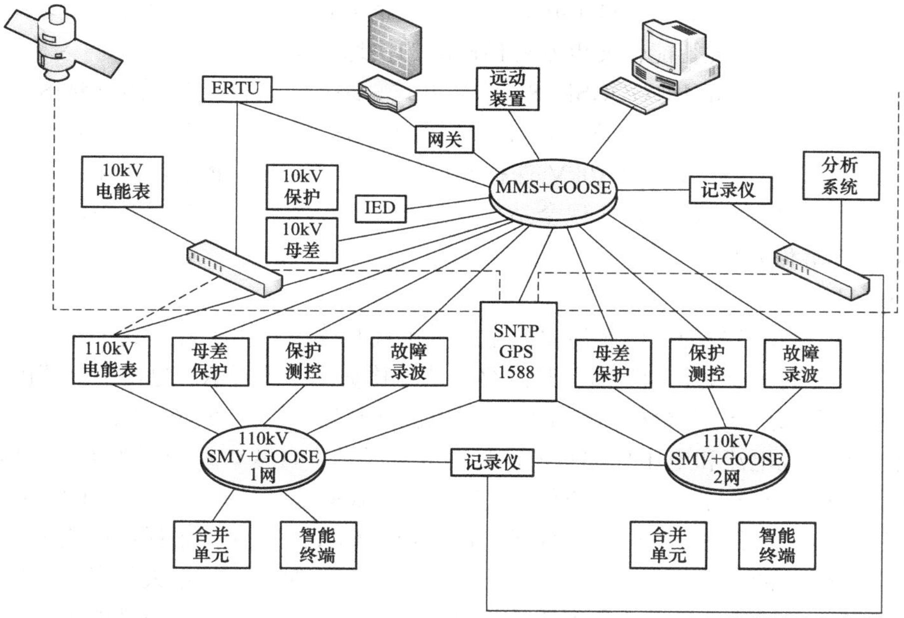

图 8-2 变电站网络结构

过程层网络采用（SMV+GOOSE+IEEE 1588+GMRP）通信方式，采用SMV+GOOSE+IEEE 1588+GMRP共网模式对保护特性的影响，有效减少交换机数量、减少光纤使用数量、优化网络结构、减轻运行维护的工作量。电子式互感器采用IEC 61850-9-2组网协议通过合并单元与间隔层设备完成通信；智能终端将操作箱和测控I/O模块合并安装在开关端子箱内，通过GOOSE通信实现110kV启动失灵、线路主变压器保护跳闸和母差保护等变电站保护动作；过程层网络采用CMRP组播协议，优化网络通信，实现信息的动态配置。过程层网络采用IEC 61588 V2网络对时方式，完成合并单元、智能终端和保护测控装置和计量高精度网络对时功能和数字通信同步的功能。

2. 间隔层设备配置

全站主变压器高、低压侧、110kV线路分别配置带有计量功能的测控装置一套；110kV桥开关备自投具有测控及保护功能；10kV出线配置保护测控计量多合一装置，10kV分段备自投装置具有测控、保护、计量、合并单元、智能终端等多种功能。站内变压器双重配置，第一套主变压器保护配置为采用110kV进线、桥开关及低压侧分支电流构成大差动保护，第二套采用高压侧套管TA及低压侧分支电流构成小差动保护。间隔层通过IEC 61850-8-1协议与站控层通信，其中控制联闭锁、保护装置水平通信，跟MMS共用一个通信端口。

3. 站控层设备配置

站控层配置2台监控主机，1台综合应用服务器，2台Ⅰ区数据通信网关机，1台Ⅱ区数据通信网关机。站控层后台监控、远动、电能表和ERTU等采用SNTP系统对时。一套网络通信记录分析系统对智能变电站过程层、间隔层和站控层以及变电站与调度主站通信进行采集、记录与分析。有效检测、在线分析合并单元发送采样报文丢帧、网络对时抖动失步、发送频率抖动和 GMRP 报文符合性等问题。实现母差保护和主变压器差动保护的合并单元在线计算采样差值预警，在线监控 GOOSE 快速报文通信异常、故障告警处理，实现站内外全过程通信记录与分析、实现智能化变电站通信故障的快速定位处理。

站控层网络采用（MMS+GOOSE+SNTP）方式。站控层与间隔层采用 MMS 报文规范，采用 GOOSE 实现 10kV 母差保护跳闸、10kV 保护动作、控制联闭锁以及失灵启动与消弧线圈接地选线功能；站控层装置和 10kV 保护测控等装置采用 SNTP 对时，依据不同应用层的功能需要，优化各层网络配置，实现全站数据采样、保护控制、设备对时三网合一。

（二）网络结构分析

1. 110kV 部分

110kV 智能变电站作为电网智能化变电站电子式互感器应用工程，其 110kV 保护控制配置按照 220kV 变电站双套冗余配置，其网络通信结构如图 8-3 所示。配置 7 台罗氏线圈电流/电压混合电子式互感器、3 台模拟输出电子式电流互感器和 2 台全光纤电子式互感器，共计 12 台合并单元组成电流和电压采样系统，如图 8-4 所示。110kV 系统采用 IEC 61850-9-2LE 扩展协议通过光纤网络与二次系统通信，这种通信方式取代传统模拟电流、电压的二次回路，使得保护开始进入数字化保护时代，促进智能变电站的发展。保护采样由网络通信实现，但对采样同步要求高的线路纵差保护、主变压器差动和母差保护面临重大的考验，所以网络通信的同步与设备可靠性、稳定性和容错性将是本次智能化变电站能否成功的关键。常规断路器、隔离开关位置和控制信号通过电缆与就地安装智能终端连接，智能终端通过 GOOSE 协议与二次系统通信，取代保护、控制与断路器、隔离开关和变压器一次设备二次回路。

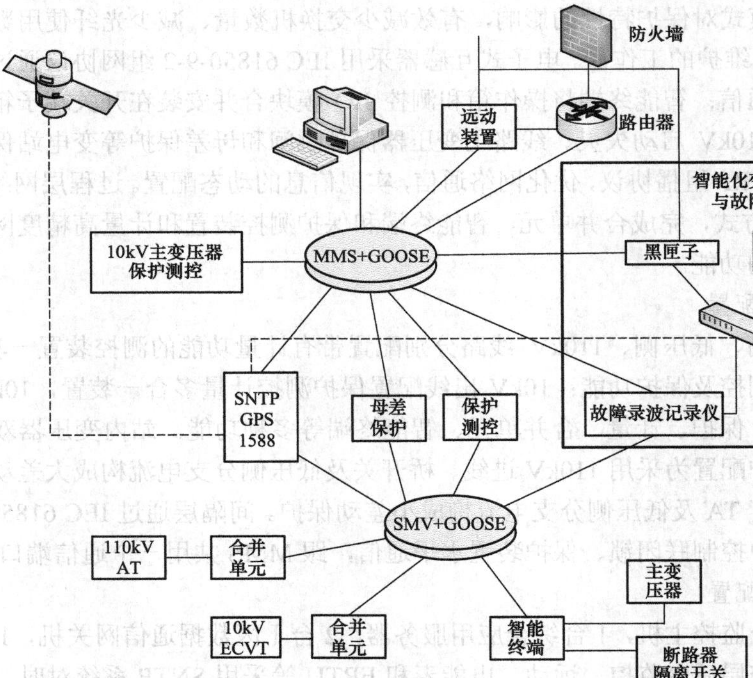

图 8-3 110kV 网络通信结构

过程层同步对时过程由 IEEE 1588 网络通信完成对合并单元、保护、智能终端等设备时间同步，电能表和站控层采用网络 SNTP 对时。保护、交换机、合并单元等过程层设备采用动态组播方案通过 GMRP 协议实现设备之间按需通信、简化网络配置目的。

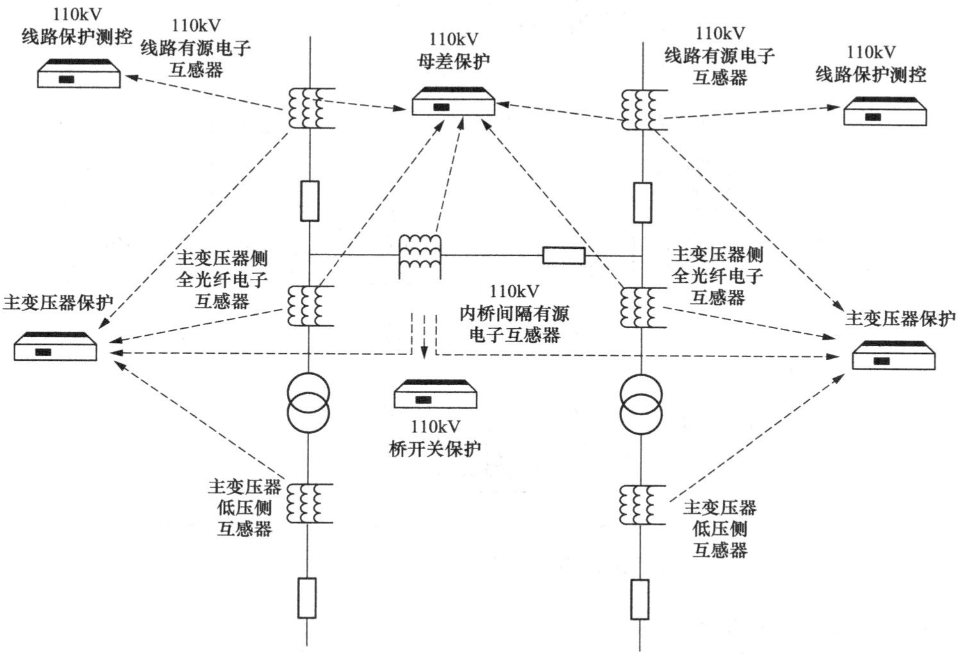

图 8-4 不同原理电子互感器与保护应用配置

2. 10kV 部分

10kV 保护测控和计量装置安装在 10kV 开关柜内，10kV 电流互感器采用多组常规小功率模拟输出电流/电压互感器。10kV 部分分段配置两个厂家的 10kV 母差保护，10kV 互感器的模拟输出转换数字信号，接入 10kV 母差保护系统，作为保护的数据来源，输出信号供母差保护、保护测控和计量电能表使用。10kV 母差保护动作通过 GOOSE 快速报文机制与各间隔保护保持通信。电压互感器输出 100V 电压供保护测控和计量，10kV 具备顺控操作功能。保护测控计量采用 SNTP 对时。接地线功能由 10kV 线路间隔将零序电流采样值通过 GOOSE 送消弧线圈控制装置，由消弧线圈控制装置通过各线路测量暂态零序电流变化值判别接地线路故障。10kV 部分一次设备与二次系统连接图如图 8-5 所示。

（三）全站时钟同步系统

全站配置 2 套 GPS 时间同步系统，配置 2 套准时间对时装置，接收美国 GPS 卫星发送的协调世界时信号来作为变电站外部时间基准，且两者互为后备。当合并单元的时钟同步发生异常引起时间失步时，将直接导致变电站各保护系统闭锁。引起合并单元失步的主要原因是卫星输出时间源抖动或时钟同步装置（GPS）无时间源输出。因此，为防止因卫星时钟同步装置输出时钟源信号异常引发合并单元失步问题的出现，卫星时钟同步装置必须由时钟源和时间两部分构成，其中时间与卫星的时间保持一致，时钟源输出则必须可靠稳定，并且不能产生持续的抖动或无时钟源输出的现象。

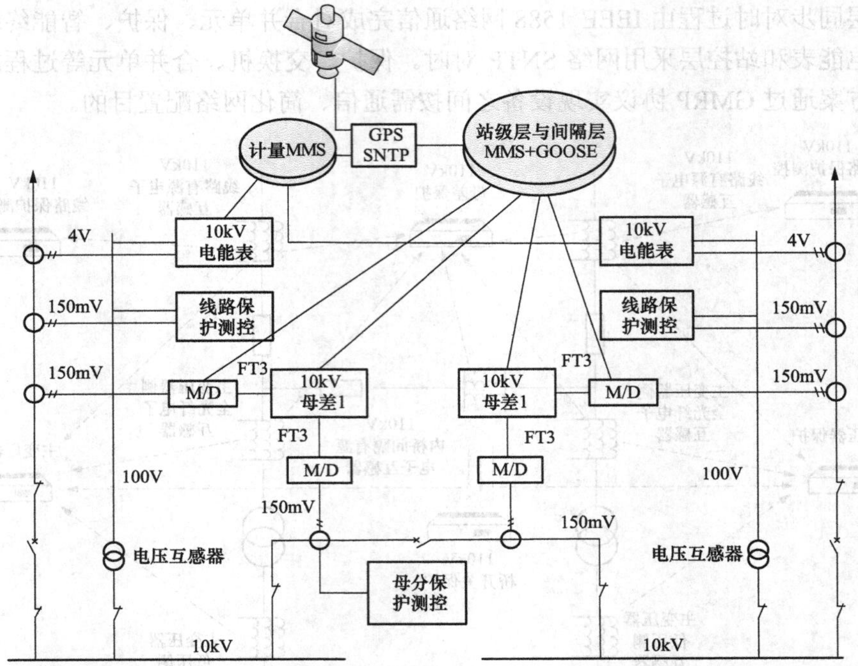

图 8-5　10kV 部分一次设备与二次系统连接图

（四）变电站自动化系统

变电站自动化设备配置其中包括主机兼操作员工作站、远动通信装置、站域控制装置以及网络打印机等。人机工作站作为站控层数据收集、处理、存储和网络管理的中心，是站内监控系统的主要显示场所。工作站内计算机用于报表和图形显示、设备状态和参数查询、站内事件记录以及设备报警显示查询等。运行人员可通过运行工作站对变电站一次及二次设备进行监测和操作控制，达到智能变电站自动化系统基本要求。

远动通信装置双套配置，本期 1 套，组柜 1 面。远动通信装置直接采集来自间隔层或者过程层的实时数据，远动通信设备满足 DL/T 5002—2005《地区电网调度自动化设计技术规程》协议要求，且满足变电站远动功能和规范转换。

（五）在线监测系统

根据 Q/GDW 393—2009《110（66）kV～220kV 智能变电站设计规范》和 GB/T 30155—2013《智能变电站技术导则》的原则要求，各类设备状态监测系统应统一传输协议、接口和后台，全站配置一套设备状态检测后台系统，对站内设备的状态监测数据进行实时汇总、诊断分析。设备状态检测后台系统与监控后台相互连接，实现状态检修高级应用功能。

在线监测终端按规定配置，采用分层分布式结构，由 IED、传感器、在线监测终端和在线监测中心等部分构成，在线监测单元配置如表 8-1 所示，其系统框图如图 8-6 所示。终端设备包括断路器机械特性监测终端、局部放电监测终端、油中溶解气体监测终端等。各类 IED 根据终端种类配置安装于智能汇控柜中，通过 IEC 61850 通信协议将数据发送至状态监测中心，中心控制和管理各现场监控终端，并实现数据接收、入库和故障诊断等过程，同时智能汇控柜也是维护检修和变电站运行的信息管理平台。状态监测中心预留网络接口，能够将状态监测数据上传至 PMS 中。

表 8-1 在线监测单元配置

序号	在线监测项目	数量	序号	在线监测项目	数量
1	油中气体监测装置	2	6	变压器监测 IED	2
2	油中微水监测单元	21	7	避雷器监测 IED	2
3	避雷器状态监测单元	8	8	断路器监测 IED	2
4	SF_6气体监测单元	8	9	智能汇控柜	4
5	断路器机械特性监测单元	2			

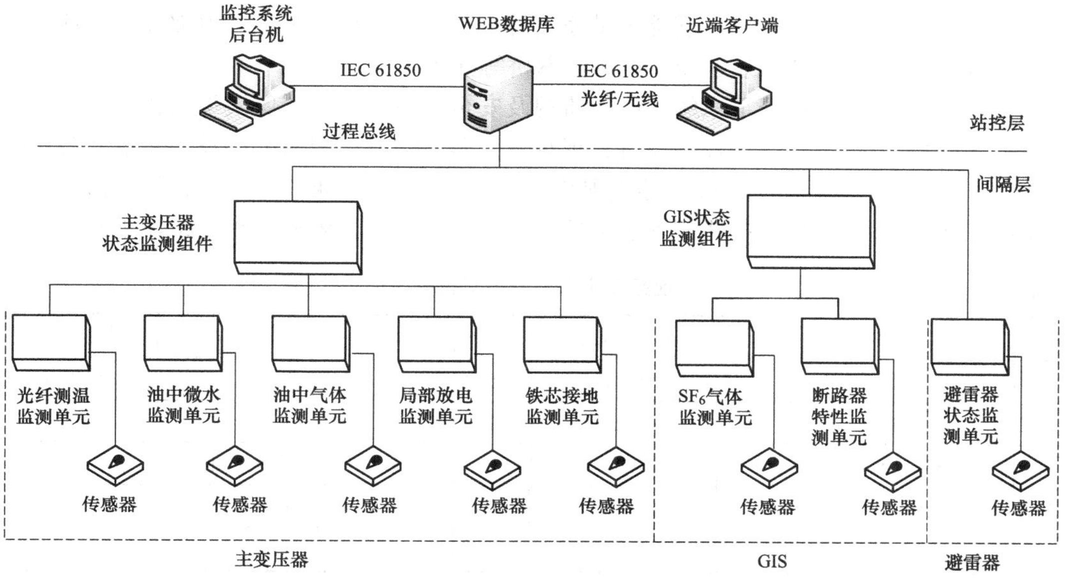

图 8-6 状态监测系统框图

（六）交直流一体化系统

交流低压配电柜提供变电站交流电源；直流系统配置 1 套 220V 高频开关充电装置，采用两套充电机装置；蓄电池选用 300Ah 阀式铅酸蓄电池 1 组，容量按 2h 放电考虑；配置 1 套 UPS 电源，采用主机单套配置，主机容量按 3kVA 考虑；通信电源配置一套 DC/DC 装置；配置一体化电源监控系统，每组蓄电池配置一套蓄电池在线监控单元。

全站采用交直流一体化系统，按照统一标准整合站内直流电源系统、交流电源系统、UPS 逆变电源系统、通信电源系统，从而构成站内交直流电源系统，系统能满足站内各种交直流负荷用电需要，保证变电站的正常运行。

交直流一体化系统由各种模块构成，包括智能交流进线模块、直流监控模块、带绝缘监测的 TSM 智能直流馈线模块、DC/DC 通信电源模块、直流母线绝缘监测模块、电池检测模块、充电模块、一体化监控模块。交直流一体化系统通过一体化监控模块将站用电源所有开关智能模块化，并对设备进行在线监测。一体化监控模块使得集中功能分散化，具有模块外部无二次接线、无跨屏二次电缆等优点，一体化监控模块建立数字化电源硬件平台。一体化监控模块按 IEC 61850 规约，通过以太网接口与站控层网络连接，使站用电系统成为开放式系统，实现与监控后台通信且对交直流控制电源全参数透明化管理，进一步提高变电站系统运行可靠性。

（七）系统调度自动化

系统调度自动化配置1套站内监控系统和远动通信装置，组柜1面；电能量计量系统方面，主变压器配置电能表6只。110kV线路及主变压器高低压侧电能表独立配置，110kV配置电能表2只，组柜1面。10kV电压等级采用计量、测控、保护多合一装置1套。

（八）其他二次系统

（1）智能辅助控制系统。全站配置1套智能辅助系统综合监控平台后台系统，包括智能辅助系统综合监控平台、火灾自动报警及消防子系统、图像监视及安全警卫子系统、环境监测子系统；全站配置1台独立的智能辅助系统综合监控平台后台主机，内部设备包括后台服务器、灯光控制单元、液晶显示器、电源、网桥等元器件。

（2）图像监视及安全警卫系统。图像监视及安全警卫系统由图像采集设备、图像数据传输设备、视频合成设备、防盗探测设备、视频服务器等构成。图像采集设备包括云台解码器和摄像机，安装于变电站的110kV设备装置区、主变压器、10kV配电室、继电器室及变电站大门等重要位置；视频服务器放置于主控楼监控室内。其具体配置类型如表8-2所示。

表8-2　视频安全监视系统配置类型

序号	安装地点	摄像头类型	序号	安装地点	摄像头类型
1	主变压器	室外快球	6	一楼门厅	一体化摄像机
2	110kV设备区	室外快球	7	全景	室外快球
3	35、10kV设备区	一体化摄像机	8	红外对射装置或电子围栏	
4	10kV电容器区	一体化摄像机	9	门禁装置	
5	二次设备间（含通信设备）	一体化摄像机			

（3）火灾自动报警子系统。配置智能型火灾自动报警装置1套。火灾自动报警系统设备由火灾报警探测器、控制器、控制模块、信号模块、手动报警按钮等元件构成。火灾探测区域为GIS配电装置区及楼道、继电器室、主变压器、电容电抗室等主要设备安装室。

火灾报警控制器采用IEC 61850或通信标准与计算机监控系统后台实现通信，具备实现对通风、采暖系统的闭锁功能以及与图像监视系统的联动功能。

三、保护配置

（一）110kV线路保护

（1）110kV线路电源侧需配置一套线路保护装置，保护应包括完整的四段零序方向过电流保护及三段相间保护和接地距离保护。

（2）每回110kV环网线长度低于10km短线路需配置一套纵联保护。

（3）110kV线路配置三相一次重合闸线路保护装置，可实现“三重”和停用功能。

（二）110kV母线保护

（1）110kV单母线（分段）接线在线路发生故障时需要快速切除母线上的故障，所以可配置一套母差保护。

（2）采用微机型比率制动式母线差动保护。区内故障时，母线保护可靠动作；区外故障时，母线保护可靠不动作。母线保护动作时间应小于20ms，母线保护需装设电压闭锁回路，能适应被保护母线的各种运行方式，仅实现三相跳闸，各连接元件应设独立的跳闸出口。

（三）110kV 母分、桥断路器保护

110kV 母分、桥断路器配置一套完整独立具备自投自退功能的充电保护装置和三相操作箱。其中充电保护具有两段相间过电流和一段零序过电流的保护功能。

（四）变压器保护

主变压器微机保护可按主保护、后备保护分别单套配置，或采用主后一体双套配置，并配置独立的非电量保护。

1. 主保护

（1）比率差动、差动速断保护，保护动作跳开主变压器各侧断路器。

（2）按主变压器厂家要求，装设瓦斯保护、压力释放等非电量保护。

2. 高压侧后备保护

（1）复压闭锁过电流保护，延时跳开变压器各侧断路器。

（2）零序过电流保护。保护为二段式保护，第一段设两个时限，第二段延时跳开变压器各侧断路器。

（3）零序电压保护、间隙电流保护，延时跳开变压器各侧断路器。

（4）过负荷保护，延时动作于信号。

3. 低压侧后备保护

（1）限时速断过电流保护，第一时限跳分段断路器，第二时限跳本侧断路器。

（2）复压闭锁过电流保护。设一段三时限，第一时限跳分段断路器，第二时限跳本侧断路器，第三时限跳开变压器各侧断路器。

（3）过负荷保护，延时动作于信号。

（五）10kV 线路保护

中性点经消弧线圈接地系统线路保护配置微机型三段式相间电流保护，架空线采用三相一次重合闸，电缆线路采用过负荷保护，且具备小电流接地选线功能、设定电流下闭锁重合闸功能和低周减载功能。

（六）10kV 电力电容器组保护

中性点经消弧线圈接地系统电容器组配置微机型二段式相间电流保护，配置过电压、低电压及放电线圈开口三角电压保护、中性点不平衡电流保护和差压保护。

（七）接地变压器保护

中性点经消弧线圈接地系统接地变压器配置微机型三段式复合电压闭锁过电流保护、本体保护，且具备分散的小电流接地选线功能。

系统保护配置如表 8-3 所示。

表 8-3　　系统保护配置

保护设备		主保护	后备保护
线路（kV）	110	两套各自独立的全线速动保护	三段相间距离保护 三段接地距离保护 四段零序电流保护

续表

保护设备		主保护	后备保护
线路（kV）	10	微机型三段式相间电流保护	三段相间距离保护 三段接地距离保护 两段零序电流保护
母线（kV）	110	微机型比率制动式差动保护	
主变压器（110kV）		纵联差动保护 瓦斯保护 公共绕组过负荷保护	高压侧：复压闭锁过电流保护 低压侧：限时速断过电流保护
110kV 母分、桥断路器		两段相间过电流保护、一段零序过电流的保护	
10kV 电力电容器组		二段式相间电流保护 过电压、低电压及放电线圈开口三角电压保护	
接地变压器保护		微机型三段式复合电压闭锁过电流保护	

第二节　220kV 变电站典型案例

一、工程概况

某 220kV 变电站现场运行概况如图 8-7 所示。变电站具体建设规模如下：

（1）2 台主变压器，电压等级为 220kV/110kV/10kV。

（2）电气主接线：220kV 双母线接线，110kV 双母线接线，10kV 单母线 4 分段环线接线。

（3）220kV 出线：本期 4 回。

（4）110kV 出线：本期 8 回。

（5）10kV 出线：本期 24 回。

图 8-7　某 220kV 变电站现场运行概况

二、电子式互感器配置方案

从变电站的长远发展和电子式互感器现场运行经验、与一次设备的集成安装以及安全可靠性等方面综合考虑，220kV、110kV 和主变压器三侧，包括 10kV 的主进线和主变压器中性点，都采用了法拉第全光纤电流互感器。在 220kV 和 110kV 母线的电压部分采用了三相电容分压式电子式电压互感器。110kV 有源线路配置了单相电容分压型电压互感器。10kV 母线配置了传统电压互感器。

所有的电子式电流互感器都采用了双模/数（A/D）采样。在 220kV 和主变压器三侧采用 4 个光纤敏感环和 4 个 A/D 的配置。110kV 的冗余和保护是单路配置的，所以是 2 个光纤敏感环和 2 个 A/D 的配置模式。

变电站 GIS 采用的全光纤电流互感器采用了气室外安装的方式，也就是将 GIS 的三相分体式结构采用气室外独立箱体安装。110kV 的 GIS 是三相共体的，采用了安装在法兰的部分，就是 GIS 的连接法兰，敏感环是在气室里面。10kV 就是直接安装在进线部分，是在开关柜内。

变电站采用的电子式电压互感器配置方案是双 A/D 采样模式，设计规范也是严格按照国家电网公司智能变电站的设计要求进行配置的。220kV 部分是双重化配置，110kV 部分是单配置，主变压器三侧和母线部分是双重化配置。

三、整站技术方案

变电站采用“三层两网”结构，如图 8-8 所示，“三层”即从整体上分为站控层、间隔层、过程层。“两网”是指站控层/间隔层网络、过程层网络。

（1）220kV 电压等级母线和变压器保护过程层采用“直采网跳”模式，线路及母联保护过程层采用“直采直跳”模式，过程层网络双重化配置。

（2）110kV 电压等级保护过程层采用“网采网跳”模式，同时 SV 网、GOOSE 网、IEEE 1588 网三网合一，网络冗余配置。

（3）10kV 不设置独立的过程层网络。

（4）同一间隔的保护控制功能集成在一个装置。

（5）采取保护测控一体化装置，母线间隔，公共测控采用独立装置，故障录波器按照三块屏布置（220kV、110kV，主变压器）；低屏减载一块屏；采用 GMRP 技术实现网络流量自动控制。

（6）间隔层的设备与交换机之间的通信采用传输速率为 100Mbit/s 的电口，各电压等级间隔层与站控层的交换机的通信采用传输速率为 100Mbit/s 的光口。

过程层自动化网络的设计采用按间隔配置的方案，GOOSE 报文和 SV 采样数据采用共网传输的网络模式，可以减少交换机的配置，降低变电站的投资。

220kV GOOSE 网、110kV 过程层、主变压器过程层完全独立。

GOOSE 信息传输模式：保护装置的跳合闸 GOOSE 信号采用光纤点对点方式直接接入就地智能终端；测控装置的开出信息、逻辑互锁信息、断路器机构的位置和告警信息以及保护间的闭锁、启动失灵信息通过 GOOSE 网络进行传输。

SV 采样值信息传输模式：保护装置与合并单元采用光纤点对点方式直接连接，其他如测控、电度、录波、网络记录分析所需的采样值通过 SV 网络获取。SV 网络与 GOOSE 网络物理上独立构建。

主变压器非电量保护功能由主变压器本体智能单元实现，其中非电量保护跳闸采用电缆直接实现，其余通过 GOOSE 方式实现。

220kV 线路：采用法拉第全光纤电流互感器和电容分压电子式电压互感器，其中线路间隔采用全光纤电流互感器，线路、母线采用电容分压式电子互感器，所有互感器双重化配置，电子式互感器双 A/D 结构示意图如图 8-9 所示。

110kV 线路：线路、电容器采用法拉第全光纤电流互感器和电容分压电子式电压互感器，互感器输出模块单套配置。

10kV 线路：线路和主变压器中性点都采用了法拉第全光纤电流互感器。互感器采用双重化配置。

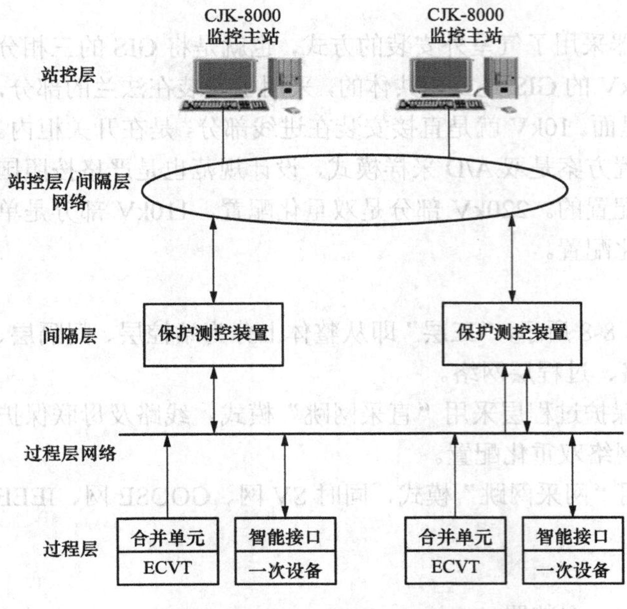

图 8-8 变电站“三层两网”结构

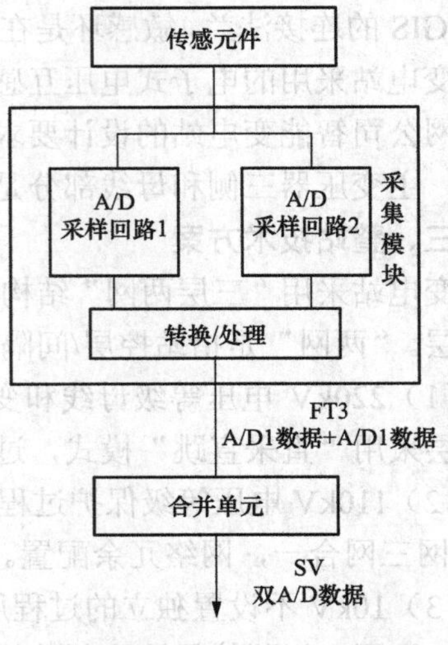

图 8-9 电子式互感器双 A/D 结构示意图

（一）主站系统配置方案

站控层采用双星形拓扑结构，MMS、GOOSE 及 SNTP 共网传输。MMS 用于传输保护测控动作信息、告警信息、一次设备状态信息及后台操控命令等；GOOSE 用于传输“五防”联闭锁信息；SNTP 用于给站控层设备对时。

站控层采用 100M 以太网，并按照 IEC 61850 通信规范进行系统建模和信息传输，交换机采用双星形结构级联。

站内设备统一采用 IEC 61850 通信规约，因此继电保护信息子站系统与监控系统共网传输，不再独立配置传输网络。

（二）间隔层设备配置方案

间隔层采用保护测控一体化装置，220kV 电压等级线路保护、母联保护、母线保护以及主变压器保护，包括合并单元、智能终端、交换机设备采用双重化冗余配置，测控功能也采用双重化配置。110kV 电压等级线路保护、母联保护、母线保护采用单套配置，但合并单元、智能终端采用双套配置。10kV 线路、电容器、站用变压器、分段均采用保护测控一体化装置。各间隔保护测控装置、合并单元、智能终端、在线监测 IED 等设备均布置于 GIS 室。

在过程层组网方案上，同时采用了“直采直跳”“直采网跳”和“网采网跳”3 种方式，全站过程层网络双重化配置。

1. 主变压器间隔

（1）主变压器保护配置双套主、后备保护一体主变压器电气量保护，主变压器非电量保护功能由其本体智能单元实现，其余非电量保护由 GOOSE 方式实现。

（2）主变压器保护、测控装置具备 2 个 MMS 以太网通信接口与站控层系统通信。

（3）主变压器保护至少具备 5 个过程层光纤接口，其中 1 个光口用于接入过程层网络，接收开关位置、保护闭锁、失灵启动等 GOOSE 信息，同时完成对机构的测控功能。两套装置分别接入独立的过程层网络，相互之间保持独立性。

（4）保护跳闸采用光纤点对点直跳方式，装置提供 2 个光口分别接入 220kV 主变压器侧智能终端、110kV 主变压器侧智能终端，保护跳母联断路器采用网络方式。

（5）装置提供 5 个光纤接口，采用点对点方式接入高、中、低 1、低 2、公共绕组合并单元保护采样值数据。

（6）数字化电能表提供 2 个光纤网络接口接入过程层 SMV 采样值网络，用于接收主变压器各侧合并单元采样值。

（7）母线电压并列功能由母线电压合并单元完成，母线电压合并单元采用点对点方式将并列后电压接入主变压器间隔合并单元，通过间隔合并单元完成电压切换，同时采用本间隔的电流，数据综合处理后再分别接入保护测控、电能表和录波装置。电压合并单元并列和切换所需的隔离开关位置通过 GOOSE 网络获取。

2. 220kV 线路

（1）每条 220kV 线路按双重化原则配置 2 台 220kV 光纤差动保护装置，完成 220kV 线路的保护、测量和控制功能；配置 1 台数字化电能表。

（2）保护、测控装置具备 2 个 MMS 以太网通信接口与站控层系统通信。

（3）保护装置至少具备 3 个过程层光纤接口，其中 1 个光口用于接入过程层网络，接收开关位置、保护闭锁、失灵启动等 GOOSE 信息，同时完成对机构的测控功能。两套保护装置分别接入独立的过程层网络，相互之间保持独立性。

（4）保护跳合闸采用光纤点对点直连方式，装置提供 1 个光口接入 220kV 断路器智能终端；提供 1 个光纤接口，采用点对点方式接入合并单元的保护采样值。

（5）线路测控装置至少提供 2 个独立光纤网络接口，1 个用于接入过程层 GOOSE 网络进行测控开入开出 GOOSE 信息的传输，测控装置只接入其中一个过程层网络；另外 1 个光口用于接入过程层 SMV 采样值网络，接收合并单元采样值。

（6）数字化电能表提供 1 个光纤接口，接入过程层 SMV 采样值网络，接收合并单元采样值。

（7）光纤差动保护装置支持与对侧常规变电站的线路光纤差动保护配合。

（8）220kV 线路采用三相电容分压型电压互感器，保护、测控所需的电流电压采样值直接从本间隔获取。

3. 110kV 线路、电容、站用变压器

（1）110kV 每个间隔配置 1 台保护测控一体化装置，完成 110kV 保护、测量和控制功能；每个间隔配置 1 台数字化电能表。

（2）110kV 低频减载功能由各个间隔的装置分散独立完成，不再设置专用装置。

（3）保护测控装置具备 2 个 MMS 以太网通信接口与站控层系统通信。

（4）装置至少具备 3 个过程层光纤接口，其中 1 个光口用于接入过程层网络，接收开关位置、保护闭锁、失灵启动等 GOOSE 信息，保护测控装置分别接入单套配置的过程层 GOOSE 网络。

（5）保护跳合闸采用光纤点对点直连方式，装置提供 1 个光口接入 110kV 断路器智能终端。

（6）装置提供 1 个光纤接口，采用点对点方式接入合并单元的保护、测量采样值。

（7）数字化电能表提供 1 个光纤接口，采用点对点方式接入合并单元的采样值。

（8）母线电压并列功能由母线电压合并单元完成，母线电压合并单元采用点对点方式将并列后电压接入各间隔的合并单元，通过间隔合并单元完成电压切换，同时采用本间隔的电流和抽取电压，数据综合处理后再分别接入保护测控、电能表和录波装置。电压合并单元并列和切换所需的隔离开关位置通过GOOSE网络获取，同时接收1588网络对时信息。

4. 220kV母线保护

（1）220kV按双重化原则配置2套母线保护装置。

（2）母线保护装置具备2个MMS以太网通信接口与站控层系统通信。

（3）母线保护提供1个独立的光口接入过程层网络，用于各个间隔闭锁和失灵启动GOOSE信息的网络传输。两套保护装置分别接入独立的过程层网络，相互之间保持独立性。

（4）母线保护采用主子单元模式，子单元采用点对点模式接入多个间隔智能终端完成跳闸，同时点对点接收多个间隔的合并单元采样值数据，主单元完成逻辑判断和动作执行功能，与子单元采用光纤点对点直连。

5. 110kV母线保护

（1）110kV母线保护按照单套配置。

（2）母线保护装置具备2个MMS以太网通信接口与站控层系统通信。

（3）母线保护过程层实现方式与220kV母线保护相同。

（三）过程层设备配置方案

本部分主要阐述过程层智能终端、合并单元的配置方案和布置方式，过程层设备配置表如表8-4所示。为了保证数据传输的可靠性、实时性和满足保护双重化配置的原则，过程层设备配置方案遵循以下原则：

（1）合并单元采样值通过点对点方式接入保护装置，采用网络方式为测控、电能表、录波、网络记录分析仪等提供共享的采样值数据，通信协议统一采用IEC 61850-9-2。

（2）智能终端通过点对点方式直接接收各个间隔保护装置的跳闸命令，实现跳闸；同时提供光纤网络接口接入过程层网络，为间隔层设备提供机构的位置及告警信息，并接收装置的控制命令。

（3）合并单元和智能终端按开关配置。对于双采集线圈的电子式互感器配置双重化的合并单元；220kV和主变压器高低压侧配置双重化的智能终端，110kV间隔单套配置。

（4）双重化配置的过程层设备与双重化的保护装置以及过程层网络进行对应连接和数据传输，保持冗余设备间的独立性。

（5）安装方式，合并单元采用室内集中组屏安装，智能终端采用就地安装。

表8-4　过程层设备配置表

<table>
<tr><th rowspan="2">序号</th><th rowspan="2">屏柜名称</th><th colspan="3">每面屏所含设备</th></tr>
<tr><th>装置名称</th><th>装置型号</th><th>装置数量</th></tr>
<tr><td rowspan="2">1</td><td rowspan="2">220kV就地安装设备
（含主变压器高压侧）</td><td>断路器智能终端
（双套配置）</td><td>DBU-801</td><td>12套</td></tr>
<tr><td>TV智能终端</td><td>DBU-801/PT</td><td>2台</td></tr>
<tr><td rowspan="2">2</td><td rowspan="2">110kV就地安装设备
（含主变压器低压侧双配）</td><td>断路器智能接口</td><td>DBU-813</td><td>15套</td></tr>
<tr><td>TV智能终端</td><td>DBU-801/PT</td><td>2台</td></tr>
</table>

续表

序号	屏柜名称	每面屏所含设备		
		装置名称	装置型号	装置数量
3	10kV、主变压器本体就地安装设备	本体智能终端	DTU-812	1台
4	站用变压器本体就地安装设备	本体智能终端	DTU-812	2台
5	状态检测	智能设备状态监测系统（220kV、110kV断路器、主变压器监测、后台分析系统）	CBS-2000B	1套

1. 220kV 配置方案

（1）220kV 双重保护配置，SMV 采用点对点方式，不依赖外部时钟，包括线路保护测控、母联保护测控、母线保护等。

（2）220kV GOOSE 交换机采用星形组网方式。合并单元采用 IEC 61850-9-2 点对点和网络方式输出数据。合并单元应满足线路保护（或主变压器保护）点对点接口、母线保护点对点接口、测量/计量/录波网络接口 3 个接口要求。

（3）智能终端同时具备网络和点对点传输 GOOSE 信息的光纤接口。断路器智能终端应满足线路保护跳合闸（或主变压器跳闸）、母线保护跳闸、测控开入开出网络接口等 3 个光纤接口。智能终端采用就地安装方式。

2. 110kV 配置方案

（1）主变压器 110kV 侧采用双保护采集线圈的电子式电流互感器，合并单元采用双重化配置，分别接收 2 个线圈的电流采样值。合并单元以点对点方式分别接入主变压器保护，同时提供 1 个独立的网络接口接入过程层 SMV 网，为测控、计量、录波装置提供共享的采样值。

（2）110kV 线路间隔的电子式互感器为单采集线圈，因此配置 1 套合并单元完成数据采集。合并单元满足保护测控点对点接口和计量、录波网络接口 2 个光纤接口。

（3）110kV 线路、电容、站用变压器每个间隔断路器配置 1 套三相操作机构的智能终端，主变压器由于保护双重化配置，因此 110kV 侧智能终端双重化配置。每套智能终端同时具备网络和点对点传输 GOOSE 信息的光纤接口。至少满足线路跳闸、母线保护跳闸、测控开入开出等 3 个光纤接口。

3. 主变压器、站用变压器本体配置方案

主变压器和站用变压器的本体非电量保护对实时性和可靠性要求较高，因此跳闸采用电缆直跳各侧断路器的方式，本体智能终端就地配置。主变压器本体智能终端在完成非电量保护功能的同时，可以采集主变压器挡位、温度和遥调控制。本体智能终端单配置，提供 2 个 GOOSE 网络接口分别接入双重化的过程层网络。

智能变电站采用“三层二网”结构，两层网络为站控层网络和过程层网络，站控层与间隔层采用双网结构，采用了 MMS、GOOSE、SNTP、和 IEC 61850 共网传输，MMS 传输保护测控动作信息，告警信息，一次设备状态信息和后台操作命令；GOOSE 用于传输“五防”联动，闭锁信息；SNTP 用于给站控层设备对时；IEC 61850 用于一、二次设备在线监测信息的传输。

过程层配置独立的 GOOSE 网和 SMV 采样值网，网络按电压等级构建，各电压等级的网络相互之间保持独立性。

交换机配置原则：220kV 按每 2 个间隔配置 2 台交换机，110kV 按每 1 个间隔配置 2 台交换机，10kV 不设独立的过程层网络。主变压器两侧配置双重化的独立网络。过程层交换机采用多间隔共用交换机方式，其共享的信息通过配置主干交换机组成星形网络进行交互。站内公用装置（母线保护、TV 测控、录波系统）接入主干网络。

本工程按本期规模具体配置如下：

（1）GOOSE 网络。220kV 本期 4 条线路、1 个母联，配置双重化的 4 台交换机。220kV 主干网配置双重化 2 台交换机。

主变压器高、低压侧配置 2 台双重化交换机，主变压器交换机接入 220kV 主干网交换机。

110kV 本期 8 条线路、2 台电容、2 台站用变压器、1 个母联，按单套配置 4 台间隔交换机，同时配置 1 台主干网交换机。

10kV 本期 24 条线路，采用保护测控计量一体化装置，就地布置于 10kV 开关柜上。

（2）SMV 网络。与 GOOSE 网络配置相同。

（四）GPS 对时系统方案

（1）站控层系统采用 SNTP 网络化对时协议。

（2）间隔层保护测控装置和过程层合并单元、智能终端统一采用 IEC 61588 网络校时。合并单元和智能终端提供网络接口接入过程层网络，获取对时信号。

（3）IEC 61588 对时主钟采用双套配置，每套均支持北斗和 GPS 对时系统，主钟优先选用北斗作为同步源，失步后自动切换至 GPS 同步源，满足时钟精度要求。

（五）数字化故障录波系统

录波用于记录当电力系统中发生各种故障如短路、振荡、频率崩溃、电压崩溃时，各种参量如电流、电压、频率等及其导出量如有功功率、无功功率等电气量，以及相关非电量变化的全过程。

录波方案：故障录波装置通过 GOOSE 网络接收 GOOSE 报文，具有采样数据接口，从合并单元或交换机接收采样值进行采样值录波。220kV 配置 1 面故障录波器柜，220kV 主变压器配置 1 面故障录波器柜，110kV 配置 1 面故障录波器柜。

（六）网络记录分析仪

网络记录分析系统记录全站所有的 MMS、GOOSE 和 SMV 网络报文，全站配置 1 台分析装置，负责所有报文的分析和保存。按网络分别配置记录装置，具体配置为：站控层 MMS A、B 网络共配置 1 台记录装置，过程层 220kV 按 GOOSE 网和 SMV 网配置 4 台记录装置，110kV 按 GOOSE 网和 SMV 网配置 2 台记录装置。

第三节 500kV 变电站典型案例

一、工程简介

500kV 某变电站以 220kV 外陈变电站自动化系统为基础建立，且在 2009 年国家电网公司确定其为 500kV 智能化改造试点项目，该变电站整体概况和现场运行概况如图 8-10、图 8-11 所示。其智能化主要改进的方面有信息一体化、高级应用、一次设备智能化、智能巡视、辅助设备智能化、绿色能源等。

二、工程方案

某变电站现有 100MVA 主变压器 2 组，500kV 出线 6 回，500kV 出线 8 回，220kV 出线

16 回。500kV 某变电站在原有变电站基础上，扩展智能操作箱，通信靠 GOOSE 通信机制与间隔层保护等设备，以减少变电站一次场地与保护小室间的二次电缆。为防止网络风暴时导致网络阻塞问题，采用220kV 及以上双套配置保护 2 个独立的单网。

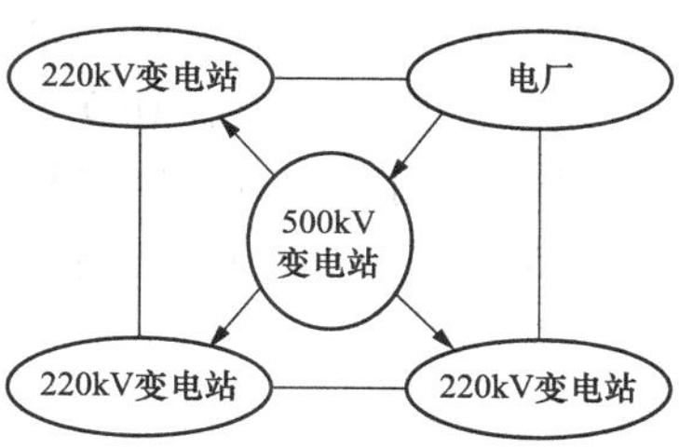

图 8-10 某变电站概况

（一）网络结构

如图 8-12 所示为某变电站自动化系统网络结构图，其采用“三层两网”结构。MMS 网和 GOOSE 网两个网络单独分离，按电压等级将 GOOSE 网分成 500kV 与 220kV，且两个电压等级的通信网络完全物理独立。主变压器保护的 GOOSE 网分别接入 500kV 与 220kV 两个电压等级的 GOOSE 网。

图 8-11 某 500kV 变电站现场运行概况图

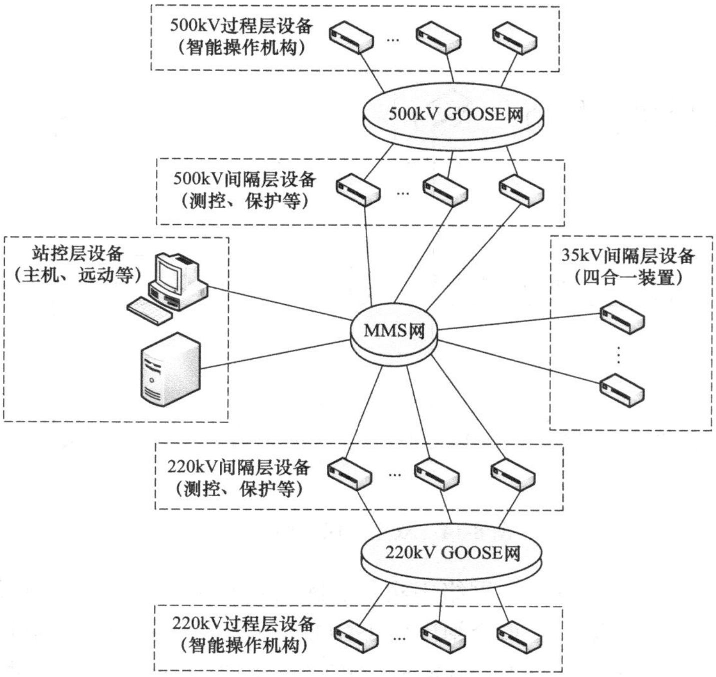

图 8-12 某变电站自动化系统网络结构图

智能终端按间隔双重化配置，置于开关场，第一套智能终端承担第一组跳闸与开关信号、隔离开关的状态及操作，第二套智能终端承担开关第二组跳闸。MMS 采用自愈环网结构设计，主要承担间隔层 IED 装置及站控层计算机之间的信息交互，通过 MMS 报文实现变电站“四遥”功能。MMS 分成两个环，一个环接入 500kV 间隔层设备 MMS 通信口，另一环接入 220kV 及 35kV 间隔层设备，其网络结构如图 8-13 所示。

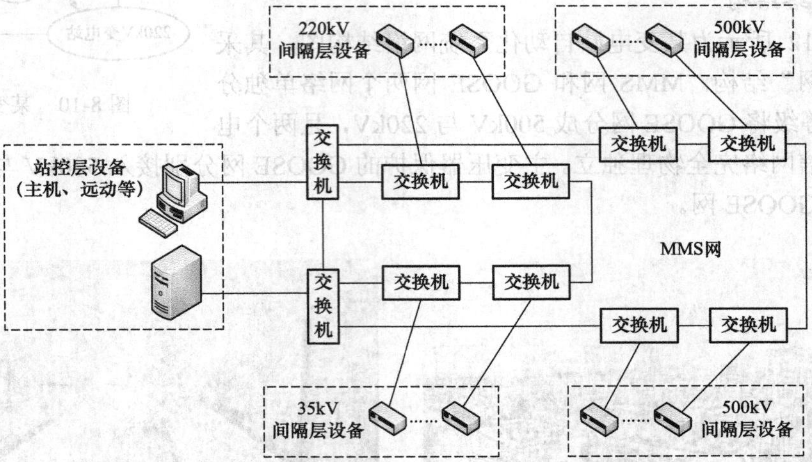

图 8-13　MMS 网络结构

500kV、220kV 保护，包括母差、失灵、重合闸完全双重化配置且完全独立，与之相关的 GOOSE 网络也完全独立，如图 8-14 所示为双重化保护网络结构，测控装置接入第一套 GOOSE 网中。

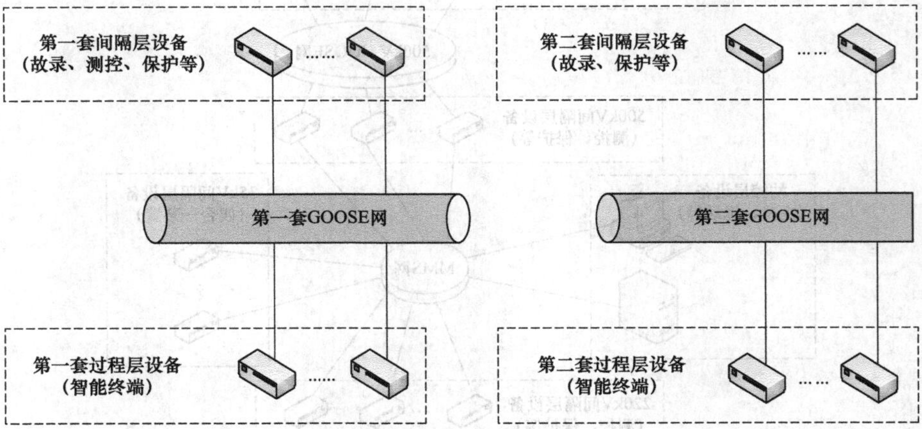

图 8-14　双重化保护网络结构

测控装置接入第一套 GOOSE 网络中实现了断路器和隔离开关的控制及信号采集功能。第二套过程层设备接收到第二套重合闸出口 GOOSE 命令后，通过继电器接至第一套过程层设备合闸出口继电器回路中，500kV GOOSE 网络结构图如图 8-15 所示。对于 220kV GOOSE 网络，母联、分段保护单重化配置，测控装置同样投入第一套 GOOSE 网络，其结构图如图 8-16 所示。

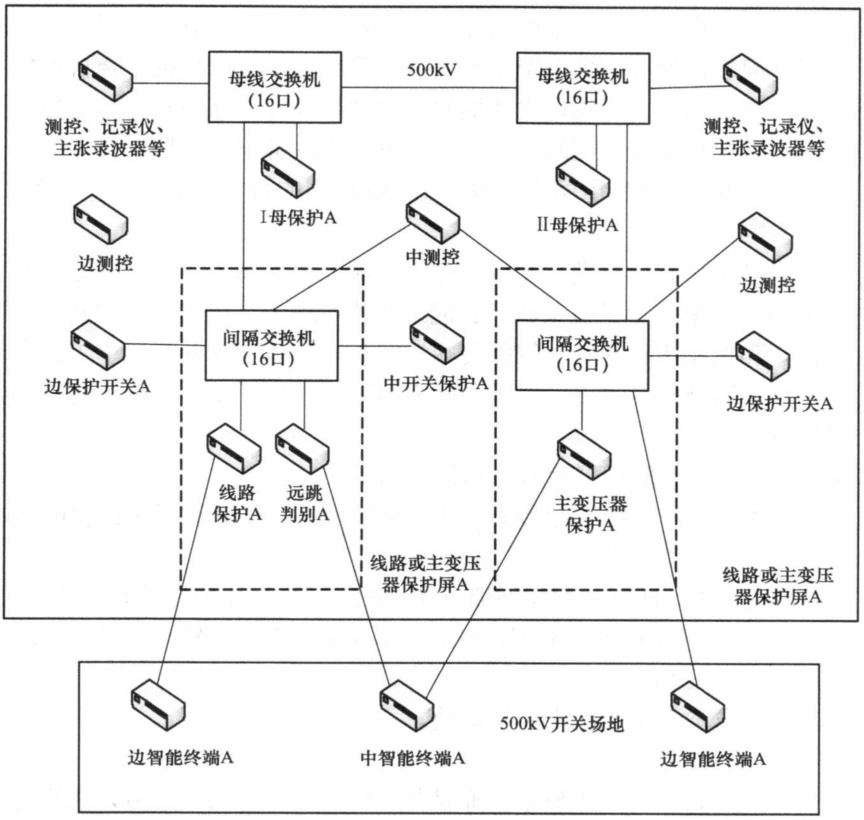

图 8-15　500kV GOOSE 网络结构图

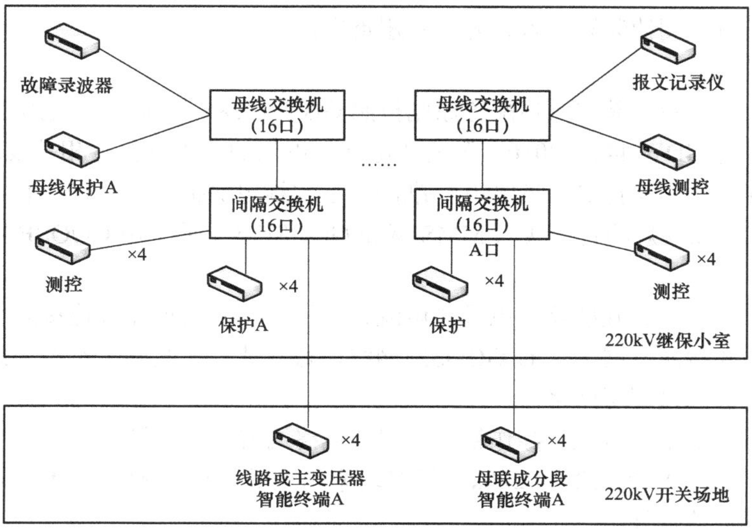

图 8-16　220kV GOOSE 网络结构图

（二）IED 设备互换性

来自同一或不同制造商的两个以上智能电子设备交换信息，使用信息以正确执行规定功能是用户的迫切需求，由于不同厂家产品互操作性差，不能相互兼容，同一厂家的产品存在不同系列不能互联问题，使得设备选型变得困难，传统变电站计算机综合自动化系统改造、扩建都存在一定程度的困难。如果在生产期间厂家产品具有良好的互操作性与互换性，在变电站选型时便具有较大自由选择空间，不同厂家不同产品可相互搭配选择，更利于变电站的长期稳定运行，所以500kV某变电站采用IEC 61850标准的数字式继电保护装置及自动装置。

（三）智能终端

500kV某变电站采用智能终端装置由操作箱和测控装置的I/O组成，测控装置电源板、取消开入/开出板保留CPU和模拟采样。智能终端执行遥信、控制。测控装置进行控制联闭锁、开关同期操作和控制逻辑计算。智能终端按间隔双层化配置并配置单工作电源，具备装置告警、装置闭锁两路硬接点输出，现场智能终端硬接点信号交叉采集，通过GOOSE信号送至间隔层对应测控装置。

（1）220～500kV除母线外智能终端宜冗余配置。

（2）66kV（35kV）及以下配电装置采用户内开关柜布置时宜不配置智能终端；采用户外敞开式布置时宜配置单套智能终端。

（3）主变压器高、中、低压侧智能终端宜冗余配置，主变压器本体智能终端宜单套配置。

（4）每段母线智能终端宜单套配置，66kV（35kV）及以下配电装置采用户内开关柜布置时母线宜不配置智能终端。

（5）智能终端宜分散布置于配电装置场地。

（四）GOOSE虚端子

数字化变电站没有传统的端子概念，而是基于网络传输的数字信号，网络化光缆取代原有点对点光缆，装置GOOSE信息没有接点、端子、接线。为满足数字化变电站IEC 61850应用设计要求，推出“GOOSE虚端子”概念，用虚端子的形式表达基于网络传输的数字信号。方便运维等人员直观阅读装置开入、开出及逻辑出口等。

三、保护配置

继电保护及安全自动装置具体配置原则按照GB/T 14285—2006《继电保护和安全自动装置技术规程》和Q/GDW 441—2010《智能变电站继电保护技术规范》相关要求执行。

（1）全站保护采用支持IEC 61850标准的数字式继电保护装置及自动装置，保护装置及自动装置以IEC 61850规约直接接入MMS网和GOOSE网，并采用GOOSE网络实现断路器跳合闸。

（2）全站采用电子式互感器，电子式电流、电压互感器通过光缆连接到合并单元，合并单元通过网络方式接入三网合一的GOOSE网络，数字式保护装置、测控、录波装置采样值直接取至三网合一的过程层网络。

（3）全站保护柜中不再配置操作箱，采用智能终端就地安装模式。

（4）全站的500kV断路器和220kV线路均采用全数字保护测控一体化装置，测控保护装置分别采用独立的插件。

（5）66kV采用全数字“五合一”装置保护；66kV“五合一”装置集成保护、测控、计量、录波、合并单元等功能，“五合一”装置的保护功能独立，其各个功能分别由一块独立的插件实现。

（6）全站配置一套GPS/北斗双卫星时间同步系统，站控层网络采用SNTP对时，间隔层和过程层设备暂考虑采用 IEC 61588 网络对时，要求设备同时接收 IRIG-B 对时信号。

1. 500kV 线路保护

每回 500kV 线路按近后备原则配置双套完整独立的、能反映各种类型故障、具有选相功能的全线速动保护。每套保护均具有完整的后备保护，包括三相相间距离、三相接地距离和至少两段零序电流保护，各自独立组屏。每回 500kV 线路配置双套远方跳闸保护。

对可能产生过电压的 500kV 线路配置双套过电压保护。过电压保护均使用远跳保护装置中的过电压功能，过电压保护启动远跳可选择不经断路器开、闭状态控制。

线路间隔的保护、MU、智能终端按双重化配置，MU 按断路器分电流接入保护装置，线路电压 MU 单独接入线路保护装置（或分配至关联的两个 MU），智能终端设计时宜考虑作用于两个跳闸线圈以及一个合闸线圈，具有分相跳、合闸功能。

2. 500kV 主变压器保护

变压器为单相自耦变压器，500kV 侧为 3/2 断路器接线，220kV 侧为双母线或双母线双分段接线，66（35）kV 侧为单母线接线。变压器配置为双套纵联差动保护（其中一套含有分相差动保护功能）和双套完整的后备保护，一套非电气量保护，一套公共绕组过负荷保护。后备保护包括阻抗保护、断线闭锁保护、过励磁保护、零序电流保护、过负荷保护和低压侧过电流保护。

变压器非电量保护功能由非电量智能单元完成，非电量智能操作单元按照单套配置，下放到就地，安装在变压器本体智能操作柜内。智能单元装置采用“直采直跳”的方式，采集本体的各种非电量信息，信息上 GOOSE 网（联闭锁信号和故障录波），跳闸出口直接作用于各侧断路器。对于跳母联、分段开关及闭锁备投、启动失灵、解除失灵保护电压闭锁等可采用 GOOSE 网络传输，可通过 GOOSE 网络接收失灵保护跳闸命令，并实现失灵直跳主变压器各侧断路器。

3. 500kV 断路器保护

3/2 接线形式的 500kV 断路器保护应按断路器单元双重化配置，每台断路器保护柜包括断路器失灵保护、重合闸、充电保护，配置一面断路器保护屏。对连接同一线路的两台断路器，重合闸应能在两台断路器中灵活地选择和确定“先重合断路器”和“后重合断路器”，当“先重合断路器”重合失败后，“后重合断路器”不再重合。

4. 500kV 母线保护

500kV 变电站每条母线配置 2 套微机型母线保护，每套保护单独组屏。对 500kV 3/2 接线形式断路器接线方式，母线保护不设电压闭锁元件。当接入元件数较多时，可采用分布式母线保护形式。母线保护采用直接采样、直接跳闸方式，边断路器失灵经 GOOSE 网络传输启动母差失灵功能。

5. 220kV 线路保护

每回 220kV 线路配置有双套完整独立、能反映各种类型故障、具有选相功能的全线速动保护，每套保护均具有完整的后备保护，包括三相相间距离、三段接地距离和至少两段零序电流保护。

每一套 220kV 线路保护均应含重合闸功能，两套重合闸均应采用一对一启动和断路器控制状态与位置不对应启动方式，不采用两套重合闸相互启动和相互闭锁方式。重合闸可实现单重、三重、禁止和停用方式。

双重化配置的 2 套纵联保护的通道应相互独立，传输 2 套纵联保护信息的通信设备及通信电源也应相互独立。

6. 220kV 母线保护

按双重化进行配置，一般配置双套含失灵保护功能的母差保护，每套母差保护动作于一组跳闸线圈。母差和失灵保护均应具有复合电压闭锁功能，母联断路器及分段断路器不经复合电压闭锁。每套保护独立组屏。各间隔合并单元、智能终端均应采用双套配置。每套母线保护均含失灵保护功能。

7. 220kV 的母联保护

220kV 的母联、母线分段断路器应按断路器双重化配置专用的、具备瞬时和延时跳闸功能的过电流保护。采用直采直跳的方式分别作用于两套智能操作单元。具体保护有过电流保护、零序保护、三相不一致保护，220kV 的母联保护配置如表 8-5 所示。

表 8-5　　220kV 的母联保护配置

保护设备		主保护	后备保护
线路	500kV	两套各自独立的全线速动保护	三段相间距离保护 三段接地距离保护 两段零序电流保护
	220kV	两套各自独立的全线速动保护	三段相间距离保护 三段接地距离保护 两段零序电流保护
母线	500kV	两套微机型母线保护	
	220kV	两套含失灵保护功能的母差保护	
主变压器（500kV）		纵联差动保护 瓦斯保护 公共绕组过负荷保护	阻抗保护 断线闭锁保护
断路器（500kV）		失灵保护、重合闸、充电保护	
母联（220kV）		过流保护、零序保护、三相不一致保护	

四、故障录波器系统

1. 线路故障录波器配置

按电压等级和网络配置故障录波装置，每台故障录波装置不应跨接双重化的两个网络。每套 500kV 线路故障录波器的录波量配置为 48 路模拟量、128 路开关量；每套 220kV 线路故障录波器的录波量配置为 64 路模拟量、128 路开关量。

2. 主变压器故障录波器配置

主变压器的故障录波器单独按网络配置。主变压器三侧及公共绕组侧的录波信息应统一记录在一面故障录波装置内。每台故障录波装置不应跨接双重化的两个网络。每套主变压器故障录波器的录波量配置为 64 路模拟量、128 路开关量，满足两台主变压器故障录波的需求。

3. 设备在线监测及状态检修

经专题分析，综合考虑各参量检测设备的检测精度、可靠性、稳定性、对高压设备影响及经济性等情况，确定某 500kV 变电站设备在线监测范围。

（1）主变压器配置油中温度、微水、铁芯接地、油色谱、局放在线监测。

（2）500kV HGIS 和 220kV GIS 状态配置 SF_6 气体密度、温度、微水、断路器机械特性在线态监测。

（3）500kV 及 220kV 避雷器配置泄漏电流、动作次数在线监测。

（4）66kV 油抗配置油色谱在线监测装置。

每台主变压器配置 1 套油色谱状态检测装置和 1 套在线局部放电状态检测装置，其中局部放电检测采用特高频法。

参 考 文 献

[1] 刘振亚．全球能源互联网．北京：中国电力出版社，2015.
[2] BP，Statistical Review of World Energy 2016.（2016-12-36）.
http：//www.bp.com/en/global/corporate/energy-economics/statistical-review-of-world-energy.htm.
[3] 国家统计局能源统计司．中国能源统计年鉴 2016．北京：中国电力出版社，2016.
[4] 汤广福，贺之渊，庞辉．柔性直流输电技术在全球能源互联网中的应用探讨．智能电网，2016，（02）：116-123.
[5] JING，Z.，et al．Preliminary study on architecture of global energy internet standard．in 2016 China International Conference on Electricity Distribution（CICED），2016.
[6] 刘振亚．智能电网知识读本．北京：中国电力出版社，2010.
[7] 何光宇，孙英云．智能电网基础．北京：中国电力出版社，2010.
[8] 余贻鑫，栾文鹏．智能电网述评．中国电机工程学报，2009，（34）：1-8.
[9] 辛耀中．智能电网调度控制技术国际标准体系研究．电网技术，2015，（01）：1-10.
[10] 田世明，王蓓蓓，张晶．智能电网条件下的需求响应关键技术．中国电机工程学报，2014.（22）：3576-3589.
[11] 曹军威，万宇鑫，涂国煜，等．智能电网信息系统体系结构研究．计算机学报，2013，（01）：143-167.
[12] 李稳国，邓曙光，李加升，等．智能电网中信息网与物理电网间连锁故障的防御策略．高电压技术，2013，（11）：2714-2720.
[13] 宋亚奇，周国亮，朱永利．智能电网大数据处理技术现状与挑战．电网技术，2013，（04）：927-935.
[14] DU，Y．Summary on smart grid and its automatic control．in 2011 International Conference on Electronics，Communications and Control（ICECC），2011.
[15] SOLANKI M．D，S．K．JOSHI．Taxonomy of Electric springs：An enabling smart grid technology for effective demand side management．in 2015 Annual IEEE India Conference（INDICON）．2015.
[16] 武登峰．智能变电站 100 问．北京：中国电力出版社，2014.
[17] 宋璇坤，刘开俊，沈江．新一代智能变电站研究与设计．北京：中国电力出版社，2014.
[18] 宁夏电力公司教育培训中心．智能变电站运行与维护．北京：中国电力出版社，2012.
[19] 高翔．智能变电站技术．北京：中国电力出版社，2012.
[20] 李斌．智能变电站技术及其应用研究．华北电力大学（北京），2011.
[21] 韩宇奇，郭嘉，郭创新，等．考虑软件失效的信息物理融合电力系统智能变电站安全风险评估．中国电机工程学报，2016，（06）：1500-1508.
[22] 杨宝钰．通信网络系统在智能变电站中的应用．天津大学，2014.
[23] 吴贵锋．智能变电站五防系统通信网络性能优化的研究与实现．浙江大学，2013.
[24] 张延旭，蔡泽祥，龙翩翩，李晓华，等．智能变电站通信网络实时故障诊断模型与方法．电网技术，2016，（06）：1851-1857.
[25] 韩法玲，黄润长，张华，等．基于 IEC 61850 标准的 IED 建模分析．电力系统保护与控制，2010，（19）：219-222.
[26] SEONGIL LIM．A Service Interruption Free Testing Methodology for IEDs in IEC 61850-Based Substation

Automation Systems. International Journal of Electrical Power and Energy Systems，2016.
[27] 毕艳冰，蒋林，张大海，等. 基于实时数据分发服务的智能变电站 IEC 61850 的实现方法. 中国电机工程学报，2013，(07)：149，55，7.
[28] 罗彦. IEC 61850 标准在智能变电站过程层中的应用研究. 大连理工大学，2012.
[29] 曹阳，姚建国，杨胜春，等. 智能电网核心标准 IEC 61970 最新进展. 电力系统自动化，2011，(17)：1-4.
[30] 白忠敏. 电力用互感器和电能计量装置设计选型与应用. 北京：中国电力出版社，2004.
[31] 李岩松，李霞，刘君. 全光纤电流互感器传感机理建模分析. 中国电机工程学报，2016，26（23)：6560-6569.
[32] 李振华，闫苏红，胡蔚中，等. 光学电压互感器的研究及应用现状分析. 高电压技术，2016，21（10)：3230-3236.
[33] 程嵩，郭志忠，张国庆，等. 全光纤电流互感器的温度特性. 高电压技术，2015，08（11)：3843-3848.
[34] 严颖维. 全光纤电流互感器的研究. 北京邮电大学，2012.
[35] 王红星. 电容分压型光学电压互感器研究. 哈尔滨工业大学，2010.
[36] 叶磊. 基于电阻分压的 10kV 电子式电压互感器的研究. 华中科技大学，2007.
[37] 尹永强. 基于电容分压的数字式电压互感器的研究. 华中科技大学，2007.
[38] 乔卉. 基于 Rogowski 线圈的新型电流互感器的研究与实现. 武汉大学，2004.
[39] 程云国，刘会金，李云霞，等. 光学电压互感器的基本原理与研究现状. 电力自动化设备，2004，(05)：87-91.
[40] 薛德普. 对电能表生产、技术的回顾和展望. 电测与仪表，1991，07（24)：10-13.
[41] 陈向群. 电能计量技能考核培训教材. 北京：中国电力出版社，2003.
[42] 姚力，李少腾，陆春光. 数字化电能表检测装置设计. 电测与仪表，2010，24（08)；28-32.
[43] 李斌，马超，贺家李，等. 基于 IEC 61850 的分布式母线保护方案. 电力系统自动化，2010，(20)：66-70.
[44] 薛禹胜，雷兴，薛峰，等. 关于电力系统广域保护的评述. 高电压技术，2012，(03)：513-520.
[45] 童晓阳，王晓茹，丁力. 采用 IEC 61850 构造变电站广域保护代理的信息模型. 电力系统自动化，2008，(05)：63-107.
[46] 庞红梅，李淮海，张志鑫，周海雁. 110kV 智能变电站技术研究状况，电力系统保护与控制，2010，(06)：146-150.
[47] 庄文柳. 220kV 智能变电站技术工程实施方案研究. 上海交通大学，2013.
[48] 胡晓曦. 基于智能开关的配电网电能质量监测及负荷控制技术研究. 长沙理工大学，2012.
[49] 张方磊，翁舟波，张海梁. 智能电网中智能一次设备实现方式探讨，电力系统自动化，2010，32（7)：253-255.
[50] 张结. 应用于 IEC 61850 实现产品互操作性的思考，电力系统自动化，2005，29（3)：90-93.
[51] 杨奇逊. 变电站综合自动化技术发展趋势. 中国电机工程学报，1996，16（3)：144-145.
[52] 周世平. 智能电网及国内近期发展概述. 湖北工业大学学报，2010（1)：1-4.
[53] 王天锷，潘丽丽. 智能变电站二次系统调试技术. 北京：中国电力出版社，2013.
[54] 河南省电力勘测设计院耿建风. 智能变电站设计与应用. 北京：中国电力出版社，2012.
[55] 冯军. 智能变电站原理及测试技术. 北京：中国电力出版社，2011.
[56] 刘庆余. 互感器校验仪的原理与整体检定. 北京：中国计量出版社，2003.

[57] 刘有为，李光范，高克利，等.《电气设备状态维修导则》的原则框架. 电网技术，2003，27（6）：64-67.
[58] 国家电网公司基建部. 智能变电站建设技术. 北京：中国电力出版社，2011.
[59] BRANISLAV DJOKIC，et al. Calibration system for electronic instrument transformlers with digital output [J]. IEEE Transactions on Instrumentation and Measurement，2005，（2）：479-482.
[60] Yang Xiaohui，Yan Dong，Xie Kai，et al. On-Line Evaluation of Voltage Transformer Accuracy. In Proceedings of MSIT 2011. 2012：433-440.
[61] Li Zhenhua，Li Hong Bin，Zhang Zhi. An Accurate Online Calibration System Based on Combined Clamp-shape Coil for High Voltage Electronic Current Transformers. Review of Scientific Instruments. 2013，84（7）：075113.
[62] 李振华，闫苏红，胡蔚中，等. 一种基于改进数字积分的高精度电流互感器在线校验系统. 电网技术，2016，（03）：978-984.
[63] 李家怡. 电子式电流互感器合并单元的研究与设计. 郑州大学，2012.
[64] 李军. 电力信号的分析及算法实现. 浙江：浙江大学，2001.
[65] 张光辉. 基于小波包的信号检测算法研究. 浙江：浙江大学，1994.
[66] 胡毅. 输配电线路带电作业技术的研究与发展. 高电压技术，2006，32（11）：1-10.
[67] 陈应林，黄德祥. 数字式电能计量系统及检定装置设计. 电力自动化设备，2009，04（12）：114-117.
[68] 林国营，周尚礼，孙卫明，等. 数字化变电站电能计量装置检验技术. 电力系统及其自动化学报，2011，03（10）：145-149.
[69] 陈锐民，王振宇，孔政敏，等. 一种新的数字电能表校准方法研究. 电测与仪表，2012，09（7）：18-23.
[70] 苏鹏声，王欢. 电力系统设备状态监测与故障诊断技术分析. 电力系统自动化，2003，1（27）：61-66.
[71] 钮彬. 智能变电站状态监测系统架构设计与信息建模. 上海：上海交通大学，2013：5-12.
[72] 丁志锋. 智能变压器状态在线监测系统的研究. 北京：华北电力大学，2012：35-37.
[73] 孙磊. 电力变压器的智能故障诊断系统研究. 湖南：湖南大学，2008：6-13.
[74] 黄新波. 变电设备在线监测与故障诊断，北京：中国电力出版社，2010：121-125.
[75] RAM BILAS PACHORI，PRADIP SIRCAR. A new technique to reduce cross terms in the Wigner distribution. Digital Singal Processing，2007，29（18）：123-127.
[76] 朱德恒. 电气设备状态监测与故障诊断技术. 北京：中国电力出版社，2001.